운명의 길라잡이

사주팔자학

운명의 길라잡이 사주명리학

– '역학동' 최고의 진검 승부사 갑진의 5차원 사주명리

초판발행 2023년 07월 01일

지은이 김 철 주
펴낸이 김 민 철

등록번호 제 4 -197호
등록일자 1992.12.05

펴낸곳　도서출판 문원북
주　소　서울시 마포구 토정로 222 한국출판콘텐츠센터 422
전　화　02-2634-9846
팩　스　02-2365-9846
메　일　wellpine@hanmail.net
카　페　cafe.daum.net/samjai
블로그　blog.naver.com/gold7265

ISBN 978-89-7461-502-4
규　격 152mmx225mm
책　값 25,000원

* 파손된 책은 구입처에서 교환해 드립니다.

운명의 길라잡이

사주팔자학

문원북

책을 시작하면서

5차원 명리에 앞서서 들어가는 인사말.

우리가 지금 배우는 명리학 용어들은 어느 날 갑자기 만들어진 이야기는 결코 아닙니다. 천재라고 인정받는 인물들이 태어나 그것들을 발견해 내고 후손들에게 전달시켰던 것입니다. 이러한 대(代)를 이어오는 연속성이 문명을 발전시키는 원동력이라고 보시면 되는 것입니다. 이러한 것은 〈천지팔양경〉에서 비유하는 설명으로 쉽게 알 수가 있는데 종교적이지만 이 비유로 뭔가 터득하는 것이 있을 것입니다.

〈곧 인왕보살이 큰 자비로 중생들을 불쌍히 여기시어 어린 아이같이 하는 탓으로 사람들의 임금이 되셔서 백성들의 부모가 되었을 적에 세속사람들을 수순하여 세속법을 가르치면서 일역을 만들어서 천하에 반포해서 절후를 알게 하였는데 만,평,성,수,개,제,집,위,파,살이란 글자가 있는고로 ...〉

이것처럼 성인이 인간세계에 강림하여 사람들의 임금이 되고 세속법을 발견하여 창안하고 가르쳤다는 내용이 핵심이 되는 것입니다 이것은 곧 복희씨가 〈용마하도〉를 발견한 것이며 우임금이 〈신귀낙서〉를 발견하여 오늘날의 8쾌와 60 갑자를 태동시키므로 명리학 원천이 만들어진 것임을 암시하는 대목입니다.

저는 이러한 것을 5차원의 성인들이 3차원의 사람들에게 환속하여 5차원의 언어들을 우리에게 전달하여 준 것이 역서(曆書)이고 명리학이라는 생각을 가지게 되었습니다. 그래서 이 팔자학을 푼다는 것은 5차원에서 보낸 방정식을 우리가 풀어내는 작업이며 이러한 방법의 하나로 육효, 기문둔갑, 파자 또는 격물치지라는 용어가 생겨나는 것입니다. 곧 5차원에서 암호화 된 사주팔자라는 부호를 어떻게 풀어내어야 5차원의 미래를 볼 수가 있는가? 5차원이란 세계는 과거와 현재와 미래가 동시에 나타난 세계가 되는 것이므로 그들은 우리를 볼 수가 있어도 우리들은 어항 속에 갇힌 붕어처럼 어항 속만 감지할 뿐으로 그들의 존재를 깨닫지 못하는 것입니다.

자! 이제부터 명리와 과학이 만나게 되는 재미있는 과학의 세계로 들어가 볼까요?

5차원의 공간은 이런 형태가 될 것입니다. 사각형 안에 더 조그마한 사각형의 테두리에 갇힌 구조입니다. 이것이 바로 4차원, 즉 테서렉트(시간은 배제)이죠. 그리고 큰 정육면체 안에 들어있는 작은 정육면체가 현재 인간들이 사는 세계인 3차원이라 말할 수 있겠습니다. 영화 인터스텔라에 출현한 주인공인 쿠퍼는 5차원 공간인 테서렉트로 들어갔습니다. 하지만 엄밀히 말하면 쿠퍼는 3차원 공간에 갇혀 있는 인간일 뿐이에요. 그의 몸을 구성하고 있는 원자 또한 3차원 세계의 물질입니다. 이 말은 원자는 3차원 공간에서

만 존재할 수 있다는 의미이죠. 만약 쿠퍼가 4차원의 공간에 출입했다면 4차원이 내뿜는 중력에 의해 쿠퍼의 원자는 분열을 일으킬 것이고 결국 쿠퍼는 산산조각 날 것입니다. 이러한 이유 때문에 사람이 다른 차원에 진입하기 위해 웜홀(wormhole)인 블랙홀에 들어간다고 해도 온전하지 못할 것이라는 가설이 생겨난 것입니다. 이 공간 속에서 쿠퍼는 "과거 머피의 방"과 접촉하게 됩니다. 분명히 쿠퍼는 딸인 머피(3차원)의 과거 모습을 고스란히 관찰하고 있습니다. 쿠퍼가 자신의 딸인 머피를 본다는 것은 곧 머피에게서 나온 광선(빛)이 쿠퍼의 눈에 들어온다는 말과 같죠. 4차원의 꾸며진 공간에서 머피의 방은 1개가 아니라 엄청나게 많습니다. 이러한 관점이 다중세계, 다중우주를 설명할 수 있는 이론이 됩니다. 머피의 방은 테서렉트의 각 6개의 면에 매우 촘촘히 맞닿아 있죠. 그리고 머피의 방들은 모두 똑같은 시간대를 나타내는 것이 아닌 모두 다른 시간입니다. 즉 테서렉트에서 교차된 머피의 방들은 과거에서 미래로의 "시간의 흐름"을 나타냅니다. 이 말은 테서렉트에 갇힌 쿠퍼는 자신이 원하는 과거 시점으로 언제든 골라서 이동할 수 있다는 의미입니다. 여주인공인 아멜리아는 밀러 행성에서 돌아온 후 쿠퍼에게 이렇게 말합니다. 그들에게 시간은 하나의 물리적인 차원일 수도 있어요. 그들에게 과거는 오를 수 있는 협곡과 같은 것이고 미래는 산을 타는 것만큼이나 쉽겠지만 우리는 아니예요. 이 대사는 우리보다 높은 차원에 사는 벌크 존재(그들)는 자신들보다 더 낮은 차원에 있는 브레인의 과거를 자유롭게 내다 볼 수 있다는 의미이기도 합니다. 그런 이유로 머피의 방(3차원)보다 높은 공간 차원에 있는 테서렉트의 쿠퍼(4차원)는 과거 세계에서 만난 딸 머피에게 메시지를 전할 수 있는 것이죠. 이미 지나온 미래를 다 알기 때문에 과거 자신에게 하지 말 것과 해야 할 것을 전달시키려 했던 것입니다.

명리학의 사주팔자도 이런 메시지를 담고 있다고 생각했습니다. 곧 사주팔자가 전생에서 온 숙업이라고 배웠다면 이제부터는 미래의 결과물이 함축된 것이 역행(逆行)하여 3차원의 세계에 태어나면서 부여받은 부호가 사주

팔자라고 생각하는 것입니다. 이것은 시공간을 말하는 것입니다. 팔자학이 시간을 역행 할 뿐만 아니라 공간도 휘어지게 만들 수 있다는 가설을 제공하는 것입니다. 그러므로 사주팔자에는 미래가 담겨져 있다는 흥미로운 사실을 깨닫게 되었습니다. 그리하여 미래를 알기 위해서 우리가 사주학의 수수께끼를 해독하는 것과 같은 작업이 사주학인 것입니다. 다음 아래 서술된 명칭들은 책을 저술하기 위해 참고가 되었던 자료 문집입니다. 도움을 주신 참고 글에 감사를 드립니다. 연해자평, 신봉통고, 자평진전, 삼명통회, 적천수, 자명님, 상생문화센타, 태양계사진(Myeongju Han), 김만태님, 정단님, 우당님, 무학님, 유도상님, 김영주님, 하륜지산님. 서상원님, 신승화님, 빅셀의 명. 큰 돌 선생님, 태양님, 대원명리학님 등입니다.

癸卯年 己未月 甲辰 김철주

목/차

제2장 전통명리와 실전명리 요결 핵심정리

제3장 형충회합 실전 간명 총정리

제4장 명리에서 가르쳐 주지 않는 진실

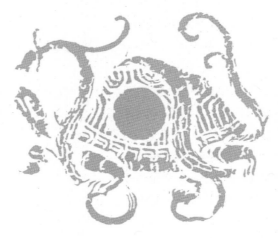

운명의 길라잡이 사주팔자학

제1장

운명에서 복福을
결정짓는 요인

① 사주학을 공부하는 이유

우리는 미래를 알고 싶어 합니다. 그러나 실재(實在)로 예측할 수 있는 미래는 거의 없는 것이 현실입니다. 미래를 예측하는 학문이 존재한다면 그건 운명을 바꿀 수가 있다는 말이니 세상은 혼돈으로 변해 있었을 것입니다. 그래서 미래를 알 수 있는 힘을 하늘은 문을 닫아 놓고, 단지 몇 명의 성인에게만 출입을 허락하였는데, 20세기 과학의 발달로 이 영역마저도 허물어지게 되었습니다.

양자역학(量子力學)은 분자, 원자, 전자와 같은 작은 크기를 갖는 계의 물리학을 연구하는 분야입니다. 19세기 중반을 기점으로 하여 물리학은 고전물리학과 현대물리학으로 양분이 됩니다. 19세기 중반까지의 실험은 뉴턴의 고전역학으로 설명할 수 있었습니다. 그러나 19세기 후반부터 20세기 초반까지 이루어진 전자, 양성자, 중성자 등의 아원자입자에 관련된 실험들의 결과는 고전역학으로 설명하면 모순이 발생했습니다. 그 결과 새로운 물리체계가 필요하게 되었는데 그것이 양자역학으로 고전물리학과 구별한다는 입장에서 현대물리학이라고 부르고 있습니다.

현재 우리가 쓰는 스마트폰, 컴퓨터, 인공위성 그리고 원자폭탄까지의 모든 현대 문명은 이러한 양자역학을 토대로 만들어진 것입니다. 그래서 명리학의 개운(開運)을 논하기 전에 과학의 영역인 양자역학(量子力學)을 조금은 이해해야 할 필요성이 있습니다. 왜냐하면 물리학자인 아인슈타인 학파와 보어학파간에 오랜 논쟁이 되었던 주제는 우주의 결정론(決定論)과 비결정론(非決定論)의 다툼이었기 때문에 결국 과학자들 간의 논쟁은 이 우주를 통찰하는 철학의 싸움으로 귀결이 되기 때문 이었습니다.

이것은 동양의 우주론과 만나게 됩니다. 곧 양자이론은 결정론적 세계관을 거부합니다. 이것은 마치 명리학에서 다루는 운명의 결정론과 비결정론과의 논쟁과 상당히 흡사한 내용들이 많습니다. 그래서 어느 불교학자는 불교의 연기론과 양자역학의 구성이 매우 흡사하다고 흥분하기도 하였습니다. 즉 불교의 최종 목적지인 무아(無我)의 상태가 바로 우주의 비결정론이라는 주장을 펼치기도 하였습니다.

그렇다면 양자(兩者)의 차이점은 뭘까요? 닐스 보어의 우주 세계는 불확실성에 놓여 있으며 미래는 결정이 된 것은 아무것도 없다고 주장하였습니다. 그러므로 지금 내가 선택하는 것에 따라 미래가 결정이 되고 변한다고 하는 새로운 주장을 펼친 것입니다. 그런데 아리스토텔레스부터 뉴턴까지 이 세계는 정교한 섭리로 움직인다고 생각하였습니다. 기독교적인 결정론을 가진 서구인들은 특히 유대인인 아인슈타인조차도 우주가 확정적이지 못하고 불확실성에 놓여 있다는 충격적인 양자이론들을 받아들이기 어려웠습니다. 결론적으로 말하면 현대물리학은 우주의 존재가 비결정론(非決定論)이라는데 의문을 제시하는 사람이 없습니다. 즉 아인슈타인의 생각은 틀린 것이었습니다. 아인슈타인은 유대교인으로 하나님이 우주를 만들 때에 불확실성 하게 세계를 만들지 않았고 그것은 정해진 되로 치밀하게 움직인다는 학설을 믿고 있었습니다.

그래서 우주가 불확실성에 놓여 있고 그 위로 사람들의 운명을 주사위를 던지듯 결정한다는 보어학파의 이론을 받아들일 수가 없었습니다. 빛보다 더 빠른 물질은 존재할 수 없습니다.
그러므로 이 세계에는 독립된 실재(實在)가 있다는 것이 아인슈타인의 주장이고 보어의 주장은 전자(電子)는 스핀 하므로 실재(實在)는 없다는 주장을 펼쳤습니다. 이것은 불교의 무아(無我)라는 말과 같다고 보면 됩니다.

스핀이란 순간 이동과 같은 개념입니다. 그러한 이론을 인정한다면 순간 이동은 빛보다 더 빠른 존재가 되는 것이므로 그 당시로는 매우 충격적인 이론들이었습니다. 이에 대해서 슈뢰딩거는 고양이 실험을 제시하면서 양자역학에 의문을 제시했습니다. 곧 고양이를 상자에 가둬놓은 후에 고양이는 상자를 열기 전에는 살아있는 상태와 죽어있는 상태가 얽혀있는 것이냐고 양자역학을 공격했습니다. 과학자들은 과학 분야에 한정하지 않고 미시세계에서 거시세계까지 이 우주를 이루는 철학적 원리를 논쟁하고 있었던 것입니다. 슈뢰딩거의 고양이는 뒷날 미국의 물리학자가 "평행우주"를 제시하면서 해답이 나왔습니다. 즉 상자를 열었을 때 고양이가 사는 우주와 죽은 우주로 나뉜다는 가설입니다. 우리가 선택을 할 때마다 그 선택에 따라서 우주가 나뉜다는 "평행우주론"이 요즘은 지지를 받는다고 합니다.

그러나 아직은 가설입니다. 양자이론에 핵심은 양자 세계에서는 시간이 쌍방으로 흐른다는 것입니다. 미래에서의 자기 행위가 현재에 영향을 끼친다고 보는 것이죠. 이것을 과학 용어로〈회귀지시〉라 말합니다. 그렇다면면 미래로부터 정보를 가지고 올 수만 있다면 현재에 다른 선택을 하여 의도적으로 미래를 바꿀 수도 있다는 이야기가 되는 것입니다. 이런 소재로 공상과학 영화들이 많이 만들어지고 있습니다. 이게 아마 명리학에서 주장하는 개운법(開運法)이라 말하고 싶습니다. 즉 우리는 미래를 볼 수는 없지만 사주라는 양자 테이터를 분석할 수는 있다는 사실입니다.

저는 사주란 자기가 태어나면서 가지고 온 미래의 양자 파동의 산물임을 강조하고 싶습니다. 곧 영화 매트릭스의 기계 신호음인 것입니다. 이 기계 신호음이 어느 순간 물상으로 보이게 되면 격물치지(格物致知)가 완성이 되는 것이라고 믿는 것입니다. 개운법 이론이 타당해지려면 미래는 불확실하고 결정이 된 것이 아무것도 없다는 전제가 되어야 합니다.

따라서 닐스보어의 우주론을 인정해야만 하는 것이죠. 그래야 개운법은 힘을 받을 수 있습니다. 미래가 정해져 변하지 못한다는 예정론에 갇혀있다면 개운법은 아무런 소용이 없는 것입니다.

그래서 양자개운이란 미래에서 오는 기운을 예측해서 운수를 맞추어 나가려는 행위인데 지극히 고의적인 행위입니다. 그래서 '액땜'이라는 개념이 생겨난 것이죠. 이건 선택이라기보다는 의도적인 행위가 되는 것입니다. 무언가를 시작하려는데 작은 사고가 발생하였다면 이것을 보고 액땜했다고들 말하는데 이러한 용어들이 이런 개운(開運)을 의식한 발언들인 것입니다. 그러므로 사주학은 인생의 미래 파동의 움직임을 읽어 내는 학문이라고 생각합니다. 미래는 이미 예정이 된 것이고 또는 불확실하기도 한 것입니다. 이것을 과학적인 용어로는 관찰자 효과라고 말하는데 운명이란 사람이 관찰하기 전까지는 불확실성에 놓여 있지만 누군가 그걸 확인하려 선택하는 순간에 우주가 결정이 난다는 학설이 관찰자 이론입니다.

즉 사주팔자를 펼쳐서 어떤 사람의 미래를 관찰하는 사람이 있다고 가정해 본다면 이것은 불확실한 상태로 존재하던 그 사람의 운명이 그 순간 결정이 난다는 입장입니다.
그런데 명리학에서는 이미 오래전부터 이러한 미래 운명의 현상을 학문으로 다루고 있었다는 사실입니다. 이것이 바로 사주학을 배우는 이유입니다.

② 사주팔자는 전생의 인연법이다

명리학의 고전 중 적천수에는 다음과 같은 구결이 있습니다. "부부의 인연은 전생에서 온 것으로 숙명처럼 정해져 왔다." 곧 부부(夫婦)의 인연은 불가(佛家)에서 말하길 전생에 만난 인연으로 인해 다시 현세에 만난다고 합니다. 그것이 팔자에 처와 남편으로 결정이 돼서 나타나는 것이니 이것을 알면 전생에 나의 아내와 남편이 어떠한가를 알 수가 있게 됩니다. 그러므로 사주학에서는 재성을 아내로 삼았으니, 그러한 재성은 마땅히 천간에 드러나야 하고 희신이 되면 좋은 처가 되는 것입니다. 반대로 여자에게서는 관성이 남편이 되는 것이므로 천간에 관성이 일위(一位)로 드러나는 것을 좋게 보았습니다. 관성이 희신이 되면 좋은 남편이 된다고 보는 것입니다.

대체로 남자에게는 재성을 처(妻)로 보는데 가령 희신이 곧 재성이 맞는다면 그 처(妻)는 아름답고 또한 부귀하다고 판단합니다. 또한 희신과 재성이 서로 투기하지 않는다면 역시 좋은 것이니 좋은 처를 얻게 됩니다. 만약 그렇지 않다면 처(妻)를 극하고 또 혹은 아름답지 못하고 혹은 화목하지 않게 됩니다. 이러한 관계가 부부 인연법입니다.

남자이던 여자이던 배우자의 상은 자신의 팔자의 문제를 해결하는 글자가 배우자가 되면 최고로 적합한 것입니다. 그러나 과거 전생에 악연으로 만난 사람이라면 악연으로 배우자를 만나게 되므로 처덕이 없게 되고 처로 인해 수난을 당하게 될 수도 있습니다. 이와 같이 사주학에서는 팔자를 살펴 처(妻)와 남편(男便)의 동태를 짐작할 수 있는데 이것으로 전생의 부부 숙업(宿業)을 확인해 볼 수 있습니다.

1. 처(妻)의 도움으로 부자가 되는 경우.

① 일간이 재성에 앉아 있는데 재성이 희용신이 된다.

② 일주가 강하고 제살태과(制殺太過)로 살(殺)이 쇠약한데 재성이 살을 생해 준다.

③ 관성이 쇠약하고 상관은 왕(旺)하다면 재성이 있어서 상관을 설기시켜줘야 한다.

④ 인성이 가득한데 재성이 기운을 얻고 있어 인수를 제복하고 있다.

⑤ 일주가 재성을 좋아하는데 재성이 한신과 합해서 재성으로 변화 한다.

2. 처로 인해서 재화(財貨)를 입거나 죽는 경우.

① 칠살이 왕하고 일주가 쇠약한데 재성이 살을 도와주고 있다.

② 관성이 많아서 인성을 용신으로 하고 있는데 재성이 인성을 손상한다.

③ 상관이 기신인데 인성을 만났지만 재성이 국을 이루고 있어 인수를 극하고 있다.

④ 일주가 재성을 좋아하는데 재성이 한신과 합해서 기신으로 변화한다.

⑤ 일주가 재성을 싫어하는데 재성이 한신과 합해서 재성으로 변화한다.

3. 재생살(財生殺)이면 처(妻)가 남편을 힘들게 한다.

	時	日	月	年	男命
	편관		편재	인수	
	壬	丙	庚	乙	
	辰	申	辰	亥	
	식신	편재	식신	편관	

임수(壬水) 관살이 진토(辰土) 고(庫)에 뿌리내리고 재성이 임수(壬水)를 생살(生殺)하므로 관살(官殺)이 왕합니다. 반드시 을목(乙木) 인수로 화살생신(化殺生身)이 되어야 하는데 을경합화(乙庚合化)하니 신금(申金) 처가 오히려 관살을 생하여 병화 일간을 괴롭히는 형태가 되어 있습니다. 즉, 재생살이 된 구조입니다. 그래서 그의 처는 인자(仁慈)하지 못하였고 질투도 대단하였으며 성격도 정상이 아니었고 거기다가 아들도 없이 죽고 말았습니다.

4. 왜 만나는 인연마다 쥐띠 생인가?

時	日	月	年	女命
정인		정재	겁재	
戊	**辛**	**甲**	**庚**	
戌	**巳**	**申**	**寅**	
정인	정관	비견	정재	

위 여자분은 본 남편도 쥐띠(子生) 생이고 사망 후에 만난 남자도 쥐띠(子生)
이고 또 을미(乙未)년 기축(己丑)월에 만난 남자도 쥐띠입니다. 이 여자분은
부부생활을 하는 남자는 모두 쥐띠였습니다. 왜 이분에게만 쥐띠가 인연이
될까요?
이런 경우 전생의 인연법으로 볼 때, 현세에 쥐띠를 만나게 된 이유가 있습
니다. 위 명조에서 배우자는 정관 사화(巳火)에 해당이 되고, 일지 배우자 궁
에 남편성이 제대로 앉아있으니 남편 복은 있다고 봅니다.

그런데 문제는 인사신(寅巳申)삼형에 걸려 있다는 것이 큰 문제입니다. 즉,
정관에 형살이 걸린 것이니 남자에게 형사소송이 일어난다는 뜻이 됩니다.
이것은 법정에서 일어난다는 것보다는 내 팔자 안에서 사건들이 끊임없이
발생하여 이별 수에 놓인다는 것을 암시하는 것입니다.
그래서 이 인사신(寅巳申)삼형을 깨트리는 오행이 배우자 띠가 될 수가 있는
것입니다. 즉 자수(子水)를 만나면 신자(申子)합으로 인사신(寅巳申)삼형을 풀
어버릴 수 있게 됩니다. 이러한 것은 "형합에 걸린 배우자성을 합충으로 해
소시키는 글자가 배필성이 되는 사례입니다.

또 다른 한편으로는 "급신이지(及身而止)이면 식상법(食傷法)"이 배필성이 되
는 법도가 있는데 곧 이 명조는 월겁격으로 토생금(土生金)이 되어 일간이 왕
(旺)한 상태에서 식상이 없어 답답하므로 수기유통(秀氣有通)해주는 수(水) 식

상(食傷)이 배필성이 될 수도 있습니다. 이것을 "급신이지(及身而止)이면 식상법(食傷法)"이리고 말하는데 식상이 배필성이 되는 법수입니다. 곧 해수(亥水)와 자수(子水)가 배우자 띠가 될 수 있습니다.

그런데 해수(亥水)는 사해충(巳亥沖)이 되어 오히려 사화(巳火) 배우자성을 충하므로 제외하고 자수(子水)가 배우자 성이 되는 것이다. 역시 자수(子水)는 인사신(寅巳申)삼형을 해소시키는 글자이니 자수는 이 여자 팔자의 문제점을 해결하는 두 가지의 큰 효과가 있는 것이므로 쥐띠생 남자들을 만나게 되는 이유입니다. 또한 갑경(甲庚)충과 인신(寅申) 충으로 비겁들이 재성을 겁탈하는 구조가 나쁘게 작용할 수도 있는데 역시 통관하는 용신도 수(水)가 됩니다. 이것은 팔자가 본인도 모르게 자기에게 유리한 오행을 찾는 것인데 이것을 진신(眞神)법이라고 합니다.

③ 어떤 사람이 재혼(再婚)을 할까?

사람들은 누구나 자신만의 타고난 운명이 있고, 살아가면서 다양한 사람들을 만납니다. 그 많은 사람 중 운명의 짝을 만나고, 이것은 거스를 수 없는 자연의 섭리이며 피할 수 없는 전생의 숙명과도 같은 것입니다. 내 배우자는 어떤 인물이고 언제 만날 수 있을까. 만약 이 궁금증에 대한 답을 요구한다면 서슴없이 사주학을 권해 드리고 싶습니다.

또한, 이 세계에 대한 해답으로 오랜 세월 동안 축척(縮尺)이 되어 내려온 경험치를 무시할 수 없기 때문입니다. 수많은 고민 중 가장 큰 문제 역시 배우자에 대한 것입니다.

사주학에서 육친법상으로 남자를 기준으로 보면 정재(正財)의 별을 배우자로 삼습니다. 당연히 팔자에 한 명의 배우자가 존재하면 좋겠지만, 운명의 훼방꾼이 등장하는데, 2개의 배우자 별이 양쪽으로 나타난 구조라면, 재성(財星) 이위(二位)라 하여 두 여자가 있다고 보는 것입니다.

여자를 기준으로 생각한다면 관성(官星)의 별을 남편으로 삼게 됩니다. 그러나 남편의 별은 한 명이 되어야 좋은 것이지만 때로는 양쪽으로 나타나기도 합니다.

이런 경우를 관성(官星) 이위(二位)라 하여 두 남자가 있다고 보아 재혼(再婚)할 팔자라고 생각했습니다. 곧 편관(編官)의 별과 정관(正官)의 별이 동시에 나타나면 남편이 두 사람이라고 생각을 하였습니다. 남자에게는 정편재(正編財) 투출이 문제가 되었고 여자에게는 관살혼잡(官殺混雜)의 경우가 문제인 것입니다. 무슨 말인가 하면 보통 남자는 재성(財星) 일위(一位)가 합당하고 여자에게는 관성(官星) 일위(一位)가 합당한 것이죠.

그러므로 남자와 여자는 한 명의 배우자를 만나 평생 해로(偕老)하는 게 동서고금(東西古今)의 행복이 되는 것입니다. 이것을 명리학에서는 재성(財星)일위(一位)이고 관성(官星) 일위(一位)라고 분명하게 밝히고 있습니다.

그래서 보통 사주의 여덟 글자 중에서 남자는 정재(正財)의 별을 아내로 봅니다. 그런데 편재는 불안정한 관계로 연인으로 보게 됩니다. 여자는 정관의 별을 남편으로 보는데 편관도 함께 존재하면 불안정한 관계로 연인으로 인식을 합니다. 남자에게 정재가 없으면 편재가 처(妻)가 되고 여자에게도 정관이 없으면 편관이 남편이 됩니다. 다만 이럴 경우에는 정재 아내보다는 편재 아내가 근심이 많고 정관보다는 편관 남편이 더 힘들게 한다고 이해를 하면 됩니다.

또한, 여자 사주에서 식신이나 상관이 다량 존재하면 관성을 극할 수가 있게 됩니다. 이것을 상관견관(傷官見官)이라고도 말하는데 그러면 내 남편성인 정관을 극하는 것이라 이혼(離婚)명에 많이 나타납니다. 이런 경우는 식신과 상관의 별은 나의 자녀성에 해당하므로 여자는 아이를 낳고 이혼하는 명조가 될 수 있습니다.
또는, 여자 사주에서 흔히 무관성(無官星) 팔자라고 말하는데 일체의 관성(남편)이 존재하지 않는 팔자를 말합니다. 이것도 남편성이 없는 것이니 공망처럼 생각하여 역시 이별의 상(像)인 것입니다. 만약 남편성인 정관이 다른 상대방과 합하여 변하여 사라진다면 이것도 역시 남자 인연이 깊지 않은 것입니다.

또한, 남편궁이나 남편성, 혹은 아내의 별이 팔자 원국이나 운에서 존재해도 역시 엄중한 형충(刑沖)과 극합(剋合)을 만난다면 자기의 배우자가 압제(壓制)당하는 상(像)이므로 남편의 무능력에 실망하여 본인도 외도(外道)를 경험하게 될 수 있습니다.

남편이 외도(外道)를 하게 되는지 아니면 본인이 외도(外道)를 하게 되는지는 팔자에서 다른 요인들을 추가로 살펴봐야 합니다. 만약, 이러한 일들이 벌어지지 않는다면 손재수라 던지 사고 또는 병원(病院) 입원 등 다른 방향에서 충격이 가해져 올 수도 있습니다. 이런 이유로 배우자를 잃거나 버리거나 가정이 불안정해 두 번 이상 결혼을 경험하게 됩니다.

이런 사람들은 팔자에 공식적인 남편이나 아내가 있더라도 형충(刑沖)이 심한 까닭에 스스로 만족하지 못하는 것이죠. 그래서 이런 유형의 사주를 가진 주인은 자신의 결혼을 주변 사람에게 알리지 않고 비밀로 하는 경우를 종종 볼 수도 있습니다. 팔자에 드러난 관성이 없기 때문이고 암충(暗沖)과 형충(刑沖)을 받는 이유로 남편의 불행사가 있을 수가 있으며 간혹 은밀한 관계의 만남도 지속될 수밖에 없는 구조이기 때문입니다.

【예시1】 식상이 많아 정관을 극하는 구조가 되면 이별의 경험이 있다.

時	日	月	年	女命
식신		상관	정관	
戊	**丙**	**己**	**癸**	
子	**午**	**未**	**丑**	
정관	겁재	상관	상관	

丁	丙	乙	甲	癸	壬	辛	庚	
卯	寅	丑	子	亥	戌	酉	申	**대운**
80	70	60	50	40	30	20	10	

식신과 상관인 무기(戊己)토가 천간에 투출하여, 정관을 극부(剋夫)하는 것은 필연적입니다. 즉, 계수(溪水) 정관을 극하여, 임술(壬戌)대운 갑술(甲戌)년에 결혼하여, 병자(丙子)년에 이혼하였습니다. 무(戊)와 기(己)가 병(丙)일간을 끼고 있으면 정(情)을 유통하는 까닭에 반드시 다정(多情)하고 지지 전체가 자오충(子午沖)과 축미충(丑未沖)이면 그 정(情)의 유통으로 인해 이동 변화가 많아 다혼자(多婚者)의 명(命)이 될 수 있습니다.

무기토는 식신과 상관이니 내 주변에 아이들(자녀)이 많고, 아이들이 태어나거나, 성장하여 왕성해지면 남편을 극하는 관계로 이어지는 것입니다. 다른 한편으로는 식신과 상관은 내 업무 활동력도 되므로 여자는 직업여성으로 사회활동이 활발할 수 있습니다.

이런 이유로 남편을 전업주부처럼 보살피기 어렵게 되면, 남편 입장에서는 불만이 쌓이게 되고 결국 이혼까지 가게 되는 것입니다. 천간의 무토(戊土)는 무계합(戊癸合)이 되어 있는데 이것은 정(情)이 없이 만나는 관계라 하여 무정지합(無情之合)이라 합니다. 그래서 이혼 후 재가(再嫁)하여 늦게 만난 남편은 나이 차이가 있었습니다. 계해(癸亥)대운에 나이가 많은 남편을 만나는데 남편이 자신보다 7세가 많았습니다. 이 팔자는 비록 일생 동안 재원(財源)이 끊이지 않아 의식(衣食)이 충족하였지만, 정서적인 생활은 어려워했습니다.

【예시2】 관살혼잡인데 합충(合沖)이 교차(交叉)하는 경우에 많다.

時	日	月	年	女命
인수		정관	편관	
甲	**丁**	**壬**	**癸**	
辰	**卯**	**戌**	**酉**	
상관	편인	상관	편재	

庚	己	戊	丁	丙	乙	甲	癸	
午	巳	辰	卯	寅	丑	子	亥	대운
78	68	58	48	38	28	18	8	

정화(丁火)일간에서 보면 임수(壬水)는 정관(正官)이고 계수(癸水)는 칠살(七殺)입니다. 이런 구조를 관살혼잡(官殺混雜)이라 말합니다. 관살이 년간(年干)과 월간(月干)에 모여 합충으로 교차하고 있을 때 특히 일간을 어렵게 합니다. 그런데 년주(年柱)의 계유(癸酉)는 병지(病地)이고 월주의 임술(壬戌)은 관대(冠帶)에 해당한다. 그리고 일주의 정묘(丁卯)가 월주 임술(壬戌)과 정임합(丁壬合)이고 묘술합(卯戌合)입니다. 그런데 년주 계유(癸酉)는 정반대이죠. 정계충(丁癸沖)과 묘유충(卯酉沖)이죠. 이런 구조를 어떻게 해석할 수 있겠는가 하면 이 것은 일간이 과거에 만나는 애인이 있었음을 추측할 수가 있습니다. 일간은 계유(癸酉)를 먼저 만나 연예를 하고, 결혼은 새로운 남편 임술(壬戌)을 만난다는 운명입니다. 결론은 항상 정합(正合)이 우선이고, 충거(沖去)는 떠나야 한다는 사실이죠.

그래서 계묘년(癸卯年) 가을에 결혼할 예정이었는데 임인년(壬寅年) 12월 임자(壬子)월(月)에 옛 남친과 야반도주를 하였습니다. 그런데 임인년 말에 인묘진(寅卯辰)방국(方局)이 문제가 되었던 것입니다. 갑목(甲木)이 투출한 상태에서 목방국(木方國)은 정화일간이 목다화식(木多火熄)의 상(像)이니, 불이 꺼질 수가 있는 상황이라 보통 이 경우 정신불안 증세로 나타나게 되어 있습니다. 목방은 인수국(印綬局)이니 모친의 강압에 의한 결혼이었음이 분명합니다.

【예시3】 조후관살(官殺)에 실패한 팔자가 많다.

時	日	月	年	女命
비견		정재	식신	
辛	**辛**	**甲**	**癸**	
卯	**丑**	**子**	**丑**	
편재	편인	식신	편인	

辛	辛	庚	己	戊	丁	丙	乙	
未	未	午	巳	辰	卯	寅	丑	**대운**
62	62	52	42	32	22	12	2	

이 사람은 한 겨울철인 자월(子月)에 태어났는데 신금(辛金)일간이라 겨울철의 허약한 금(金)은 만약 얼어붙게 되면 그 생의(生意)가 없어질 수 있습니다. 반드시 병화(丙火)로 따뜻하게 해줘야 길(吉)한데 병화가 조후(調候)가 되는 팔자라고 봅니다.

그런데 병화(丙)가 없으니 조후에 실패한 팔자입니다. 한마디로 이 사주의 제목을 표기한다면 "병화(丙火)가 관성으로 조후가 된 팔자에서 무관(無官) 팔자(八字)이다."라고 말할 수 있습니다. 이처럼 병화(丙火)조후는 내 남편이 되기도 하면서 이 사람이 살아가야 하는데 절대적인 것인데 원국에 없으니 어려운 점입니다.

그런데 병정화(丙丁火)대운에 조후를 만나게 된 것입니다. 이로 인해 남자를 만날 수가 있었고 무진(戊辰)대운에는 다시 병정화(丙丁火)가 없는 팔자로 복귀하게 됩니다. 그러면 다시 원국에 조후가 없는 무관(無官) 팔자가 되는 것이므로 자월(子月) 계수(癸水)는 천지가 얼어붙는 환경이 되겠죠. 온기 없는 차가운 방에 남아 있을 남자가 어디 있겠습니까? 고로 이 여자는 기묘년(己卯年) 27세에 결혼하여 을유년(乙酉年) 33세에 이혼하였습니다.

【예시4】 관고(官庫) 또는 재고(財庫)가 있으면 이혼을 경험한다.

時	日	月	年	女命
정관		편관	식신	
甲	**己**	**乙**	**辛**	
戌	**未**	**未**	**未**	
겁재	비견	비견	비견	

배우자궁이 관고(官庫)를 가지면 남편궁에 무덤을 가진 여자 팔자가 됩니다. 이 명조는 갑목(甲木)은 정관(正官)이고 을목(乙木)은 편관(編官)이므로 내 남편성에 해당합니다. 그런데 천간에는 갑을(甲乙)목(木)이 양쪽으로 투출하였으니 관성 이위(二位)에 해당이 됩니다. 그래서 관살혼잡에도 해당이 되어 남편과는 인연이 적다고 이해하면 됩니다.

그런데 특이사항은 일지(日支)는 배우자궁이 되는데 일지 미토(未土)가 정관(正官) 남편 갑(甲)목 즉, 남편의 묘(墓)자리라는 점입니다 이것을 관고(官庫)를 가졌다고 말합니다. 이 팔자에서는 미토(未土) 고지(庫地)를 이미 3개를 가지고 있습니다. 미미미(未未未) 3고(庫)이면 반드시 고(庫)가 중중(重重)하여 동(動)하게 되어 있습니다. 이것은 남편의 무덤자리가 즐비하다는 말이 되겠죠. 그래서 처녀 때 첫 애인이 음독자살하고, 후에 시집을 갔는데 남편마저도 상부(喪夫)한 여명(女命)입니다.

【예시5】 관성 이위(二位)가 뚜렷하면 이혼(離婚)을 경험한다.

時	日	月	年	女命
정관		편관	식신	
甲	**己**	**乙**	**辛**	
戌	**亥**	**未**	**酉**	
비견	편재	겁재	상관	

癸	壬	辛	庚	己	戊	丁	丙	
卯	寅	丑	子	亥	戌	酉	申	대운
76	66	56	46	36	26	16	6	

이 명조는 갑을(甲乙)목(木)이 남편성인데 양쪽으로 투출했으므로 관성(官星) 이위(二位)에 해당합니다. 관성(官星) 이위(二位)라 함은 "두 남편을 섬긴다"라는 의미로 이해하시면 됩니다. 또한, 관살혼잡(官殺混雜)에도 해당이 되겠는데 문제는 월지(月支)에 미토(未土)라는 관고(官庫)를 가졌다는 사실입니다. 을목(乙木) 편관(編官)은 미토(未土)에 관고(官庫)이죠.

그리고 천간에서는 을신충거(乙辛沖去)하고 지지에서는 술미형(戌未刑)을 하고 있습니다. 이런 구조의 사람이라면 을목(乙木)을 입고(入庫)시킨 후 새 갑목(甲木)을 만나게 되어 있습니다. 그러므로 "한 번 이혼은 정해진 길이다"라고 말할 수 있겠습니다.

20대 초반에 아이를 가져서 살다가 무자(戊子)년 28세에 이혼했는데 현재 아이 딸린 새로운 남자를 사귀고 있습니다.

【예시6】 천간에 배우자의 별을 합거(合去)하는 글자가 있는 경우.

時	日	月	年	女命
편재		겁재	식신	
戊	**甲**	**乙**	**丙**	
辰	**戌**	**未**	**辰**	
편재	편재	정재	편재	

| | | 辛丁戊 | | | | | 지장간 |

丁	戊	己	庚	辛	壬	癸	甲	
亥	子	丑	寅	卯	辰	巳	午	**대운**
75	65	55	45	35	25	15	5	

이 여자분은 팔자가 무관(無官)의 사주입니다. 그런데 남편성(男便星)이 지장간에 숨어 있습니다. 이 명조는 술(戌)중의 신금(辛金)이 남편성이죠. 그런데 천간에 병화(丙火) 식신(食神)이 존재합니다.

만약, 지장간의 신금(辛金)이 투출하면 병신합거(丙辛合去)로 사라질 수 있습니다. 이런 경우에는 병화(丙火) 식신(食神)이 내 배우자의 저승사자가 되는 셈입니다. 그런 이유로 신묘년(辛卯年)에 남편과 사별하게 되었습니다.

【예시7】 천간에 배우자의 별을 합거(合去)하는 글자가 있는 경우.

	時	日	月	年	女命
	편인		식신	겁재	
	丙	戊	庚	己	
	辰	戌	午	巳	
	비견	비견	정인	편인	

乙癸戊   지장간

戊	丁	丙	乙	甲	癸	壬	辛	
寅	丑	子	亥	戌	酉	申	未	대운
80	70	60	50	40	30	20	10	

이 명조도 무관(無官)의 팔자이지만, 진중(辰中) 을목(乙木)이 남편성으로 숨어 있는 겁니다. 그런데 진사(辰巳)공망이니 배우자 별인 을목(乙木)이 공망(空亡) 안에 의지하고 숨은 것입니다. 진술충(辰戌沖)이 되면 진중(辰中)의 을목(乙木) 은 충출(沖出)하는 것이므로 이때 일간은 관성(官星)을 만나게 되는 것입니다. 그러나 천간의 경금(庚金)은 반드시 을목(乙木)을 합하려 할 것입니다. 저승사 자가 경금이 되는 것입니다. 그래서 을경합거(乙庚合去)로 채가게 되면 남편 이 사망할 수가 있습니다.

경자년(庚子年)에 사별(死別)한 여자인데 두 명의 경금(庚金) 저승사자가 데리 러 온 것으로 보는 것입니다. 경자년에는 자오충(子午沖)이 되니까 진술충(辰 戌沖)이 발생하겠고 진중(辰中) 을목(乙木)이 투출(投出)하는 동시에 을경합거 (乙庚合去)로 사망한 경우가 되는 것입니다. 고(庫)에 있는 남편성은 형충(刑沖) 으로 꺼내는 것이 마땅하다고 말을 합니다. 그러나 천간에 남편의 저승사자 가 존재하면 반대로 헤어지는 슬픔을 당할 수가 있습니다.

【예시8】 여자가 중관(重官)이 되면 들판의 외로운 꽃이고,
　　　　　남자가 중관(重官)이면 자녀로 인해 녹빈고면(綠鬢孤眠)한다.

여자 명조가 중관(重官)을 보면 두 남자를 가진 경우이므로 재혼(再婚)의 길이 분명하며 남자가 중관(重官)이 되면 다른 두 자녀를 가진 운명이라 자식을 먼저 보내는 슬픔을 경험한다는 말입니다. 여자에게 중관(重官)이라 함은 정관이 두 개 이상을 보는 것을 말합니다.

예를 들어 신(辛)일간이 병화(丙火)정관을 2개로 보는 것을 말합니다.

時	日	月	年	女命
정재		정관	정관	
甲	**辛**	**丙**	**丙**	
午	**丑**	**申**	**辰**	
편관	편인	겁재	인수	

이 여성분은 2번의 동거 경험이 있고 남자 덕이 없어 남자들로 인해 재산상 손실이 많았습니다. 무인년(戊寅年)과 신사년(辛巳年)에 2번에 걸쳐 동거를 했으며 지금도 당시의 남자들로 인한 카드빚에 시달리고 있습니다.

정관(正官)이 병화(丙火)인데 그 병화(丙火)가 년월(年月)에 모이면 중관(重官)이라 말하죠. 월간(月干)의 병화(丙火)는 나에게는 정관(正官)의 별이므로 남편이 되는 것이지만 년간(年干)의 병화(丙火) 정관(正官)이 또 합작(合作) 하려는 구조인 것입니다. 그래서 이 여자분은 여러 남자와 인연이 맺게 된 것입니다.

【예시9】 남편성(아내)이 공망(空亡)이면 더욱 확실하다.

時	日	月	年	女命
편재		겁재	식신	
戊	**甲**	**乙**	**丙**	
辰	**戌**	**未**	**辰**	
편재	편재	정재	편재	

병진생(丙辰生)은 신유(申酉)공망입니다. 곧 신금(辛金)은 남편성에 해당하는
데 공망을 맞았다는 사실입니다. 그런데 진술충(辰戌沖)으로 술(戌)중 신금(辛
金)이 충출(沖出)하면 병신합거(丙辛合去)로 사라지게 되는 구조입니다.

또한, 팔자 자체가 무관(無官) 팔자이다 보니까. 이혼(離婚)의 상(像)에 나타난
여러 가지 조건들에 부합하는 게 많습니다. 그러므로 신묘년(辛卯年)에 남편
과 사별하게 되었습니다.

④ 배우자가 바람을 피우는 이유는 무엇일까?

명리(命理)에서 배우자가 바람을 피우는 가장 많은 이유 3가지입니다.
사주학에서는 남편궁과 아내궁은 일지(日支)를 뜻합니다. 또는, 남자에게는
재성이 아내의 별이 되고, 여자에게는 관성이 남편의 별이 됩니다. 그런데
이런 배우자의 궁이나 별이 내가 아닌 다른 상대방과 합하는 경우가 있습니
다. 이 경우 배우자가 일간(본인)이 아닌 다른 상대방과 합(合)하게 되는데, 일
반적으로 남편(혹은 아내)이 바람을 피우기 쉽다고 이해하면 됩니다.

예를 들어 비겁과 상합(相合)하면 만나는 상대가 동년배이거나 조건이 자신
과 비슷한 경우가 많습니다. 또는, 배우자의 별이 식상과 상합(相合)하면 3세
정도는 자신보다 어리고 경제적인 접촉으로 인해 발생하는 경우가 많습니
다. 즉 조건만남이 대표적인 경우입니다.

또, 당신의 팔자에서 배우자가 인성과의 상합(相合)이 있다면 당신보다 3살
이상 연상으로 나이가 많을 수 있으며, 대부분 고등 교육을 받았고 고정된
직업을 가지고 있습니다. 배우자의 별이 재성과 상합(相合)한다면 대부분 사
업이나 돈 때문에 만나는 것이고 영업하는 현장에서 우연히 만나는 사이
가 많습니다.

또, 아내의 소개로 인해 만났을 경우도 있습니다. 아내의 후배라든지 친구가
될 수도 있습니다. 이것은 재성이 아내성이라 아내와 연결이 된 사례입니다.
이상을 정리해보면 표에 따라 외도(外道)의 대상자를 추정할 수가 있습니다.

【표1】 배우자가 어떤 육친을 만나 합이 되는가?

비 교	상합(相合)의 구조	만나는 대인관계	육 친
배우자궁 또는 별	비견과 겁재의 합	동료, 친구, 동급의 선후배 관계	동료 친구
	식신과 상관의 합	나이 어린 남녀, 경제적이유로 접촉	자녀 부하
	인수의 합	나이 많은 남녀, 고소득자	모친 이모
	재성의 합	사업 투자 영업 관계로 접촉	처성 애인

한편 남편성이 합하는 경우에 본인에게 희용신이 된다면, 외도 대상자는 본인보다 학식이나 경제 조건이 더 좋은 조건녀를 만나게 됩니다. 남편성이 합을 만나 화성(化成)을 이뤄 변화게 된다면 일반적으로 이별, 사별, 혹은 이혼을 하게 됩니다. 이것은 남편궁(夫宮)이 합을 만나 합화(合化)하니 다른 물건으로 변한다는 말이니 보통 사별을 의미하게 됩니다.

보통 남편성(夫星)이 상대방으로부터 합충형(合冲刑)을 심하게 받으면 가정이 흔들리는 경우가 많은데 마찬가지로 여자가 사주팔자의 세운에서 남편성의 합을 만나게 되면 원국에서 남편성을 만나 반응하는 것과 똑같이 이해하면 됩니다.

그런데 가장 확실한 경우는 군비합관(群比合官)의 구조를 확인해야 합니다. 이것은 내 팔자 안에 남편의 경쟁 대상이 되는 여러 명의 여자가 있다는 의미가 되는데 남편이 바람을 피우면 아내를 사랑하는 마음으로는 전심전력을 다하기 어려운 것입니다.

1. 부심외합(夫心外合) 남편의 마음이 외부의 여자와 합한다.

부심외합(夫心外合)이란 남편의 마음이 나를 외면하고 다른 여자와 정(情)을 통한다는 말입니다. 그러므로 남편이 있어도 나는 늘 독수공방하는 세월이 많게 됩니다. 그 결과 불만이 쌓이다가 결국 헤어지게 됩니다. 보통 관성의 합거(合去)를 말합니다.

時	日	月	年	女命
乙	乙	庚		

예를들어 여자의 경우 일간 본인 외, 월간(月干)에도 동일한 을목(乙木)이 존재합니다. 이것은 비견이라고 부르는데 나와 경쟁하는 여자라고 보면 되는 겁니다. 원래 년간의 경금은 정관이므로 나의 배우자가 됩니다. 그런데 월간 을(乙)이 먼저 년간 경(庚)과 합하니 일간은 도리어 합이 되지 않게 방해를 받게 되는 겁니다. 그러므로 월간의 을(乙)과 년간의 경(庚)이 합거(合去)했다고 보는 것입니다.

이경우 정관 경(庚)은 나에게는 남편의 별이므로 남편이 다른 여자와 합한 것이고 이것을 부심외합(夫心外合)이라고 말합니다. 여기서 합거(合去)의 의미는 동거(同居)로 이해해도 좋겠으나 "본래의 역할을 못한다"라는 의미로 해석하면 됩니다.

즉, "남편이되 남편이 아니다" 그런 뜻입니다. 만약 을경(乙庚)합화(合化)를 해서 타오행 즉 다른 오행으로 변화했다면 분리혹영별지상(分離或永別之象)이라 합니다. 이것은 곧 사망이 되므로 영원히 볼 수 없게 되는 것입니다.

2. 군비합관(群比合官)의 구조이다.

時	日	月	年	女命
辛	辛	丙	壬	
卯	酉	午	子	

이 명조는 군비합관(群比合官)이 된 여자명조입니다. 일간은 신금(辛金)인데 시주(時柱)에 비견(比肩) 신금(辛金)이 존재합니다. 이것은 나와 경쟁자라고 보시면 됩니다. 그런데 시주(時柱)의 신금(辛金) 비견(比肩)이 내 배우자성인 병화(丙火)와도 합(合)을 하려고 기회를 엿보고 있습니다. 군비합관(群比合官)이란 말 그대로 내 배우자성을 놓고 동료들이 서로 다투고 있다는 뜻입니다. 이것은 혼자 독차지가 될 수가 없으므로 배우자는 양다리를 걸칠 때 나타나게 됩니다. 즉, 남편이 외정(外情) 즉 바람이 나는 명조를 말하는 것을 군비합관이라 이해하면 되겠습니다.

그래서 내 사주팔자가 군비합관(群比合官)이 되면 이혼하여 새 남자를 만난다 하더라도 알고 보니 재혼한 남편에게는 이미 애인이 있어서 내가 후처(後妻)였더라 말을 합니다. 이와 같이 비겁의 무리가 많아 내 배우자성인 남편과 합관(合官)을 다투거나 남편이 살고 머무는 부궁(夫宮)인 일지(日支)가 합화(合化)를 해서 기신(忌神)으로 변하면 남편이 쉽게 바람을 피울 수가 있다고 보는 것이 명리학적 견해입니다.

군비합관이 된 구조는 남편이 아내에 대한 사랑에 마음을 다하지 않는 것입니다. 합거(合去)와 군비합관(群比合官)의 차이는
합거(合去)는 결국 "내 여자, 내 남자가 아니더라"이고
군비합관(群比合官)은 "나는 처첩이 되더라"입니다.

3. 관살혼잡인데 합충(合沖)이 교차(交叉)하는 경우에 많다.

여자 명조에서 관살혼잡(官殺混雜)이라 함은 정관이 있는데 편관이 또 존재하는 구조를 말합니다. 여자 팔자에서 두 명의 다른 남자가 있어 남자 운이 쉽게 변한다는 것을 말합니다. 그래서 한 번쯤은 이혼한 후에 재가(再嫁) 하는 팔자가 됩니다. 여자 명조가 관살혼잡이 되는 경우에서는 본인이 바람을 피울 수도 있겠지만 반대로 남편의 외도 문제로 인해 이혼하는 경우도 많이 나타나게 됩니다.

時	日	月	年	女命
인수		정관	편관	
甲	丁	壬	癸	
辰	卯	戌	酉	
상관	편인	상관	편재	

이 명조는 정화(丁火)일간 입장에서 보면 임수(壬水)는 정관(正官)이고 계수(癸水)는 칠살(七殺)입니다. 이런 구조를 관살혼잡(官殺混雜)이라 말합니다. 관살이 년간(年干)과 월간(月干)에 모여 합충(合沖)으로 교차하고 있을 때 특히 일간을 어렵게 합니다.

이런 사주구조를 어떻게 해석되는가 하면, 일간이 과거에 만나는 애인이 있었음을 추정할 수가 있는 것입니다. 왜냐하면 일간이 항상 계유(癸酉)를 먼저 만나 연예를 하고는 결혼을 위해 새롭게 남편 임술(壬戌)을 만난다는 조건이 걸린 운명인 것입니다. 결론은 항상 정합(正合)이 우선이고 충거(衝去)는 떠나야 하는 것이죠.

5 나에게 맞는 배우자는 어떤 사람인가?

사주팔자는 전생(前生)에 맺어진 인연의 총체적 집합물입니다. 태어나면서 주민등록이라는 신분증을 부여받는 것처럼, 자신에게 주어지는 생년월일(生年月日)에 따라서 우주의 데이터베이스가 작동하는 것입니다. 그 결과 우리는 운명(運命)의 바코드처럼 4주 8자라는 부호를 받게 되는 것입니다. 이런 바코드 내부에 숨은 운명의 길을 인식하여 분석해 주는 자료가 사주학이고 특히, 육친법(六親法)을 인연법이라고 부르면 되겠습니다.

이 바코드를 잘 분석해 보면 좋은 부부의 인연도 있지만 흉한 부부의 인연도 있습니다. 누군가는 나에게는 나쁜 배우자 자리로 보이는데 운명을 개척할 수 있을까요? 하고 질문한다면 단언컨데 70%는 정해진 것이라 바꾸기 힘들지만 30% 이내에서는 개운(開運)이 가능하다고 말할 수 있습니다. 이런 것을 운칠기삼(運七技三)이라고 말합니다. 3할의 노력으로 어느 정도 흉한 방향을 되돌릴 수 있다는 생각입니다. 물론 사주팔자를 봐서 그 운명이 이미 뚜렷하게 정해져 어쩔 수가 없다고 하지만, 가능성이 조금이라도 보인다면 한 번 개운(開運)을 시도해 볼만합니다.

이것이 사주학의 인연법입니다. 인연법(因緣法)은 주로 궁합(宮合)에서 많이 사용합니다. 사주팔자는 이미 타고난 운명이라 바꿀 수는 없습니다. 그러나 내가 앞으로 만날 상대방은 내가 임의(任意)로 조절할 수가 있습니다. 따라서 누구를 만나는가에 따라 운명의 변경 조절이 가능한 것이죠. 그래서 궁합법은 종교 철학을 떠나서 오랫동안 그 명맥이 이어져 내려왔던 것입니다. 앞으로 내가 만날 상대방의 띠가 무엇인지 알아보는 간단한 조사만으로도 내 운명의 질(質)이 달라질 수도 있다는 사실만 보아도 사주학을 결코 가볍게 생각만 할 수는 없는 것입니다.

1. 좋은 부부(夫婦)의 인연(因緣)을 만들어 주는 조건입니다

① 내가 아내를 해롭게 한다면 아내는 건강한 팔자를 선택해야 좋다.

② 수명(壽命)이 짧은 사람은 나의 수명을 길게 하는 사람을 만나야한다.

③ 재물(財物)의 복이 적은 사람은 재복을 살려 줄 사람을 만나야 한다.

④ 관록이 부족한 사람은 관록과 명예를 일으켜 줄 사람과 만나야 한다.

⑤ 재생살은 남편을 죽이고, 재생관은 남편을 살리는 사람이다.

⑥ 자식(子息)자리가 안 좋다면, 상대방의 자식 자리가 길해야 한다.

2. 나쁜 부부(夫婦)의 인연(因緣)입니다

① 나의 관록을 파괴하는 인연은 안 좋다.

② 상대방이 단명(短命)하는 인연은 피해야 한다.

③ 서로의 재물(財物)을 파괴하는 인연은 피해야 한다.

④ 진로(進路)를 방해하는 인연은 안 좋다.

3. 인연법(因緣法)의 원리(原理).

일간이 신약(身弱)하여 재관(財官)을 감당하지 못할 경우에는 내 일간에게 건록(建祿)이 되어주는 띠를 배우자로 결정합니다. 무슨 말인가 하면 만약 내가 힘이 부족하다면 궁합을 보는 상대방은 나를 도와 줄 수 있는 건록의 띠로 결정한다는 말씀입니다. 상대방의 띠가 내 일간의 건록 자리가 되어야 나를 도울 수가 있습니다. 이것은 내가 힘이 약하므로 배우자가 나를 생해줄 수 있는 띠를 찾는 것입니다. 예를 들어 내가 갑목(甲木)일간이라면 상대방은 인목(寅木) 호랑이 띠가 되어야 좋습니다. 만약 내가 경금(庚金)일간이면 상대방은 신금(申金) 원숭이띠가 좋습니다. 다음 아래 도표는 천간에 일간을 기준으로 하여 건록인 사람의 띠를 설명한 것입니다. 예를 들면 갑(甲)일간의 건록은 인목(寅木)이고 병화의 건록은 사화(巳火)입니다.

【표1】 건록(建祿)이 되는 배우자.

일간	甲	乙	丙戊	丁己	庚	辛	壬	癸
건록(建祿)	寅	卯	巳	午	申	酉	亥	子

❶ 정록법(正祿法)_나를 강하게 해주는 건록의 띠를 선택한다.

時	日	月	年	女命
편관		편인	인수	
壬	**丙**	**甲**	**乙**	
辰	**辰**	**申**	**酉**	
식신	식신	편재	정재	

이 명조는 표 1에서 찾아보면 병화(丙火) 일간은 사(巳)화가 건록(建祿)입니다. 그런데 이 여자는 병화(丙火)일간인데 지지를 살펴보면 사화(巳火) 건록(建祿)이 없습니다. 또한 병화가 마땅히 뿌리내릴 장소가 없으므로 신약하다고 판단하는 것입니다. 갑(甲)을(乙)목이 있긴 하나 절(絕)지에 앉은 목이라 큰 도움은 못되는 것입니다. 그러므로 신약하면 재관(財官)을 움직일 힘이 부족한 것입니다. 즉, 타고난 내 팔자가 기본적으로 고단한 것입니다.

이런 경우에는 궁합을 보고 개운을 해야 합니다. 곧 상대방의 띠가 병화(丙火)의 건록인 뱀띠에 해당하면 좋습니다. 반면에 만약 병화의 사절지(死絕地)가 되는 원숭이띠, 닭띠, 개띠는 궁합이 안 좋습니다. 그러나 궁합을 봤는데, 남편이 될 사람의 띠가 뱀띠를 만난다면 곧 내 병화 일간의 건록인 남자가 되는 것이죠.

그러므로 건록의 남자를 만나 내가 힘을 쓸 수가 있게 됩니다. 이런 경우에는 "남편을 만나 발복하였다"라는 이야기가 나올 수가 있는 대목입니다. 이런 경우에는 남녀가 공통입니다. 이 여자분은 사립 고등학교 교감의 명조(命造)인데 신사생(辛巳生)의 남편(正祿)을 만나 결혼하였습니다.

❷ 배록법(配祿法)_배우자를 강하게 만들어 주는 띠를 선택한다.

정록법이 일간의 건록을 취하는 방식이면, 배록법은 "배우자의 건록을 취한다"라는 뜻입니다. 이것은 천간(天干)에는 배우자성(配星)이 분명히 존재하고 있는데 그 배우자성이 지지에 뿌리가 없는 경우를 말합니다. 이런 경우에는 배우자성(配星)이 힘이 부족하므로 힘이 강해지도록 해야 좋은 궁합이 되는 것입니다. 그러므로 배우자의 별이 힘이 되어주는 건록의 글자를 배우자(配星)의 띠로 삼는 것입니다. 예를 들어 내 배우자 일간이 갑목(甲木)이리고 가정해 봅시다. 그런데 지지에는 갑목(甲木)이 뿌리 내릴 땅이 없다는 의미입니다. 그럴 경우에 궁합을 보는 상대방에게서 호랑이띠를 찾아 인연을 맺게 되면 그 호랑이는 갑목(甲木)의 건록이 되는 글자이므로 내 배우자가 강성해진다고 말하는 것입니다. 그러므로 남자의 배우자는 재성이니 재물이 늘어나고, 여자의 배우자는 관성이니 명예가 올라가는 겁니다.

【예시1】 남자 경찰간부의 사주 입니다.

時	日	月	年	男命
편관		정재	편인	
甲	戊	癸	丙	
寅	寅	巳	申	
편관	편관	편인	식신	

이 명조에서 계수(癸水)가 아내의 별 해당합니다. 그런데 계수(癸水)가 지지에 뿌리 내릴 장소가 마땅치 않습니다. 이런 경우에는 재성(財星) 처(妻)의 지위도 위태롭고 운수불길(運數不吉)하다고 볼 수 있습니다. 이런 구조는 처와 재물 운이 동시에 불리해지는 형상입니다. 그래서 궁합을 봐서 쥐띠 생의 여자를 만나 결혼하였습니다. 왜냐하면 쥐띠는 계수의 건록에 해당하기 때문입니다. 즉 처(妻)성 계(癸)수가 자(子)수에서 건록에 해당되므로, 경자생(庚子生)의 아내를 만나면, 자신에게 부족한 재성을 채워 주었기 때문입니다. 결과 재물 활동이 좋아지고 부(富)를 이룰 수 있습니다.

【예시2】 아울렛에서 대형 의류매장을 운영하는 여사장 입니다.

時	日	月	年	女命
정재		정관	비견	
辛	**丙**	**癸**	**丙**	
卯	**戌**	**巳**	**午**	
인수	식신	비견	겁재	

이 명조도 계수(癸水)가 정관(正官)으로 남편에 해당합니다. 그러나 지지에 계수(癸水)의 뿌리가 없습니다. 오히려 계수(癸水) 정관(正官)이 사오(巳午)라는 절태지(絶胎地)이므로 불길에 휩싸여 위태롭기까지 합니다. 그래서 궁합을 보고 찾은 띠가 쥐띠 생이 유리했습니다. 왜냐하면 계수의 남편은 자수(子水)가 건록(建祿)에 해당하기 때문입니다.

그래서 쥐띠생인 경자생(庚子生)의 남편을 만났습니다. 이것은 남편의 의지할 곳이 없어 남편 운수가 불길하였지만 쥐띠를 만나 힘이 강해진 것입니다 또한 경금(庚金)은 계수를 생하는 경발수원(庚發水原)의 상(像)인 것입니다. 경발수원(庚發水源)이란 경금이 물의 수원지가 되어 공급하므로 공급이 그치지 않는다는 뜻입니다.

❸ 장간법(藏干法)_정편재에서는 정재를 우선으로 선택한다.

이것은 팔자에서 배우자성이 투출은 하였지만, 편재만 투출하고 정재는 지장간에 숨어 있는 경우를 말합니다. 이 궁합의 기준점은 정재를 우선하고 편재를 애인으로 보는 것입니다. 따라서 천간에 투간(透干)한 편재(偏財)가 있는데 지장간(地藏干)속에는 숨은 정재(正財)가 있을 때 지장간(地藏干)속의 정재(正財)로서 배필(配匹)을 삼는 경우입니다. 팔자에서는 남자가 정편재(正編財)가 되면 불리한 구조라고 보는 것입니다. 그래서 정재(正財)를 취하는 궁합을 찾아야 한다는 의미입니다.

【예시3】 벤처기업의 공동 창업자로 성공한 사업가입니다.

時	日	月	年	男命
편재		상관	식신	
戊	甲	丁	丙	
辰	午	酉	申	
편재	상관	정관	편관	
丙己丁			지장간	

이 사람의 아내는 오중(午中) 기토(己土)가 됩니다. 그런데 기토(己土)의 투출은 지장간에 숨어 있고 무토(戊土) 편재(偏財)가 시상(時上)에 투출하였습니다. 이런 경우에 편재(偏財) 무토(戊土)를 처(妻)로 삼지 않고 정재(正財)인 기토(己土)를 아내로 삼아야 합니다. 그렇지 않으면 2번 결혼하거나 실패하는 확률이 높습니다.

따라서 돼지 띠인 기해생(己亥生)의 기토(己土) 여자를 만나면, 기토(己土)는 일간과 갑기합(甲己合)하므로 유정(有情)한 사이가 되고, 해수(亥水)는 갑목의 장생(長生)지라 남편을 발복(發福)하게 만드는 현모양처가 될 수 있습니다.

❹ 개고법(開庫法)_**충하여 열어주는 띠를 배우자로 선택한다.**

이것은 팔자에서는 투간이 된 배우자 성(星)이 없지만 고장지(庫藏地)인 진술
축미(辰戌丑未) 속에 배우자(配偶者)성이 숨어 있는 경우입니다. 충(沖)은 마땅
히 충개(衝開)하여 열어주는 글자가 배필(配匹)이 됩니다. 따라서 충(沖)하여
주는 글자의 띠로 배우자성을 결정을 하는 것입니다.

【예시 4】 아래의 명조에서는 남편의 별에 해당하는 임계수(壬癸水)가 없습
니다. 그러면 무슨 띠를 배우자로 선택해야 하겠습니까?

時	日	月	年	女命
인수		겁재	식신	
甲	**丁**	**丙**	**己**	
辰	**卯**	**寅**	**酉**	
상관	편인	인수	편재	
乙癸戊				지장간

이 명조는 무관(無官) 팔자인데 진중(辰中)의 계수(癸水)가 남편성이 됩니다.
임수(壬水)가 정관이라 남편에 가깝지만 병화(丙火) 겁재(劫財)가 있어서 병임
충(丙壬沖)으로 훼방을 하고 있는 경우입니다. 겁재는 반드시 내 남편을 겁관
하여 나에게서 빼앗아 가려는 글자인 것입니다.

그래서 팔자에 계수(癸水)만 숨어 있는 경우입니다. 고로 임인(壬寅)생과 결혼
하였으나 이혼하였고 경술(庚戌)생과 재혼한 경우입니다. 이런 경우에는 진
중(辰中)의 계수(癸水)가 남편이므로 진술충(辰戌沖)을 해주는 개띠(戌土) 남자
를 만나 결합하게 된 것입니다.

【예시 5】

時	日	月	年	女命
편인		정재	정재	
甲	**丙**	**辛**	**辛**	
午	**辰**	**丑**	**亥**	
겁재	식신	상관	편관	
	乙癸戊			지장간

이 사주는 백화점에서 의류매장을 운영하는 사람인데 무관(無官) 팔자입니다. 그러나 진(辰)중 계수(癸水)에 남편성이 숨어 있습니다. 따라서 진(辰)중 계수(癸水)정관이 남편이 됩니다.

그런데 진술(辰戌)충으로 개고(開庫) 시켜주는 글자가 배우자 띠가 된다고 하였으니 개띠 남자를 만나 결혼하였습니다. 따라서 경술(庚戌)생 남편을 얻었습니다.

❺ 좌하배성(座下配星) **투출법**(透出法)_천간에 투출한 글자를 배우자로 선택한다.

일지(日支)의 지장간(地藏干)속의 배우자성이 숨어 있는 경우에는 천간(天干)에 투출(透出)한 배우자성(配星)의 띠를 배필(配匹)로 삼습니다. 무슨 말인가 하면 팔자에는 배우자의 별이 없고 지장간에 배우자가 숨어 있는 경우입니다. 이런 경우에는 천간에 투출한 글자를 가지고 있는 사람을 배우자고 골라야 한다는 뜻입니다.

【예시6】 지장간에서 투간한 배우자성을 선택한다.

時	日	月	年	女命
비견		상관	인수	
庚	**庚**	**癸**	**己**	
辰	**寅**	**酉**	**酉**	
편인	편재	겁재	겁재	
戊丙甲				지장간

위의 명조는 병정화(丙丁火)가 남편인데 팔자 밖에 나타난 배우자 별이 없습니다. 그런데 인중(寅中)에 병화(丙火)가 남편의 별이 되는데 숨어 있는 구조입니다. 이런 경우에는 무슨 띠로 남편을 삼아야 하겠습니까?
답은 인(寅)중의 지강간에 병화(丙火)가 남편성입니다. 숨어 있으니 드러나야 결혼하기 쉽다는 말이므로 병오(丙午)생 남편을 얻어 결혼하였습니다. 병술년 후반부터 감자탕 집을 차려 성업중이라고 합니다. 이런 구조는 충이 아니라 투출운을 만나야 하는 경우이므로 천간에 병화가 등장하는 세운이 길해집니다. 그러므로 병술년에 음식점이 대박이 났다고 합니다.

❻ 삼합법(三合法)**_삼합을 이루는 글자를 배우자로 선택한다.**

삼합이 되면 대부분이 큰 일가(一家)를 이루므로 큰 성취가 있을 수가 있게
됩니다. 그런데 팔자에서 삼합(三合)을 이루는데 한 글자가 모자라 삼합(三
合)을 못 이루는 경우가 있을 수가 있습니다. 그럴 경우에 사용하는 궁합법
입니다. 곧 삼합(三合)을 이루기 위해서 모자라는 글자를 배우자의 띠로서
결정하는 궁합법입니다.

【예시7】 계묘생을 만나서 부자가 되다.

時	日	月	年	男命
편관		비견	편인	
丁	辛	辛	己	
酉	亥	未	亥	
비견	상관	편인	상관	

위의 명조는 해묘미(亥卯未) 삼합의 구조가 보입니다. 그러나 묘목(卯木)이 없
기 때문에 해묘미(亥卯未)삼합에 실패하였습니다. 이런 경우에는 무슨 띠를
만나야 좋은 궁합이 될 수가 있을까요? 이 사람은 해묘미(亥卯未) 삼합을 결
성하게 무척 강해져 큰 성취를 이룰 수 있는 길이 보입니다.

그런데 묘목(卯木) 한 글자가 없어서 뜻을 이루지 못하였지만, 토끼띠 여자
를 만나 결혼하게 되었습니다. 뜻밖에 배우자를 만나고서부터 대박 인생으
로 진행하였습니다. 상대방이 묘목(卯木)을 가진 토끼띠를 만나게 되면 나의
해묘미(亥卯未)삼합을 이루게 되어 큰 성취를 이루었던 것입니다.
이 사람은 이삿짐센타를 운영하는 사장인데 계묘생(癸卯生)인 처(妻)를 만나
부(富)를 이룬 명조(命造)입니다.

6 무슨 직업을 선택해야 하나

직업을 알고 싶다면 격국(格局)의 상의(象意)를 분석해야 합니다. 직업도 다양하고 사람도 천자만별이라 누구는 직업이 좋고 누구는 나쁘고를 판단하기는 쉽지 않습니다. 또한 내가 도대체 무슨 일을 하여야 후회 없는 인생을 살아갈 수 있을까. 한 치 앞을 모르는 것이 인생인데 자신의 직업을 선택하기에는 자기 자신을 너무 몰라 쉽게 결정을 내리지 못하는 것입니다. 하지만 결론적으로 알려드리고 싶은 것은 그 직업을 선택했다면 만족하는 삶을 살 수 있어야 합니다. 또한, 누군가에게 의지하지 말고 본인이 직접 찾아야 합니다. 그런 면에서 사주팔자학은 여러분들에게 매우 명쾌한 길을 알려 드릴 수가 있습니다.

사주학으로 사람의 전공(專攻)과 직업(職業)을 찾는 길은 격국론을 참작합니다. 격국이란 월지(月支)에서 무슨 글자가 놓여 있는가를 살피는 이론입니다. 이것을 '용신(用神)을 잡는다.'라고 말하는데 월지에 해당되는 오행(五行)이 무슨 오행인가부터 밝혀야 하는 것입니다. 만약 월지에 어떤 오행이 보이게 된다면, 그 이후에는 그 사람의 관련 업종【표1】를 참고하여 분석하면 됩니다. 예를 들어 월령에 인목(寅木)이나 묘목(卯木)이 존재하면 목(木)오행(五行)이라고 말합니다. 그러면 【표1】의 관련 업종에서 목(木)에 관련된 해당 직업군을 찾아보면 됩니다. 또한, 일간을 기준으로 하여 월지에 놓인 오행이 무슨 십신인지를 파악해야 합니다. 이것은 【표2】를 보면 쉽게 구분할 수 있습니다. 그리고 해당된 목(木)오행을 십신(十神)으로 전환하면 관련된 업종이【표3】에 나타납니다.

만약, 식신(食神)에 해당이 된다고 가정을 하면 교사, 보육사, 서비스업, 제조, 유통 등에 해당이 될 것입니다. 그 결과 2가지 사항에 일치가 되는 공통분모가 보이게 될 것입니다. 이 일치되는 사항이 이 사람의 직업 적합도가 될 것입니다. 예를 들어 목(木)오행은 교육, 출판, 언론, 건축 등으로 표출이 되는데 만약 목(木) 오행이 십신으로 환산해서 살펴보면 식신(食神)에 해당된다고 하면 교사, 보육사, 강사 등의 역할이 강조될 것이므로 두 가지가 특화(特化)된 성질이 일치하여 나타나게 됩니다. 그러므로 이 사람의 직업 적합도는 공통점을 보이는 교육자가 좋다는 점을 알 수가 있다는 사실입니다.

【표1】 관련업종

목(木)	교육자 공무원 의료 출판 방송 신문 문방구 작가 섬유 가구 문구 조경 원예 건축 산림 청과 인테리어 디자인 농장 침술
화(火)	전자 전기 통신 아나운서 광고 언론 정보처리 조명기사 화학 약품 방송 언론 교육 예체능 디자인 화장품 예식장 사진관
토(土)	부동산 중개인 농산물 토건업 건축 조경 농림 축산 낙농 도공예 임업
금(金)	법관 교도관 금융업 경비 경찰 군인 기계 조선업 자동차정비 중장비 주물금속 철광석 광산업 조선 항공 철도
수(水)	관광경영 유통업 호텔업 숙박업 목욕탕 수산물 선박 해운업 양조장 정수기 양어장 요식업 사우나 세차장

【표2】 오행(五行)을 십신(十神)으로 전환하는 조견표

간지\일간	甲	乙	丙	丁	戊	己	庚	辛	壬	癸
甲寅	비견	겁재	편인	인수	편관	정관	편재	정재	식신	상관
乙卯	겁재	비견	인수	편인	정관	편관	정재	편재	상관	식신
丙巳	식신	상관	비견	겁재	편인	인수	편관	정관	편재	정재
丁午	상관	식신	겁재	비견	인수	편인	정관	편관	정재	편재
戊辰戌	편재	정재	식신	상관	비견	겁재	편인	인수	편관	정관
己丑未	정재	편재	상관	식신	겁재	비견	인수	편인	정관	편관
庚申	편관	정관	편재	정재	식신	상관	비견	겁재	편인	인수
辛酉	정관	편관	정재	편재	상관	식신	겁재	비견	인수	편인
壬亥	편인	인수	편관	정관	편재	정재	식신	상관	비견	겁재
癸子	인수	편인	정관	편관	정재	편재	상관	식신	겁재	비견

오행(五行)을 십신(十神)으로 읽는 방법은 항상 일간(日干)을 기준으로 합니다. 일간을 기준으로 하여 월지에 놓인 글자를 읽습니다. 예를 들어 갑(甲)일간 이라고 본다면 갑(甲)일간이 월지(月支)에 인목(寅木)이 놓여 있다면 비견(比肩) 이라 말합니다.

월지(月支)에 유금(酉金)이 놓여 있다면 정관(正官)이라 말하며 용신(用神)은 목 오행이고 정관격(正官格)이 됩니다. 자수(子水)가 월지에 놓여 있다면 인수(印 綬)라고 말하면 인수격(印綬格)에 해당이 됩니다.

【표3】 십신(十神)과 관련된 업종

비견	스포츠 군인 조경 건축사 언론계 교육 강사 법무 세무 건축 부동산 종교 심리
겁재	군인 경찰 무관 특수기관 경호 스포츠 투기 유흥업 브로커 대행업 다단계
식신	교육학과 사범 예체능 언론방송 방송홍보 연극영화 사회복지 아동보육 통역 금융 경영 식품영양 환경 농축산 의예 의사 재활학과 약학 간호학 소비자보호관련 교사 강사 요리사 보육사 복지사
상관	변호사 기술자 강사 방송 정보통신 문예창작특수기술 특수자격 특수행정 벤처 경제 경영정보 예체능 광고 관광 경찰 검찰 세무 법무 변리 언어심리 통역 정치
정재	상업 무역 세무사 회계사 경리 제조 대행업 경제학 경영학 금융 통화 재정 세무 회계 경리 설계
편재	토목 건설 부동산 증권 금융 무역 음식 유흥 경영 금융 무역 외교 관광 정보 증권 통신 교통 자동차 선박 부동산 마케팅 컨설팅
정관	법학 정외과 경제 국어 국사학자 행정공무원 관공서 공무원 대기업 사무원
편관	군인 교도관 군무원 경찰 검사 경호 특수직 법관 경찰 정치 의예 경호 간호
정인	교육 사범 역사 국문학과 언어학과 종교 행정 외교 사법 창작. 교육 육영 학원 문화 예술 언론 종교
편인	예체능 종교인 출판업 언론인 역술가 임대업 의학 공학 언론 출판 예능 종교 심리 철학 역학 간호 스포츠

【예시1】 종합병원에서 근무하는 방사선사입니다.

아래의 사례는 기술직이고 전문직에 속하는데 사주팔자 안에 의문을 풀 수수께끼 같은 디테일한 데이터가 숨어 있습니다. 정보의 보고서라고 말할 수 있는 것이 바로 사주팔자학 입니다. 어렵더라도 차분하게 읽다 보면 어떤 연결 고리로 운명을 해독하는지 재미있는 과정이 될 수 있을 겁니다.

時	日	月	年	男命
상관		편재	편관	
丙	乙	己	辛	
戌	巳	亥	未	
정재	상관	정인	편재	

이 사람은 월지(月支)가 해수(亥水)가 됩니다. 그러면 용신은 해수이고 십신(十神)으로 환산해 보면 해수(亥水)는 정인(正印)입니다. 팔자에서 용신이 결정이 나면 그 용신이 바로 나의 직업 환경이 되는 것입니다. 그러므로 이 사람의 직업은 인수격(印綬格)이 됩니다.

인수(印綬)에서는 교육, 학문, 공무원, 자격증이 우선 생각나야 합니다. 고로 이 사람은 자격증을 발급받아 취업하는 것이 바람직한 삶이 될 것입니다. 그런데 무슨 자격증일까요.

기해(己亥)의 상(像)은 편재를 머리에 메고 있는 자격증이죠. 편재는 곧 재물을 뜻합니다. 그래서 "아! 이 사람의 자격증은 돈 벌려는 목적이 크구나." 즉, 순수한 학문 연구보다는 재물 축적의 방향이 큰 사람입니다. 여기까지만 알아도 내가 돈 벌기 위한 방편으로 자격증을 취득해야 할 팔자임을 단번에 확인이 되는 것입니다.

그리고서는 상신(相神)을 보는 겁니다. 상신(相神)은 내가 일하는 환경에서 내가 관장하는 보직(補職)이 되는 겁니다. 그런데 신금(辛金) 칠살(七殺)이 상신(相神)이 되어 있습니다. 신금(辛金)을 상신(相神)으로 결정하는 이유는 심도 있는 고급 편에 가셔야 알 수가 있는 것이므로 여기서는 일단 신금(辛金)을 상신(相神)으로 아시고 진행하시면 됩니다. 그런데 칠살은 위험한 물건이라고 말씀드렸습니다만, 이 칠살은 단독으로 사용하지 못하도록 법규에 명시가 되어 있습니다. 고로 병화(丙火) 상관(傷官)을 2인 1조로 함께 움직이도록 해야 합니다. 이것을 "상신의 확대"라고 말을 합니다. 상신(相神)이 연결이 된 모습이라는 뜻입니다. 이러한 상태는 명리학에서는 보통 상관제살(傷官制殺)이라 하는데 제복이 된 칠살은 고도로 숙련이 된 전문가 집단에서 많이 나타납니다. 그러므로 "내가 취득할 자격증은 기술 자격증이겠구나" 알 수가 있다는 뜻입니다.

이 사람의 직업이 병원 방사선과이므로 직업을 역 추적하여 격국을 살펴볼 수도 있습니다. 물상법으로 보는 방법을 소개해 드리겠습니다. 방사선과란 빛이죠. 그래서 방사선은 전자파의 일종으로 병화(丙火)에 해당이 됩니다. 고위험군의 업종에 해당할 겁니다. 이런 경우는 대부분 제복(制伏)이 된 칠살격에 많이 나타납니다. 칠살이 제살(制殺)되면 고도로 숙련된 전문가 집단입니다.

▶ 병화(丙火)의 상의(象意)_확산, 팽창의 물질

인터넷 방송인, 예술인, 예체능, 크리에이터, 문화 사업, 조명업(照明), 항공업(港空) 승무원, 여행 가이드, 전기, 전자, 가전제품, 화공업, 화학공장, 가스, 엔진, 전자파, 광선, IT 계열, 과학, 기술, 원자력발전소(原電) 등이다.

이 병화(丙火)라는 천연의 빛줄기가 신금(辛金) 칠살에 꽂히는 겁니다. 이런 경우는 조명업, 전자파, 원자력 에너지, 전자제품 등에 많이 나타납니다. 종합해 풀어보면 조명 빛이 인체를 투과하여 만들어내는 방사선과, 원자력 계통 근무가 합당하다고 봅니다.

그러므로 병신합(丙辛合)을 상신(相神)으로 사용하는 게 분명히 보이네요, 원래 신금(辛金)이 상신(相神)이고 병화(丙火)는 제살(制殺)하는 희신(喜神)군으로 보면 됩니다.

고로 격국명칭은 인수용겸대식상(印綬用煞而兼帶傷食者)이라고 생각하시면 됩니다.

7 나에게 자녀복은 있을까?

남자에게는 자녀가 관성(官星)이 됩니다. 여자에게는 자녀가 식신(食神)과 상관(傷官)이 됩니다. 따라서 자녀복의 여부를 판단하려면 남자는 관성이 길(吉)하면 자녀복이 있다고 보고, 여자에게는 식신이나 상관이 길(吉)하게 작용한다면 자녀복이 있다고 판단하면 됩니다. 그렇다면 관성이 길한 구조는 어떻게 이루어졌는가! 궁금할 것입니다. 혹은 여자에게는 식신과 상관이 길하게 이루어진 구조에 대해 궁금하실 겁니다.

결론부터 말하자면 자녀가 되는 관성이 희신(喜神)이 되면 그 자식은 현준(賢俊)하다고 볼 수 있고, 희신이 관성과 서로 상극(相剋)하지 않는다면 역시 좋다고 봅니다. 만약, 반대로 되어 있으면 무자(無子)하던지 혹은 자식이 불효(不孝)할 수 있습니다.

【예시1】

時	日	月	年	男命
			정관	
己			甲	
			子	
			편재	

위의 경우 남자에게는 관성이 약하면 관성을 생조(生助)해주는 재성이 희신이 됩니다. 따라서 재생관(財生官)이 되면 자녀복이 있습니다.

	時	日	月	年	男命
			편관		
	戊		甲		
	午		寅		
	인수		편관		

위의 경우 만약에 칠살이 강한데 일간이 약하다면 인수와 비견의 도움이 있어야 좋은데, 이때 인수와 비견이 희신이 되면 자녀복이 있다고 보면 됩니다.

【예시3】

	時	日	月	年	男命
		甲			
		申	寅		
		편관	비견		

위 경우 만약 관성이 막히거나 지체(遲滯)가 되면 자녀복이 없는 것인데 만약 충(沖)하여 생발(生發)해주는 것이 필요합니다. 충발하여 막힌 관성이 풀리게 된다면 자녀복이 있는 것입니다.

【예시4】

	時	日	月	年	男命
			정관	인수	
	己	甲	丙		
	巳	子	午		
	인수	편재	편인		

위와 같이 만약 관성이 설기가 심하게 되면, 반드시 재성으로 도와줘야 합니다. 이때 재성의 도움이 있게 되면 자녀복이 있다고 보는 것입니다.

여자의 경우는 식신과 상관의 동태(動態)를 보고 판단하면 됩니다. 여자 사주에서 남편과 자식을 보는 것은 안정(安定)이 되어 있는가를 살피는 것이 중요합니다. 그러한 기(氣)의 고요함이란 평화로워야 하는데 이러한 고요한 사주가 되면 남편복과 자녀복이 있다고 보면 됩니다. 그러므로 사주 중에서 관성이 명확하여 순조로우면 남편이 귀하고 길한 것은 자연적인 이치가 됩니다.

【예시5】

時	日	月	年	女命
		편관	상관	
戊	甲	辛		
寅	寅	丑		
편관	편관	겁재		

위의 여자 사주에 만약, 관성이 태왕(太旺)하면 상관으로 관성을 극해줘야 합니다. 이런 상관에 해당이 된다면 귀한 자식이 됩니다.

【예시6】

時	日	月	年	女命
			정관	
己		甲		
子		午		
편재		편인		

만약, 관성이 너무 쇠약(衰弱)하면 재성으로 생조해 줘야 합니다.

【예시7】

時	日	月	年	女命
		인수	편관	
甲	癸	庚		
	酉	申		
	정관	편관		

만약 관성이 사주에 가득하여 일주를 업신여기고 있을 때, 인수(印綬)가 희신이 되어 관성을 설기 해준다면, 관성이 순조로와 진다는 것이므로 곧 남편복이 있다고 보는 것입니다.

【예시8】

時	日	月	年	女命
		식신	편관	
甲	丙	庚		
	酉	申		
	정관	편관		

만약 식신이나 상관이 있어서 강한 관성을 제살(制殺)하게 되면 식신과 상관이 길하게 작용하는 희신이 되는 것이니 곧 자녀복이 있게 됩니다.

【예시9】

時	日	月	年	女命
식신		인수	정관	
己	丁	甲	壬	
酉	寅	寅		
편재	인수	인수		

만약 인수가 사주에 가득하여 관성의 기운을 너무 설기하고 있을 때에 재성이 존재하게 되면 재성이 인수를 극하여 관성의 설기를 막게 되면서 동시에 재성이 관성을 생조(生助)하게 됩니다 이런 경우에는 재성이 희신이 되는 것이므로 남편복이 있게 됩니다.

대체로 남자의 사주에서 자녀를 논하고 귀(貴)를 논하는 이치와 비슷한데 사주 중에서 상관이 맑고 뚜렷하다면 자녀가 귀하면서 잘되는 것은 말할 필요가 없습니다. 만약, 상관이 태왕(太旺)하다면 인수가 있어야 합니다. 인수로 태강한 상관을 제복하게 되면 자녀복이 있게 됩니다.

또, 자녀가 되는 상관이 쇠약하다면 비견이 도와주는 구조가 되면 자녀복이 있습니다. 또는 재성이 왕(旺)하여 식상을 설기하고 있다면 비견의 도움이 있게 되면 자녀복이 있을 수 있습니다. 그러므로 식신이나 상관이 허약하면 비견의 도움이 반드시 있어야 자녀복을 말할 수가 있는 것입니다.

【예시10】

時	日	月	年	男命
편관		인수	편관	
癸	丁	甲	癸	
卯	酉	子	亥	
편인	편재	편관	정관	

이 명조는 자(子)중 계수(癸水)가 투출하여 관살이 당령하였습니다. 그런데
년지(年支)에 해수(亥水)와 유금(酉金)이 금생수(金生水)하므로 관살(官殺)이 너
무나 태강(太强)하게 되어 버렸습니다. 그러므로 갑목(甲木)인성으로 관살을
화살(化殺)을 해줘야 좋게 됩니다.

우선적으로는 토(土)가 있어서 제살(制殺)해주는게 바람직하였지만 토(土)가
없으므로 인수를 사용하여 제복(制伏)을 하는 것입니다. 이 사주는 신약(身弱)
하면서 살왕(殺旺)한 경우인데 살중신약(殺重身弱)한 경우에 제복(制伏)이 불안
전하면 딸을 많이 낳는다고 알려져 있습니다. 그러므로 이 사람의 처(妻)는 여
덟 딸을 낳았고 또, 첩도 여덟 딸을 낳았지만, 아들이 없었습니다.

8 타고난 재물복은 얼마나 될까?

그 사람이 부자(富者)라는 것을 어찌 알 수가 있겠습니까.

사주학에서는 분명히 말을 합니다 "재성(財星)의 기(氣)가 문호(門戶)에 통(通)하고 있으면 그 사람은 부유한 사람이다." 그렇다면 재성(財星)이 문호(門戶)에 통(通)하고 있다는 뜻은 무엇인지가 궁금할 것입니다. 문호(門戶)라는 것은 월지(月支)를 말하는 것입니다.

그러니까 근묘화실에서 2번재에 해당하는 월(月)주가 되는 것입니다.

그래서 재성(財星)이 문호(門戶)에 통(通)한다는 말은 재성(財星)의 기운(氣運)이 월지(月支)에 통근(通根)하고 있다는 점을 강조한 말입니다.

사주학에서는 재성이란 재물을 말하는 것입니다.

그러므로 부자가 되려면 당연히 재성이 크고 강해야 한다는 의미인데 강해지려면 월지에 뿌리를 내리고 성장해야 한다는 뜻으로 받아들이시면 됩니다. 아래와 같은 사람은 모두 재성(財星)의 기운(氣運)이 문호(門戶)에 통(通)한다고 말할 수가 있겠습니다.

그러므로 부자로 판단하시면 됩니다.

1. 재성이 왕(旺)하고 일신(日身)이 강한데 관성이 재성을 지켜준다.

월지가 재성인데 천간에도 재성이 투출한 경우입니다. 그런데 일주도 간여지동으로 강합니다. 그러면 비견겁이 많은가를 살펴봐야 합니다. 비견과 겁재는 나의 재물을 겁탈하는 물건입니다. 그러므로 만약 겁재가 놓이게 되면 오히려 재성이 강하다고 해도 손재수를 당하거나 돈이 흩어지게 되는 사람입니다. 그래서 천간에 관성이 존재해야 합니다. 관성은 마치 경찰서와 같은 존재가 됩니다. 관청이 있으면 도둑들이 내 재물을 훔치지 못하는 것이므로 이런 구조가 되면 부자사주라고 보아도 됩니다.

時	日	月	年	男命
정관		정관	정재	
丁	庚	丁	乙	
丑	申	亥	卯	
인수	비견	식신	정재	

경신(庚申)일주가 강하고 월지 해묘(亥卯)가 합하여 을목(乙木)재성이 투출하였습니다. 재성이 월령에서 목국(木局)을 지으니 재기(財氣)가 통문(通門)하였습니다. 곧 일주가 강하고 용신도 재국(財局)을 이루어 건왕(建旺)하니 반드시 큰돈을 벌 수 있으니 부자로 판단하면 됩니다. 이 분은 현대그룹을 세운 정주영(鄭周永) 회장님의 사주입니다.

2. 인성(印星)이 기신인데 재성이 능히 인수를 무너뜨린다.

사주팔자에 인성(印星)이 국을 이루어 기신이 되거나, 또는 인성(印星)이 너무 많은 것을 말합니다. 이런 경우에는 인성(印星)이 태과불급(太過不及)이 되어 기신(忌神)이 되어 버리는 것입니다. 만약, 재성(財星)이 있게 되면 재성이 기신이 되어 버린 인수를 극하여 합국(合局)을 못하게 하는 작용이 있습니다. 기신(忌神)이 합국이 되어 버리면 이것은 마치 세균이 침투한 장소를 자극하여 덧나게 하여 잘못하면 수술할 수 도 있게 만들기 때문입니다.
이렇게 재성이 좋은 작용을 하게 되면 재물이 들어오게 됩니다.

時	日	月	年	男命
		인수	편재	
丁	甲	辛		
酉	寅	亥		
편재	인수	정관		

예를 들면 정화(丁火) 일간이 인월(寅月)에 출생하면 인수(印綬)가 됩니다. 그런데 갑인(甲寅)목(木)이 인해(寅亥)합목(合木)으로 결성이 되면 무척 강한 인수가 이루어지게 됩니다. 이런 경우에 대운에서 다시 목운(木運)을 만나게 되면 인수(印綬)가 기신(忌神)으로 돌변할 수 있습니다.

그러므로 신금(辛金) 재성으로 금극목(金克木)을 하게 되면 인해(寅亥)합목(合木)이 풀리게 되어 합국(合局)을 지을 수가 없게 됩니다. 그러면 재성으로 인해 인수가 다시 희신(喜神)으로의 본래의 역할을 하게 됩니다. 그럴 경우에 재성이 관여하므로 인해 격국이 완성이 되었다고 한하는 것인데 이럴 경우에는 부자가 될 수 있습니다.

3. 인수가 희신인데 재성이 능히 관성을 생해준다.

인수(印綬)가 기신(忌神)이 아닌 경우에 재성(財星)이 있게 되면 재성(財星)이 인성(印星)을 극(極)하여 파국(破局)하게 됩니다. 그래서 만약 관성이 존재하게 되면 재성이 인수를 극하지 못하고 재생관으로 관성을 생해주게 됩니다. 그렇게 되면 관성은 재성의 생조를 받아서 다시 인수에게 관생인으로 희신인 인성을 강하게 만들어 줍니다 따라서 이런 구조가 되면 길한 사주라 하는데 여기서 재성이 관여하므로 부자가 될 수 있습니다.

時	日	月	年	男命
	丙			
子	申	寅		
정관	편재	편인		

예를 들면 이 경우는 인목(寅木)이 인수(印綬)이므로 길한데, 인목(寅木)을 신금(申金)이 인신충(寅申沖)을 하고 있다면, 금극목(金克木)이 되어 인목(寅木)이 손상을 당할 우려가 있게 됩니다. 이렇게 되면 인수가 파손당하는 것이므로 파국이 됩니다. 그런데 만약 자(子)수 정관이 존재하게 되면 신자(申子)합수로 인해 오히려 인목을 생조하게 됩니다.
그러면 파국에서 성격이 되므로 길한 명조가 됩니다 이런 경우도 편재가 길하게 변한 것이므로 부자가 될 수 있습니다.

4. 상관이 중(重)한데 재신(財神)이 상관을 유통(流通)시켜준다.

만약 사주에서 상관(傷官)이 너무 많다면 상관(傷官)이 기신(忌神)이 될 수 있습니다.

여기서 기신(忌神)은 흉(凶)한 신(神)을 말하며, 흉(凶)한 신(神)이 많으면 앞길이 잘안 풀리게 됩니다.

그런데 만약, 재성이 있다고 가정해 본다면 상관생재(傷官生財)하므로 흉한 상관의 기운이 재성으로 흡수(吸收)가 될 것입니다. 그러면 그만큼의 흉의가 사라지게 됩니다. 결과 흉신(凶神)은 사라지고 길한 사주로 바뀌게 되고, 재성이 관여하여 문제를 해결해 부자가 되는 것입니다.

時	日	月	年	男命
		식신	정재	
戊	庚	癸		
子	申	酉		
정재	식신	상관		

예를 들어 경신(庚申)금은 식신(食神)이고 유금(酉金)은 상관(傷官)이므로 식상관(食傷官)이 무척 강하여 불리해 질 수 있습니다. 이 경우 계수(癸水) 정재(正財)와 자수(子水) 정재(正財)가 존재해 금생수(金生水)하여 상관의 흉(凶)한 살기(殺氣)를 흡수하여 길하게 변하게 됩니다.

이것을 재성이 상관을 유통시켰다고 말을 하는 것인데, 이로 인해 부자가 될 수 있습니다 곧 재성이 관여하여 길한 격국이 되어 버리면 그렇게 판단을 하면 됩니다.

5. 재신(財神)이 중(重)한데 상관이 있으면 나쁘다.

이런 상황은 재성이 너무 많은 경우입니다. 재성이 좋다하나 너무 많으면 그 또한 문제가 됩니다. 이 경우에 또 상관이 상관생재(傷官生財)하므로 다시 강한 재성을 더 키워주게 되면 재성은 역작용을 하게 됩니다. 오히려 돈으로 인해 파국을 맞게 됩니다. 따라서 이런 경우는 관성이 존재하거나 비견이 많아서 재성을 극(剋)하여주는 것이 유리합니다.

6. 재성(財星)이 없는데 암합리에 재성이 국(局)을 이룬다.

이런 경우는 사주 팔자에 무재성(無財星)이라 해도, 합국(合局)을 지어 재성국(財星局)이 되는 경우를 말합니다. 비록, 합국은 짓지 못하더라도 재성의 기(氣)가 모이게 되는 것이므로 부자가 될 수 있습니다.

時	日	月	年	男命
		식신		
戊			庚	
	申	辰		
	식신	비견		

예를 들어 사주에 재성(財星)이 없는데 신(申)과 진(辰)이 모이게 되면 수(水)의 기운이 결집이 일어납니다. 그런데 천간에서 경금(庚金)이 존재해서 금생수(金生水)로 지장간에 존재하는 수(水)의 기운을 생조하게 된다면, 그럴 경우에는 무재성이라 해도 재성(財星)의 기(氣)가 국(局)을 이룰 수 있으므로 부자가 될 수 있습니다. 그래서 만약 대운에서 다시 자수(子水)를 만난다면, 신자진(申子辰) 수국(水局) 재성국(財星局)을 결성되어 부자가 될 수 있습니다.

7. 재성(財星)이 은혜를 베풀고 있는데 상관(傷官)도 은혜를 베푼다.

이런 구조는 상관생재(傷官生財)라 말합니다. 곧, 상관(傷官)이 강한데 재성도 있어서 상관의 생조를 받게 되어 재성이 강해지면 이것을 상관이 은혜를 베푸는 것이고, 재성이 또한 관성에게 재생관(財生官)으로 관성을 강하게 만들어 준다면, 재성이 은혜를 베풀고 있는 구조가 됩니다. 이런 경우는 모두다 재성이 통관을 하여 길하게 된 사주가 되므로 역시 부자가 될 수 있습니다.

時	日	月	年	男命
정관		정재	편인	
庚	乙	戊	癸	
辰	酉	午	卯	
정재	편관	식신	비견	

사주를 간명하려면 가장 먼저 유정(有情)과 무정(無情)을 봅니다. 일간에게 정(情)이 향하면 유정(有情)이라 하고, 막히거나 방해하면 무정(無情)이라 하죠. 이 명조는 을경합(乙庚合)하니 정관(正官)이 유정(有情)하다고 말하는 것이며 진유합(辰酉合)하니 재성(財星)이 유정(有情)하다고 보는 것입니다.

일주로 모든 재관(財官)이 귀의(歸依)하면 길한 사주가 된다고 보시면 됩니다. 무(戊)토 정재가 오(午)화 양인에 있는 것이니 재성이 무척 강성한 것으로 보면 됩니다. 또한 화생토가 되면서 토생금이 되니 식신이 재성에게 은혜를 베풀고 진유(辰酉)합하니 재성이 관성에 은혜를 베풀고 있는 구조가 됩니다 이런 구조가 되면 식신생재와 재생관을 겸비한 사주가 되어 부자가 될 수 있습니다. 이 분은 천억 대 부자라고 합니다.

8. 걸인(乞人)사주는 어떠한 구조인가?

時	日	月	年	男命
편재		비견	비견	
丙	**壬**	**壬**	**壬**	
午	**子**	**子**	**子**	
정재	겁재	겁재	겁재	

이 사주는 재성이 통문(通門)한 것이 아니라, 비견(比肩), 겁재(財劫)가 통문(通問)이 되어 있습니다. 고로 임수(壬水)와 자수(子水)가 군비(群比)와 군겁(群劫)을 이루는 명조인데 시간에 나타난 병오(丙午) 재성이 병임충(丙壬沖)하고 자오충(子午沖)이 되어 재성이 "군겁쟁재" 되는 팔자입니다.

나의 재물을 밖으로 밀어내고 있는 상입니다. 이런 구조는 파산(破産)하거나 질병이 많아 명(命)이 짧고 병약(病弱)하여 걸인이 되기 쉽습니다.

9 비견(比肩)이 많은 사람이 살아가는 방법

요즘 한 가구 한 자녀가 많지만, 과거 우리 부모님들은 자식들은 많이 낳아 길렀습니다. 보통 가족 구성원이 5, 6인 이상은 넘었습니다. 이렇게 대가족을 유지했던 이유 중 의료발전이 더디고 혜택도 받지 못하는 문맹이 대다수를 차지하다보니깐, 병으로 죽는 아이가 많았기 때문입니다. 그래서 자식을 많이 나아 하나라도 더 건지자는 궁여지책이라 할 수밖에는 없었을 것입니다. 그런 시대의 사주팔자를 들여다보면 비견다자(比肩多者)가 많았을 것으로 추측이 됩니다. 즉, 사주팔자를 열어보면 비견겁 하나, 둘쯤은 쉽게 가지고 출생한다는 말이 되는 것입니다.

그래서 이 당시 생활이 곤궁하고 열악한 환경을 살던 세대들이 만들어낸 규칙이 있습니다. "찬물도 위아래가 있다" 는 속담인데 순서를 기다릴 줄 알아야 한다는 뜻입니다. 결론부터 말하자면 비견다자(比肩多者)가 살아가야 할 개운의 방도(方道)라는 것은 순서(順序)를 잘 지키라는 것을 말하고자 합니다. 과거 대가족 시절에 위 어른을 제치고 막내가 나서는 법은 없었습니다. 대가족의 환경에서는 좋은 옷은 형님이 먼저 입고 성장해서 사이즈가 안 맞으면 동생이 그 옷을 승계해 입었습니다. 좋은 것은 항상 윗사람이 먼저 맛을 보고 아랫사람은 맨 마지막에 찌꺼기를 먹는 것이 비일비재(非一非再)하였을 것입니다.

비록 양반가에 태어난다고 해도 경제상황이 좀 나았을 뿐이지, 그 순서 지키기는 더욱 엄격하였습니다. 즉, 조상의 제사를 지내는 것은 장남이 영순위이고 문중의 대접은 장남 장손이 상순 위가 되었습니다. 재산 상속 시에도 장남에게 몰아주는 것이 과거 친족의 민법 이였습니다. 이렇다 보니까 부모의 사랑도 장남이 우선이 됩니다. 열 손가락 물어서 안 아픈 손가락 있나 보라 외쳐대지만, 결국 사랑은 대부분 장남이 독차지하였습니다. 세계평등을 내세우는 사회인식이 있다고 해도 가족 사랑에는 위아래 순서가 있었습니다. 그런 사회배경을 가지고 있는 사회에 나와서 새 출발하는 초년생들이 있다고 가정해 봅시다.

그런데 그 사람의 사주팔자가 비견이 많은 비견다자라고 추정해 봅시다. 비견이 많은 사람이 사회에서 어떻게 살아가야 유리하게 살아갈 수 있을가요? 이것은 비견이 하나 있는 사람을 말하는 것이 아니라 비견(比肩)태과(太過)자를 말하는 것입니다.

초년생들이 경험하는 사회구성은 일단 수백 명이 입사 지원하여 몇 명만이 합격한 우수사원임에는 틀림이 없을 것입니다. 그러나 세상에서는 조직의 쓴 맛이 있다는 것을 알아야 하는 법이니 위에서 밟아야 하고 아래 사람은 밟혀야 하는 것이 정상인 것입니다.

그런데 간혹 동등한 실력으로 입사한 동기가 나보다 빠른 출세를 하고 있습니다. "저 놈은 내 보다 실력도 없는데 어찌 저런 좋은 자리에 발령을 받았는가? 아버지 백이 틀림없이 작용했을 것이다" 그리고는 나만 뒤쳐진다 생각하니 혼자 분개하다가 적응을 못하고 사표 쓰고 나오게 됩니다. 다시 다른 회사에 취직한들 다를까요? 마찬가지로 열악한 환경이 똑같이 직면하게 됩니다. 비견이니 다(多)경쟁 상대이므로 내가 어렵게 경쟁해야 한다는 사실을 이해가 되는데, 왜 나만 항상 뒤쳐진다는 말인가? "이건 말이 안 돼." 하고 또 사표 쓰고 나오게 됩니다. 그러다보면 백수가 되는 세월이 인생에서 절반이 넘어가게 됩니다.

그래서 이런 사람을 가리켜 "신왕무의(身旺無依)하다"라고 말을 했던 것입니다. 신왕무의(身旺無依)하면 록록지명(碌碌之命)의 인생이 됩니다. 신왕무의(身

旺無依)라는 뜻은 신강한 몸으로 태어났지만 의지할 용신이 없다. 라는 뜻입니다. 의지할 장소가 없으니 이직(移職)이 많고 들락날락하다가 인생이 종치게 되는 것입니다. 이게 오래 지속이 되면 인생을 낭비한다하여 록록지명(碌碌之命)이라 불렸던 것입니다. 록록(碌碌)이란 돌 자갈밭을 말하는 것으로 농사지으려는 땅에 온통 돌밭이니 거기서 무슨 소득이 있겠습니까. 그래서 한탄만 한다고 하여 록록지명이라 호칭을 합니다. 이름처럼 자갈밭에서 살다가 죽는 것입니다.

그래서 누군가에게 얻어 들은 개운의 정보를 믿어 보기로 하였습니다. 운을 바꿔 보려고 가까운 사찰을 방문을 해봅니다. 시간이 많으니 남는 시간을 들여 기도해 보겠다고 결심을 하게 됩니다. 내 기도의 효력일까요? 갑자기 내 주변 사람들이 발복하기 시작을 합니다. 본인들은 갑자기 당황하게 됩니다.

그런데 이상한 것은 발복이 정상적이지 않다는 것입니다. 곧 내가 발복하는게 아니라 내 주변의 형(兄)이 좋은 일이 여러 번 발생합니다. 또는 내 처(妻)가 발복하는게 아니라 처형(妻兄)이 갑자기 발복을 하는 것을 발견합니다. 그런데 이런 기도가 여러 번 시도해보니까 이게 어떤 규칙을 가지고 반복적으로 일어난다는 사실을 처음 깨닫게 됩니다. 그리고는 그 사람은 기도를 중단하게 됩니다. "남 좋은 일 뭐 하려해!" 그리고는 다시 백수 생활이 길어지게 됩니다. 그는 사찰에 가서 부처님에게 항의해 봅니다. 세상에 이런 일이 있을 수가 있습니까? 내가 잘되기 위해 기도했는데 왜 내 주변 사람들이 발복합니까? 그 날 밤 꿈을 꾸었는데, 하얀 옷을 입은 신인(神人)이 등장하여 말하길 "찬물에도 위아래가 있는 법이니라" 그는 꿈을 꾸다가 깜짝 놀라 깨어났습니다. 그는 앉아서 곰곰이 생각을 해 봅니다. "무슨 뜻일까?" 뭔가 있을 것 같다는 생각이 들게 됩니다. 이번에는 흔들리지 말고 좀 오랫동안 기도해 보려고 작심을 하였습니다. 일 년을 그렇게 기도하면서 보냈을까? 눈앞에 휘한한 사건들이 벌어지게 됩니다. 내 처가 일하는 사업장을 옮기기 시작했습니다.

갑자기 돈 많은 귀인을 만나 가게를 크게 확장한다고 하면서 기분이 들떠 있었습니다. 그러더니 또 다른 날 내 처가 미소를 가득 채우면서 나에게 말을 걸어옵니다. 내년에 노르웨이 갈려고 오늘 영어 학원에 수강 시청을 했다고 합니다. 영어는 갑자기 왜? 외국 가서 일하려면 영어가 필요하잖아요? 뭔 일인가 물어보니 처 동생이 노르웨이 남편을 만나 노르웨이에서 살다가 둘째를 출산 한 후에 사업을 하려고 큰 레스토랑을 개업한다고 합니다. 그런데 거기서 믿을 사람을 못 구하니깐, 자기 친언니에게 노르웨이로 들어오라고 부탁을 하였습니다. 3년 근로노동 비자가 6000천달러 한다고 하는데 처 동생이 모두 지불하고 비행기 삯도 모두 마련해 주겠다고 합니다. 숙소 일체 제공에 선진국에서 받는 임금을 모두 적용해서 받는다고 합니다.(참고로 2015년 노루웨이 평균 임금이 18,000원/1시간당)복이 오니까 연달아 옵니다. 나보고도 3년 기간 중에 자리 마련이 되면 들어오라고 당부를 합니다. 그런데 이상하게도 내 형의 발복은 자기 복이 아니고 남의 복을 빼앗은 것이라 그런가? 어느 정도 발복하더니 그만 주저앉아 버렸습니다. " 잠시 좋다가 말았다" 그 뿐입니다.

그때 이 친구는 크게 깨 달았습니다. 비견다자(比肩多者)의 삶은 먼저 손재수로 가장해 나를 찾아온다는 사실을 알게 된 것입니다. "비견들의 복이 다 차야 그 다음 나에게로 복이 흐른다" 그래서 찬물에도 위아래가 있다고 꿈속에서 알려 준 것입니다. 그는 깊은 이치를 깨달았습니다. 비견다자의 삶은 극부(剋父) 극재(剋財)하므로 나에게 손재수가 분명합니다. 내 복을 비견에게 강탈당하는 것이 분명한 사실입니다. 그런데 이것을 역으로 해석해보면 만약 사업장에서 얻은 수익금 백만원이 들어오면 비견들이 나눠 가져야 한다는 말이 되는 것입니다. 그래서 비견은 협동, 협약이 되는 삶을 말했던 것입니다. 손해를 보던 이익을 보던 협동협약의 모습으로 찾아오는 것입니다. 이것 저것하면 나에게 희망적인 것이 없게 됩니다. 단독으로는 운이 나에게 찾아 들어오지 않는 것이 비견다자의 운명인 것입니다.

그런데 그것도 순서가 있어서 첫째 비견이 60% 가져가고 둘째 비견이 30% 가져가면 나에게 돌아오는 몫은 10% 뿐입니다. 그러니 나는 맨날 분하고 억울하다는 심정으로 살아가야 하는 것이죠. 이런 구조를 명리학에서는 분관(分官), 분재(分財)라고 말합니다.

분재(分財)에서 분(分)은 나눌 분(分), 구별할 분(分)이 되는 것입니다 나눠 가져야 하는 삶이 비견다자의 삶임을 항상 명심해야 합니다. 그래서 분관(分官), 분재(分財)는 내 기도의 복마저도 쪼개 나눠 가져야 했던 것입니다. 원래 분재(分財)란 내 재물을 비견들이 쪼개 가져간다는 의미이니까요. 그래서 사주학에서는 비견겁을 겁탈자라 불렀던 이유인 것입니다. 고로 비견겁이 극부(剋父), 극처(剋妻)한다는 원리는 이것을 말하는 것입니다. 그것도 모르고 남을 원망만 했던 것입니다.

그러므로 비견다자는 분명히 알아야 합니다. 내 주변의 동료, 친구, 형님, 동생들을 적극적으로 도와 먼저 발복하게 만들어 줘야 합니다. 그게 되어야 그 다음이 내 차례로 복이 찾아오게 됩니다. 먼저 사람들이 복을 못 받으니까 거기서 정체가 되어 내 복록이 들어오질 못했던 것입니다.

그래서 비견다자의 복은 순서가 있어서 그 순서를 지키지 못하면 항상 불만으로 털고 나온다는 사실을 이 사람은 깨닫게 된 것입니다. 이걸 깨닫는다면 어느 소속에 들어가더라도 자기주변 상사 동료들을 지극정성으로 도와 주도로 해야 합니다. 이러한 행동이 나의 운을 열게 하는 개운법이 되는 것입니다. 그들이 잘돼야 그 다음 복이 내 차례인 것이구나! 이런 믿음이 생겨나게 되었습니다. 이것이 비견다자에게 찾아오는 귀인의 삶이 됩니다. 그것을 깨달은 이후로 그 친구는 언행이 변했습니다. 과거에는 식당에서 바가지를 썼다고 집에 들어와 분개하면서 잠을 못 잘 정도였는데 이제는 상황이 정 반대로 바뀌었습니다. 식당 주인이 요금 바가지를 씌우면 "축복해 주셔서 감사합니다!" 하고 기쁘게 말을 합니다. 자기 스스로 마인드 컨트롤이 되어 가고 있었습니다.

10 상관자(傷官者)가 살아가는 방법

상관(傷官)이라는 한자는 뜻 그대로 정관(正官)을 극(剋)한다하여 만들어진 말입니다. 즉 사주학에서는 정관은 내 남편입니다. 그런데 상관이 있다는 말은 내 관성(官星)이 손상당함을 말하는 것입니다. 즉, 상관이 많은 사주는 남편이 해를 당할 위험이 높다는 것을 의미 합니다. 남자에게는 정관는 자식, 근무회사가 되므로 역시 안 좋게 나타납니다. 그러므로 만일 사주를 보아서 이런 상관자(傷官者)로 확정이 된 사람은 자기의 정관이 극충(剋沖)을 당하고 있음을 알아야 합니다. 고전에서 말하길 "상관은 비록 길신(吉神)은 아니지만 수기(秀氣)인 것이 분명하다. 그러므로 문인학사(文人學士)의 명조에 상관격이 많다" 라고 말을 하고 있습니다. 그렇습니다. 상관은 흉신(凶神)이지만 적절히 사용할 수 있다면 뛰어나다고 표현을 하고 있는 것입니다. 이것은 중화(中和)된 상관자를 말하는 것입니다. 제복이 안된 상관자가 문제가 되는 것입니다. 이것은 상관만 그런 것이 아니라 다른 칠살(七殺) 혹은 양인(兩刃)과 같은 흉신인 십신도 마찬가지 인 것입니다.

따라서 상관자가 태과불급(太過不及)이라 말하는 것이 큰 문제가 됩니다. 그런데 상관을 알려면 정관을 알아야 합니다. 고전에서 말하길 정관이란 존귀함을 뜻하니 나라에 비유하면 임금이 되고 가정에 비유하면 부군이 된다. 그러므로 정관을 형, 충, 파, 해하는 것은 모두 하극상이 되는 것이니 어찌 용납할 수 있겠는가? 말을 하였습니다. 하여 정관자는 일찍이 재성과 인수를 말했는데 모두 상관으로부터 정관을 보호 받는 것이 주목적입니다. 그만큼 정관은 상관을 만나는 것을 최고 두려워한 것입니다. 그러므로 상관은 정관을 하극상하는 것이 가장 큰 문제입니다.

그런데 상관자는 말할 수도 있습니다. 정관은 귀인이라 내 앞에 나타나면 나는 반드시 무릎을 꿇고 조복할 것이다. 그러니 무슨 문제가 되겠는가? 그러나 문제를 모르고 그런 말을 하는 것입니다. 정관자에게는 정관이 반듯하게 등장을 합니다. 그러나 상관자에게는 정관이 극충당함을 이해해야 합니다. 그러니 상관자 앞에 나타나는 정관은 반듯하지 못하여 상관자가 알아보지 못한다는 것이 문제인 것입니다. 그래서 나의 귀인인 정관을 쉽사리 알아보지를 못하는 것입니다.

그때 상관자 앞에 나타난 정관자는 누더기를 입고 나타날 것입니다.

당신은 그 누더기를 입은 거지에게 과연 조복할 수 있단 말인가요?

당신은 이렇게 말을 할 것입니다

"재수 없게 거지가 아침부터 내 앞에 보이네! 저기 가라."

삼국유사에 따르면 자장율사에 관한 기록이 있습니다.

자장율사가 말년에 초라한 거지 행세로 자신을 만나로 온 문수보살을 알아보지 못하고 시자(侍者)를 시켜 박대하였습니다. 그러자 문수보살이 말하길 "아상을 가진 자가 어찌 나를 볼 수 있겠는가."라고 꾸짖은 뒤 죽은 강아지로 둔갑시켰던 사자보좌(獅子寶座)를 타고 광채를 발하며 허공으로 사라져버렸습니다. 시자(侍者)로부터 그 광경을 전해들은 자장은 거지 노인이 문수보살의 현현(顯現)임을 깨닫고는 빛을 쫓아 남쪽 고개에 올랐지만 따라갈 수 없었다. 그토록 고대하던 성인과 만났건만 자신의 아상 때문에 무산됐음을 탓하다가 그대로 쓰러져 죽었다는 설화가 전해집니다.

사실여부를 떠나 이 이야기가 우리에게 전달하려는 메시지가 있습니다. 불교 성인도 이런 지경인데 상관자(傷官者)야 어찌 다 말로 설명을 할 수가 있겠는가? 한마디로 상관자가 극충당하여 등장하는 노쇠한 정관(正官)을 어찌 알아 볼 수 있겠습니까? 그러니 박대하고 그 박대한 사람이 정관임을 깨달을 때가 되면 이미 원수가 되어 도움을 받을 자리가 없게 된다는 것입니다. 그러니 이런 사람이라면 어찌 발복을 기대할 수가 있겠습니까? 그러므로 상관자는 반드시 깨달아야 합니다. 자기에게 찾아오는 고귀한 정관은 노쇠하고 누더기 한 모습을 하고 방문한다는 사실을 알아야 합니다. 상관이 정관을 극하여 손상시킨다는 숨은 원리란 이것을 말하는 것입니다. 그들을 알아보지 못하면 귀인의 도움이란 있을 수가 없는 것입니다. 그러므로 평소에 개운을 하려면 어려운 이웃들을 박대하지 말고 잘 챙겨줘야 합니다.

그러면 그런 인연들이 두텁게 쌓이는 것이므로 어느 날 그들이 상관자에게 나타나 호소할 것입니다. 은인이시여! 나를 알아보지 못하겠습니까? 그 때 사람들이 박대할 때에 당신이 먹여주고 재워주지 안았습니까? 평생 그때의 고마움을 잊지 않고 살아왔습니다. 오늘 내가 이렇게 성공하여 다시 만날 수 있는 것도 은인께서 돌 봐주고 격려해주었기 때문입니다. 오늘 그 은혜를 갚기 위해 열심히 살았습니다. 이와 같은 사례는 무척 많습니다. 이것은 상관자에게만 해당되는 이야기는 아닌 것입니다. 누구에게 다 해당되는데 특히 상관자를 대표적으로 삼아 논평한 것뿐입니다.

11 동일팔자의 문제 해결을 위한 구성학 연구

명리학을 좀 공부한 사람이라면 동일팔자를 놓고 간명할 때에 고민을 하게 됩니다. 만약, 동일한 명조를 놓고 오늘은 이렇게 풀고, 내일은 저렇게 푼다면 이건 학문이 안 입니다. 동일한 팔자를 놓고 풀면 같은 결과물이 나와야 하는 겁니다. 이것이 맞지 않으면 명리학은 학문으로 존립할 근거가 없게 되는 겁니다.

그런데 분명한 점은 명리학에서는 동일팔자가 "똑같이 산다"라는 게 아니라는 점은 이미 분명한 것입니다. 그렇다고 명리학이 틀리다 이것도 아니라는 말이죠. 무슨 말이냐 하면 동일팔자가 다르게 사는 이유는 주변의 구성원과, 둘러싼 기운 때문에 발생한다는 사실입니다. 즉, 동일한 팔자가 있다면 그 가족과 회사, 학교, 친구들의 구성원에 합이 다르므로 변동이 생기게 됩니다.

오늘 내가 만난 사람이 누구였는가 생각해 보세요. 동일한 명조인데 다른 사람은 집에 혼자 있고, 나는 밖에 외출하여 사람을 만날 수가 있는 겁니다. 이건 다른 상황이 연출이 되는 겁니다. 혹 이렇게 질문을 하는 사람도 있을 겁니다. 똑같은 사주라면 방향이 똑같이 움직여야 하는 것이 아닌가요? 하지만 종교에서도 말하지만 사람에게는 방향성을 결정짓는 자유의지가 있다고 보았습니다. 이것이 이동할 수 있는 생명체가 가진 독특한 파장이라고 봅니다. 이러한 구성물로 인해 변화가 발생하는 겁니다. 또한 내가 속해 사는 지역의 풍수에 의해서도 크게 달라집니다.

예를 들어 우크라이나는 전쟁으로 사망한 사람이 많이 발생하였습니다. 국운이 전운(戰運)이 발생한 겁니다. 그런데 한국은 운기가 다른 겁니다. 그러나 우크라이나에서 사망한 사람팔자가 나와 똑같다 고해서 나도 사망한다. 이런식으로 생각하지 말라는 당부입니다. 중요한 사실은 국운이 달라지므로 변화가 발생하는 이유는 명리학의 문제가 아니라는 것입니다.

우리가 배우는 학문은 명리학이지 국운이 아닌 것입니다. 그러나 결국 운명을 잘 판단하기 위해서는 개인의 운명뿐만 아니라 전체적인 국운도 볼 줄 알아야 할 것입니다. 그러므로 이런 내용들을 종합해 본다면 팔자학은 명리학으로만 끝이 나면 안 되는 겁니다. 다른 구성학을 더 공부해야 팔자학이 완성이 되는 겁니다. 그런데 간혹 명리학 공부만 하고 끝을 내리려고 하니까 동일사주 앞에 무력해지는 겁니다. 팔자학을 완성하려고 한다면 동일 사주 뿐만 아니라 일반인들의 팔자학을 간명할 적에 발생하는 국운 변화를 감지할 줄도 알아야 합니다.

그러려면 역시 구성학을 함께 곁들여 간명해야 제대로 된 답을 얻을 수가 있을 겁니다. 팔자학을 완성시키려면 "명리학이 종착지가 아니다"라는 점을 먼저 이해해야 합니다. 고로 결론적으로 말한다면 비슷한 사주라고 보여도 전혀 다른 팔자가 많다. 라는 사실을 아시고 더 관찰하셔야 한다는 말씀을 드립니다. 팔자학과 더불어 구성학을 함께 배워야 하는 이유를 다음 사례에서도 찾을 수가 있습니다.

【예시1】 우울증세로 자살한 사주입니다.

時	日	月	年	男命
인수		상관	비견	
甲	**丁**	**戊**	**丁**	
辰	**卯**	**申**	**巳**	
상관	편인	편재	비견	

이 사람은 모텔을 운영하였는데 임인(壬寅)년 (己酉)월에 목을 매어 자살했습니다. 임인년에 인사신(寅巳申) 삼형(三形)과 인묘진(寅卯辰) 방국(方局)으로 정화(丁火)가 목다화식(木多火熄)이 됩니다. 그러면 정신 우울증세로 자살할 수 있습니다.

이런 문제를 사주학만으로 어떻게 알 수 있겠습니까? 왜냐하면 동일한 사주가 아직 살아있으니까요! 많은 사람들이 재물 손재, 상속 등의 답변을 주셨습니다. 그러나 당사자는 목을 매어 자살했습니다. 대부분 근접은 했지만 제일 중요한 사실은 자살입니다 그런데 정답을 올린 분이 계세요! 그 분 설명에 기문 육효점을 쳐보니 자살, 자액으로 나온다고 설명하더군요. 일반 명리학으로 살펴보면 관재구설 혹은 파산 파재로 인한 건강악화가 나오지만 자살이라는 특정 암시를 찾기에는 무척 어려운 것입니다 그런데 이 분은 기문을 보니 사망이고 목귀(木鬼)이니 목매 달아 자살한 것으로 추정했다고 합니다. 이처럼 사주학 하나만 공부하면 부족하여 간명이 틀리는 게 대부분입니다. 그래서 구성학을 함께 공부하셔야 합니다. 그게 구궁법, 단시법, 기문, 육효, 풍수 천문 등입니다. 최대의 참사사건으로 기록이 된 이태원 사건을 보는 방법도 "그 시각 단시법"이라는 방식이 있는데 일종의 구성학에 해당하는 겁니다. 이런 경우에도 단시법 하나만 가지고 봐서는 안 됩니다. 본인의 사주팔자와 더불어 단시법을 함께 활용해야 효과를 극대화 할 수 있습니다.

【예시2】 2022년 10월 29일 저녁 22시 30분 이태원

時	日	月	年
丁	乙	庚	壬
亥	卯	戌	寅

어느 모친이 자기 딸이 친구들과 함께 할로윈 파티를 주최하는 이태원에 참석하여 밤을 샌다고 걱정이 되어 철학관에 찾아 왔다고 합시다. 술사가 간명하기를 "본인 사주팔자는 올해가 대흉이다" 만약, 사건이 일어난 저녁 그 시각의 단시법에도 대흉(大凶)으로 나온다고 한다면 술사는 이렇게 말할 수가 있습니다. "오늘은 흉운이 겹치므로 이동하지 마세요."

또, 어떤 사람이 그 해 그 날에 이태원 운수를 보로 왔습니다. 보통 사주 팔자만 펼쳐 간명을 하는 사람들이 많습니다. 그러면 틀릴 확률이 많습니다. 왜냐하면 이태원 사건이란 개인 특정의 사건이 아니라 나라 전체를 뒤흔드는 사건이므로 국운과 관련이 될 수 있기 때문입니다. 그런데 올해에는 매우 흉으로 나왔습니다. 사건사고가 발생하는 것이 보였던 것입니다. 그래서 술사는 아버지 사주를 달라고 해서 함께 살펴 간명해 봤습니다. 이것이 궁합법입니다. 아버지 사주에서는 부친이 자식을 극하는 팔자라고 나왔습니다. 그리고 이태원 사건이 발생이 되는 시점인 10시 30분 쯤을 봐달라고 해서 단시법을 열어봤다고 합시다.

사건 발생 추정 시각은 2022년 10월 29일 저녁 22시 30분으로 사주가 세우면, 정화(丁火)가 목다화식(木多火熄)의 상이 출현합니다. 정화(丁火)가 안 좋다. 즉, 정화(丁火)는 심장이므로 심장에 문제가 발생할 수 있습니다.
이태원 사건으로 심정지 당해 사망하신 분들이 많습니다. 이런 사주 구성이 단시점에 뜬다면 대흉(大凶)하다고 보는 것입니다. 본인이 요절명 팔자이

고 또 부친사주에서 자식을 극하는 명조로 올해에 두 사주가 매우 흉하게 나온 사람이라면 이태원 시간으로 뽑은 단시점에서 나온 정화(丁火)의 목다화식(木多火熄)은 매우 대흉한 상(像)이라는 판단이 나오는 겁니다. 이런 경우에 자식에게 매우 흉한 일이 생기니까 이동하지 말라고 당부해야 합니다.

마찬가지로 동일한 사주가 찾아왔다고 합시다. 그런데 그 해 그날에 이 사람은 이태원을 가지 않고 다른 장소에 간다고 합시다. 사주가 매우 흉으로 나오겠죠. 동일사주이니까요! 그래서 부친 사주를 가지고 함께 보았습니다. 부친 사주에 자식이 길하게 나왔습니다. 이런 경우에는 요절명으로 보질 않는 겁니다. 하지만 본인이 흉한 해이기 때문에 사고의 부상 여부가 발생할수는 있으므로 사고에 조심은 하셔야 합니다. "다른 손재수가 있을 수 있습니다." 이런 경우는 사고수보다 손재수로 간명합니다.

그 사람의 사주 하나만 달랑 보시고 "그 사람은 올해에 죽는다. 혹은 살 수있다." 이런식의 명리학으로 간명한다는 것은 결코 쉬운 일이 아니라는 사실을 알아야 합니다. 내방객 단시법은 이렇게 사주팔자의 부족한 부분을 보충하는 보조적 술법으로 사용하는 겁니다.

2) 동일한 사주라도 만나는 사람의 오행(五行)이 자신에게 희신(喜神)오행이 되면 운명이 변할 수가 있습니다.

만약, 주변에 희신 궁합이 많으면 길하게 작용하고, 기신(忌神)오행이 많으면 흉하게 됩니다. 이것이 우리가 보통 말하는 궁합이라는 것입니다. 결혼 궁합이 대표적이지만 사업궁합도 있습니다. 사귀는 친구들이나 가족들에게서 자기에게 불리한 기신(忌神)이 포진이 많이 되면 이 사람은 집을 떠나 살아야 할지도 모릅니다. 왜냐하면 가족이나 친구를 떠나야만 운이 열릴 수 있기 때문입니다. 그래서 말하길 '초년에 집을 떠나 타향에서 자수성가할 팔자네' 이런 대답을 듣게 되는 것입니다. 자기 주변에 흉신들이 많게 되면 답답해서 못 살게 됩니다. 만약 떠나지 못한다면 스스로 스트레스를 감당하지 못해서 병약해지기도 합니다. 만약, 친구들이나 가족들이 자기에게 희신(喜神)오행이 가득하다면 그들이 나에게 필요한 것을 먼저 제시할 것입니다. 그래서 그들은 귀인이 됩니다. 그러므로 그는 집을 떠날 이유가 없는 것입니다. 귀인의 도움이 없는 팔자이지만 좋은 궁합으로 귀인을 만들어 내고 있는 것입니다. 집을 가출하는 사건과, 집에 은둔하는 일들이 궁합으로 인해 동일사주에서 다르게 나타나고 벌어졌다면 이것이 또한, 이동으로 인한 개운(開運)이 발생한 것으로 믿기 바랍니다.

3) 동일사주라도 지역풍수가 기신(忌神)오행이 되면 불리해집니다.

이것은 주변 환경이 기신(忌神)오행으로 포진이 되면 제갈량의 팔진도에 갇힌 육손처럼 헤어나지를 못하는 것이 됩니다. 그래서 재벌들은 풍수를 이유로 이사를 한 두 번씩은 다 경험 해 본 사람들이 많습니다. 이사 간다는 일은 돈이 많이 드는 것입니다. 가난한 사람들이 따라 하기 쉬운 일이 아닙니다. 적어도 남향집에 살려면 3대의 공덕이 있어야 한다는 속담이 있습니다. 그만큼 남향집에 살기가 어렵다는 말이지만, 이것을 부정하는 사람이 있다면 한 번 직접 찾아 행해보고 말하라고 당부하고 싶습니다. 남향집 찾기가 그렇게 쉬운 일이 아닙니다. 누구에게는 쉬운 일이 왜 나에게만 어려울까? 이게 맞으면 보증금이 부족하고 보증금이 되면 주인이 거절하고 주인이 승낙하면 옆집이 시끄러워 못살고 이사를 떠나게 됩니다. 자기 복이 없으면 억지로 안 되는 것이 이사방위인 것입니다.

누구는 그런 말을 합니다. 조상묘지를 좋은 방위로 이장하여 훗날 대통령이 된다고 한다면 다 본인들이 직접 자기 조상묘지를 옮기지 왜 안 하느냐? 그런데 그렇게 의심하는 사람들치고 직접 실행한 사람을 본 적이 없습니다. 그러나 정치인 중에서 우리는 뉴스를 통해 알고 있습니다. 어느 대통령 후보 정치인이 부모 산소를 이장했다더라. 하는 이야기를 자주 접할 수 있습니다. 과거 역사를 살펴보면 조상묘지의 이장에 열공하였던 수 많은 조선의 사대부들을 찾을 수 있습니다. 특히, 우리나라는 조선이 유교 국가라 조상묘지에 관한 풍수지리학은 사대부의 필수과목 이였습니다. 그래서 간혹 역모죄로 유배가는 사건들도 발생하였는데 그 이유는 그 이장한 조상의 터가 왕이 나올 자리라는 것이 죄목(罪目)이였습니다.

명리학자로 적천수를 저술한 유백온의 죽음이 발단이 된 사건도 그러합니다. 자기 조상묘지를 후손이 왕이 나올 혈지에 이장한 것이 발각이 된 것입니다. 이로 인해 모함을 당하게 된 유백혼은 명나라 황제의 의심을 사게 되어 타지에서 병들어 죽고 맙니다. 이장(移葬)하는 데는 큰돈이 들게 됩니다. 믿음이 부족한 사람들이 왕이 나올 혈처라고 보여줘도 그 큰돈을 낭비라고 생각하지 실제로 이장하지 않습니다. 또 설령 돈이 있다고 하더라도 대통령감도 못 되는 사람에게 어찌 하늘이 감추어둔 천혜의 발복지를 선 듯 내보이겠습니까?

그래서 약초꾼들이 항시 심신을 가다듬고 그 날 산삼을 발견하면 "심봤다" 크게 외치는 것입니다. 개운(開運)에는 심마니와 같은 섬뜩한 신앙과 믿음이 반드시 필요하다고 생각합니다. 호기심 삼아, 시험 삼아 하면 그건 개운이 아니라 나의 패를 상대방에게 쉽게 보여주는 속된 전략이라 백전백패하게 되어 있습니다. 그러므로 해보지도 않고 다 자기 생각에 갇혀 사는 사람들이 많습니다.

보증금 2천만원에 월세 사는 사람이 재벌가들이 모여 있는 수백억 부자동네로 어찌 이사 갈 수 있겠습니까? 그러니 발복하지 못하는 것입니다.
좋은 터임에도 부자 동네로 이사를 가지 못하는 것은 재정 능력이 가장 큰 이유가 될 것입니다. 만약 부자 동네로 이사 갈 수 있는 금전적인 능력이 된다면 당장 실천해 보기를 권장합니다. 그런 후에 풍수에 대해서 부정적인 가르침을 표현해주길 바랍니다. 능력이 되니까 수백억 부자 동네로 이사 갈 수 있는 것이며 능력이 안 되면 가고 싶어도 못 가는 것이 풍수인 것입니다. 그래서 풍수 이장(移葬)이 생각처럼 쉬운 일이 아닙니다.
그러나 경험해 본 사람들은 또 찾게 되는 것이 풍수 개운의 묘한 이치인 것입니다.

4) 국회의원 김을동 의원의 실화라고 회자가 되는 이야기입니다.

어느 날 풍수에 대한 얘기가 나왔는데 김을동 의원이 듣고서 생각해 보니 자기가 살고 있는 아파트의 위층에 사는 이가 장관인지 국회의원인지를 하는데 그렇다면 같은 곳에 사는 자기네 가족도 위층의 잘나가는 분처럼 잘될 수 있지 않을까하여, 그 잘나가는 집에서 잘나가는 분이 자는 방을 확인하고 아들인 배우 송일국을 그 자리에 자게 했더니, 그 아들이 하루아침에 뜨면서 순식간에 유명 대배우로 성장했다고 합니다.

정말 그 당시만 해도 송일국은 전혀 모르는 배우였는데 우연인지 필연인지는 몰라도 하루아침 만에 유명해지더라는 것입니다. 여기서 우리는 주목할 부분이 있습니다. 송일국과 동일한 사주가 다 대배우가 되었을까? 분명 아닙니다. 여기서 개운이라는 시각으로 바라보겠습니다. 다른 동일 사주가 송일국처럼 될 수 없었던 까닭은 무엇일까요? 그것은 아마도 어머니 김을동의 역할이 컸을 것입니다. 어머니의 자식사랑이야 다 똑같지만 그 그릇에서는 차별이 있는 것입니다. 송일국에게는 어머니인 김을동이 있었는데 다른 동일사주에는 김을동같이 생각하는 어머니가 없었을 가능성이 크다는 사실입니다. 송일국과 동일한 다른 명조들을 찾을 수 있다면 한 번 비교해 보십시오. 송일국처럼 될 수 없었던 이유를 쉽게 찾을 수 있을 것입니다.

즉 국회의원을 지낸 어머니 김을동이라는 절대 희신이 주변에 없었을 것입니다. 또한 그의 증조할아버지 김좌진장군이 나라를 위해 헌신한 절대 은공으로 한국은 큰 빚을 지고 있다는 사실도 암묵적으로 귀인을 만나게 하는 사건이 될 수 있습니다. 남향집에 살려면 3대의 공덕이 있어야 한다는 속담처럼 그 결과가 후손에게 공덕으로 내려온 것이라고 믿는 것입니다. 이러한 것도 숨어 있는 개운의 한 비결이 될 수 있습니다. 그러므로 다른 동일사주들이 송일국처럼 개운이 일어나지 못했던 이유들은 우리가 알지 못하는 그 집안 내력에 잠재해 있다는 사실을 우리는 분명히 알아야 합니다.

13 개운(開運)에는 신명(神命)도 공짜는 싫다.

운칠기삼(運七技三)이라는 말이 있습니다. 운이 칠(七)할이고 재주나 노력이 삼(三)할이라는 뜻으로 사람의 일은 재주나 노력보다 운(運)에 달려 있음을 이르는 말입니다. 이 말대로라면 사주팔자가 나쁜 사람에게는 절망적인 말이 될 것입니다.

그러나 명리학에서 말하는 개운법은 운칠기삼(運七技三)을 다르게 해석을 합니다. 3할이라도 자기의 재능을 믿고 움직여주면, 7할이라는 운이 좋게 출현한다는 것입니다. 다른 말로 말하면 7할이 대흉하다고 3할을 쉽게 포기하면 7할은 더욱 흉(凶)하게 자기에게 나타난다는 사실입니다. 그러나 3할이라도 작은 승률이 보이면 적극 대처해 보면 좋은 결과를 얻을 수가 있다는 믿음이죠. 그러므로 우리가 말하는 개운(開運)이란 이 3할을 적극적으로 움직여 숨은 7할을 길(吉)하게 나타날 수 있도록 포진(布陣)을 준비하는 노력을 말합니다.

그러므로 일단 사주를 펼쳐 봐서 3할의 길운이 남아 있는지의 여부부터 찾아 봐야 합니다. 전혀 승률이 안 나타나는데 거기에 매달리게 되면 시간만 낭비하게 되는 것입니다. 적어도 3할의 승률이 나타나 줘야 개운을 시도할 수 있는 것입니다.

우리가 말하는 개운법(開運法)이란 한마디로 말해 자신의 팔자에서 부족한 오행을 주변 환경에서 보충하는 것이라고 이해하시면 됩니다. 이러한 명리의 개운법은 사실 찾아보면 우리 생활풍습 전반에 걸쳐 깊이 자리 잡고 있다는 것을 알 수 있습니다.

한 예로 옛날에는 오줌싸개 아이에게 곡식과 쭉정이를 선별하는 "키" 라는 망태를 뒤집어쓰게 하고는 이웃집에 가서 소금을 얻어 오게 시켰습니다. 그러면 이웃집 할머니가 "다시는 오줌을 싸지 말라" 라는 말과 함께 소금을 키에 뿌리며 아이를 놀라게 하였습니다. 그러면 아이들은 창피해하며 집으로 돌아갔습니다. 왜 사람들이 이러한 행위들을 하였는가는 여러 학설들이 있지만 아이들에게 창피함을 주어 습관적인 야뇨증 버릇을 고치려 했던 조상들의 생활의 지혜 같아 보이기도 합니다.

그런데 이러한 행위는 명리학 입장에서는 개운법에 해당한다고 볼 수 있습니다. 한마디로 아이가 망신을 당하는 충격적인 행위를 하므로 액땜이 되는 것이죠. 또, 이와 비슷한 사례로는 이사한 집의 첫 대문을 관통할 적에 미리 준비해 놓은 출입구 아래에 바가지를 놓고 "와지끈" 밟고 지나가면 귀신이 놀라 도망간다고 생각하였습니다. 망신을 당한다던지 격한 충돌로 인해 놀라서 귀신들이 도망갈 바랐던 것이 아닐까요. 아무튼 당할 사고를 미리 액땜이라는 사건을 통해 재연(再演)하므로 사고가 예방되기를 소원을 했던 것은 틀림이 없는 것입니다.

그러면 우리가 스스로 개운(開運)하려면 어떠한 방식이 있을까요?

우선 가난한 사람들을 위한 개운법이 있습니다.

첫째, 영업활동이 있을 수 있습니다.
영업활동은 자기 팔자 안에 숨은 귀인들을 찾아 떠나는 일종의 여행과 같습니다. 오줌싸개 어린 아이들이 이집 저집을 방문하여 모종의 깨달음을 얻는 것과 동일한 방법이 됩니다. 그러므로 많은 사람들을 만나고 사귈 수가 있습니다. 그 중에서는 영업으로 이어지므로 좋은 인연이 되는 사람들이 많아지면 많아질수록 자기 팔자가 바뀌는 것입니다. 예를 들어 영업 활동으로 100

명에게 물건을 팔았다면, 그 100명은 나에게 앞으로 숨은 귀인으로 작용하게 될 것입니다. 자기에게 학당귀인, 태극귀인, 암록귀인이 있는가. 없는가? 따질 필요가 없는 것입니다. 영업 활동으로 만나서 인연을 맺어진 사람들이 나에게 숨은 귀인들이 되는 것이니까요.

그래서 영업으로 얻는 이익이 참으로 많습니다. 일단 나의 성격 교정이 이루어질 수 있습니다. 돈 있는 사람들은 그게 어렵습니다. 부자들의 경우는 일단 상대방과 부딪히면 양보를 안 합니다. 여기서 양보라는 말은 "내가 상대 안하면 그만이야" 하는 말로 자기를 위안하며 사람들과는 고립되어 가는 행동들을 말합니다. 물론 그렇지 않은 분들도 계시지만 상대를 안 하려는 행동들은 일단 귀인의 움직임을 스스로 차단하는 것이 됩니다. 운이라는 것은 항상 같지가 않아서 좋을 때에는 먹고 살다가도 흉해지면 남에게 빌고 다녀야 하는데 그때는 이미 늦어버리게 되는 것입니다. 그러므로 사주학에서 판독이 된 서민들 평민들은 귀인이 있을 때 잘주고 없을 때에는 찾아 다녀야 하는 게 첫째 개운의 길이 될 것입니다. 이것이 첫째 영업활동에서 얻을 수 있는 개운법입니다.

둘째, 육체노동이 있습니다.
땀 흘려 일하는 노동은 귀한 것입니다. 특히 건설현장에서 일하는 것을 권장합니다. 몸을 움직여 고단함을 증명하면 됩니다. 팔자가 그것을 요구하기 때문이죠. 육체적인 땀으로 흉길(凶吉)을 대처하는 것이 이 개운법이 됩니다. 또는 노점상에서 물건을 판매하는 것도 좋은 개운법이 됩니다. 길거리에 앉아 구걸하는 거지처럼 창피를 무릅쓰면 귀인을 그런 현장에서 만날 수도 있습니다. 집 안에서 게임하다가 편안하게 귀인을 만나기는 어려운 것입니다. 그러나 혹, 인터넷 영업이라면 이것은 가당(可當)합니다.

셋째, 기도 생활이 있습니다.

개운(開運)에서는 기도생활이 가장 늦게 나타나게 됩니다. 오래 동안의 기도가 필요하다는 사실이죠. 종교에서는 기도를 통해 개운하는 법은 이미 오랜 전통이 되어 버렸습니다. 명리학에서도 이를 인정합니다. 그런데 여기에서도 영업활동이 필요합니다. 곧 기도 혹은 수도가 오래 된 선각자(先覺者)를 만나야 합니다. 그의 한 마디 도움으로 막힌 운이 갑자기 열릴 수 있습니다. 그의 기도와 행동 방식을 따라 가는 것이 중요합니다. 만나는 사람 중에는 반드시 나의 스승이 있다고 하였습니다. 그러한 스승을 잘 알아보는 것이 개운의 첫 발걸음이 됩니다. 아무래도 혼자 하는 기도는 늦을 수밖에 없는 것입니다. 그래서 부적을 사용한다던지 제사를 드린다던지 이것은 모두 다 선각자에게 돈을 주고 대신 기도를 요청하는 개운 행위의 발현인 것입니다.

그렇다면 부자가 하는 개운법은 무엇인가요?

첫째는 여행이 있습니다.

특히 혼자 떠나는 해외여행을 통해 우리는 부족한 오행을 만날 수가 있습니다. 이것은 일종의 종교인들이 행하는 순례(巡禮)행위와 같은 행동이 됩니다. 이 여행으로 도처(到處)에 흩어진 숨은 귀인들을 만나게 될 것입니다. 이 숨은 귀인이라 함은 사람들만 말하는 것이 아니다 정물(靜物)이 될 수 있고 풍물(風物)이 될 수도 있습니다. 외지(外地)이므로 긴장을 하게 됩니다. 이 긴장으로 액땜이 조금씩 소멸이 될 것입니다. 그 나라 지역의 풍수적인 특성에 따라 각 오행이 달리 작용한다는 사실을 알아야 합니다. 그래서 각 지역의 풍습과 지역의 산물을 자기가 걷는 신체의 발바닥을 통해 오행으로 흡수하는 것이 됩니다. 보통 한 지역에 21일 정도는 체류하는 것이 좋습니다. 이 정도의 시간이 지나야 그 지역의 풍수적인 오행이 자기 몸 안으로 들어 올 수가 있습니다. 변화가 확실히 찾아옴을 본인도 느낄 수가 있습니다. 그러나 더불어 떠나는 단체 여행은 금물입니다. 운(運)이 안 좋을 때에 떠나는 단체여행은 오히려 자각(自覺)을 더디게 하여 흉(凶)의 발현이 일어날 수가 있어서 좋지 않습니다. 이것이 역마로 인해 사고를 동반하기도 하는 것입니다.

흉운(凶運)에는 이동하지 말라고 하였습니다. 이러한 여행이 금전적으로 또는 시간적으로 부족한 사람들이 태반(太半)일 것입니다. 그런 사람이라면 산악회 (山岳會)에 가입할 것을 권장합니다. 오행에서 목기(木氣)와 토기(土氣)가 부족한 사람이라면 일주일에 한 번 정도는 산언덕을 걸어봐야 좋게 됩니다. 또는 수기(水氣)가 부족한 사람이라면 낚시 동호회에 가입하면 좋다고 봅니다. 물 주변에 오래 동안 앉아 내면의 깨달음과 수기(水氣)를 보충해 주면 본인에게 큰 이익이 따를 것입니다. 불이 부족한 사람이라면 장작불을 많이 만들어 줘야 합니다. 간단하게 식사할 때에도 숯불구이집이 좋습니다. 숯불에서 들어오는 화기(火氣)는 무시할 수가 없는 것입니다. 금기(金氣)가 부족한 사람은 암석등반을 권장합니다. 암석에 착 달라붙어 앉아 있노라면 암석에서 유입하는 금기(金氣)를 느끼고 편안해 지는 사람도 있게 됩니다. 침대도 이왕이면 돌침대가 좋습니다. 의자도 돌(石)의자가 좋습니다. 여유가 있는 사람이라면 집 안 정원에 큰 바위 원석을 배치하면 좋습니다. 이렇게 하면 이게 개운을 위한 정원 풍수가 되는 것입니다.

둘째는 체육관에서 운동을 권합니다.
노동을 못하겠다면 체육관(헬스클럽)을 권합니다. 몸을 고단하게 만들어 줘야 합니다. 흉(凶)한 운(運)에 놓인 팔자는 정신과 육체의 고단함을 요구하게 합니다. 그래서 나의 몸을 고단하게 하여 고통을 줌으로써 흉길(凶吉)을 대처하는 것입니다. 이로 인해 액땜이 일어나게 됩니다. 처음부터 운동을 강도(强度) 높게 하지 말고 천천히 몸에 맞추면서 운동을 하면 됩니다. 그게 시간이 지나 처음보다 10배 정도의 체력이 늘어났다면 반드시 운도 좋게 변해 있다는 것을 알아야 합니다.

제산 박재현(박도사)이 간명해 회자(膾炙)된 사례입니다

時	日	月	年	女命
비견		편재	정인	
癸	**癸**	**丁**	**庚**	
亥	**卯**	**亥**	**戌**	
겁재	식신	겁재	정관	

부산 박재현 일명 박도사가 사주를 간명할 때에 기(氣)의 상(像)과 개운법도 함께 간명하였음을 알려 주는 좋은 자료가 됩니다.

【"수운(水運)이나 신유술(申酉戌)년이 오면 손재, 건강 장해가 있으니 조심하여라." 다시 말하길 "특히 수(水)가 많아서 자존심이 강하고 논리성이 있다. 겸허하고 부드럽게 처세를 하면 수(水)가 정(靜)하니 고요하여 발전이 오고 자존, 아집을 강하게 쓰면 수(水)가 동하여 파(波)가 되니 수운(水運)이 올 때마다 고통(손재, 불안, 허약)이 온다."】

대가의 풀이에서 간명 비기가 많이 숨어 있습니다. 곧 수(水)가 많은 사주이므로 흉(凶)한 수(水)가 동(動)하면 해(害)가 되므로 수(水)를 동요케하지 말라는 당부입니다. 이것은 마음을 잘 다스리면 흉운도 가볍게 지난 간다는 의미가 있는 것입니다.

저의 개인적인 체험담을 올립니다. 이 체험담을 따로 적는 이유는 소위 미신적인 행위라 생각하는 사람들도 있기 때문에 미리 그것을 염려하여 따로 설명을 합니다. 이전에 나는 베트남에서 공장운영을 하였는데 무자년(戊子年)에 나쁜 일들이 생겨나는 것을 꿈을 꾸고 알게 되었습니다. 소위 예지몽같은 체험을 하게 됩니다. 그 흉한일이 무엇인지는 전혀 감이 안 잡혔기 때문에 날로

【예시1】 제산 박재현(박도사)이 간명해 회자(膾炙)된 사례입니다.

時	日	月	年	男命
편인		겁재	비견	
丙	**戊**	**己**	**戊**	
辰	**辰**	**未**	**辰**	
비견	비견	상관	비견	

【명리를 공부한 선생과 제자들과 함께 박도사님을 찾아와 그 중 한 분이 자신이 본 사주라면 보여 주었습니다. 박도사 말하길 "사주에서 똥 냄새가 난다." 라고 대답하니 손님이 질문하기를 혹시 영(靈)으로 보시냐? 물으니 "상(象)과 기세(氣勢)로 본다."고 답하셨답니다.】

이 말씀이 정답입니다. 적천수에 나오는 대목입니다. 그래서 적천수에서는 격국을 기국형상이라고 정의를 내리고 있습니다. 사주를 좀 살펴보자면 삼복지절인 미월(未月)에 넓고 넓은 대지에 햇볕이 내리쬐고 있습니다. 초목은 없고 진(辰)중에 을목(乙木)과 미중(未中)의 을목(乙木)이 있습니다. 진(辰) 중의 계(癸)가 있는데 땅속에 고여 있는 물입니다. 계절이 한여름이라 흐르지 못해 썩어 있는 물로 본 것 같습니다. 그런데 계수(癸水)가 재성이니 돈입니다. 흐르는 물에서 똥 냄새가 난다고 보신 것입니다. 썩은 물을 상대로 돈을 버는 사람이구나 생각하신 겁니다. 실제 명주(命主)는 분뇨수거업자 였다고 합니다.

【예시2】

時	日	月	年	男命
편인		편인	편인	
丙	戊	丙	丙	
辰	寅	申	戌	
비견	편관	식신	비견	

이 사주는 동일한 3사람의 팔자인데 한 분은 노무현 대통령이고, 한 분은 시청 청소차 운전을 하시고 또, 한분은 개인택시 기사입니다. 살아온 길이 전혀 다르게 느껴지실 겁니다. 이 명조들은 동일 명조로 다른 인생들을 살아온 사람들입니다. 이렇게 동일 명조가 다른 삶을 산다면 명리학으로 과연 얼마나 많은 운명들을 정확하게 추론할 수가 있겠습니까? 한마디로 명리학은 믿을 수가 없는 학문이죠. 학문이란 비슷한 결과물을 도출(導出)해 내어야 하는데 이처럼 전혀 다른 풀이가 나온다면 그것을 학문이라 할 수가 없다는 것입니다.

그래서 명리를 통계학이라 주장하는 것도 올바른 입장이 될 수 없겠죠. 왜냐하면 통계학에서는 기초자료가 동일하게 제공이 되면 그 결과물이 일정하게 나와야 하는 것이기 때문입니다. 그렇다면 이렇게 동일 명조가 다른 삶을 사는 이유가 무엇일까요? 조상의 DNA 유전 혈통이 다르고 사는 지역 방위(方位)와 궁합(宮合)등의 여러 갈래를 생각할 수가 있겠습니다만, 우리는 어쩌면 이 우문(愚問)에 대해 다른 방향으로 해답을 찾아야 할지도 모릅니다. 그것은 학문으로가 아닌 "다른 집단 지성 이론"으로 접근해야 할지도 모르겠습니다. 즉 한 사람의 전문가보다 여러 사람들로 구성이 된 비전문가의 통합된 결론이 더 진실에 가깝게 도달한다는 말입니다. 이것은 단순하게 주사위를 던져 숫자를 맞추듯이 팔자의 운명을 직관력을 사용하여 그냥 맞추는 게임일 뿐

어떤 전문성을 요구하지 않는다는 것이죠. 즉 전문적 학문보다는 단순 육감(六感)을 활용하여 직관력으로 보는 것이라는 말입니다.

그래서 직관력 개발이 가장 중요하다는 점인데 이것을 증명하듯 박도사도 절간을 오가면서 수십 년을 기도 공부하였고 도계 선생도 틈나면 기도하여 영(靈)을 맑게 해야 한다고 수시로 강조한 것이 사실입니다. 어쩌면 사주학이란 공부와 기도라는 두 마리 토끼를 잡아야 한다는 생각입니다. 기도라는 것은 이보통령처럼 귀신이 빙의(憑依)하여 가르치는 것보다는 자기 스스로의 영(靈)을 맑게 하므로 그 사물의 실체를 드러내게 하려는 뜻이 강합니다.

이것이 격물치지(格物致知)입니다. 격물(格物)이라함은 글자 그대로 격(格)의 물상(物像)입니다. 어떠한 사물을 뚫어지게 관찰하다가 보면 그 실체가 저절로 드러난다고 주장하는 것이 격물치지인 것입니다 그러므로 동일 사주 문제는 격물치지로 가능하다는 해법이 나오게 됩니다.

그래서 적천수에서는 명리학을 상의(象意)라 하였고 그 상(像)을 그 근본으로 연구하였던 겁니다. 즉 상(像)을 관찰하면 보여지는 그 사물의 실체에 접근할 수가 있다고 믿었던 것입니다. 그래서 적천수에서도 기국형상 혹은 격국형상이라고 말하며 그 상의(象意)를 중요하게 논했던 겁니다. 한마디로 격물치지라 함은 격을 통해 그 실체를 지속적으로 관찰하게 되면 그 실체가 저절로 드러난다는 말인데 이 용어는 유학에서 나온 명칭으로 훗날 사주학으로 건너 온 것이라 봅니다. 그런데 격물치지를 이루기 위해서는 가장 중요한 과정이 필요합니다. 그것은 학문수행이 뒤따라야 합니다. 유학자(儒學者)들이 사주학(四柱學)을 공부하지 않고서도 사물의 실체에 조예(造詣)가 깊고 남의 운명을 파악할 수 있었던 것은 부단히 학문을 연마했기 때문입니다.

예를 들어 이이는 임진왜란이 발생할 것을 미리 알고 10만 양병설을 주장했습니다. 이러한 것은 이미 역사서에도 기록이 된 사실입니다. 그래서 선비들이 올바른 학문이 바탕이 되고 깊어지면 저절로 격물(格物)은 열리게 되어 있는 것입니다. 하지만 유불선(儒佛仙)에서 공통적으로 경계하는 부류가 있습니다. 그것은 전도망상(顚倒妄想)입니다. 사물을 왜곡되게 바라보면 그 실체를 알 수 없게 됩니다. 이것은 소견이 앞과 뒤가 거꾸로 뒤집혀 있다는 뜻으로 전도망상이라 했는데 이것은 모든 수행에서 가장 위협적인 방해요소가 되는 것입니다.

결론적으로 선배들이 검증하여 내려오는 수많은 사주학의 비결을 올바르게 공부해야 합니다. 그것이 바탕이 안 되면 격물(格物)은 절대 열리지 않습니다. 제 생각에는 명리고서를 약 80% 정도를 바르게 숙지하고 있어야 가능하다고 봅니다. 문리가 터지려면 수많은 글을 읽어 보고 써보아 그 문필이 열리게 되는 이치와 같은 겁니다. 사주학을 몰랐던 유학자(儒學者)들이 사물의 실체에 조예(造詣)가 깊고 남의 운명을 파악할 수 있었던 사례들이 간혹 등장하죠. 이것은 유학자들이 깊은 학문연구를 게을리 하지 않았기 때문입니다. 격물이란 깊은 학문의 정도에서 저절로 보여지는 하늘의 산물인 겁니다. 사도, 외도에서는 격물이 열리지 않도록 하늘에서 잠금 조치를 해놓은 겁니다.

15 삼명학과 자평학을 구분 짓는 일대사건
야자시(夜子時) 사용

사주를 뽑는데 원칙이 있습니다. 이것은 오운육기에 기록이 된 월건법(月建法)과 시두법(時頭法)에 이론에 근거하여 뽑게 됩니다. 그런데 시두법에서 자시(子時)에 해당하는 출생시간을 뽑을 적에 문제가 있습니다. 곧 어느 학파에서는 정자시를 주장하고, 어느 학파에서는 야자시를 주장한다는 것입니다.

정자시법은 23시 출생자부터 01시까지 사이에 태어나면 이것은 자시에 해당되는데 일간이 23시부터 다음 날로 바뀐다고 주장하는 학파입니다.
이에 반해 야자시 학파는 하루의 날자는 자정을 기준으로 변경이 된다고 주장하는데 이로 인해 24시부터 출생한 사람만 다음 날로 일간이 변경이 된다고 주장하는 학파입니다.

이 두 양파의 대립이 언제부터 시작이 되었는지를 확인하기 전에 야자시설은 과연 언제부터 사용하게 되었을까를 알아보도록 하겠습니다. 현재 정자시 이론을 주장하는 학인들의 증거가 되는 자료들이 다음 아래와 같습니다.

첫 번째: 연해자평과 삼명통회에 제시가 된 명조들에서 모두 정자시(일반자시) 사주를 선택했다는 것입니다.

【표1】 야자시 조사시 사주비교표

도 서	조자시早子時	야자시夜子時	비고
적천수(適天髓)	30	0	
명리탐원(命理探源)	13	0	
자평수언(子平粹言)	18	1	
명리신론(命理新論)	63	2	
사주첩경(四柱捷徑)	164	2	
중국명리역사론	7	0	
팔자심리추명학	25	4	
천고팔자비결	15	3	
합계	333	12	0.3604%

이게 가장 중요한 증거 자료가 된다는 점을 부각시키고 있습니다. 도표의 결과를 종합해보면 야자시 명조의 적용률은 0.5%도 되지 않습니다. 연해자평의 제시가 된 명조 37개와 삼명통회에서 제시가 된 명조 38개를 포함하면 0.2941%로 그에 대한 적용률이 더욱 줄어든다는 사실을 알 수가 있습니다. 그러므로 이 자료를 근거로 정자시를 사용했다고 주장합니다.

두 번째: 연해자평 혹은 삼명통회에 정자시로 뽑은 시둔법을 근거로 주장하고 있습니다.

다음은 삼명통회에 실린 내용입니다. 정자시로 뽑는 시둔법을 설명을 하고 있습니다.

【고가(古歌)에 말하기를 갑기(甲己)는 갑(甲)에 더하여 돌리고 을경(乙庚)은 병(丙)이 처음에 일어나고 병신(丙辛)은 무(戊)를 쫓아 일으키고 정임(丁壬)일(日)은 경자(庚子)시로부터 시작되며 무계(戊癸)는 어느 방에 일으키는 임자(壬子)시(時)로 곧은 길을 삼는다. 무릇 인명을 논 하건데 연월일시(年月日時)를 미뤄 사주(四柱)를 이룬다. 년(年)을 쫓아 월(月)을 찾고 날을 쫓아 시(時)를 찾는다】. 고법(古法)에 연(年)으로서 보는 법과 자평(子平)은 날로서 보는 법 근본으로 삼았다.

세 번째: 삼명통화 8권과 9권의 상당한 부분을 찾지하는 "논시단법"을 근거라 주장을 합니다. 시단법에서 제시가 된 일과 시의 명조들이 모두 정자시를 사용하여 뽑은 시둔법 입니다.

甲寅日甲子時 : 갑인일생은 갑자시에 태어나면

甲辰日甲子時 : 갑진일생은 갑자시에 태어나면

甲午日甲子時 : 갑오일생은 갑자시에 태어나면

甲申日甲子時 : 갑신일생은 갑자시에 태어나면

甲戌日甲子時 : 갑술시생은 갑자시에 태어나면

六乙日丙子時斷(육을일병자시단)

乙丑日丙子時 : 을축일생이 병자시에 태어나면

乙卯日丙子時 : 을묘일생이 병자시에 태어나면

乙巳日丙子時 : 을사일생이 병자시에 태어나면

乙未日丙子時 : 을미일생이 병자시에 태어나면

乙酉日丙子時 : 을유일생이 병자시에 태어나면
乙亥日丙子時 : 을해일생이 병자시에 태어나면
丙子日戊子時 : 병자일생이 무자시에 태어나면
丙寅日戊子時 : 병인일생이 무자시에 태어나면
丙辰日戊子時 : 병지일생이 무자시에 태어나면
丙午日戊子時 : 병오일생이 무자시에 태어나면
丙申日戊子時 : 병신일생이 무자시에 태어나면
丙戌日戊子時 : 병술일생이 무자시에 태어나면
-시단법에서는 모두 일반 자시법으로 시주를 잡았습니다.

이상과 같은 이유 등으로 정자시로 사주를 뽑아야 한다고 주장을 하고 있습니다.
그러나 자세히 살펴보면 여기 제시가 된 자료들은 오히려, 자평학에서 야자시를 사용했음을 주장하는 훌륭한 자료가 된다는 사실을 알 수가 있습니다.

네 번째: 삼명학은 정자시(正子時)를 사용하고, 자평학은 야자시(夜子時)를 사용하였다"

연해자평과 삼명통회는 삼명학과 자평학을 모두 설명하고 있는 고전입니다. 따라서 이 책에는 오행학 시대의 고대 역학 자료들을 그대로 소개하는 비중이 높습니다.

따라서 자평학 초기시대에 출간한 고전들이므로 사주를 뽑는 방식도 오래 된 삼명학의 방식을 그대로 가져오게 됩니다.
그러므로 연해자평이나 삼명통회에 올려진 사주들은 당시 유행하던 삼명학의 정자시 시둔법으로 뽑아 올려진 자료들이 대부분입니다. 연해자평이나 삼명통회의 저자들이 직접 자평학으로 간명한 자료들이 거의 없습니다.

그러므로 과거 삼명학으로 점치던 시절의 세도가들의 사주들을 대거 제출했습니다. 이러한 사주를 납음오행과 록명신으로 간명하는 내용들이 삼명통회에 많이 등장합니다. 이러한 록명신의 간명법은 곧 삼명학의 점법이 됩니다.

그리고 삼명학은 바로 정자시 시둔법을 사용한 것입니다. 그래서 위의 증거들은 오히려 서자평 이후로 자평학이 시작이 되면서 야자시를 사용했다는 훌륭한 증거 자료가 됩니다.

다섯 번째: 고인(古人) 혹은 고가(古歌)들은 모두 점학을 하던 삼명학, 오행학자들을 말하는 것입니다. 자평학자를 말하는 것이 아닙니다.

고전을 보면 자주 고인(古人) 혹은 고가(古歌)라는 명칭이 등장합니다.
그런데 이 고가(古歌)는 오행학을 주로 사용하여 점을 치던 점학자들을 말합니다.
자평학을 말하는게 아닙니다. 21세기에 우리들이 고대 고인들을 말한다면 과거 심효첨도 될 수 있고 임철초도 해당이 되겠지만 만민영이 이 책을 쓸 당시에는 고가 혹은 고인은 오행학자들을 가리킵니다.

그래서 책 제목도 삼명학을 설명하는 삼명통회라고 지은 것입니다. 이 고인들은 점학을 하던 술사들이므로 대부분 모두 자시(子時)를 사용한 점법을 사용했습니다. 여기 등장한 고인(古人)을 자평학이라 착각하면서 혼란이 오게 되는 것입니다.
연해자평과 삼명통회는 삼명학과 자평학의 시간대가 동시에 머물고 있는 학문 시기임을 잊으면 안 됩니다

여섯 번째: 삼명학은 년간을 록(祿) 년지를 명(命) 년주의 납음오행(納音五行)을 신(身)으로 간명하는 고대 간법이다.

그러므로 삼명학에서는 년주를 중요시하여 일반 자시(子時)를 뽑는 정자시 시둔법을 사용했습니다. 점학에서는 년주를 가장 중요하게 생각하는데 그 이유는 천문학에서 발전해 온 12성좌법을 그대로 인용하여 12별자리를 활용한 점성술 혹은 12시진법 등을 그대로 가져와 사용하게 된 것입니다. 그 당시 유행하던 점학들이 오늘날까지 살아남은 학문들을 살펴보면 모두 당사주, 기문, 자미의 학문 체계가 되는 것입니다. 이것들은 모두 점학에 속하는 부류인 것인데 모두 정자시 시둔법을 사용한 것입니다.

예를 들어 당사주에서는 오직 일반 12시진법으로 정자시 출생의 사주를 구성합니다. 즉 년주가 가장 중요하고 년주만 잡게 되면 그 다음은 월주의 천액성, 일주는 천귀성, 시주는 천파성이 되는 것입니다. 당사주에서는 자시를 야자시로 구분할 필요가 없는 것이죠. 이것은 말씀드린 대로 12별자리를 가져와 12시진법으로 응용한 것이라 야자시 구분이 필요 없는 것을 말해주는 것입니다.

그런데 자평이 나타나면서 일주 중심의 사주학을 창건하기 시작합니다. 즉 고대간법은 점법이라 학문 위주로 하려던 자평학에서는 이론적 체계에서 많이 불합리한 구조가 드러나게 됩니다. 따라서 과거 점법에서는 점괘를 보는 것이라 시주를 일반자시로 삼았어도 문제가 되지 않았지만, 자평학에서는 점으로 보던 방식을 배제하고 학문 이론의 근거로 삼으려 하다 보니 일간이 중요해 졌습니다. 그 결과 야자시가 대두되었던 것입니다.
따라서 자평학에서 야자시를 사용하는 학문 체계야 말로 삼명학과 자평학을 구분짓는 일대 사건이 되었던 것입니다.

【표2】 다시 아래 도표로 다시 정리하면

당나라 중심의 오행학 ⇩	자평학 ⇨	
년주 중심의 점법 유행	일주 중심의 격국법	⇨ 야자시학파_자평이론을 계승함
황도의 12시진법_자시 사용	야자시 사용	
혼란기의 연해자평과 삼명통회에 제시된 명조들은 점법의 정자시를 그대로 인용함 ⇩		

정자시학파_과거 오행학 시절 점법에 쓰던 일반 자시법을 최근에 정자시로 만들어 사용함. 삼명학의 점법이 살아 남아 명맥을 이어주는 기문, 육효, 당사주 등은 일반 자시로 점을 친다. 이것들은 당시 자시로 뽑아 사주점을 세우는 것이므로 당시 일반자시를 사용했음을 간접적으로 알게 해준다.

위의 표를 이해했다면, 왜 연해자평에 제시가 된 명조들이 한결 같이 정자시를 뽑은 사주들이 나타나는지를 이해하게 됩니다. 이러한 시대적 배경을 모르게 되면 오해가 생겨날 수밖에 없는 것입니다. 즉, 만민영이나 서거이 등이 자신들이 직접 간명한 사주를 제공하지 못하고 속가(俗家)에서 떠돌아다니던 과거 오행학 중심의 사주들을 수집하여 사례집으로 인용하여 올리게 된 것이 가장 큰 잘못인 것입니다.

연해자평 초창기에는 아직 격국법이 혼란한 시절입니다. 그래서 자평진전의 정8격과 연해자평의 정8격의 명칭부터가 많이 다릅니다. 결국 자평진전에 와서 격국법이 완성을 보인 것이죠. 초창기 삼명통회와, 연해자평에서는 이론적으로는 야자시를 언급했으나 만민영, 서거이들이 올린 사례 명조들은 오행학에서 뽑은 유명 재상들을 중심으로 한다는 사실을 이해하면 의문점이 저절로 해소가 될 것입니다. 그 당시 사주들은 점법인 관계로 오행학으로 점을 치던 관법이므로 모두 정자시를 사용했던 것입니다. 대표적인 책이 낙록자삼명소식부주, 난대묘선, 명통부, 옥정오결, 오행대의 등이 있습니다.

일곱 번째: 정자시로 뽑은 사주로 단시점을 쳤다.

삼명통회에 올려진 시단법의 사주들은 모두 삼명학의 점단법으로 이것은 정자시로 뽑은 것입니다. 곧 삼명학에서는 정자시의 시둔법을 사용했음을 분명히 알려주는 사실입니다. 이것을 자평학 설명이라고 잘못 인지하면서부터 혼란이 가중이 되었습니다. 이 사실을 뒷받침하는 자료들이 삼명통회 권8과 권9장인데 거기에 등장하는 "논시단"을 보면 모두 정자시로 구성이 되어 있습니다. 이것은 무엇을 말하는가 하면 고대의 점학은 모두 정자시로 뽑아 단시점을 쳤다는 사실을 알게 해주는 대목입니다.

따라서 이러한 단시점을 그대로 수용한 책이 삼명통회 인 것입니다. 단시점을 수용한 명조들을 올렸다는 사실은 삼명통회에 제시가 된 사례들이 거의 일반자시로 뽑은 정자시법을 사용했다는 말로 이해해도 되는 것입니다.

그래서 삼명통회에서는 정자시를 사용한 명조들이 많이 등장하는 것입니다. 삼명통회를 읽으실 적에는 상당히 주의해야 할 부분이 자평학을 거론하면서 갑자기 녹.명.신(綠命身)을 설명하는 대목이 상당히 많이 나온다는 점입니다. 삼명통회에서 녹명신을 언급하여 말하는 사주팔자라면 대부분이 점학이므로 정자시를 사용하여 뽑은 명조라고 이해하시면 됩니다.

여덟 번째: 오운육기를 보시면 거기에 야반(자정)으로 뽑는 시둔법이 나옵니다.

현대 자평학에서 자시를 2개로 나눈 출생 시간대를 사용하고 있음을 알아 볼 수 있는 중요한 자료가 됩니다 여기에 보시면 자정(야반)을 기준으로 날짜가 변경이 된다는 사실을 분명히 표기하고 있습니다.

시두법(時頭法)_오운육기 출처
갑기야반생갑자(甲己夜半生甲子)_갑기 야반(24시)생 출생자는 갑자시가 된다
을경야반생병자(乙庚夜半生丙子)_을경 야반(24시)생 출생자는 병자시가 된다
병신야반생무자(丙辛夜半生戊子)_병신 야반(24시)생 출생자는 병자시가 된다
정임야반생경자(丁壬夜半生庚子)_정임 야반(24시)생 출생자는 병자시가 된다
무계야반생임자(戊癸夜半生壬子)_무계 야반(24시)생 출생자는 병자시가 된다

또한, 고대 기록물을 보면 야반의 관련한 기록이 나타납니다. 곧 야반(夜半)은 자반(子半)을 말한다(자시의 중간점 곧 자정) 당왕조 시대 제정한 인덕력(历德 665~728년에 시행)에서 술수의 대권위자 이순풍은 일찌감치 "고력분일은 자반(子半)에서 비롯된다(古历分日起于子半)"고 말하였습니다. 즉 하루의 시작이 자시의 절반에서 시작한다고 설명했습니다. 여기서 자반(子半)은 자시(子時)의 절반을 가리키는데 곧 자정을 말하며 자반(子半)은 곧 야반(夜半)이라고 말하고 있습니다.

아홉 번째: 삼명통회에서 분명한 야반 사용에 관한 기록이 존재합니다.
(古越沈義方塗山星平大成云.. 子正者 今日之早非昨日之晚也 夜子者 今日之夜非今日之早也)
자정이란 금일의 이름이고 어제의 늦음이 아니다. 야자라 하는 것은 금일의 밤이요, 금일의 새벽이 아니다.

운명의 길라잡이 사주팔자학

운명의 길라잡이 사주팔자학

만약 토(土)의 일주가 왕상(旺相)하면 언행을 뒤돌아보고 충효(忠孝)에 정성을 다하며 신불(神佛) 공경하기를 좋아하지만 믿고 따르는 것은 시원하지 않습니다. 등은 둥글고 허리는 넓으며 코는 크고 입은 네모지고 눈썹은 맑고 눈은 수려합니다. 도량이 너그럽게 일을 처리합니다.

만일, 토(土)가 태과(太過)하면 과거에 집착하고 옹졸하여 명확하지 못하고, 토가 불급(不及)하면, 안색이 근심에 빠져있고, 얼굴이 치우쳐 코는 낮고 음성은 우울하고, 모질고 악랄하다고 합니다. 상반되어 대중의 뜻을 얻을 수 없어 신용을 잃고 인색하여 함부로 행동 하는 사람들은 토가 부족한 사람들이 많습니다. 토(土)는 중재, 조절, 가색, 배양 등의 속성이 있습니다. 그러므로 건축학, 토목학, 부동산학, 중개사, 농학, 국문학, 고고학, 역사학, 지리학 등이 적합합니다.

4) 금(金)에너지

춘하추동(春夏秋冬)에서 가을을 의미하며 추살(椎殺)의 기운을 가지게 됩니다. 만물의 성장을 멈추게 하고 결실을 보이기 위함인데 가을의 열매는 여름을 지나 수분을 흡수하여 물러진 열매가 태양빛에 메말라 작아지면서 단단해집니다. 가을에 볕에 익어 단단해지는 모습입니다. 이러한 작용은 숙살지기(肅殺之氣)인 금(金)에너지에 의해 만들어집니다. 견고하게 수렴하여 열매를 맺는 것이니 모습을 단단히 고치는 것입니다. 곧 "개선하다, 새로워지다"의 이미지가 강하고 무언가를 보면 고치려는 마음이 생겨납니다.

그래서 금(金)에너지는 "개선하다, 고치다, 바꾸다"라는 혁신의 뜻이 강합니다. 이것이 종혁(從革)의 상징입니다. 혁(革)의 뜻은 짐승의 가죽을 가리킵니다. 부드러운 껍질이 단단하게 변화하는 과정입니다. 이를 변혁의 과정이라 말하였는데 개선하여 새로워지는 과정의 뜻이 있습니다.
다만, 금(金)에너지는 강한 숙살지기(肅殺之氣)인 살성(殺性)으로 인해 잘못 다르면 흉폭해 질 수가 있습니다. 또한, 개혁하는 기운이 강한 이유로 불의와 타협하지 않는 특징이 있습니다. 그래서 추진력, 결단력 판단력이 발달하게 됩니다.

그래서 금(金)이 강한 사람은 사법부 공무원, 경찰, 군인 등의 분야에서 두각을 드러내게 됩니다.

벼는 익을수록 고개를 숙인다고 하였듯이 모든 만물이 이 시기에 겸손을 배우게 됩니다. 그래서 경금(庚金)의 덕목은 겸손. 절약, 의리(義理), 냉정함 등입니다. 금(金)은 서방(西方)에 속하고 이름하여 종혁(從革)입니다. 오덕(五德)의 주체는 의리(義理)이고, 색은 희고, 맛은 맵고, 성정(性情)은 강렬(剛烈)하다고 합니다. 만약, 금(金)의 일주가 왕상(旺相)하면 영웅호걸이라 의기(義氣)를 따르므로 재물을 가벼이 여기고 염치를 알아 악(惡)을 부끄럽게 여기게 됩니다. 골육(骨肉)이 서로 어울려 몸은 건강하고 정신은 맑아집니다. 얼굴은 희고 깨끗하며 눈썹은 높고 눈은 깊게 나타납니다. 코는 곧고 귀는 붉으며 음성은 청량하고 의지가 굳어 결단력이 있습니다.

만약, 금이 태과(太過)하면, 즉 무모하리 만큼 용감하고 탐욕으로 인정머리가 없습니다. 금이 불급(不及)하면, 인색(吝嗇)하여 탐욕이 과(過)하므로 심사숙고함이 적어 많은 일에 실패하게 됩니다. 독하여 음란하고 죽이는 것을 좋아하는데 몸집은 야위고 작습니다. 금(金)은 두들기거나 녹여서 가공하여 변경시키는 속성이 가진 에너지입니다. 그러한 특징이 잘 드러난 다음과 같은 업종이 적합합니다. 자동차조선업 금융업 귀금속디자인, 금속공학, 금속공예, 기계공학, 보석가공, 정밀기계공학 등입니다.

5) 수(水)에너지

수(水)는 위에서 아래로 흐르는 성질이 있습니다. 이것이 윤하(潤下)입니다. 윤하(潤下)에서 윤(潤)은 "적신다, 습하다."는 뜻이고 하(下)는 "아래 또는 밑" 이라는 뜻이니 "습한 기운은 아래로 흘러 내려간다."는 의미입니다.

목(木)은 위로 치솟는 기운이고 화(火)는 옆으로 발산하는 기운이라면 토(土)는 각 계절을 중개, 연결해주는 기운이고 금(金)은 수렴(收斂)하는 기운이죠. 그렇다면 수(水)는 아래로 흐르는 기운을 말하는 것이니 저장, 보관을 말합니다. 이것은 내일을 대비하는 슬기이니 많은 경험치를 가진 노인의 지혜와 닮았습니다. 그러므로 낮아지고 겸손해지므로 겸손에서 지혜가 발생하는 것입니다. 따라서 수(水)는 지혜, 꾀, 슬기를 말하였는데 그 성정은 총명하고 어질고 착하다고 합니다. 그래서 수(水)는 북방(北方)에 속하고 이름은 윤하(潤下)입니다.

수(水)는 오덕(五德)의 주체는 지혜(智慧)이고 그 색은 흑색이며 그 맛은 짜고 또 그 성정(性情)은 총명(聰明)하고 어질고 착합니다. 만약 수(水)의 일주가 왕상(旺相)하면 기관이 심원(深遠)하여 학식이 남보다 뛰어나 지혜가 풍족하고 꾀가 많아 궤사(詭詐)가 끝이 없다고 합니다.

그러므로 얼굴은 검고 광채가 나며 언어는 맑고 부드럽습니다. 만약 수(水)가 태과(太過)하면, 옳고 그름을 가리기를 좋아하고 음탕합니다. 만약 수(水)가 불급(不及)하면 인물이 왜소한데 겁은 많고 생각은 없어 성격이 일정하지 않아 똑같은 실수를 매사 반복한다고 합니다. 이러한 수(水)의 흐르는 성정이 특별히 나타난 사람은 수자원학과, 수산학, 해양학, 선박운항, 무역학, 통관학, 식품영양학, 유전공학, 생명공학, 사회복지학, 연구기획, 지식산업, 실버산업, 농수산 계통, 해운업, 유흥업 등의 업무가 적합하다고 보면 됩니다.

2. 오행의 상생

목(木)이 화(火)를 낳는다는 것은 목(木)의 성질이 온난하기 때문입니다.
화(火)가 그곳에 숨어 있다가 나무에 구멍을 뚫어 비비면 나타나니 따라서
목(木)이 화(火)를 낳는 것입니다. 화(火)가 토(土)를 낳는 것은 화(火)는 뜨거
우니 목(木)을 태울 수 있고 목(木)이 타면 재가 되는데 재가 바로 토(土)이니
따라서 화(火)가 토(土)를 낳는 것입니다. 토(土)가 금(金)을 낳는 것은 금(金)은
돌에 섞여 산에 있는데 물기가 적셔져 금(金)이 생기며 흙이 모이면 산을 이
루고 산에는 돌이 있으므로 토(土)는 금(金)을 낳는 것입니다. 금(金)이 수(水)
를 낳는 이유는 소음의 기는 윤택하여 물기가 흐르는데 쇠를 녹이면 물의
상태가 되어 금(金)이 수(水)를 낳는 이치가 됩니다. 수(水)가 목(木)을 낳는 이
유는 목(木)이 물의 윤기에 의해 살 수 있기 때문이니 따라서 수(水)는 목(木)
을 낳는 원리가 됩니다. 그러므로 목(木)이 화(火)를 생(生)하고 화(火)가 토(土)
를 생(生)하고 토(土)가 금(金)을 생(生)하고 금(金)이 수(水)를 생(生)하고 수(水)
가 목(木)을 생(生)한다고 말합니다.

3. 오행의 상극

목(木)이 토(土)를 극한다는 말은 나무는 흙에 뿌리를 뻗고 흙의 양분을 빨아
먹습니다. 토(土)가 수(水)를 극한다는 말은 흙으로 쌓은 제방은 물줄기의 흐
름을 차단시킵니다. 수(水)가 화(火)를 극한다는 말은 불이 나면 물로 불을 끌
수가 있게 됩니다. 화(火)가 금(金)을 극한다는 말은 불은 무쇠를 녹여 형체를
변형시킬 수 있습니다. 금(金)이 목(木)을 극한다는 말은 금속으로 만든 도끼
는 나무를 잘라 넘어뜨릴 수 있습니다.
그러므로 목(木)이 토(土)를 극(克)하고 토(土)가 수(水)를 극(克)하고 수(水)가 화
(火)를 극(克)하고 화(火)가 금(金)을 극(克)하고 금(金)이 목(木)을 극(克)한다고
말을 합니다.

4. 【표2】 오행의 배속도표

오행	木		火		土		金		水	
음양	양	음	양	음	양	음	양	음	양	음
천간	갑	을	병	정	무	기	경	신	임	계
지지	인	묘	사	오	진술	축미	신	유	해	자
띠명	범	토끼	뱀	말	용,개	소,양	원숭이	닭	돼지	쥐
방위	동방		남방		중앙		서방		북방	
계절	봄		여름		사계(환절기)		가을		겨울	
색상	청색		빨강색		황색		백색		검정색	
기운	바람		열기		습기		건조		차가움	
맛	신맛		쓴맛		단맛		매운맛		짠맛	
오상	인, 仁		예, 禮		신, 信		의, 義		지, 智	
오의	인정		명랑		온후		냉정		비밀	
오관	눈		혀		입술		코		귀	
오진	색		소리		향기		맛		감촉	
행음	가카 (ㄱㅋ)		나다라타 (ㄴㄷㄹㅌ)		아하 (ㅇㅎ)		사자차 (ㅅㅈㅊ)		마바파 (ㅁㅂㅍ)	
혈액	A		O				AB		B	
오장	간장,담		심장, 소장		비장, 위		폐장, 대장		신장, 방광	

【표3】 10간과 12지는 모두 숫자로 표기 될 수 있으며, 하도낙서에 기록이 되어 있습니다.

오행	木		火		土		金		水	
수	3	8	7	2	5	10	9	4	1	6
10간	甲	乙	丙	丁	戊	己	庚	辛	壬	癸
12지	寅	卯	午	巳	辰戌	丑未	申	酉	子	亥

5. 하도와 낙서

하도(河圖)는 중국 복희씨(伏羲氏)가 황허 강에서 용마(龍馬)의 몸에 새겨진 55
개의 점으로 이루어진 그림입니다. 반면에 낙서(洛書)는 중국 하(夏)나라의
우왕(禹王)이 홍수를 다스릴 때 뤄수이(洛水) 강에서 나온 거북의 등에 씌어
있었다는 45개의 점입니다.

이것을 근거로 팔괘의 법이 만들어집니다. 하도(河圖)는 상생의 이치를 담고
있고, 낙서(洛書)는 상극의 이치를 담고 있습니다. 복희씨의 선천팔괘(先天八
卦)가 우주의 기본 구조인 체(體)를 표시 했다면 문왕의 후천팔괘(後天八卦)는
우주의 운용 방법인 용(用)을 표시한 것입니다.

곧 복희씨의 팔괘도가 하늘과 땅 사이에 공간적 위치를 그림으로 나타낸 것
이라면 문왕의 팔괘도는 하늘과 땅 사이에 일어나고 있는 계절의 변화된 모
습을 나타낸 것입니다. 그래서 변화를 알기 위해서는 낙서 구궁도의 후천
방위를 활용하는 것입니다.

1) 하도(河圖) 용마(龍馬)

 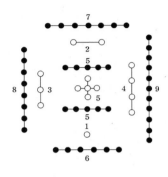

【용마하도(龍馬河圖)】　　　　【복희씨선천팔괘伏犧氏先天八卦】

하도(河圖)는 약 5천 년 전 중국 황하(黃河)에서 용마(龍馬)가 출현하였는데 말의 등에 털이 뭉쳐 있는 것을 보고 복희씨가 팔괘를 긋고 천지의 수를 깨달았다고 전해지고 있습니다.

황화강에서 말이 출현한 초기에는 말의 좌측에 백점이 한(一)개 있었고 6(六)개의 흑점은 좌측 등의 꼬리 근처에 있고 7(七)개의 백점과 2(二)개의 흑점은 좌측 등의 머리 근처에 있고 3(三)개의 백점과 8(八)개의 흑점은 등의 좌측에 있고 9(九)개의 백점과 4(四)개의 흑점은 등의 우측에 있고 5(五)개의 백점과 10(十)개의 흑점은 등의 중앙에 있었는데 성인이 팔괘를 그어 위치를 정하였습니다.

(2) 신구낙서(神龜洛書)

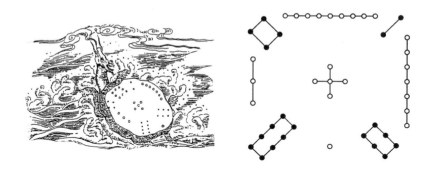

【신구낙서神龜洛書】

약 4000년 전에 우(禹)임금이 천자(天子)가 되기 전 홍수로 인해 몸살을 앓았습니다. 온갖 방법으로 땅을 파서 홍수를 빼내 치수(治水)작업을 할 때 낙수(洛水)라는 강에서 거북이 한 마리를 붙잡았습니다. 그런데 그 거북이 등껍질에 1에서 9까지 숫자가 있었습니다. 우(禹)는 이것을 이용하여 천하를 다스리는 대법(大法)으로서 홍범구주(洪範九疇)를 만들었고 이것이 후세 구성술의 기초가 되었는데 이것을 낙서(洛書)라 합니다. 하도가 상생의 원리를 담고 있다면 낙서는 상극의 이치를 담고 있습니다.

그러므로 하도가 체가 되고 낙서가 용이 되어 변화를 읽을 수가 있으므로 모든 역법의 기초가 되었던 것입니다. 낙서(洛書)는 거북이의 등에 있는 상(象)을 취했다고 했는데 낙서(洛書)에서 중앙을 빼고 서로 마주보고 있는 수를 합하면 모두 10이 되고 가운데 5를 합하면 모두 15가 됩니다.

한(一)개의 흰(白)점은 꼬리 근처에 있고 9(九)개의 자색(紫色) 점은 목 근처에 있고 4(四)개의 푸른 점은 좌측 어깨에 있고 2(二)개의 흑점(黑点)은 어깨의 우측에 있고 6(六)개의 백점(白点)은 우측 발 근처에 있고 8(八)개의 백점(白点)은 좌측 발 근처에 있고 3(三)개의 녹점(綠点)은 좌측 옆구리에 있고 7(七)개의 적점(赤点)은 우측 옆구리에 있고 5(五)개의 황점(黃点)은 등 중앙에 있다. 모두 아홉 곳과 7색(七色)으로 표기되었습니다.

그리하여 성인이 아홉 곳의 위치와 방향을 정했고 하나의 긴(-) 무늬와 두(- -) 개의 짧은 무늬로 생효(生爻)를 만들어 삼재(三才)를 설립(設位)하게 되니 역도(易道)가 이렇게 하여 탄생하게 된 것입니다. 이러한 낙서(洛書)를 응용하여 구궁도로 활용합니다.

6. 구궁도(九宮圖)

낙서에서 유래가 된 후천팔괘는 춘하추동(春夏秋冬) 사시의 변화에 따라 괘를 배열한 것이기 때문에 오행성(五行性)이 나오게 됩니다. 곧 9개의 방 혹은 궁(宮)을 배정합니다.

그리고 각각의 궁에 이름을 붙히는데 중앙은 중궁(中宮)이며 서쪽은 태방(兌方)이고 동쪽은 진방(震方)이라 정합니다. 북은 감방(坎方)이고 남은 이방(離方)이 됩니다. 그리하여 주변에 팔괘를 배치한 이는 주나라 문왕이므로 이름하여 문왕의 후천팔괘도가 되는 것입니다.
구성학에서는 문왕팔괘도와 후천수를 사용합니다.

4 巽	南 9 乾	2 坤
東 3 震	5	西 7 兌
艮 8	北 1 坎	乾 6

【문왕후천팔괘文王後天八卦】

7. 24괘(卦) 방위도(方位圖)

(1) 사각형으로 펼친 방위도

巽(손)	巳(사)	丙(병)	**午(오)**	丁(정)	未(미)	坤(곤)
辰(진)	**巽(손)**	**離(리)**			**坤(곤)**	申(신)
乙(을)		南				庚(경)
卯(묘)	震(진)	東 十 西		**兌(태)**		**酉(유)**
甲(갑)		北				辛(신)
寅(인)	**艮(간)**	**坎(감)**			**乾(건)**	戌(술)
艮(간)	丑(축)	癸(계)	**子(자)**	壬(임)	亥(해)	乾(건)

(2) 둥글게 펼친 방위도

(3) 팔괘방위와 질환(疾患)으로 길흉판단(八卦方位與吉凶判斷)을 한다.

【표4】

태방(兌方)	이방(離方)	손방(巽方)	감방(坎方)	곤방(坤方)
폐	심장	간	신장	비장
금(金)	화(火)	목(木)	수(水)	토(土)
입	눈	허벅지	귀	복부

건괘(乾卦) ▶ 머리, 가슴, 뼈, 대장, 오른쪽 복부, 오른쪽 꼬리, 오른쪽

태괘(兌卦) ▶ 입, 혀, 폐, 치아, 오른쪽 갈비뼈, 오른쪽 어깨 팔

이괘(離卦) ▶ 눈, 심장, 혈액, 인후

진괘(震卦) ▶ 발, 다리, 담낭(쓸개), 신경, 힘줄, 왼쪽 갈비뼈, 왼쪽 어깨

손괘(巽卦) ▶ 허벅지, 간, 왼쪽 어깨, 림프계.

감괘(坎卦) ▶ 귀, 신장(콩팥), 비뇨기 계통, 하복부 체액 순환

간괘(艮卦) ▶ 손, 위장, 비장, 왼쪽 발, 코, 등, 허리

곤괘(坤卦) ▶ 복부, 소화 기관, 위장, 비장 근육, 피부, 오른쪽 어깨에 해당한다.

【표5】 팔괘(八卦)가 갖고 있는 의미

이름	괘상	자연	성정	가족	선천방위	후천방위	동물	신체부위	기관	오행
건(乾)	☰	하늘(天)	굳셈(健)	아버지	남	서북	말	머리	뇌	금
태(兌)	☱	늪(澤)	기쁨(悅)	소녀	동남	서	양	입	폐	금
이(離)	☲	불(火)	고움(麗)	중녀	동	남	꿩	눈	심장	불
진(震)	☳	번개(雷)	움직임(動)	장남	동북	동	용	발	쓸개	나무
손(巽)	☴	바람(風)	듦(入)	장녀	서남	동남	닭	넓적다리	간	나무
감(坎)	☵	물(水)	빠짐(陷)	중남	서	북	돼지	귀	콩팥	물
간(艮)	☶	산(山)	그침(止)	소남	서북	동북	개	손	위	흙
곤(坤)	☷	땅(地)	순함(順)	어머니	북	서남	소	배	비장	흙

【예시1】 경인년(庚寅年)에 왜 심장 수술했을까요?

時	日	月	年	歲運	大運	男命
겁재		비견	정관	정관	정관	
甲	乙	乙	庚	庚	庚	
申	巳	酉	子	寅	寅	
정관	상관	편관	편인	겁재	겁재	

남자분은 왜 경인년(庚寅年)에 심장 수술을 했을까요! 도표를 살펴보시면 진(震)은 동방(東方) 목(木)에 속해 있습니다. 진방(震方)이고 우레진(震)이니 벼락, 번개 등에 해당합니다. 여기서 번개는 전기이죠. 심장은 체내에서 전기로 작동하는 기관입니다. 정상 맥박이 아니면 심장이 불규칙적으로 활동하게 되는데 이것을 부정맥이라 합니다. 그래서 심장 자체는 이방(離方)이지만 진방(震方)은 심장을 움직이게 하는 전기라고 보는 겁니다.

그래서 진방(震方)은 동방(東方)목(木)이라 갑을(甲乙)목(木)의 손상은 불안정한 부정맥이라 보시면 됩니다. 평소 갑을(甲乙)목(木)이 경신유금(庚申酉金)의 극충합을 당하고 있었습니다. 그러다가 경(庚)대운 경인년(庚寅年)에 실현이 됩니다.

"손상 당한 갑을(甲乙) 목(木)이 사화(巳火)로 연계(聯啟)가 되는 지점이 발병 진원지입니다." 여기서는 사화(巳火)가 사유합금(巳酉合金)으로 사라지는 것으로 봅니다. 심장은 화(火)로 보는데 오행(五行)이 사라지는 경우가 되면 심장의 문제가 나타나게 됩니다.

그게 심장(巳火)질환으로 나타나고, 원인은 부정맥(甲乙)이었습니다.

【예시2】 계미년(癸未年)에 뇌출혈로 사망했을까요?

時	日	月	年	歲運	男命
정관		비견	상관	식신	
丙	辛	辛	壬	癸	
申	亥	亥	辰	未	
겁재	상관	상관	정인	편인	

이 사람은 수다금침(水多金沈)으로 수(水)가 많아 신금(辛金)이 침수(浸水)하는 사례입니다. 그런데 금(金)오행에 해당이 되는 건괘(乾卦)는 오행으로는 금(金)을 상징하고 기관은 뇌에 해당하며 신체부위로는 머리가 됩니다.

즉, 수다금침(水多金沈)의 상(像)은 뇌가 물에 잠기는 것이니 뇌출혈입니다. 계미년(癸未年)에 뇌출혈로 사망했다고 전해지는 청태종(淸太宗)의 명조입니다.

【예시3】 상속금액을 하도(河圖)수로 어떻게 추측하였을까요?

時	日	月	年	歲運	大運	男命
겁재		식신	편재	편관	정재	
癸	**壬**	**甲**	**丙**	**戊**	**丁**	
卯	**辰**	**午**	**辰**	**子**	**酉**	
상관	편관	정재	편관	겁재	인수	

2008년 5월에 외조부로부터 860억원의 거액을 상속받았습니다. 그런데 이 사람은 생모가 일찍 사망하고 계모를 생모로 알고 자랐는데 어느 날 하와이의 어떤 변호사에게서 온 전화를 받았습니다. 외조부가 사망하여 유산을 상속받게 되었다는 통보였습니다. 정유(丁酉)대운 무자(戊子)년의 일입니다. 하와이 변호사로 부터 온 연락을 받았다고 하는데 아마도 달러로 유산을 상속받았을 겁니다.

860억원을 달러로 환산해 보면, 86,000,000,000원 = 약 71,629,674$ 가 나옵니다. (당시 환율 추산: 1,200원 / 1$)

아래 하도(河圖) 수를 기록한 도표로 계산해 봅니다. 무자년(戊子年)은 자오충(子午沖)이 되는 해입니다. 자(子)와 오(午)의 숫자는 1과 7에 해당이 됩니다. 즉, 받을 금액이 17 아니면 71로 시작한다는 것을 알 수가 있습니다.

【표6】

오행	목		화		토		금		수	
숫자	3	8	7	2	5	10	9	4	1	6
십간	甲	乙	丙	丁	戊	己	庚	辛	壬	癸
십이지	寅	卯	午	巳	辰戌	丑未	申	酉	子	亥

2 십천간(十天干)

1. 십간(十干)의 시작

중국 한서(漢書)에 이르기를 "간(干)은 마치 갯수(個)와 같다"라는 말이 있습니다. 간유개야(干猶個也)라는 고어(古語)가 있는데 이 말은 "십간(十干)은 갯수 혹은 순서를 가리키는 용어"라는 뜻입니다. 다른 말로 표현하면 십간(十干)은 순서에 따라 배열이 된 기호를 말하는 것이죠. 그런데 왜 하필 그 숫자를 10개로 한정하였는가. 사람은 열 손가락과 열 발가락을 가지고 있습니다. 이것 때문에 최초 10진법이 만들어진 것입니다. 인간이 가장 손쉽게 사용할 수 있는 기수법(記數法)은 바로 10진법입니다.

그래서 사람들이 날짜를 쉽게 계산하기 위해 십간(十干)을 창안한 것입니다. 갑골문에서 사용했던 숫자 기호들을 살펴보면 상(商)나라 사람들은 10진법을 사용했다는 사실을 쉽게 알 수 있습니다. 그런 이유로 과거 고대의 은.상나라 시기에 날짜를 기록하는데 십간(十干)을 사용하였다는 최초 기록이 남아 있습니다. 그래서 십간(十干)을 날짜에 사용하였기 때문에 천간(天干)이라고도 합니다.

달력이 생기기 전에는 날짜를 기록하는 단위를 순(旬=열흘 순)으로 삼았습니다. 즉, 10일을 순(旬)이라고 하였고 그래서 갑(甲)에서 시작하여 계(癸)까지 십일(十日)을 일순(一旬)이라고 하였습니다. 현재 사용하는 공망표를 확인하면 일순(一旬)마다 10개의 60갑자가 표기되어 있음을 확인할 수가 있습니다.

【표1】 납음오행(納音五行), 공망(空亡) 조견표

공망	일	1	2	3	4	5	6	7	8	9	10
戌亥	一旬	해중金		노중火		대림木		노방土		검봉金	
		甲子	乙丑	丙寅	丁卯	戊辰	己巳	庚午	辛未	壬申	癸酉
申酉	二旬	산두火		간하水		성두土		백랍金		양유木	
		甲戌	乙亥	丙子	丁丑	戊寅	己卯	庚辰	辛巳	壬午	癸未
午未	三旬	천중水		옥상土		벽력火		송백木		장류水	
		甲申	乙酉	丙戌	丁亥	戊子	己丑	庚寅	辛卯	壬辰	癸巳
辰巳	四旬	사중金		산하火		평지木		벽상土		금박金	
		甲午	乙未	丙申	丁酉	戊戌	己亥	庚子	辛丑	壬寅	癸卯
寅卯	五旬	복등火		천하水		대역土		차천金		상자木	
		甲辰	乙巳	丙午	丁未	戊申	己酉	庚戌	辛亥	壬子	癸丑
子丑	六旬	대계水		사중土		천상火		석류木		대해水	
		甲寅	乙卯	丙辰	丁巳	戊午	己未	庚申	辛酉	壬戌	癸亥

선진(先秦)시대(B.C.770~B.C.221)의 저술로 알려진 황제내경소문에도 "하늘에 10일[十日]이 있는데 일순이 6번 이어져 갑을(甲乙)이 한 바퀴 돌고 다시 갑을(甲乙)이 6번 되풀이하여 한 해를 마치니 360일법(日法)이다"라는 설명이 있습니다.

현대인들은 7일을 한 묶음으로 엮어서 일주일이라고 말합니다만, 상나라에서는 10일을 1순(旬)으로 묶어서 한 달을 상순, 중순, 하순으로 사용했다는 것입니다. 상나라 사람들은 60갑자로 하루하루 날짜를 표기하면서도 10일을 순(旬)이란 한 단위로 묶어 날짜를 계산했다는 뜻입니다. 그런 즉 60갑자 기일법(紀日法)은 10일 단위의 계산법이었다고 할 수 있습니다. 그래서 순(旬)이라는 글자도 파자(破字)해 살펴보면 날짜'日'를 열흘간 한 바퀴 돌았다는 의미로 순(旬) 이라고 상형화 하여 부르는 것입니다. 십간(十干)을 날짜로 기록하는데 사용하였다는 내용은 많은 문헌에서 볼 수가 있습니다.

후한서에는 갑을이명일(甲乙以名日)이라는 내용의 기록이 보이는데 "갑을의 이름으로 날(日)을 삼았다"라고 되어 있으며 출토된 은(殷)나라 시대의 복사점에도 역시 십간으로 날짜를 기록한 것이 많이 남아 있습니다. 이아(爾雅) 석천(釋天)편에는 갑지계위십일(甲至癸爲十日)이 실려 있는데 곧 "갑부터 계까지가 10일이다"라는 내용입니다.

공자(孔子)가 저술한 서경(書經)의 우서편에 보면 우가 임금에게 말하기를 "저는 장가를 들었으나 신(辛). 임(壬). 계(癸). 갑(甲)날의 나흘밖에 쉬지 못했습니다."라는 기록이 있습니다. 이와 같은 것들은 십간으로 날짜를 기록했다는 의미를 말하는 것입니다. 곧 현대적인 태음태양력이 출현하기 이전에는 십간을 날짜로 명칭 하는데 사용했다는 사실입니다.

또한 고대 상(商).은(殷)나라에서는 33왕이 군림하였는데 그 군왕(君王)의 이름에는 십천간(十天干)의 명칭이 삽입이 되어 있습니다. 탕왕(湯王)의 이름은 천을(天乙)이고 그 아들의 이름은 외병(外丙), 태정(太丁)등이며 마지막 주왕의 이름은 제신(帝辛)으로 나타나 있습니다. 따라서 신살(神煞)에서 사용하는 천을귀인(天乙貴人)을 만났다는 말의 속뜻은 은나라 탕왕을 상징한다고 보면 되겠습니다.

일반적으로 간지(干支)로 불리기 전에는 '일진(日辰)'으로 불렸고 전국시대 (B.C.403~B.C.221) 이래 오행생승설(五行生勝說)과 결부되면서는 '모자(母子)'로도 불렸습니다. 모자(母子)로 호칭되다가 본격적으로 간지(干支)로 불리기 전의 중간 시기에는 줄기와 가지의 의미로서 간지(幹枝)로도 인식되기 시작했습니다. 수(隋 581~617)나라 초기에 소길(蕭吉)은 오행대의(五行大義)에서 일진(日辰)과 간지(干支)의 관계에 대하여 "하늘에 대한 일들은 '일(日)'을 쓰고 땅에 대한 일들은 '진(辰)'을 쓰니 음양이 구별되기 때문에 간지(干支)의 이름이 있는 것이다. 라고 말을 하였습니다.

2. 십간이 의미하는 내용.

십간의 순서는 태양에 의해 자연의 만물이 생왕흥쇠(生旺興衰)를 반복하는 뜻을 가지고 있습니다. 즉, 생명이 있는 만물의 끊임없는 변천과정을 표현하는 글자로 십간을 기록한 것입니다. 한서의 율력지에는 십간에 대하여 자세한 해석을 해놓고 있습니다.

【표2】

갑(甲)	새싹이 껍질을 뚫고 처음 나오는 것을 의미를 말한다.
을(乙)	새싹이 점점 돋아서 주변으로 성장하는 것을 말한다.
병(丙)	양기가 충만하여 주변에 두루 발산하여 퍼지는 것을 말한다.
정(丁)	끊임없이 성장하는 것을 꽃을 피우는 의미를 말한다.
무(戊)	더욱 무성해져 숲을 이루는 것을 말한다.
기(己)	성숙함이 극에 달하는 것을 의미를 말한다.
경(庚)	결실을 거두어 들이는 기운으로 열매가 되는 것을 말한다.
신(辛)	단단한 성숙함이 이루어지고 새로운 씨앗으로 맺어짐을 말한다.
임(壬)	새로운 생명을 잉태하는 것을 말한다.
계(癸)	새로운 생명이 태중에서 성장하며 기다리는 것을 말한다.

이와 같은 내용을 보게 되면 자연 만물의 생왕병사(生旺病死)를 표현한 글자를 최초로 십간으로 표현하고 있음을 알 수 있습니다. 이것은 생명체의 발전과정을 오랫동안 관찰하던 고대인들이 얻어낸 삶의 지혜인 것입니다. 그래서 음양오행학(陰陽五行學)이 발전하기 전에 십간은 이와 같이 단순한 날짜를 표시하는 기호로 사용이 되었습니다.

즉, 1일은 갑이고 2일은 을이며 3일은 병, 4일은 정, 5일은 무, 6일은 기, 7일은 경, 8일은 신, 9일은 임, 10일은 계에 해당합니다. 이러한 부호가 제왕(帝王)의 명칭에 들어가서 사용되다가 십간과 십이지지가 결합이 된 60갑자가 배출(輩出)이 되었고 60갑자를 활용한 기타 유용한 학문들이 탄생하게 되었습니다.

삼명통회를 살펴보면 오행론자와 음양론자들의 격렬한 논쟁이 나옵니다. 오랫동안 두 이론이 대립되어 오다가 마침내 음양오행학(陰陽五行學)이라는 새로운 이론이 탄생하게 된 것입니다.

【황제내경(皇帝內徑)】에서 십간은 하늘의 기운을 나타내는 순서로 적용이 되고 있습니다. 즉 천기(天氣)가 나아가는 순서를 십간으로 표시한 것입니다. 곧 천기가 나아가는 순서는 갑-을-병-정-무-기-경-신-임-계로 십간으로 표시하고 이것을 표(標)라고 기록하였습니다. 표(標)라는 것은 사물의 말단(末)이라는 뜻입니다.

또 십간이 의미하는 본래의 성질을 나타낸 것을 본(本)이라고 말하였습니다. 이것을 본말(本末)이라 하였는데 "본말(本末)이 전도되었다"라는 이야기도 여기서 유래가 된 표현법입니다.

예를 들어 갑자(甲子)년을 설명하면 여기에서 갑(甲)은 천기가 나아가는 순서의 표현으로서 표(標)에 해당하고 갑(甲)의 해에는 해당하는 본래의 성질을 습기(濕氣)라고 보았습니다. 갑(甲) 하나만 예를 들어보면 갑의 해(年)는 그 본(本)이 습기(濕氣)가 강한 해가 되므로 그 해를 예측하였던 바, 올해는 장마나 습한 날씨가 많을 수 있으므로 수해예방에 만방을 다해야 하고 또한, 제방이나 축대 등을 미리 점검, 보수하고 장차 일어날 수 있는 재난을 미리 예방해야 함을 알게 되었습니다.

또한, 수해로 피해가 발생할 수 있는 농작물을 미리 살펴 보호하기도 하였는데 재배작물의 선택이나 파종시기 수확시기 등을 미리 짐작할 수 있었습니다.

또, 의원에게는 습기가 태과(太過)하여 병이 든 사람은 특별히 심신을 관리하여 만전을 기하도록 하는 등 사람의 질병을 다스리는 치료법과 약재를 생산하는 방법을 알려주기도 하였습니다. 그래서 이와 같은 학문을 고대의 통치자나 지도자는 반드시 알아야할 제왕학(帝王學)으로 여기게 된 것입니다.

3. 십간을 음양으로 분류한다.

십간(十干)에는 음양(陰陽)이 있습니다. 십간(十干)을 구별하면 다음과 같습니다.

양(陽)	갑(甲)	병(丙)	무(戊)	경(庚)	임(壬)
음(陰)	을(乙)	정(丁)	기(己)	신(申)	계(癸)

십간의 음양(陰陽)분류는 홀수와 짝수의 순서에 의한 것입니다. 또 선후(先後)로 음양을 구분한 경우와 강유(剛柔)로 음양을 구분한 경우도 있습니다. 양선음후(陽先陰後)라는 고어(古語)가 있는데 양(陽)이 먼저 가고 음(陰)은 따라간다는 이야기입니다. 즉 앞에 있는게 양(陽)이고 뒤에 있는 게 음(陰)의 글자입니다. 그래서 선(先)이 되는 갑. 병. 무. 경. 임은 1. 3. 5. 7. 9인 홀수이고 후(後)가 되는 을. 정. 기. 신. 계는 2. 4. 6. 8. 10인 짝수가 됩니다. 홀수가 양(陽)이 되고 짝수가 음(陰)이 되는 것은 고대로부터 내려온 법칙입니다.

【황제내경黃帝內經】에 보면 음도(陰道)는 짝(偶)으로서 작용하고 양도(陽道)는 기수(奇數)로서 작용한다는 말이 있습니다. 원리에 입각해 보더라도 1 3 5 7 9는 양도(陽道)의 길을 가는 것이므로 기수(奇數)에 위치하고, 2 4 6 8 10은 우수(偶數)이므로 기수(奇數)의 짝(배우자)이 된다고 하여 짝수에 위치합니다.

【상한직격傷寒直格】에서 말하길 "대체로 먼저 말한 것은 강하고 양(陽)이 되며 뒤에 말한 것은 부드럽고 음(陰)이 된다"라고 말을 하였습니다. 즉 갑(甲)과 을(乙)에서 갑(甲)이 앞에 있고 을(乙)이 뒤에 있기 때문에 갑(甲)은 양(陽)이 되고 을(乙)은 음(陰)이 되며 병(丙)과 정(丁)에서 병(丙)이 앞에 있고 정(丁)이 뒤에 있기 때문에 병(丙)은 양(陽)이 되고 정(丁)은 음(陰)이 되며 무(戊)와 기(己)에서 무(戊)가 앞에 있고 기(己)가 뒤에 있기 때문에 무(戊)는 양(陽)이 되고 기(己)는 음(陰)이 되며 경(庚)과 신(辛)에서 경(庚)이 앞에 있고 신(辛)이 뒤에 있기 때

문에 경(庚)은 양(陽)이 되고 신(辛)은 음(陰)이 되며 임(壬)과 계(癸)에서 임(壬)은 앞에 있고 계(癸)는 뒤에 있기 때문에 임(壬)은 양(陽)이 되고 계(癸)는 음(陰)이 된다고 이해하시면 됩니다.

【삼명통회三命通會】에서 말하길 "오행(五行)이 있는데 어째서 또다시 십간(十干)과 십이지지(十二支)가 있을까? 무릇 음양(陰陽)이 있고 나서 오행(五行)이 생긴 것이니 어떤 오행(五行)이든지 음양(陰陽)이 존재(存在)하는 것이다. 예컨데 목(木)에는 갑(甲)과 을(乙)이 있는데 이것이 바로 목(木)의 음양(陰陽)인 것이다. 갑(甲)은 을(乙)의 기(氣)에 해당이 되고 을(乙)은 갑(甲)의 질(質)에 해당이 된다. 갑(甲)은 하늘에서 생기(生氣)가 되어 만물(萬物) 가운데 유행(流行)을 한다. 땅에서 만물(萬物)이 되어 갑(甲)으로부터 생기(生氣)를 받아들이는 것은 을(乙)이다. 세분(細分)하여 말하면 생기(生氣) 가운데서도 산포(散布)된 것은 갑중(甲中)의 갑(甲)이요 생기(生氣) 가운데서도 응결(凝結)된 것은 갑중(甲中)의 을(乙)이다. 만물(萬物)이 지닌 바 지엽(枝葉)은 을중(乙中)의 갑(甲)이요 만목(萬木)의 지지엽엽 (枝枝葉葉)은 을중(乙中)의 을(乙)이다. 결국 갑(甲)은 을(乙)의 기(氣)에 해당하므로 무르고 을(乙)은 갑(甲)의 질(質)에 해당하므로 단단하다. 갑(甲)과 을(乙)이 있으므로 목(木)의 음양(陰陽)이 구비(具備)되는 것이다"라고 설명을 하고 있습니다.

4. 십간을 오행으로 분류한다.

【삼명통회 논납음취상(論納音取象)】을 살펴보면 다음 아래와 같은 설명이 나옵니다. "예전의 황제가 어찌 갑자(甲子)의 경중(輕重)을 나누어 60을 짜맞추었는가! 대저 자(子)부터 해(亥)까지 12궁은 각 금목수화토(金木水火土)에 붙어있다. 자(子)에서 처음 일어나기 시작한 일양(一陽)은 해(亥)에서 끝나면 육음(六陰)이 된다. 오행(五行) 금목수화토(金木水火土)의 소속은 하늘에서 오성(五星)이 되고 땅에서는 오악(五岳)이 되고 덕(德)으로는 오상(五常)이 되고 사람에게는 오장(五臟)이 되고 그것은 명(命)에서는 또 오행(五行)이 된다. 이러한 고로 하늘에서 갑자(甲子)의 기운이 땅에 이르러 명(命)에 응하게 되고 명(命)은 일생의 사건들이 되니 갑자(甲子) 납음(納音) 상(象)으로 성인(聖人)들이 깨우쳐 놓았으니 이 또한 인간의 한 세상 일들이 되는 것이다." 이와 같은 이치로 하여 세상 만물의 우주변화를 일으키는 모든 현상이나 계절, 산천의 방위와 인체의 오장육부등을 오행의 속성에 따라 배치시켜 분류할 수 있습니다. 십간을 배치하는 방법을 십간분배천문(十干分配天文)이라 말하였다면 오행을 배치하는 법법을 원물차류(元物此類)라고 이해하면 됩니다. 십간분배천문(十干分配天文)은 천간의 물상편에서 소개를 하겠으므로 여기에서는 십간의 오행에 대하여 설명을 합니다. 갑을(甲乙)이 목(木)에 배치가 되고 병정(丙丁)은 화(火)이고 무기(戊己)는 토(土)이며 경신(庚辛)은 금(金)이고 임계(壬癸)는 수(水)에 해당이 됩니다.예를 들면 다음과 같이 분류할 수 있습니다.

【표3】

목(木)	동쪽. 봄. 갑을. 인묘. 간장(肝臟). 담
화(火)	남쪽. 여름. 병정. 사오. 심장(心臟). 소장. 삼초
토(土)	중앙. 장하. 무기. 진술축미. 비장(脾臟). 위장
금(金)	서쪽. 가을. 경신. 신유. 폐장(肺臟). 대장
수(水)	북쪽. 겨울. 임계. 해자. 신장(腎臟). 방광

5. 천간과 오장육부의 배합.

【표4】

오행	목		화		토		금		수	
음양	양	음	양	음	양	음	양	음	양	음
십간	甲	乙	丙	丁	戊	己	庚	辛	壬	癸
오장육부	담	간	소장	심장	위장	비장	대장	폐	방광	신

간·담이 목(木)이고 심장·소장이 화(火)고 비장·위장이 토(土)이고 폐장·대장이 금(金)이고 신장·방광이 수(水)입니다. 사람에게는 오장육부(五臟六腑)가 있는데 오장(五臟)은 간장·심장·비장·폐장·신장(腎臟)에 해당하고 육부(六腑)는 대장·소장·위·담·방광·삼초(三焦)를 말합니다. 오장(五臟)은 꽉 차있는 반면에 육부(六腑)는 텅 비어있습니다. 땅은 꽉 차 있어서 음(陰)에 배속(配屬)이 되고 하늘은 텅 비어 있어서 양(陽)에 배속(配屬)이 된 것입니다. 이런 이치로 오장은 음(陰)이되고 육부는 양(陽)이 되는 것입니다.

또한, 오장(五臟)은 속에 있고 고정되어 있기 때문에 음(陰)에 배속하고 육부(六腑)는 겉에 있고 능동적으로 움직이기 때문에 양(陽)에 배속합니다. 땅은 고정되어 있어서 음도(陰道)이고 하늘은 움직이기 때문에 양도(陽道)가 되기 때문입니다. 갑을목(甲乙木), 병정화(丙丁火), 무기토(戊己土), 경신금(庚辛金), 임계수(壬癸水)가 있습니다. 그러면 양선음후(陽先陰後)의 순리에 따라 앞에 있는 갑병무경임(甲丙戊庚壬)의 기물은 양도(陽道)를 따르니 육부(六腑)를 배치하였고 뒤에 있는 을정기신계(乙丁己辛癸)의 기물은 음도(陰道)를 따르므로 오장(五臟)을 배치하였습니다. 오장(五臟)은 땅처럼 꽉 차여 있는 기물이고 육부(六腑)는 하늘처럼 텅 비어있습니다.

그러므로 갑(甲)은 양(陽)이기 때문에 담(膽)에 배속하고 을(乙)은 음(陰)이기 때문에 간(肝)에 배속됩니다. 그래서 보통 갑을(甲乙) 목(木)을 통칭하여 간담(肝膽)이라고 명칭을 합니다.

또한, 병(丙)은 양(陽)이므로 소장(小腸)을 배속(配屬)하고 정(丁)은 음(陰)이기 때문에 심장(心臟)을 배속합니다. 무(戊)는 양이니까 위(胃)를 배속하고 기(己)는 음이므로 비(脾)를 배속합니다. 경(庚)은 양금이니까 대장(大腸)을 배속하고 신(辛)은 폐(肺)를 배속합니다. 임(壬)은 방광(膀胱)을 배속하고 계(癸)는 신장(腎臟)을 배속합니다.

한의학에서는 을계동원론(乙癸同源論)이라 해서 을계(乙癸)는 뿌리를 같이한다고 말합니다. 그래서 약을 쓸 때도 같은 약을 써야 돼요. 을(乙)은 간(肝)이고 계(癸)는 신장(腎)이니까 을계동원론은 곧 간신이 뿌리를 같이한다는 뜻이 됩니다.

6. 십간에 숫자를 붙히는 방법

【표5】

오행	목		화		토		금		수	
방위	동방		남방		중앙		서방		북방	
음양	양	음	양	음	양	음	양	음	양	음
숫자	3	8	7	2	5	10	9	4	1	6
십간	甲	乙	丙	丁	戊	己	庚	辛	壬	癸

십간에서는 갑(甲)은 첫 번째가 됩니다. 을(乙)은 두 번째 글자이고 병(丙)은 세 번째이며 정(丁)은 네 번째 무(戊)는 다섯 번째이고 기(己)는 여섯 번째이며 경(庚)은 일곱 번째이고 신(辛)은 여덟 번째 임(壬)은 아홉 번째 계(癸)는 열 번째에 위치합니다. 여기서 1 3 5 7 9에 속하는 갑병무경임(甲丙戊庚壬)을 양간(陽干)이라 하고 2 4 6 8 10에 속하는 을정기신계(乙丁己辛癸)를 음간(陰干)이라고 합니다. 그리고 목(木)을 갑을(甲乙)로 구분하여 3과 8의 목(木)이라 지정했습니다. 3은 갑목(甲木)을 말하고 8은 을목(乙木)을 말한다고 보면 됩니다.

왜냐하면 양간에는 양수를 붙이고 음간에는 음수를 붙이면 됩니다 그래서 양간(陽干)인 갑목(甲木)에는 양수(陽水)를 붙혀 3목(木)이 되는 것이고 음간(陰干)인 을목(乙木)에는 음수인 8목을 붙히는 것입니다. 또한 병정화(丙丁火)도 마찬가지로 해석하면 됩니다. 곧 양화(陽火)인 병화(丙火)에는 양수(陽水)인 7을 붙혀 7병화라고 지정합니다. 그리고 음화(陰火)인 정화(丁火)에는 2를 붙혀 2정화가 됩니다. 무토(戊土)는 양간(陽干)이므로 5토(土)가 되고 기(己)는 10토(土)가 됩니다. 경신(庚辛)은 금(金)인데 경(庚)은 양간(陽干)이므로 9금(金)이 되고 신(辛)은 4금(金)이 됩니다 또한 임수(壬水)는 양간(陽干)이므로 1수(水)라고 하고 계수(癸水)는 음수(陰水)이므로 6수(水)가 됩니다.

7. 십간소속방위(十干所屬方位)

대요(大堯)씨가 갑을(甲乙)을 목(木)으로 묶고 병정(丙丁)을 화(火)에 엮고 무기(戊己)를 토(土)에 엮고 경신(庚辛)을 금(金)에 엮고 임계(壬癸)를 수(水)로 지정하였습니다. 그리고는 갑(甲)과 을(乙)은 동일한 목(木)으로 동방(東方)에 위치함을 알았고 병정화(丙丁火)는 남방(南方)에 위치하고 무기토(戊己土)는 중앙(中央)에 거주함을 알게 되었습니다. 또한 경신금(庚申金)은 서방(西方)에 위치하고 임계수(壬癸水)는 북방(北方)에 위치하게 하였습니다. 이로써 천하 만물의 근본으로 삼았습니다.

8. 60갑자의 탄생 배경.

고대 상나라 사람들은 10개의 태양이 존재해 그것이 매일 교대로 올라 와 10일을 순행했다고 믿었습니다 그래서 각각의 태양에 붙여진 이름이 십간이라고 전해집니다. 이 순(旬)을 갑 · 을 · 병 · 정 · 무 · 기 · 경 · 신 · 임 · 계로 각각 표기했습니다. 3순이면 한 달이 되듯 십간이 세 번 지나면 한 달이 되도록 만들었던 것입니다.

중국의 많은 역사문헌에는 황제의 신하인 대요가 하늘의 북두칠성이 돌아가는 모습을 보고 십간과 십이지를 창시했다는 내용이 나옵니다. 또한 월령장구에서 말하기를 "대요가 오행의 이치를 탐구해서 북두칠성의 자루가 세워지는 바를 점쳤는데 이에 처음으로 갑을병정무기경신임계(甲乙丙丁戊己庚辛壬癸)라는 열 개의 별을 만들어 해[日]에 이름을 붙여서 이르기를 '간(幹)'이라 하고 자축인묘진사오미신유술해를 만들어 달[月]에 이름을 붙여서 이르기를 '지(支)'라 했으며 간지(幹支)를 서로 배합하여 육순[육십갑자]를 완성했다"고 말합니다. 이게 무슨말인가하면 천구상의 별자리 28수 사이를 해(日)

는 매일 1도씩 서에서 동쪽으로 우행(右行)하고 이것을 황도라고 칭했으며 달은 매일 13도씩 우행하는데 이를 백도라 정했습니다. 황도와 백도는 비슷한 궤도를 그리면서 1년 365일간 12번을 해와 달이 서로 만나게 됩니다. 이렇게 해와 달이 만난 날은 둘이 함께 동쪽에서 떴다가 서쪽으로 지는 시기에는 하늘에서 달빛을 볼 수 없으므로 그믐[朔]이라 부르게 하였습니다. 해와 달이 북극성을 사이에 두고 서(西)와 동(東)에서 마주보는 날에는 해가 서쪽으로 지면 달이 동쪽에서 떠오릅니다. 이날은 달이 반대편의 햇빛을 가득 받아 둥글게 떠오르므로 보름[望]이라 말했습니다. 고대 중국에서는 해와 달이 만나는 이 삭일(朔日)을 한 달의 초하루로 삼았습니다.

이렇게 1년에 12번 해마다 조금씩 다른 위치에서 해와 달이 만나는 곳을 평균한 후, 하늘을 12간격으로 나누고 이를 12진(辰)이라 불렀습니다. 이것은 쉽게 이해하려면 점성술에서 많이 사용이 되는 12 별자리를 이해 하면 됩니다. 즉 12진은 해와 달이 서로 만나는 황도와 백도상에 위치하는 12개의 별자리 구역을 의미합니다. 이 12진(辰)이 훗 날 12지(支)로 발전했다고 추정하면 됩니다. 그러니까 간지(干支)의 원리는 해와 달이 각기 천구(天球)상의 궤도인 황도(黃道)와 백도(白道)에서 하루 동안 나아간 거리의 단위를 환산한 것으로 이해하면 될 것입니다.

3 십이지지(十二地支)

1. 십이지지(十二地支)의 유래

태양은 황도의 경로를 매일 1˚씩 서에서 동으로 우행(右行)하고 달은 백도의 경로를 매일 13˚씩 우행 하는데 황도와 백도는 비슷한 궤도를 그리며 1년간 12번가량을 해와 달이 서로 만나게 됩니다. 이렇게 해와 달이 서로 만난 날은 그믐과 초승 사이의 삭(朔), 즉 초하루가 됩니다. 해와 달이 반대편의 햇빛을 가득 받아 둥글게 떠오르면 보름(望)이라 하고, 고대 중국에서는 해와 달이 만나는 삭일(朔日)을 한 달의 초하루로 삼았습니다. 이렇게 1년에 12번 해마다 조금씩 다른 위치에서 해와 달이 만나는 곳을 평균한 후 하늘을 12 간격으로 나누고 이를 12 진(辰)이라 불렀습니다. 즉 12진은 해와 달이 서로 만나는 황도와 백도 상에 위치하는 12개의 별자리 구역에 해당이 됩니다. 이 12신이 땅의 물상과 배속이 되면서 12지(支)로 발전하였습니다. 다음 아래 도표를 보면 11번 성기가 월장에서 축에 해당이 되면 두건은 자월(子月)을 가리키게 됩니다. 또한 현호는 자(子)의 월장에서 두건이 축월(丑月)이 되고 1번 추자에 이르면 인월(寅月)이 됩니다.

【표1】 십이지지(十二地支) 월장 표

月	1	2	3	4	5	6	7	8	9	10	11	12
12차	추자	강루	대량	실침	순수	순화	순미	수성	대화	석목	성기	현호
월장	亥	戌	酉	申	未	午	巳	辰	卯	寅	丑	子
두건	寅	卯	辰	巳	午	未	申	酉	戌	亥	子	丑
별자리	물고기	양	황소	쌍둥이	게	사자	처녀	천칭	전갈	궁수	염소	물병

2. 십이지지(十二地支)의 개념

천간은 갑을(甲乙)병정(丙丁)무기(戊己)경신(庚辛)임계(壬癸)의 10글자를 말하며 지지(地支)는 다음 12글자를 말하는 것입니다. 곧 자축인묘진사오미신유술해(子丑寅卯辰巳午未申酉戌亥)입니다.

이것을 십이지지(十二地支) 또는 십이지(十二支)라고 하며 십이지(十二支)는 땅(地)의 기(氣)로써 땅(地)의 오행(五行)을 나타내는 글자가 됩니다. 십이지(十二支)를 구별하면 다음과 같습니다.

【표2】 십이지지(十二地支) 음양 배속 표

양음(陽陰)	+	−	+	−	+	−	+	−	+	−	+	−
수리(數理)	1	2	3	4	5	6	7	8	9	10	11	12
지지(地支)	子	丑	寅	卯	辰	巳	午	未	申	酉	戌	亥
	쥐	소	범	토끼	용	뱀	말	양	원숭이	닭	개	돼지
오행(五行)	水	土	木		土	火		土	金		土	水

3. 십이지(十二支)의 음양(陰陽)

천간(天干)은 기(氣)로써 남자(男子)에 배정(配定)하여 양(陽)으로 하고 건(乾)이라 하였고 지지(地支)는 형상(形象)을 이루므로 곤(坤)이라 하여 여자(女子)에 배정(配定)하여 음(陰)으로 하였습니다. 따라서 하늘을 양(陽)이라 하고 땅을 음(陰)이라 하여 천지(天地)의 음양(陰陽)이 교차하여 건곤(乾坤)을 이루니 삼라만상(森羅萬象)이 생겨나게 되었습니다. 12지지(地支)는 천간의 기(氣)가 사시(四時)로 유행(流行)하는 순서(順序)가 됩니다. 곧 십이지(十二支)는 음양(陰陽)으로 분류(分類)하고 또한 십이개월(十二個月)에 배정(配定)하여 계절을 나누어 춘하추동(春夏秋冬)과 동서남북(東西南北)의 방위(方位)로 구분하였습니다 또한 십이지(十二支)로써 소위 열두 띠를 배속하였는데 다음 아래와 같습니다. 아래 도표는 24방위도입니다. 10간과 12지지를 활용하여 방위와 계절을 확인하였습니다.

【표3】십이지(十二支) 24 방위도(圖)

자(子)가 정북(正北)이 되고 묘(卯)는 동(東)이며 오(午)는 정오(正午)이고 유(酉)는 서(西)가 됩니다. 간방(艮方)은 북동(北東)이고 손방(巽方)은 남동(南東)이며 곤방(坤方)은 남서(南西)이고 건방(乾方)은 북서(北西)가 됩니다.

【표4】 십이지(十二支) 오행 배속 표

12지	오행	방위	동물	계절	음양
자(子)	수(水)	북쪽	쥐	11월	양
축(丑)	토(土)	북북동쪽	소	12월	음
인(寅)	목(木)	북동동쪽	범	1월	양
묘(卯)	목(木)	동쪽	도끼	2월	음
진(辰)	토(土)	동동남쪽	용	3월	양
사(巳)	화(火)	서서쪽	뱀	4월	음
오(午)	화(火)	서쪽	말	5월	양
미(未)	토(土)	남남서쪽	양	6월	음
신(申)	금(金)	남서서쪽	원숭이	7월	양
유(酉)	금(金)	서쪽	닭	8월	음
술(戌)	토(土)	서서북쪽	개	9월	양
해(亥)	수(水)	서북북쪽	돼지	10월	음

그럼 어째서 목(木)에는 갑(甲)과 을(乙)이외에 또 인(寅)과 묘(卯)가 있을까요? 목(木)이라는 오행을 하늘에서 나누면 갑을(甲乙)이라는 음양(陰陽)으로 나뉘는데 갑(甲)은 양(陽)이고 을(乙)은 음(陰)이 됩니다. 이것은 목(木)이라는 오행(五行)이 하늘에서 음양(陰陽)으로 나뉜 것입니다. 마찬가지로 땅에도 목(木)이라는 오행이 음양(陰陽)으로 나누게 되면 인묘(寅卯)로 나누게 되는데 인(寅)은 양(陽)이고 묘(卯)는 음(陰)이 됩니다. 그러므로 갑을인묘(甲乙寅卯)를 총괄적(總括的)으로 음양(陰陽)으로 나누면 갑을(甲乙)은 양(陽)이고 인묘(寅卯)는 음(陰)이 됩니다.

목(木)은 하늘에서 상(象)을 이루고 땅에서 형(形)을 이루는 것입니다. 갑을(甲乙)이 하늘에서 기(氣)로 유행(流行)하면서 인묘(寅卯)는 땅에서 그 기(氣)를 받아 들이는데 이로써 갑을(甲乙)의 뜻을 시행하므로 형질(形質)이 존재하는 것입니다. 이것은 마치 갑을(甲乙)은 장관(長官)과 같고 인묘(寅卯)는 지방(地方)을 관할하는 관리와 같은 것입니다. 그래서 갑(甲)의 녹(祿)은 인(寅)에 있고 을(乙)의 녹(祿)은 묘(卯)에 있으니 이것은 관청의 관리가 관현에 부임(赴任)하는 것이니 각기(各其) 한 달 동안 명령(命令)을 집행(執行)하는 장소가 되는 것입니다. 그러므로 갑(甲)과 을(乙)은 천간(天干)이니 부임하는 벼슬아치이므로 동(動)하여 멈추지 않으니 끊임없이 관청을 오고 가고를 반복하고 인묘(寅卯)는 관청에 해당하니 지지(地支)에서 고정(固定)되어 움직이지 않는 것입니다.

그런데 왜? 인월(寅月)에는 항상 갑(甲)이 필요하며, 묘월(卯月)에는 항상 을(乙)이 필요한가요.
왜냐하면 벼슬아치인 갑(甲)은 쉽게 발령처를 이동하니 쉽게 자리를 옮기지만 월지는 인(寅)에 뿌리를 내린 관청이므로 반드시 인(寅)이라는 관청이 필요로 하고, 을(乙)이 쉽게 자리를 옮기지만 월지에는 묘(卯)가 필요한 것입니다.

그런데 기(氣)를 가지고 논하면 갑(甲)은 을(乙)보다 왕(旺)하고 질(質)을 가지고 논하면 을(乙)이 갑(甲)보다 견고(堅固)한 것입니다. 갑을은 기질이 다르므로 목(木)의 이치(理致)를 가지고 나머지 오행(五行)의 이치(理致)도 유추(類推)할 수 있을 것입니다.

4. 십이지(十二支)의 사계(四季)

인묘진(寅卯辰)은 동방(東方)에 속하며 봄의 계절을 말합니다. 사오미(巳午未)는 남방(南方)이며 여름철에 해당합니다. 신유술(申酉戌)은 서방(西方)이며 가을에 해당합니다. 해자축(亥子丑)은 북방(北方)이며 겨울철이 됩니다.

이렇게 십이지(十二支)는 사계(四季) 기후(氣候)에 배당할 수 있으며 자월(子月) 동지(冬至)에서 일양(一陽)이 생(生)하는 이치에 따라 자축인묘진사(子丑寅卯辰巳)까지는 양지(陽支)로 보고, 오(午)의 하지(夏至)에서 일음(一陰)이 생(生)하므로 오미신유술해(午未申酉戌亥)는 음지(陰支)로 봅니다.

시간(時間)의 음양(陰陽)은 새벽시간이 되는 인(寅)시에서 인묘진사오미(寅卯辰巳午未)의 6시진은 양(陽)으로 하고 저녁시간이 되는 신(申)시에서 신유술해자축(申酉戌亥子丑)은 음(陰)으로 봅니다.

다만, 명리학(命理學)에서는 자인진오신술(子寅辰午申戌)의 6지지는 양(陽)이고, 축묘사미유해(丑卯巳未酉亥)의 6지지는 음(陰)이 됩니다. 음양은 상대성이므로 어느 기준을 가지고 보느냐에 따라 음양이 정해지게 됩니다. 보통 양지(陽支)의 기운은 활동성(活動性)을 가지므로 동(動)하여 길흉(吉凶)이 빨리 발현(發顯)이 되고 음지(陰支)의 기운은 정(靜)하여 화복(禍福)의 발현이 완만(緩慢)하게 나타납니다.

5. 십이지지의 동물 배속(配屬)과 시간 구분

1) 자서(子鼠)

자서(子鼠)는 쥐를 말하고 자정 전후에 해당이 됩니다.

곧 밤 11시부터 새벽 01시 까지를 말합니다. 이 시간에는 깊은 밤으로 인적이 끊기고 쥐가 활동하기 좋은 시간을 말하는 것입니다 그래서 이 시간은 자시(子時)라고 하거나 혹은 자서(子鼠)라고 부릅니다.

2) 축우(丑牛)

축우(丑牛)는 소를 말하고 새벽 01시부터 03시 까지를 말합니다.

이 시간에는 밤중에 소가 풀을 먹는 습성이 있고 농가에서는 한 밤에 일어나 등불을 켜고 소에게 여물을 먹이는 시간대가 된다고 하여 축시(丑時) 혹은 축우(丑牛)라 말을 합니다.

3) 인호(寅虎)

인호(寅號)는 호랑이를 말하는데 새벽 03시부터 05시까지를 말합니다.

낮에는 쉬고 밤에 돌아다니는 호랑이는 가장 사나운 동물에 속합니다. 옛사람들은 이 시간대에 호랑이 울음을 들었다고 하여 인호(寅號) 혹은 인시(寅時)라 부르게 되었습니다.

4) 묘토(卯兔)

묘토(卯兔)는 05시부터 07시 까지를 말합니다.

하늘이 밝아지면서 토끼는 둥지를 나와서 이슬을 머금은 풀을 뜯기 시작합니다. 그래서 이 시간대를 사시(巳時) 혹은 묘토(卯兔)라고 불렀습니다.

5) 진룡(辰龍)

진룡(辰龍)은 보통 아침을 먹을 시간으로 07시부터 09시 까지를 말합니다. 이 시간에는 안개가 잘 끼는데 전설에 의하면 이 시간대에 용이 구름과 안개를 타고 하늘을 날아다녔다고 믿고 있습니다. 그래서 진룡(辰龍)이라고 부릅니다.

6) 사사(巳蛇)

사사는 오전 09시부터 11시까지를 말합니다.

안개는 걷히고 태양이 높이 떠서 뱀이 먹이를 찾으러 밖으로 나온다고 합니다. 그래서 이 시간대를 사시(巳時) 혹은 사사(巳蛇)라고 부릅니다.

7) 오마(午馬)

오마(午馬)는 오전 11시부터 오후 13시 까지를 말합니다.

옛날에는 길들지 않은 야생마가 정오(正午)만 되면 사방으로 날뛰며 울었다고 합니다. 정오에는 태양이 중천에 떠 있어서 마치 붉은 말처럼 열기가 불같다고 하여 오마(午馬)라 하였습니다. 그러므로 오시(午時) 혹은 오마(午馬)라 말합니다.

8) 미양(未羊)

미양(未羊)은 오후 13시부터 15시 까지를 말합니다.

이 시간대에는 양을 방목하기 좋은 시간대라고 합니다. 양이 언덕으로 나가다. 뜻으로 양출파라고 불었는데 이것을 미양(未羊)이라고 불렀습니다.

9) 신후(申猴)

신후(申猴)는 15시부터 17시까지를 말합니다.

원숭이는 태양이 서쪽으로 기우는 이 시간대에 울기를 좋아한다고 합니다. 그래서 신후(申猴) 혹은 신시(申時)라 불렀습니다.

10) 유계(酉雞)

유계(酉雞)는 17시부터 19시까지를 말합니다.

이 시간에 해가 산 아래로 떨어지면 닭은 우리 앞쪽으로 몰려든다고 합니다. 그래서 이 시간대를 유시(酉時) 혹은 유계(酉雞)라고 불렀습니다.

11) 술구(戌狗)

술구(戌狗)는 저녁 19시부터 21시까지를 말합니다.

이 시간에는 태양은 이미 산 아래로 떨어져 하늘은 어둑어둑 해집니다. 사방이 어슴푸레하게 보이므로 황혼이라고 합니다. 이 시간대에 개는 대문 앞을 지키면서 누워 있다가 인기척이 있으면 요란하게 짖어댄다고 합니다. 개가 잠자기 직전에 도둑의 출입을 살피려고 사람들을 따라다녔다고도 하는데 그래서 이 시간을 술구(戌拘) 혹은 술시(戌時)라고 합니다.

12) 해저(亥豬)

해저(亥豬)는 한밤중으로 인정(人定)등으로도 불립니다.

밤이 깊으면 사람들은 활동을 멈추는데 인정은 사람이 조용하다는 것을 의미합니다. 21시부터 23시까지를 말합니다. 이 시간대에서는 밤이 깊고 인기척이 없으니 돼지가 구유를 파헤치는 소리만 들린다고 하여 이 시간을 해저(亥豬) 혹은 해시(亥時)라고 불렀습니다.

④ 천간(天干)의 물상(物像)

십간(十干)에는 오양(五陽)과 오음(五陰)이 있는데 갑병무경임(甲丙戊庚壬)을 양간(陽干)이라 하고 을정기신계(乙丁己辛癸)를 음간(陰干)이라 합니다. 양(陽)은 강한 것이고 음(陰)은 부드러운 것이 됩니다. 십간은 원래 10간 성배법에서 유래한 별들의 명칭으로 천간(天干)이라고도 말을 합니다.

1. 갑(甲)의 상의(象意)

갑(甲)의 글자 어원은 갑주(甲冑), 갑옷, 투구에서 발원한 글자입니다. 곧 방패와 창을 들고 무장한 병사를 본 뜬 글자이죠. 또한 밭 한가운데에 뿌린 씨앗이 처음으로 땅 밑을 뚫고 올라오는 모습을 본 뜬 글자이기도 합니다. 갑(甲)은 양기(陽氣)가 막 싹이 돋아 움직이는 형상으로 나무가 머리에 껍질을 둘러싼 채 무언가를 이고 있는 것이 갑(甲)의 형상(形像)이라고 보았던 것입니다.

그래서 갑(甲)의 형상은 사람의 머리 모양과 같습니다. 갑(甲)은 천간의 시작으로 인체로는 머리가 되며 절기(節氣)로는 봄에 해당하는 것입니다. 만물의 첫 우두머리가 되므로 언제나 시작, 처음을 좋아하였고 구속, 간섭을 싫어합니다. 갑(甲)은 새로운 씨앗이 싹트는 물상으로 시작을 의미하므로 무(無)에서 유(有)를 창조하는 성질이 있어서 그 성품을 창작, 기획이라고 생각하였습니다. 또한 뚝심이 있어서 한 방향으로 밀고 올라간다고 하여 솟구침, 오르다, 기상, 놀라다, 권위의 상징으로도 보았지만 너무 강하게 되면 고집독선의 기질이 있다고 생각하였습니다.

목(木)으로써 만물을 성장시키고 양육하는 기질로 인해 어질 인(仁)의 성질이 있으므로 교육자, 학자라고 판단하였습니다. 위로 성장하는 생기, 발랄을 상징하므로 어린이, 교육, 문교부, 체신, 통신, 인터넷, 출판, 언론, 방송, 문학, 예술를 상징합니다. 또한 나무는 가공이 되면 섬유와 책의 원료가 됩니다. 그래서 섬유, 포목, 의류 제조, 출판, 제조, 홍보, 광고 등이 됩니다 또한 무언가 세우고 꾸미는 행위로 인해 건축, 이, 미용, 인테리어 디자인 등에도 해당이 됩니다.

숫자로는 3이고 위치는 동방(東方)이고 색깔은 푸른색입니다. 인체로는 간, 담, 인후염, 모발, 손, 발, 눈, 허리, 얼굴, 머리, 두뇌, 신경계. 신경통. 말초신경계, 편두통, 정신질환, 시력, 중풍, 불면증, 위산과다. 십이지장궤양, 색맹, 약시, 근시, 난시에 비유합니다.

삼명통회(三命通會)에서는 갑(甲)을 우레, 번개, 천둥을 상징한다고 말하였습니다. 우뢰(雨雷)라는 것은 양기(陽氣)가 터져 나오는 소리입니다. 고대인들이 자연을 관찰하다 보니까 하늘의 천둥이 칠 때 우레가 땅에 내리 꽂히는데 너무 순간적이라 마치 땅속을 뚫고 올라오는 양기의 덩어리 같다고 생각을 하였습니다. 이것은 마치 갑목이 하늘를 향해 올라가는 양기(陽氣)와 비슷하다고 하여 갑(甲)의 형태라고 칭하게 되었습니다.

또한 자연에서는 2월(卯月)이 되면 우레소리가 들리는데 우레소리가 떨칠 때에 갑목(甲木)도 역시 왕성해집니다. 우레는 신(申)월에 이르러 점점 소리가 멈추는데 갑목(甲木)도 신(申)월에 이르면 우레와 같이 점점 쉬게 됩니다. 그리하여 우레와 갑목의 성질이 동일하다고 생각하게 되었습니다.

【예시1】 남자 소방관의 사주입니다.

時	日	月	年	男命
정인		편관	정관	
丙	己	乙	甲	
寅	酉	亥	戌	
정관	식신	정재	겁재	

이 명조는 천간에 정관(正官)이 있는데 첩신(貼身)하여 또 편관(編官)이 있습니다. 이것은 관살혼잡(官殺混雜)의 양상(樣相)을 보이므로 초년기에 이직(移職)의 번거로움으로 수고로울 수가 있습니다. 곧 여러 우물을 파는 사람은 장인(匠人)정신이 부족해서 분명한 기술이 없으면 고단할 수가 있다는 사실을 말해줍니다.

그런데 이 명조는 해수(亥水)라는 한 우물에서 투출한 갑(甲)과 을(乙)의 두 가지 종묘(種苗)를 수확하려 한다는 사실을 알 수 있습니다. 그러므로 일터는 한 곳이지만 일하러 가는 갑을(甲乙)의 운동 방향은 달라진다는 점입니다. 이것은 무슨 말인가 하면 갑목(甲木)은 위로 솟구치고 을목(乙木)은 옆으로 확산하는 성질이 있습니다. 이것은 마치 불길이 위로 솟구치기도 하지만 옆으로 확산하는 모습처럼 종잡을 수가 없다는 것이니 방문하는 관살의 집이 다양함을 암시하는 것입니다.

만약, 직업 환경을 의도적으로 취해서 그런 방면을 찾아간다면 관살혼잡의 해결점이 보일 수도 있는 것입니다. 그러므로 이 사람은 매일 한 집붕(소방서) 아래 살면서 이집(乙木) 저집(甲木)을 동가숙서가식(東家宿西家食) 하는 직업을 가지게 되었습니다. 이 사람의 직업은 화재가 난 주택 건물에서 불을 끄는 소방대원입니다.

2. 을(乙)의 상의(象意)

을목(乙木)은 초목(草木)의 싹이 땅 위로 나오려다가 한기(寒氣)를 느끼고 주춤하고 있는 모양을 나타내는 상형(象形)글자입니다. 그래서 을목(乙木)은 작은 나무, 풀, 꽃, 화초, 덩굴 등을 의미하고, 나선형, 휘어짐으로 옆으로 퍼지는 굴곡성이 나타납니다. 자연의 생태계에서는 일방적으로 오르기만 해서는 안 되고 멈추거나 옆으로 휘어지는 법도를 알아야 합니다. 그것을 관장하는 기운이 을(乙)이 되는 것입니다. 갑목(甲木)은 부러졌으면 부러졌지 휘지는 않으나 을목(乙木)은 휘어지니 유연해지는 방법을 압니다. 갑목(甲木)은 웅장한 대림목(大林木)의 상의(象意)를 요구하나 을목(乙木)은 정원(庭園)에 안착한 화초(花草)에 비유합니다. 그래서 을목은 최종 소비자가 사용할 수 있도록 3차 서비스가 추가가 됩니다. 즉 갑목(甲木)은 덩치가 큰 제지, 섬유, 직물, 원단이라면, 을목(乙木)은 제지와 섬유를 3차로 가공하여 가볍게 종이 출판과 인쇄 및 의류로 상품화하는 최종 단계를 말합니다. 그러므로 종이류, 의류, 출판, 작가, 교육, 미용, 실전 응용된 상업미술이 됩니다. 을목(乙木)은 굴신(屈身)의 특성이 있어 줄기가 뻗어 나는 모양이라서 지그재그로 가는 길의 형태와 같습니다. 성격은 굴신성으로 인해 삐딱할 수 있고 말이 많은 편이고 변덕이 있을 수 있습니다. 을(乙)은 구부러진 모습이 새가 앉아 있는 모양이라고 해서 새 을(乙)이라고 말합니다. 새는 바람에 의지하여 날아가므로 바람이라고도 합니다. 여기저기를 이동하는 습성이 있으므로 바람에 흔들리는 갈대와 같이 사랑도 잘 변하기도 합니다. 을목(乙木)은 주변 환경에 따라 쉽게 변화하는 능력을 가졌기 때문입니다. 그래서 "오음종세무정의(五陰從勢無情義)"라고 하는데 이것은 주변 세력이 변하면 의리(義理)와 정(情)에 걸림이 없이 떠날 수 있는 것도 을목(乙木)입니다. 그래서 을목(乙木)은 처세에 능숙하여 처세술. 책략가, 참모에 많이 나타납니다. 인체로는 간, 목덜미, 신경, 손가락, 발가락, 굴신되는 관절계통 등에 비유가 됩니다. 또한 간(肝), 담낭(膽囊), 혈관(血管), 동맥(動脈) 및 신경계, 체모(體毛)이고 방위로는 동(東)쪽이고 계절은 봄(春)에 해당이 되며 색(色)은 청색(靑)입니다.

【예시2】 코로나 확진자 때문에 폐업한 오리탕 집 여사장 사주입니다.

時	日	月	年	大運	女命
편인		겁재	비견	55	
乙	丁	丙	丁	壬	
巳	巳	午	未	子	
겁재	겁재	비견	식신		

역마, 곡각살

10년 동안 오리탕 집을 하다가 2021년 9월 17일 손님 중 코로나 확진자가 나와 식당 문을 닫았다고 합니다. 이 사주는 염상격(炎上格)이 됩니다. 염상(炎上)에서는 화왕(火旺)하므로 을목(乙木)이 분멸(焚滅)합니다. 여기서 을목(乙木)은 오리, 새의 물상이 됩니다. 왜냐하면 원래 을(乙)은 새라는 뜻이죠. 그런데 을사(乙巳)라는 간지는 역마(驛馬)입니다. 곧 역마가 낀 새는 이동을 잘 하므로 닭, 새, 오리로 보는 것입니다. 그런데 이 정도 화력이면 새까맣게 타서 못 먹습니다. 그렇다고 염상격의 화왕(火旺)을 물로 다스리면 재앙이 됩니다. 왜냐하면 화왕(火旺)한 팔자를 수극화(水克火)하면 록록지명(碌碌之命)이라 흉조(凶兆)로 보았던 것인데 매우 꺼리게 됩니다. 임자(壬子)대운이 그렇습니다. 55세 임자대운 진입시기에 코로나 확진자로 인해 문을 닫게 되었습니다 이러한 운에는 새로운 사업을 시작하면 안 되고 확장을 해서도 안 됩니다. 그러나 10년 전의 신해(辛亥)대운에는 병신합거(丙辛合去)로 병화(丙火) 겁재(劫財)를 잡는다면 이건 말이 달라지겠죠. 태왕(太旺)한 화력(火力)이 조절이 되는 겁니다. 왕성한 글자는 충제(沖制)하면 재앙(災殃)이 되고 합제(合制)해야 안정이 됩니다. 화력이 조절이 되는 시기라 오리가 잘 굽힐 것 같네요. 특히 사화(巳火)가 곡각살(曲脚殺)이죠. 오행이 편고한데 곡각살이 놓으면 그 곡각살(曲脚殺)의 흉의(凶意)가 드러나게 됩니다. 곧 어느 뼈든 간에 부러뜨려야 재앙이 액땜이 됩니다. 이 사주는 곡각살이 작동이 될 수 있으므로 오리 잡고, 닭 잡아서 곡각살을 액땜해야 하는 겁니다.

3. 병(丙)의 상의(象意)

병화(丙火)는 탁자 모양으로 제사(祭祀)에 희생물을 얹는 큰 제사상을 본뜬 글자입니다. 또는 뜨거운 향로, 가마솥을 엎어놓은 형상이라 "뜨겁다"라는 의미를 가지고 있습니다. 그래서 병화(丙火)는 하늘에 있으면 태양이라 하고 땅에 있으면 용광로, 향로, 발전소에 해당이 됩니다. 병화(丙火)는 밝게 빛나는 태양이니 온 천하를 골고루 비침에 차별이 없습니다. 고로 만천하에 드러나기 때문에 불의(不義)와 타협하지 않는다고 합니다. 그러므로 공명정대하고 강건한 기질이 있습니다. 병화(丙火)는 빛이 천리를 비취고 뜨거움은 우주에 두루 미친다고 하여 확산, 팽창이라는 본성이 있는데 만약 사람에게 병화가 있으면 이러한 발산하는 기운의 작용력으로 화려함, 솔직 담백의 성정이 나타난다고 합니다.

그래서 병화(丙火)를 가진 사람의 직업으로는 확산 팽창의 물질이 발현이 되는 업종에서 유리하게 됩니다. 곧 인터넷, 방송인, 예술인, 예체능, 크리에이터, 문화 사업, 조명업(照明), 항공업(港空) 승무원 등이 적합합니다. 그러나 이것도 정도를 넘치게 되면 과단성이 넘쳐 오히려 조급한 편이 됩니다. 즉 병화(丙火)가 흉(凶)이 되면 허세, 과장, 허풍, 산만, 주변 정리가 미흡하다는 폐해가 나타나기도 합니다. 인체에서는 발산하여 두루 비추는 특성으로 인해 눈, 시력에 해당하게 됩니다. 물질로는 빛, 전기, 전자, 전파, 소리, 광선, 스크린, 조명, 방사선, 전열기구가 됩니다. 위치로는 남방(南)이고 계절은 여름(夏)이며 맛은 쓴맛이고 색깔(色)은 적색(赤)입니다.

【예시3】 극작가를 꿈꾸는 여대생 사주입니다.

時	日	月	年	女 命
편관		상관	정관	
辛	**乙**	**丙**	**庚**	
巳	**丑**	**戌**	**辰**	
상관	편재	정재	정제	

연극 영화과를 전공하여 극작가를 꿈꾸는 여대생입니다. 월령(月令)의 술토(戌土)에서 병화(丙火)가 투출하였습니다. 그러면 병화(丙火)를 용신(用神)하였으니 병화(丙火)가 용신(用神)이 되고 십신(十神)으로 전환(轉換)하면 상관격(傷官格)이고 물상(物像)으로는 병화(丙火)의 상의(象意)를 가진 사람으로, 직업환경은 상관 병화(丙火)의 상의(象意)로 분석할 수 있습니다. 병화(丙火)는 빛나고 비취는 성정이 있으므로 확산, 팽창을 말합니다. 기질은 화려함, 대담함. 강렬함을 가졌고, 자연 만물로는 태양, 불, 전자, 전파, 소리가 되고 이러한 물건들이 가공(加工)으로 나타나면 무대조명을 담당하는 인터넷, 방송인, 예술인, 예체능인, 크리에이터, 문화 사업, 조명가, 항공업, 연극, 희극 등을 생각할 수 있습니다. 또한, 십신을 분석하면 상관(傷官)은 대략적으로 기술(技術)이 아니면 강사, 언변(言辯) 쪽입니다. 과거에는 광대, 대장장이 계통이 많았고, 현대에서는 종합 예술인, 장인으로 나타나기 때문에 기술자, 예체능 인으로 분석해도 됩니다. 일단은 용신(用神)이 상관이니까 기술과 예술인 중에 어느 것이 자신의 직업 환경에 가까운가를 분석해야겠죠. 그런데 상관생재(傷官生財)라, 돈을 벌겠다는 주된 목적이 강하므로, 정신적인 활동이라 해도 재물과 관련이 깊은 직업이 적합한 것입니다. 드라마 작가, 극작가로 나타나는 겁니다. 병화(丙火)가 신금(辛金)과 합(合)을 합니다. 완전합이 아니라 이격(離隔)된 합이죠. 이건 병화(丙火)가 신금(辛金)이라는 철판에 부딪히는 조명 빛이라 보시면 됩니다. 철판을 통해 빛이 반사가 되면 이건 조명 무대인 것입니다. 예술하고 무척 가깝다고 추리해 볼 수 있습니다.

4. 정(丁)의 상의(象意)

정(丁)의 어원은 "못 정(釘)"에서 비롯되었습니다. 정(釘)이라는 물건은 바위를 쪼개는 도구로 "못 대가리"의 끝 부위가 망치에 두들겨져 휘어진 모습을 하고 있습니다. 곧 망치로 정(釘)을 치는 모습인데 양기(陽氣)가 절정에 치달은 형상을 하고 있습니다. 이것은 힘의 함축이 이루어진 에너지의 덩어리라고 사람들은 생각하였습니다. 그래서 나이가 젊고 혈기가 왕성한 남자를 장정(壯丁)이라 하였는데 청년을 상징(象徵)하는 단어로 사용이 되었습니다. 그러므로 정(丁) 글자는 삼국시대부터 조선 시대까지 각종의 조세와 국역을 부담하던 젊은 남자의 통칭으로 사용이 되었습니다. 일명 정남(丁男)이라고도 했으며 정인(丁人), 정구(丁口), 정부(丁夫), 인정(人丁) 등으로도 표기되었습니다. 이것은 사람이 장성(長成)하여 어깨가 쩍 벌어진 형상을 하고 있습니다. 만물에 비유하면 나무가 성장(甲)하여 꽃잎(乙)이 나고 꽃이 번성(丙)한 후에 다 펼쳐진 상태가 정화(丁火)라고 본 것입니다. 이것은 사람으로 비유하면 장성(長成)하여 어깨가 다 펼쳐진 형상(形像)과 흡사합니다. 그래서 혈기 왕성한 성인 남자를 장정(壯丁)이라 하였는바 여름이 무르익은 상태, 혈기왕성한 모습, 치열한 변화와 정밀한 것, 세밀한 것을 그 기본 바탕으로 하고 있습니다.

정화(丁火)는 하늘에 비유하면 별이고 땅에 비유하면 촛불이 상(像)이 됩니다. 어두운 만물을 밝히는 성질이 있어서 꽃잎을 개화(開花)하여 무르익게 하듯이 몽매(蒙昧)한 주변 사람들을 서서히 개화(開化)시킨다고 하여 문명지상(文明之像)이라고 보았습니다.
그래서 직업도 개혁하는 기운이 강한 업종의 사람들이 많았는데 개척자, 발명가, 교육, 선구자, 철학, 종교, 학자 등의 기질을 가지고 있습니다. 병화(丙火)가 맹렬하게 타오르는 불이라면 정화(丁火)는 뭉글뭉글하여 타오르는 속성이 있습니다. 병화(丙火)는 외형적으로 정열적, 직선적으로 발산(發散)하므로 일을 처리할 적에도 일체 망설임이 없고 속전속결(速戰速決)하게 됩니다. 그러나 정화(丁火)는 신중하여 선택의 고민이 많습니다. 그래서 모든 만상(萬狀)이 약한 듯 보이지만 실상 내면(內面)은 은근히 강하여 실제 일에 몰입하게 되면 핵융합처럼 폭발적인 면을 지니게 됩니다. 이러한 현상을 외유내강(外柔內剛)이라 말하였는데 실제로 무쇠를 녹이는 것은 정화(丁火)가 병화(丙火)보다 더 강렬하여 효율성이 높은 것입니다. 병화(丙火)는 빛으로 일광(日光)의 성질을 가지고 있으나 정화(丁火)는 등촉(燈燭)으로 열(熱)에 가까워 소융(昭融)이라 말하였습니다. 소융(昭融)이란 스스로 사물을 밝히고 녹이는 불이란 뜻인데 결과적으로 정화(丁火)는 화합(和合) 시키는 일을 주목적으로 가지게 되었습니다. 그래서 정화(丁火)는 정신이 발달이 되고 또한 언변에 상당한 설득력을 지나는 까닭에 주변 사람들이 많이 따르게 됩니다. 이로 인해 종교인, 철학자, 큰 스승이 됩니다.

사슴과 뱀은 병화(丙火)가 담당하고 노루, 부엉이, 올빼미 등은 정화(丁火)에 배치가 됩니다. 노루는 성정이 온순하고 겁이 많은 동물로 인식이 되어 정(丁)에 배속이 된 반면에 사슴의 뿔은 양기의 덩어리로 인식하여 보통 우두머리, 군주를 상징하게 되었습니다. 병화(丙火)는 대낮에 태어나야 그 쓸모를 다하고 정화(丁火) 일간은 한밤중에 태어나야 그 용도가 뚜렷하게 됩니다. 정화는 어두운 것을 밝히는 일이며 정화(丁火)는 집중이 요구되는 일이 좋습니다. 그러므로 연구개발, 창작, 문학, 자타가 공인하는 전문가, 프로로 가는 별이 됩니다.

결론적으로 정화(丁火)의 목적은 경금(庚金)을 녹여 그릇을 만들고 어둠을 밝히고 한기(寒氣)를 녹이고 목(木)을 키우는 소명(召命)이 강합니다. 그래서 정화(丁火)의 상징(象徵)으로는 용광로, 대장간, 난로, 장작불, 촛불, 등불, 등대, 전열기구 등이 되는 것입니다. 이러한 기질들이 응용이 되어 직업으로 나타나면 방송, 통신, 예술, 음악, 소리, 컴퓨터, 전자제품, 전기 우라늄 등으로 나타나게 됩니다.

【예시4】 파혼한 남친이 유통업에 종사하는 여자 사주입니다.

時	日	月	年	女命
정재	일간	편관	식신	
甲	**辛**	**丁**	**癸**	
午	**亥**	**巳**	**酉**	
편관	상관	정관	비견	
丙己丁		戊庚丙		지장간
		역마		신살

"이 명조는 사중(巳中)의 병화(丙火)가 천간 정화(丁火)로 음간투출하였고 오(午)가 월령 사화(巳火)에 뿌리를 내렸습니다" 관살 2개 모두 단단합니다. 그리고 신(辛)일간이 사(巳)중 병화(丙火)와 병신명암합이고 또 오(午)중 병화(丙火)와도 병신명암합이 된 구조입니다. 병화(丙火)는 나의 정관인데 두 사람 다 인연이 깊은 것입니다. 그래서 일부종사(一夫從事)는 어렵다고 보는 것입니다.

즉, 전 남친하고는 파혼(破婚)을 한 상태입니다. 그런데 살펴보면 나의 남편은 사해(巳亥)충으로 역마의 충이고 또 관살(官殺)이 역마이고 정사(丁巳)는 불과 관련이 있는 사람입니다. 정사(丁巳)의 불이라는 것은 일종에 전파와도 같아서 널리 퍼지는 형상입니다.

그래서 정사(丁巳)는 예술, 음악, 소리, 악기, 빛, 전기, 전자, 전파, 소리, 광선, 전열기구와 관련이 된 업체가 많습니다. 그리고 역마의 직업은 보통 유통, 무역, 항공, 해운, 통신 등인데 여기서는 관살(官殺)이 역마로 충을 맞았기 때문에 보통 유통, 무역업에 해당합니다.

특히 상대하는 품목은 전기, 전열, 불과 관련이 있는 상품을 유통 배달하는 사람일 가능성이 높다는 것입니다. 그러므로 이 명조는 파혼한 남친이 유통업에 근무하였습니다.

5. 무(戊)의 상의(象意)

무(戊) 글자는 "천간(天干), 무성(茂盛)하다 또는 창(槍)"이라는 뜻을 가진 글자입니다. 무(戊)의 부수는 戈(창과)에 해당합니다. 원래 무(戊) 글자는 창(槍)의 일종을 그린 것인데 이 창은 반달 모양의 도끼가 달린 것으로 주로 적을 베는 용도로 사용됐었습니다. 무토(戊土)의 기원은 "우거지다, 무성하다"에서 따왔으니 무성하게 자란다는 뜻도 가지고 있습니다. 그래서 만물이 무성하게 자라 드넓게 펼쳐진 모습이죠. 그래서 보통 넓은 초원, 언덕, 황야, 높은 산, 댐, 제방 등을 상징합니다. 제방(堤防)이 되는 이유는 홍수가 난 물줄기가 높은 산에 가로막혀 흐르지 못해, 댐처럼 보이기도 하는 것입니다. 무(戊)는 더 나아가 "나이 들다, 보수적이다"라는 속성을 가집니다. 우거진 숲은 오랜 시간이 경과해야 만들어지기 때문입니다. 그래서 무토(戊土)를 만수(萬壽)라 하여 늙은 토양이라 보았고 또 오래되고 무겁다는 뜻으로 고중(固重)이라고도 말했던 것입니다. 무계합(戊癸合)을 보통 무정지합(無情之合)이라고도 말하는데 이것은 나이 많은 노년과 젊은 소녀의 결합을 의미합니다. 즉 젊은 소녀는 사랑이 없이 노인과 결합한다는 뜻이니 무정(無情)하다고 말하는 것입니다. 또한, 병정화(丙丁火)에서 발산(發散)한 기운을 수렴하여 가을로 전달해주는 과정이므로 "머무르다, 그치다, 중계하다"라는 뜻도 있습니다. 직업으로 부동산, 건설, 농업, 종교, 교육, 중개업, 은행, 영업, 결혼중계, 동호회, 네트워크 등을 연상시키게 됩니다. 무토(戊土)는 하늘에서는 노을이라 하였는데 노을은 정해진 체(體)가 없어서 차일이현(借日以現)하므로 태양을 빌려서 출현합니다. 그래서 병화(丙火)가 태양임을 안다면 무토(戊土)가 곧 노을임을 알 게 됩니다. 곧 노을이라는 것은 태양의 잔유물인 것이 맞습니다. 무토(戊土)일주가 사주에 수(水)를 데리고 있다면 곧 상격(上格)으로 치는데 하수상휘(霞水相輝)로 문채(文彩)를 이루게 됩니다. 그래서 년월간에서 계수(癸水)를 보면 계수(癸水)는 곧 빗물이므로 언덕에 비가 내린 후에 노을현상이 더욱 선명해지기 때문에 길(吉)하다고 보았습니다. 또한 무(戊)는 사람들이 사용하던 병장기인 도끼, 부월(斧鉞)의 모습에서 유래가 되었다고도 말합니다.

【예시5】 현장 소장을 맡다 건설회사를 세워 독립한 남자입니다.

時	日	月	年	男命
정관	일간	정관	상관	
壬	**丁**	**壬**	**戊**	
寅	**丑**	**戌**	**申**	
정인	식신	상관	정재	
역마	**백호**	**괴강,백호**		**신살**

이 사주는 용신(用神)은 무토(戊土)이고 상관격(傷官格)이 됩니다. 용신(用神)은 그 사람의 직업환경이 된다고 말씀드렸습니다. 그러므로 용신(用神) 무토(戊土)와 술토(戌土)의 상의(象意)를 분석해 나가면 됩니다. 무토(戊土)는 지상에서는 "큰 산, 끝없이 넓고 척박한 언덕, 쓸모없는 황무지와 황야"를 의미합니다. 또한 무토(戊土)는 언덕. 댐. 제방을 상징하기도 합니다. 댐의 역할은 방비, 바람을 막아주는 것이므로 제방 작업. 설비업, 창고업, 보관업이 될 수 있습니다. 또한 술(戌) 글자는 물상적으로는 부수가 戈(창과) 글자입니다. 창과(戈) 글자에다가 고대에 사용하던 전투용 도끼를 부착한 모양을 본 뜬 글자입니다. 본래 자신을 지키는 도구이므로 창을 들고 서 있는 병사가 된다고 보았습니다.

그래서 "경비하다, 지키다"의 의미가 강한 글자가 되는데 왜냐하면 술월(戌月)에는 오곡백과를 거두워 창고에 쌓아두는 계절이라 무엇보다는 안전하게 지키는 일이 중요했습니다. 그래서 술월(戌月)은 "수확, 결실, 보관"의 의미가 강한 것입니다. 그런 연고로 술월(戌月)을 개띠라고 말하였는데 개는 사람을 대신해서 집과 창고를 지켜주는 동물이 되기 때문입니다. 그래서 술(戌)은 한밤중에 활동하는 사람들이므로 경비원, 보안요원, 경찰관이라고 보는 것입니다. 그래서 이 사주의 주인공은 오랫동안 건설회사 소장을 역임하다가 작은 건설사를 세우고 독립하였습니다.

6. 기(己)의 상의(象意)

기(己)의 한자는 "몸 기(己)"인데 곧 "자기(自己)" "자아(自我)"를 나타내는 형상(形像)입니다. 마치 사람이 무릎을 꿇고 앉아 있는 모양처럼, 자기 자신을 굽혀 "다스리다"라는 의미를 가지고 있습니다. 자기(自己)라는 말속에는 개인주의 성향이 강하고 남에게 피해 주지 않으면서 자기 소신을 지켜나가는 행동들이 지배적입니다. 그래서 안정성을 추구하는 경향이 강합니다. 남이 침범하는 것을 싫어하며 울타리 안에서 안정을 유지하기를 원하게 됩니다. 좁은 범위 안에서 알차게 결실을 보려는 의도가 기토에게 있으므로 무리한 도적 의식을 하지 않습니다. 기토(己土)는 작은 땅이지만 잘 가꾸어진 텃밭과 같이 영양분이 가득한 땅이므로 작물을 배양해 내는 힘이 있습니다. 허세보다는 실속을 선택하는데, 과(過)하면 이기적으로 보이기도 합니다. 또한, 토(土)가 너무 왕(王)하면 우둔하거나 잘 안 움직이려 하고 고집불통으로 인색하기도 합니다. 기토(己土)는 하늘에서는 그 상(像)이 구름(雲)이 됩니다. 기토(己土)는 유궁(酉宮)에 머물러서는 장생(長生)하므로 유(酉)는 태괘(兌卦)의 자리가 됩니다. 그 상(象)은 택(澤)으로서 연못이니 하늘에서 연못에 비가 내리면 산천에서 구름이 출현한다고 하였습니다. 구름이라는 것은 곧 산택(山澤)의 기운인 것이므로 기(己)가 비록 토(土)에 속하나, 이치로 미루어 기(己)를 구름이라고 말하였습니다. 그리하여 갑기합(甲己合)하여 화토(化土)가 되는 것입니다. 그 산택(山澤)의 기운이 상승하여 구름을 만들고 구름(己)과 우레(甲)가 다시 만나서 비를 만들어 그 연못 아래 구하니 토(土)를 윤택하게 하는 이치가 됩니다. 무토(戊土)가 야산(野山)이라면 기토(己土)는 잘 정리된 구획(區劃) 토지입니다. 그래서 기토(己土)는 땅에서는 논, 밭, 과수원, 정원이므로 사람이 다스려야 좋습니다. 그래서 중립, 중재, 조정의 역할을 가지게 되는데, 땅을 중재(仲裁)해야 하므로 공인중개사가 적성에 맞을 수 있습니다. 또한 갑목(甲木)과 을목(乙木)이 심어지게 되면 목(木)을 키우고 성장시키므로 교육업, 상담업도 됩니다. 또 기토(己土)가 모여 쌓이면 모래, 자갈로 레미콘, 골재니 건설업도 가능합니다.

7. 경(庚)의 상의(象意)

경(庚)은 본래 "탈곡기"를 본 따 만든 상형(象形)글자였으나 가차(假借)의 과정을 거쳐 현재의 의미를 갖게 되었습니다. 그래서 탈곡기에서 떨어지는 곡식의 낱알 혹은 탈곡기 형상을 그린 글자라고 합니다. 하늘에서는 별 경(庚)이라 하여 별이나 달에 비유하였습니다. 특히, 명리에서는 물상으로 달을 경이라 보고 있습니다. 경(庚)은 가을이 오기 전에 사월(巳月)에 장생(張生)하나 반드시 가을이라야 건록(建祿)이 되므로 성(盛)하기 시작하기 때문에, 달을 보면 가을이 아니더라도 달은 뜨고 지지만, 반드시 가을이라야 밝고 넘치는 성정이 있습니다. 이와 같은 기질로 보면 달과 경이 유사하기 때문입니다. 그 색은 달도 흰색이며, 경(庚)도 흰색으로 동일합니다. 기(氣)로 말하자면 금(金)은 수(水)를 생(生)하고, 달의 움직임에 따라 조수(潮水)가 이동하니 그 기운은 경(庚)과 동일한 것입니다. 경에 이르기를 금(金)이 자수(子水)에 잠겨 있는 것을 금침재자(金沈在子)라 하였고, 달이 물결에 잠겨 있는 것과 동일하게 보았습니다. 그러므로 고대에서는 달과 경을 동일한 상징으로 파악을 한 것입니다. 삼일에 초승달이 경방(庚方)에 나타나니 초승달과 경(庚)의 위치가 동일하다고 여겼습니다. 그런 까닭에 경금을 달이라 말하는 것입니다. 또한, 사찰의 종(鍾)을 메달아 놓은 모습과 같다하여 경(庚)의 물상을 "종(鍾)"이라고 하였습니다. 또한 경금(庚金)은 고칠 경(更)에서 파생이 된 글자라고도 합니다. 이것은 여름을 지나 물러진 열매가 수분을 흡수하여 가을에 단단해지는 모습을 표현하는 것입니다. 견고하고 수렴한 열매를 맺었으니, 모습을 단단히 고치는 것이 되는 것입니다. 또한, "개선하다, 새로워지다"의 이미지가 강하고 무언가를 고치려는 마음이 생겨나게 됩니다. 즉, 경(庚)글자는 "개선하다, 고치다."라는 혁신의 뜻이 강합니다. 그래서 경금(庚金)은 강한 숙살지기(肅殺之氣)인 살성(殺性)으로 인해 엄숙, 슬픔, 경계, 살생의 이미지가 강하게 나타납니다. 결론적으로 경(庚)은 낡은 것을 바꾸고, 변화, 개혁의 의미가 있습니다. 그래서 경금은 형태는 무쇠, 도끼, 기계, 철강이고 경금의 성정은 억압, 통제, 무력, 보안, 단순, 행동, 종교, 혁명, 권세가 내포되어 있어 직업적으로는 군인, 경찰, 조폭, 은행, 광업 등에 해당이 되는 것입니다.

8. 신(辛)의 상의(象意)

신(辛) 글자가 만들어진 최초 배경에는 자연의 숙살지기(肅殺之氣)에서 유래(由來)한다는 설(設)이 많습니다. 갑골문에 나타나는 글자의 모양은 가을에 익은 벼 이삭의 모습 입니다. 가을철의 열매가 다 익어 내부가 단단해진 상태를 상징합니다.

그래서 신(辛)은 메울 신(辛), 새롭다는 뜻이 있습니다. 그러므로 신금(辛金)은 자연에서는 서리가 되고 보석이 되지만 가공품에서 그 상의(象意)를 찾는다면 연구를 통해 새로워진 기술력을 상징하기도 합니다. 응집하여 단단해진 성격이므로 곧 금은(金銀)을 가공한 보석류가 해당이 됩니다. 칼이나 장식품, 유리그릇, 악세사리, 도자기, 금속 반도체 등이 해당이 됩니다. 이미 완성된 제품이기에 귀하면서 가치 있는 품종이 많습니다. 경금(庚金)이 완금장철(頑金丈鐵)의 불순물이 많은 상태라면 신금(辛金)은 이미 사물이 완성된 상태를 말합니다. 따라서 경금은 정화를 만나 재가공을 해야 가치가 일어나지만 신금은 이미 완성된 제품이라 정화를 만나 재가공을 하면 가치가 손상당합니다.

그래서 신금은 자기 자신을 빛을 통해 반사(反射) 시켜주는 병화(丙火)를 특히 좋아합니다. 이것이 병신(丙辛)합인 것입니다. 신금(辛金)은 녹슬지 않도록 닦아주는 것이 중요하므로 임수(壬水)를 보아야 좋은데 그러면 도세주옥(陶洗珠玉)이라 말을 합니다. 곧 자신을 깨끗이 세척할 수 있으니 뜻을 이루고 무토(戊土)를 많이 보면 땅속에 파묻힐 수 있어 매금(埋金)의 우려가 있어서 두려워합니다. 또한 늦가을에는 결실을 이룬 과일이 단단한 무게감으로 지상으로 떨어지게 됩니다.

그래서 신금(辛金)은 모체(母體)에서의 분리, 단절을 의미하기도 합니다. 곧 이별, 분가(分家), 단절, 분리, 독립을 이루기 위해서는 철처한 프로페셔널

(professional)이 되어야 합니다. 그래서 신금(辛金)은 프로 전문가집단이 많습니다. 또한 분리할 적에는 베이고 떨어지는 아픔을 가지게 됩니다. 그래서 익은 열매를 칼로 잘라서 거두어들이는데 그 날카로운 칼날에 베어 시린 아픔과 고생, 이러한 과정들이 매운 신(辛)의 뜻글자로 등장하였습니다.

그래서 떨어지다, 끊어낸다, 베어지다, 고통, 신음, 종교, 철학, 신기 등에 의미가 있습니다. 또 자연으로는 신(辛)은 하늘에서는 서리(霜)에 해당합니다. 차갑고 깔끔하고 청렴, 결백한 모습입니다. 순수한 결정체이다. 그러므로 차가움, 순백, 순결이 됩니다. 그러므로 신(辛)이 땅으로 내려오면 차갑고 아름다운 순백의 보석이 되고 숙살(肅殺)의 고통을 견디어 낸 매운 맛이 됩니다. 그래서 메울 신(辛)입니다.

이러한 뜻이 금문(金文)으로 들어가면서 형벌(刑罰)에 더 가까워졌습니다. 신(辛) 글자는 현대에는 메울 신(辛)으로 많이 알려져 있지만 원래 뜻은 "고생하다, 괴롭다"라는 뜻으로 쓰였습니다. 신(辛)은 금문(金文)에서는 고대(古代)의 육형(肉刑)을 시행할 때 쓰던 형벌의 칼로 그려졌습니다. 위쪽은 넓적한 칼날, 아래쪽은 손잡이가 됩니다. 신(辛)은 죄인에게 묵형(墨刑)이라는 형벌을 집행하고 노예들에게 노예표시를 새겨 넣던 도구로 고통의 상징이 되었습니다. 그래서 신(辛) 글자는 침, 형벌, 슬프다, 괴롭다, 고통스럽다, 맵다는 뜻으로 파생(派生)이 되었다. 그만큼 고통과 슬픔, 아픔, 성숙, 숙살이라는 의미가 함축(含蓄)이 된 글자입니다. 그래서 그런지 신(辛) 글자가 들어간 한자(漢字)는 유독 죄와 형벌을 의미하는 글자가 많고 고통을 의미하는 함축된 뜻이 많이 있습니다.

피할 피(避), 변론(辯論), 변별력(辨別力), 변호사(辯護士), 새로울 신(新), 두려워할 집(慹), 갚을 보(報), 잡을 집(執)등이 있습니다. 그래서 신(辛)은 메울 신(辛)이고 태괘(兌卦)에 속하며 입을 상징하므로 신(辛)이 있는 사람이 상관이면 언변이 날카롭고 매섭다고 합니다.

직업적으로는 언론계, 방송계, 정치계에서 활약하면 좋습니다. 물상으로는 서리, 보석, 비수, 수술 칼, 반도체, 비철금속, 경공업, 경장비, 옅은 구름, 액세서리, 씨앗, 귀금속, 보석, 장신구, 도금, 용접, 계산, 거울, 칼, 반도체, 시계, 바늘, 정밀기계, 장신구, 세공품, 현미경 등으로 보면 됩니다.

9. 임(壬)의 상의(象意)

임(壬)의 본의(本意)에 대해서는 많은 설(說)이 있습니다. 갑골문 학자들은 임(壬)을 양날이 서린 도끼, 또는 돌침 등으로 파악을 했습니다. 금문(金文)에 이르러 장인 공(工)으로 표현하였는데 임(壬)은 과거에 도구의 일종이라고 보는 것이 좋겠습니다.

그래서 갑골문(甲骨文)에서 발견이 된 최초 임(壬)의 형상은 상하(上下) 길이가 매우 긴 막대 모양이었습니다. 곧 이것으로 길이를 측정하는 도구(道具)의 형태를 망했던 것 같습니다. 이것으로 호수의 넓이를 측정하기도 하고 바다의 깊이를 재기도 한 것입니다. 이러한 측량에 사용되던 도구가 금문(金文)에 이르러 장인 공(工)으로 확립이 된 것으로 보면 되겠습니다. 그래서 임(壬)의 본의는 도구를 이용하여 일을 잘 처리하는 것으로 현대에 이르러 맡길 임(任)자로 사용되기도 합니다.

또한 공(工)의 중간에 실을 감는 실패에서 따온 글자라고도 전해집니다. 따라서 실패의 중간에 1획은 실을 감아 붙여 점점 불어나는 모양으로 점점 불어나니 "커가다, 배가 불러오다" 여기에 계집 녀(女)가 붙으면 아이 밸 임(妊)자가 되는 것입니다. 이러한 뜻글자가 가차(假借)되어 훗날 "북방 임(壬), 성대하다, 클 임(壬)" 글자로 사용되었습니다. 그러다가 다른 부수가 추가하면서 유의미한 다른 뜻글자로 변하는데 인(亻)자가 추가되어 "맡길 임(任)"자가 되고 계집 녀(女)가 추가되어 "아이 밸 임(妊)"자 또는 "음탕할 음(婬)"으로 활용이 되었습니다.

임수(壬水)의 기본 성질은 지혜롭다는 것입니다. 어진 사람은 산(山)을 좋아하고 지혜로운 사람은 바다를 좋아한다고 하였습니다. 임(壬)은 호수처럼 깨끗하고 바다처럼 마음이 넓어 모든 것을 받아들이므로 사람들과 잘 어울린다고 합니다. 이로 인해 매우 개방적인 성격을 보이게 됩니다. 그러나 지나치게 적극적인 성격으로 인해 때론 음탕하고 색욕(色慾)이 강하여 가정문제가 생기게 되기도 하였던 것입니다.

임수(壬水)의 깊은 물결 속은 알 수가 없으니 자신의 내면을 겉으로 잘 드러내지 않는다고 합니다. 그래서 십간 중에서 가장 음흉하다고 말하고, 서 임(壬)이 도(道)가 지나치면 음란(淫亂)이 되고 임신(妊娠)이 되는 것입니다. 따라서 임(壬)은 계집녀가 추가되면 곧바로 "아이 밸 임(妊)"으로 잉태(孕胎)를 말하기도 합니다.

즉, 정임합목(丁壬合木)은 새로운 생명의 탄생을 말하는 것이 됩니다. 임수(壬水)의 성질은 차고 맑으니 이슬이라 합니다. 그 이슬이 모여 흐르니 적수(滴水)라 합니다. 임수(壬水)는 도도히 흐르는 적수(滴水)로 표현하므로 늠름한 기백(氣魄)이 있습니다. 물결의 유동성처럼 물체(物體)에 막힘이 없으니 사물(事物)을 판단하는 지혜가 남다르다고 보면 됩니다. 물은 위에서 아래로 흐르고 막히면 돌아가거나 스며들고 항상 수평을 유지하려 하므로 지혜롭다고 말을 합니다. 물은 형체가 없으나 담는 그릇에 의해 형태가 변하니 유동성(流動性)이 많고 변화무쌍하다고 합니다.

임수(壬水)는 늘 흐르는 적수(滴水)이므로 역마성도 있어서 가택의 안정(安定)을 얻기 어려우니 유통업, 무역업, 선박업, 해운업 종사해야 역마로 인한 주택 불안정으로부터 벗어날 수가 있습니다. 반면 물의 특성상 나아가는 성질은 있으나 물러서기 어려우므로 잘못을 쉽게 인정하지 않으려 한다는 단점이 있게 됩니다. 물상(物像)으로 보면 하늘에서는 이슬이고 땅에서는 바다, 강, 호수가 됩니다. 그래서 물의 특성상 직업적으로 양식장, 해운업, 수산업, 어장, 수협, 어항, 수족관, 욕실, 생수 판매, 목욕, 온천, 수영장 등의 바다와 관련이 많습니다.

10. 계(癸)의 상의(象意)

계(癸)글자는 "헤아리다"라는 뜻을 가진 글자입니다. 헤아리고 분별한다는 뜻에서 "헤아릴 규(揆)"에서 따왔습니다. 계(癸)글자를 파쇄(破碎)하여 보면 "癶" 글자와 "矢" 글자가 결합한 모습입니다. "등질 발(癶)"과 "화살 시(矢)"입니다. "등질 발"이라는 의미는 중세시대에 결투할 적에 서로 등을 맞대고 반대 방향으로 걸음을 걸어간다고 하여 만들어진 글자입니다. 하나, 둘, 셋, 10걸음에 이르면 뒤돌아 서로에게 총 방아쇠를 당겼습니다. 또 화살은 직선(直線)이라 발걸음을 옮겨서 길이를 재기도 하였습니다. 그러나 갑골문에 나온 계(癸)글자를 보면 단순히 "X" 글자만이 그려져 있었습니다. 이것은 화살을 서로 엇갈려 놓은 모습을 그린 것입니다. 곧 화살의 길이로 무언가를 측량한다는 뜻이었습니다.

해서(楷書)에서는 여기에 "발로 걷다"라는 의미를 지닌 등질 발(癶) 글자가 더해지게 되었는데 이것은 화살대를 들고 발 걸음걸이로 길이를 측량한다는 의미를 더하기 위해서였습니다. 따라서 여기서 "헤아리다"가 나오는 이유입니다. 하지만 지금의 계(癸)글자는 이러한 유래와는 관계없이 천간(天干)의 10번째를 뜻하거나 '겨울'이나 '북방'이라는 뜻으로 가차(假借)되어 사용하고 있습니다. 계수(癸水)는 하늘에서는 비가 되고 땅에서는 샘물, 흐르는 물이 됩니다. 움푹 파인 구덩이에 물을 상징하는 감괘(坎卦)에 속하며 "빙글 빙글 돌린다."라는 의미로 계(癸)는 우로수(雨露水)인 것입니다.

봄비, 이슬비, 눈물, 진액, 옹달샘, 약수터 물, 시냇물과 같습니다. 갑을(甲乙)은 생명이고 병정(丙丁)은 자라남이고 무기(戊己)는 중앙이고 경(庚)은 숙성이고 신(辛)은 결실이 됩니다. 그리고 임(壬)은 수렴이고 계(癸)는 축장이 됩니다. 그러므로 갑(甲)으로 시작되어 계(癸)로 끝마치니 모든 과정을 거쳐 축적된 경험과 기술을 가지고 있습니다. 어느 곳에 이르더라도 궁색하지 않으며 그릇의 형태에 따라 스스로 변형할 줄 알므로 환경에 따라 쉽게 적응하는 능력이 뛰어나다고 할 수 있습니다.

5 지지(地支)의 물상(物像)

십이지(十二支) 또는 지지(地支)로 불리는 열두 개의 한자들은 자(子)는 쥐, 축(丑)
은 소 인(寅)은 호랑이, 묘(卯)는 토끼, 진(辰)은 용, 사(巳)는 뱀, 오(午)는 말, 미(未)
는 양, 신(申)은 원숭이, 유(酉)는 닭, 술(戌)은 개, 해(亥)는 돼지로 알려져 있습니
다. 이것을 사람의 띠로 부르는데 이 한자의 어원은 갑골문의 상형자에서 유
래가 되었다고 합니다.

子	丑	寅	卯	辰	巳	午	未	申	酉	戌	亥

갑골문과 금형에 나타난 상형글자를 살펴보면 자(子)는 쥐의 발바닥을 그린 것
같고 축(丑)은 소의 엉덩이 부분을 그렸고 인(寅)은 호랑이 얼굴을, 묘는 토끼
의 두 귀를, 진(辰)은 용이 암벽에 붙은 모습을, 사(巳)는 뱀이 머리를 들고 일어
선 모습을 그렸습니다. 또한 오(午)는 말의 긴 얼굴을 그렸고, 미(未)는 양의 뿔
을 그린 것 같고, 신(申)은 원숭이들이 뛰어 노는 모양이고, 유(酉)는 닭이 부리
로 쪼아 먹는 정면을 그린 것 같고, 술(戌)은 개기 꼬리를 흔드는 모습이고, 해(
亥)는 돼지가 길게 드러누운 모양입니다.
최초의 상형글자가 변화되어 오면서 지금의 한자로 정착한 것으로 추정이 되
는 것입니다.

1. 자(子)의 속상(屬像).

첫째: 자(子) 글자는 갑골문에서는 쥐의 발바닥을 그렸습니다. 쥐의 왕성한 번식성으로 인해 "불어나다, 계속하다"라는 의미가 함축이 되어 있습니다. 훗날에는 갓난아이를 포대로 감싸고 있는 자녀라고 생각하였습니다. 자수가 상징하는 동물은 박쥐, 쥐, 제비 등이 됩니다.

둘째: 자(子)는 지뢰복 괘 (地雷復卦)에 해당이 됩니다. 5개의 음이 버티고 있는데 1개의 양이 아래에서 시작합니다. 어두움 속에서 은밀하게 양의 기운이 태동을 합니다. 그래서 "은밀하다. 비밀사" 애정과 관련이 된 일들이 많이 나타납니다. 그래서 "정자, 종자, 생명, 욕망, 은밀, 비밀 등에 관련된 이야기들이 많습니다.

셋째: 자(子)는 음력 11월이고 숫자는 1을 상징하며 시간은 23시에서 01시 사이에 해당합니다. 밤에 주로 활발히 움직이므로 밤 관련 주류업, 유흥업에 종사자가 많을 수 있습니다. 인체기관으로는 신장, 비뇨기, 자궁, 생식기에 해당하는데 묘(卯),유(酉)가 있으면 섹에 대한 욕망이 강해져서 생식기 계통의 질병을 가질 수 있습니다. 쥐는 사교적이고 눈치가 빠르며 지혜로우나 번뇌가 많습니다. 식성이 까다롭고 인덕이 부족 하다는 평가를 받습니다. 위치는 북유럽, 캐나다, 런던 등이 해당이 됩니다.

넷째: 물을 재료로 하여 움직이는 물상들이므로 주류업, 음료업, 얼음, 어항, 수족관, 수산업, 양어장, 양식장, 수영장, 욕실, 잉크, 정액, 액체, 음료수 등과 관련이 많습니다. 물은 흐르는 성질이 있으므로 유통업, 물류업, 택배업, 무역업, 통상업에 종사자가 있을 수 있습니다. 쥐는 세분화되고 더듬고 퍼지는 성정이 있습니다. 그러므로 원자력, 수소, 핵분열, 배양실, 감사원, 정보부, 정보원, 흥신소 등에 종사할 수도 있습니다.

【예시1】 택배송장을 발급 정리해주는 물류직원 사주입니다.

時	日	月	年	女命
편인		편인	식신	
甲	**丙**	**甲**	**戊**	
午	**午**	**子**	**辰**	
겁재	겁재	정관	식신	

이 명조는 정관용인(正官用印)입니다. 그러므로 갑자(甲子)에 주목을 합니다. 물상법에서는 용신은 직업환경이고 상신을 보직으로 봅니다. 그래서 용신인 자수(子水)는 흐르는 성정(性情)이 있습니다. 그런데 정관이 자수(子水)라, 자신이 몸담고 있는 관(官)이 물처럼 흐른다고 이해하면 됩니다. 또한, 자수(子水)는 쥐라서 밤중에 볼일이 많습니다. 그래서 밤에 돌아다니는 유흥가, 물류업, 유통(流通)업과 관련이 많습니다. 그런데 자수(子水)는 비인살(飛刃殺)에 해당이 됩니다. 비인(飛刃)이란 "날라 다니는 칼"을 말합니다. 비인(飛刃)을 잡은 자수(子水)가 오화(午火) 양인(羊刃)의 불과 자오충(子午沖)을 한다는 것은 마치 번갯불처럼 빨리 움직여줘야 한다는 것을 뜻합니다. 그래서 유통업, 물류업이 해당이 되는 것입니다. 그런데 자오충을 한다는 의미는 자(子)는 밤에 속하고 오(午)는 한 낮에 속하는 것입니다. 자오충으로 밤과 낮으로 움직이는 것이니 24시간 물류업이 되는 것입니다. 또한, 보직을 살펴보려면 상신의 물상을 분석해야 합니다. 곧 갑(甲)은 붓의 자루이며 자(子)는 먹물을 묻힌 털을 의미하므로 갑자(甲子)의 상은 붓필(筆)을 상징(象徵)한다고 보시면 됩니다. 그러므로 갑자(甲子)라는 것은 편인 문서를 쥔 것이니 편인 문서는 정인문서보다 거칠다고 보는 것인데, 곧 편인은 택배송장을 말하게 됩니다. 갑자(甲子) 편인은 밤에 근무하고 시주(時柱)의 갑오(甲午)편인은 낮에 근무를 하는 그림이 떠오르면 됩니다. 그것이 자오충(子午沖)하니 밤낮이 교차하여 근무하는 곳이 근무지 입니다. 그러므로 이 사람은 물품의 흐름을 종합적으로 관리하는 것으로 택배송장을 발급정리해주는 물류직원입니다.

2. 축(丑)의 속상(屬像).

첫째: 축(丑)은 양력 1월에 만물(萬物)이 움직이기 시작하므로 땅 속에서 씨앗이 싹 틀 준비를 하는 기간입니다. 그래서 사람들은 축월(丑月)에 농사를 준비하였는데 손에 쟁기를 잡고 농토(農土)를 경작(耕作)하는데서 유래하였습니다. 그래서 손으로 쟁기를 잡아 묶는 모양을 본 떠 만든 글자로 "잡다, 묶다"라는 의미가 함축(含蓄)이 되어 있습니다. 나중에는 소에 어깨에 쟁기를 부착하여 농사를 경작하는 소의 물상이 되었습니다. 소의 옆모습을 세로로 틀어서 그렸습니다. 그림을 보면 엉덩이가 보이고 아래가 머리입니다.

이 축(丑)은 아직 양기(陽氣)가 하늘로부터 대지 위에 내려오지 못한 상태라서 추운 계절이니 땅 속에 묶여있는 모양인데 "묶여있다"라는 의미를 가지며 만물이 막혀 아직 밖으로 나오지 못하는 것이 됩니다. 그래서 "보관, 저장"의 의미를 가지게 됩니다.

둘째: 축(丑)은 주역의 지택림(地澤臨)괘에 해당이 됩니다. 4개의 음기 아래에서 2개의 양이 올라온다는 의미입니다. 아직은 음기(陰氣)가 강해 양기(陽氣)가 진행되지 못합니다. 그래서 보상을 못 받고 공동체를 위해 봉사하며 기다려야 하는 기간이 됩니다. 그러므로 축(丑)은 개인의 이익보다는 공공의 안전을 위해 자기희생이 필요한 부분이 많습니다.

셋째: 계절로는 음력 12월 소한(小寒)이고 색깔은 황토색이라 한랭(寒冷)한 흙이고 물을 머금고 있는 습토(濕土)라 축축합니다. 그러므로 그릇을 만드는 흙으로 사용이 됩니다. 숫자는 10을 상징하고 시간으로는 약 01시에서 03시 사이입니다. 소는 이 시간에 움직이기 시작하므로 새벽 이른 시간부터 활동한다하여 부지런하고 성실하다고 보았습니다.

그래서 믿을 수 있으며 책임감이 있습니다. 참을성이 높고 검소하며 정직하고 행동이 느리며 우직하고 권위적이며 고집이 강할 수 있습니다. 희생정신이 강하나 좀체 성을 내지 않으므로 그 믿는 성격 때문에 손해 또한 많이 본다고 합니다. 인체 기관으로는 배, 자궁, 신장에 해당이 됩니다.

넷째: 축(丑)은 사유축(巳酉丑)의 삼합작용으로 금(金)을 입고시켜 저장하는 기능을 가지고 있습니다. 그러므로 "보관하다"라는 의미가 강하므로 현금을 보관하는 은행, 금고, 전당포 등이 해당이 되는데 특히 축(丑)중의 신금(辛金)은 보석이니 귀금속 등을 보관하는 물상이 됩니다. 축(丑)중에 보관이 된 금은, 보석(辛金)을 담보로 대출이 되는 보험과 증권 등도 해당이 됩니다.

그래서 금고를 여는 열쇠를 가진 사람이니 세무경리 관련업 등에 많이 나타날 수 있습니다. 또한 차량을 보관하는 주차장, 차고, 축(丑)중의 기토(己土)는 교량이니 골재업 등도 해당이 됩니다. 또 축(丑)은 금기(金氣)를 품고 있어서 기계창고업, 중장비 보관소, 차량 정비소, 무기 저장고, 선로 등에 해당되고, 군인 경찰과 관련이 있을 수 있습니다.

【예시2】 바이올린니스트를 꿈꾸었던 사주입니다.

時	日	月	年	女命
겁재		편인	편관	
丙	**丁**	**乙**	**癸**	
午	**巳**	**丑**	**亥**	
비견	겁재	식신	정관	

이 분은 어릴 적 꿈은 바이올린니스트였습니다.
그래서 바이올린 학습을 오랫동안 공부해왔습니다.
왜? 바이올린 현악기를 선택했을까요.

병정(丙丁)의 화세(火勢)는 거대한 조명등을 연상시키게 합니다. 그러한 화기에 의해 을목(乙木)은 분탕(焚蕩)이 되어 말라버린 고목(古木)과 같습니다. 그런데 축토(丑土)는 공망에 걸려 있으니 을목(乙木)은 비어 있는 동굴 속에서 울리는 현악기와 같은 모습을 하고 있습니다. 축(丑)에는 2개의 현이 마른 을(乙)목을 이어주고 있는 모습이 바이올린으로 현악기 형상을 하고 있습니다. 이 사주를 보는 순간 을축(乙丑)에서 바이올린 형상이 떠오른다면 정확한 물상 간명이 될 수 있습니다.

3. 인(寅)의 속상(屬像).

첫째: 갑골문을 보면 인(寅)은 화살촉이 과녁에 꽂히는 모양을 나타냈습니다. 금문(金文)에 오면서 인(寅)은 호랑이 얼굴을 형상화 한 것으로 변하기도 합니다. 전서로 오면 갓(宀)이 더해졌습니다. 십이지의 3번째 지지로 가차(假借) 되면서 원래의 본의(本意)는 없어졌습니다. 인(寅)은 음력 1월로 절기로는 입춘(立春)에 해당이 됩니다. 모든 만물이 음기(陰氣)를 뚫고 밖으로 올라오는 형상이라 화살처럼 솟구치는 모양이고 힘이 있습니다. 또 화살을 당기는 모양으로 시작을 알리기도 합니다.

그러므로 인(寅)에는 "시작하다, 솟구치다, 전진하다"의 의미를 함축하고 있습니다. 인(寅)은 앞으로 향하여 전진하여 위로 올라가므로 "출발, 성장, 기상, 일출, 준비"라는 의미를 가지고 있습니다. 하루의 시간은 새벽 03시에서 05시이므로 인월(寅月)의 여린 싹이라 하여 어린 새싹은 가르쳐야 하는게 주목적입니다.

그래서 유아기를 말하고 주로 새로운 것들을 배우고 자라는 시절을 의미합니다. 그래서 성장, 발육, 보육, 유치원, 유아교육, 유아용품, 공부방, 학원 등이 해당이 됩니다. 이른 시간이니 장사를 해도 새벽장사이고 새벽배달, 도매업 등에 종사자가 있을 수 있습니다.

둘째: 인(寅)은 주역의 지천태(地天泰)괘에 해당이 됩니다. 위로는 음(陰)이 3개이고 아래로는 양(陽)이 3개로 위로 치솟는 힘을 상징합니다. 태(泰)는 "클 태" 글자이며 "크다, 넉넉하다, 편안하다, 자유롭다"라는 뜻을 가지고 있습니다. 이제 막 땅을 뚫고 올라온 상태이니 아직 서툴고 순수하여 개방적입니다. 낯선 환경을 잘 가리지 않으니 유아기에 해당합니다. 새로운 일을 시작하려 하므로 역동적인 모습이 있습니다.

셋째: 인(寅) 글자는 오장 중 간(肝), 담(膽)에 속하고 머리, 신경계통에 해당이 됩니다. 색깔은 청색(靑色)이고 인(寅)은 힘이 있고 빠르고 용맹하나 어린아이 같은 성분이라 다소 어설프고 미완성으로 시행착오를 거치게 됩니다. 그렇게 성장하는 관계로 배움이 필요합니다. 그래서 "교육, 학원, 육성"의 뜻을 내포하고 있습니다.

넷째: 인(寅)은 인오술(寅午戌) 삼합의 생지(生地)가 됩니다. 곧 운동의 시작점을 말합니다. 그러므로 출발, 기상, 발아, 성장, 탄생, 권위를 의미하는 점이 강해서 창작품, 기획실, 발명가, 설계사, 건축가, 가로수, 기둥, 고층 건물, 철탑이고 나무와 연관하여 목재, 모종, 산림가, 가구업, 문구점, 악기점, 화랑, 섬유공장, 의류매장, 출판사, 인쇄소, 목재소, 우체국, 신문사, 터미널, 안테나 극장을 상징합니다. 인(寅)은 일찍 시작한다는 의미에서 유아기에 해당하고 유아는 미숙(未熟)하므로 교육이 필요합니다. 그래서 성장, 발육, 보육원, 유치원, 공부방에 해당이 됩니다. 빠르게 활동적으로 움직여야 하므로 화술, 언론, 장식, 미용, 디자인, 인테리어 패션, 영업, 판매 등의 종사자가 많습니다.

【예시3】 어린이 집을 운영하는 원장님 사주입니다.

時	日	月	年	女命
편재		겁재	겁재	
丙	壬	癸	癸	
午	戌	亥	丑	
정재	편관	비견	정관	
	戊甲壬			지장간

건록격에서는 재관(財官)의 귀기(貴氣)를 보아야 합니다. 병화(丙火) 재성이 오술합(午戌合)으로 국(局)을 이루므로 재성(財星)은 매우 강합니다. 이른바 "일주는 강하고 용신도 건왕(建旺)한 것입니다" 그러므로 건록용재(建祿用財)로 보는데 건록용재(建祿用財)에서는 반드시 식상(食傷)의 출현이 있어야 됩니다. 따라서 해(亥)중 식신(食神)인 갑목(甲木)을 긴히 쓰므로 이 명조는 갑목(甲木)에 주목해야 합니다. 마침 대운이 인묘진(寅卯辰) 목(木)의 향(鄉)지로 흐르는 중입니다. 이 명조에서는 갑목(甲木)의 상(像)이 직업의 상(像)으로 발현이 되었습니다. 대운의 인목(寅木)이 해(亥)중 갑목(甲木)과 연동(聯動)이 되면 인목(寅木)은 갑목(甲木)의 대표성을 가지게 됩니다.

이 명조에서 인목(寅木)의 상(像)은 무엇인가요? 인(寅)은 성장기 물상이고 시작하는 단계라 발육과 관련이 깊습니다. 그런데 인목(寅木)은 식상이고 자녀이므로 어린 학생들과 관련이 있는 것입니다. 또한 이와 같이 비견겁의 무리들로 가득차면 필히 상대방과 어깨를 견주게 된다하였는데 이것은 단체, 무리, 군인, 운동선수에게 많이 나타나는 물상입니다. 그러므로 비견의 무리들로 둘러 쌓인 인목(寅木)은 성장하는 어린 물상이므로 가르치는 교육및 유치원과 관련이 있는 것이 됩니다. 그래서 이 명조는 병인(丙寅)대운에 이른 나이에도 불구하고 어린이 집을 운영하여 탄탄한 재물을 일구었습니다.

4. 묘(卯)의 속상(屬像).

첫째: 묘(卯) 글자는 대문(大門)이 활짝 열린 공간을 형상(形像)화 하였습니다. 또한, 토끼의 긴 양쪽 귀를 본떴다고도 말합니다. 그래서 작은 소리도 들을 수 있는 큰 귀로 인해 "밝을 묘, 별자리 묘(昴)"라는 뜻을 품고 있습니다. 한편 묘(卯)가 알 란(卵)에서 유래한 글자라고 보기도 합니다. 그래서 생식기를 의미하기도 합니다. 토끼는 자궁이 둘인데 새끼를 배고 또 새끼를 배려고 합니다. 그래서 묘(卯)는 음(陰)이고 바람이고 여자에 해당이 됩니다. 그런 이유로 묘(卯)를 도화(桃花)라 불렀습니다. 이것은 봄의 대문처럼 앙 옆으로 활짝 열리는 것이니 늘 설레는 마음이 일어나게 됩니다. 그래서 묘(卯)는 도화인 것입니다.

둘째: 묘(卯)는 주역의 뇌천대장(雷天大壯) 괘에 속합니다. 음(陰)이 2개이며 양(陽)이 4개인 사양이음(四陽二陰)입니다. 아래로부터 차 오른 양(陽)이 음기(陰氣)를 넘어서 우후죽순(雨後竹筍)처럼 움직임이 활발하다는 상징이 있습니다. 그래서 봄의 절정이며 차오른 양기(陽氣)로 생동감이 가득합니다. 묘목(卯木)의 가장 큰 특징은 생명체의 첫 발걸음으로 에너지를 사방(四方)으로 발산(發散)한다는 것입니다. 그래서 묘(卯) 글자는 문(門)이 활짝 열리는 모습을 형상(形像)화 하였습니다. 봄의 양기(陽氣)가 밖으로 나아가는 춘문(春門)이란 것을 상징하는 것입니다. 보통 계절적으로 묘월(卯月)이 되면 삼라만상의 양기(陽氣)가 밖으로 표출(表出)이 됩니다. 이 시기에 초목(草木)은 개화(開花)를 서두르게 되는데 물생어묘(物生於卯)란 동쪽에 해가 뜨면 만물이 묘(卯)에서 나온다는 뜻을 가진 한자숙어입니다. 곧 만물은 묘(卯)에서부터 시작한다는 의미입니다.

셋째: 묘목(卯木)은 땅을 뚫고 올라온 갑목(甲木)이 줄기를 사방으로 뻗치는 형상(形像)이 됩니다. 그래서 묘(卯)는 어린 싹이 땅을 뚫고 나와 잎이 가늘고

길게 나눠지는 형상이죠. 그러므로 "가늘고 길다"라는 특성을 가집니다. 따라서 바늘에 달린 실, 붓글씨, 봉제공장, 대나무 공예품, 등입니다. 또한, 뻗어 나가려는 성질로 인해 이동성을 가지게 됩니다. 그래서 분리, 이별, 헤어짐으로 "모이고 떨어지고"를 반복하게 됩니다. 주로 손을 자주 사용하는 직업이 많습니다. 교육자가 되더라도 손을 사용하는 업무이죠. 조각가, 의상분장, 네트아일, 미용사가 되면 손으로 모든 것을 해결해야 합니다.

넷째: 묘(卯)는 시간으로는 05시에서 07시이고 음력 2월입니다. 계절적 의미로는 경칩(驚蟄)에 해당합니다. 인시(寅時)에 일어나고 묘시(卯時)에는 농사를 준비합니다. 파종(播種)하는 시기이니 가장 바쁘다고 보면 됩니다. 출근준비로 세수(洗手)하고 화장(化粧)하고 꾸미는 시간입니다. 그래서 묘(卯)의 중요한 의미는 "꾸미다, 장식하다"가 내포되어 있습니다. 곧 씻어내니 세면, 화장품, 비누, 세정제(洗淨劑)이고 또 치장, 꾸밈을 의미하니 미용실, 피부, 마사지, 의상(옷), 장식, 분장이라고 보는 것입니다. 그래서 화장품 세정제, 미용실, 피부 관련 의상 장식, 분장, 패션 근무자가 많습니다. 확장하면 조경, 인테리어 디자인, 설계, 네일, 건축디자인, 기획의 물상이 나타납니다. 인(寅)은 준비만 하는 단계이고 묘(卯)는 외부접촉을 시작하여 실질적으로 투자하고 공부하는 단계라고 보면 됩니다.

다섯째: 묘(卯)는 해묘미(亥卯未) 삼합의 왕지(旺地)이니 목(木) 운동의 중심에서 있습니다. 그러므로 매우 왕성하니 "퍼지다, 발산하다"라는 상징이 있습니다. 이 부분은 병화(丙火)의 발산과는 특성이 좀 다릅니다. 병화(丙火)는 양적(陽的)인 기(氣)의 퍼짐이고 묘목(卯木)은 음적(陰的)인 질(質)의 퍼짐이니까요. 그래서 병화(丙火)의 발산(發散)은 방송, 언론, 연예 계통에서 주로 나타나고, 묘목(卯木)의 발산(發散)은 성장, 발육, 교육, 사춘기의 특징으로 나타납니다. 그래서 붓필(筆), 문필(文筆), 교육자 등이 됩니다.

【예시4】 방송국 퇴사이후 문화콘텐츠 사업을 시작하였습니다.

時	日	月	年	女命
겁재		정재	편인	
壬	**庚**	**乙**	**戊**	
午	**寅**	**卯**	**申**	
정관	편재	정재	비견	

이 사주는 재격(財格)인데 을묘(乙卯)에 해당이 됩니다. 이 사람은 을목(乙木)과 묘목(卯木)이 재성에 해당이 되므로 을목(乙木)을 추구하면 돈을 벌게 됩니다. 그런데 을목(乙木)이 추구하는 내용을 무엇일까요?

을묘(乙卯)는 도화(桃花)이고 비인(飛刃)칼에 해당합니다. 이것은 곧 아름다움을 추구하는 칼이니 조각, 예술, 기획, 문화, 유행, 미용, 예체능 관련이 나타날 것입니다. 또한 을목(乙木)은 의류, 종이, 수공업도 되고 글쓰기에도 능할 수가 있습니다.

그래서 인쇄, 출판업도 생각해 볼 수 있습니다. 그래서 이 사람은 지난 20년간 방송국에서 일하다가 퇴직한 후 경신(庚申)대운에 문화콘텐츠 사업을 시작하게 되었습니다.

5. 진(辰) 의 속상(屬像).

첫째: 갑골문을 보면 돌로 만든 괭이를 두 손으로 잡은 형상을 상징합니다. 그래서 농기구 모양을 본 떠 만든 글자가 됩니다. 또는 절벽에 붙어 있는 용 (龍)의 형상이라고도 합니다. 결론적으로 농사철에는 날씨와 기후가 중요한데 진월(辰月)에는 비구름이 많은 시기라 날씨가 변화무쌍하여 조화를 잘 부린다고 하여 진월을 용(龍)이라 하였습니다.

둘째: 진토(辰土)는 주역의 택천쾌(澤天夬)에 해당이 됩니다. 아래에서 올라 온 5개의 양이 마지막 하나 남은 음을 제거하려는 형상입니다. 이것은 땅의 기운이 하늘에 거의 맞닿아 있음을 암시합니다. 그래서 양(陽)이 하늘까지 차올랐으니 모든 비리가 만천하에 드러납니다. 감출 것이 없으니 죄가 있으면 벌을 받게 됩니다. 그래서 구속, 제한, 법원, 교도소, 구치소 ,법무, 위조품, 특허권, 창고, 사찰 경찰서, 군부대, 사당, 묘지, 전답, 세관 등이 나타나게 됩니다. 또한, 진월(辰月)은 만물이 하루가 다르게 성장하고 변화가 무쌍한 시기를 가리킵니다. 그러므로 인정받으려는 어떤 변화를 위한 계기이니 청춘에게는 실연(失戀)의 아픔이 발생하기도 합니다. 종교단체, 학교 교육, 지도자, 신분상승등을 나타내기도 합니다.

셋째: 진토(辰土)는 계절로는 음력 3월이고 청명에 해당합니다. 시간은 07시에서 09시입니다. 그래서 봄이 여름으로 나아가기 직전의 상황이라 "긴급한 상태, 갈림길에서의 결단"을 의미합니다. 그러나 아직 결정이 나지 않은 상태입니다. 아직 여물지 않았기 때문에 청소년기이니 상처를 쉽게 받기도 합니다. 그러나 시작은 질풍노도의 시기를 알려줍니다.
그래서 간혹 고집을 부리게 되는데 이로 인해 조숙, 조혼이 발생하기도 합니다. 인체로는 위장, 비장, 소화기관에 해당이 됩니다.

넷째: 진(辰)는 신자진(申子辰) 삼합으로 수(水)를 입고시키는 글자입니다. 그래서 "수장하다, 물을 저장하다"의 뜻을 가지고 있습니다. 또한, 이 개념을 중심으로 물상을 확대해 나가면. 수영장, 염전, 수산물, 항구, 생선, 농산물, 해산물, 어망, 수산업, 항만, 부두, 선창, 해물이고 목욕탕, 사우나, 술장사, 어둠, 비밀, 여관, 기상청, 냉장고, 농수산, 김치 젓갈 된장 소금 등이 나타납니다. 이 시기에 땅을 파면 농작물에 해를 끼치는 벌레가 많이 나타납니다. 진토(辰土) 내부에 을목(乙木)은 지렁이가 꿈틀거리는 모습을 하고 있습니다. 이것은 진토(辰土)에 을(乙)이 지렁이 형상이고 파충류, 미생물의 상(像)이 되기 때문입니다, 그래서 "많다, 꿈틀거리다." 의미가 있습니다. 이것을 중심으로 물상을 확대해 나가면 다양하게 많으므로 만물상, 잡화점, 편의점, 종합상가 등이 됩니다. 진월(辰月)에는 농촌에 퇴비를 주는 시기이다. 그래서 배설물, 인분, 퇴비, 거름, 폐수처리장 됩니다.

다섯째: 진(辰)이 진술충(辰戌沖)이 되면 이것저것, 이리저리, 심고 뽑고, 끼고 빼고, 입고 벗고 합니다. 그래서 영업, 중개업, 문신, 안경점, 치과, 치기공사, 모심기, 꽃 재배, 농촌 화원, 반지, 구슬, 모델, 연극인, 유흥업, 임대업, 숙박업, 목욕탕, 찜질방, 만두, 분식점, 밀가루, 짙은 안개, 대민업무, 세균성, 감염성, 유산, 산부인과, 의료 등에 해당하는 물상이 나오게 됩니다.

【예시5】 포항제철(포스코) 故 박태준 회장의 사주입니다.

時	日	月	年	男命
편재		정재	상관	
戊	**甲**	**己**	**丁**	
辰	**子**	**酉**	**卯**	
편재	정인	정관	겁재	

이 명조는 정관용재(正官用財)이므로 재성에 주목해야 합니다. 진토(辰土)는 수고(水庫)이고 자수(子水)의 물줄기를 받아들이는 수문(水門)의 모양을 하고 있습니다. 그런데 유금(酉金)이 금생수(金生水)하므로 이 자수(子水)의 원천은 유금(酉金)에 있게 됩니다. 그런데 묘유(卯酉)충하는데 묘(卯)가 충을 받으면 장작처럼 쪼게 지는데 이때 을목(乙木)의 잔가지들을 토해내게 됩니다. 일종의 벽갑(劈甲)을 하는 것입니다. 이 잔목(殘木)들은 벌채(伐採)된 나무 토막들로 정화(丁火)의 성체(成體)를 키우게 되는데 그 때 정화(丁火)는 장작으로 지핀 매우 화력이 강한 불의 모양을 갖추게 됩니다. 그러므로 정화(丁火)의 불덩어리는 유금(酉金)의 벽을 녹이고 금생수로 흘러 자수(子水)로 내려가니 자수는 곧 쇳물의 형상(形像)이 되고 진토(辰土)는 쇳물을 저장하는 용광로의 모습이 되는 것입니다.

이 명조는 포철 박태준 회장의 사주입니다.

6. 사(巳)의 속상(屬像).

첫째: 사(巳) 글자는 갑골문을 보면 뱀이 몸을 들고 일어선 모습입니다. 마치 뱀과 같다고 하여 '뱀'이라는 뜻을 갖게 되었지만 이것은 본래 태아(胎兒)를 그린 것이기도 합니다. 그래서 뱀이 움추리고 나가는 모양에서 "땅을 긁다, 길다"라는 뜻이 있습니다. 그래서 국수, 분식점, 기차, 전철, 철로, 트레일러의 물상이 나타납니다.

둘째: 사월(巳月)은 건괘(乾卦)에 해당이 됩니다. 양(陽)이 가득 찼으니 만물(萬物)이 자리 잡는 것으로 만물이 치성(熾盛)하여 크게 나오고 떨어져서 흩어져 퍼진다는 뜻이 있습니다. 그러므로 "가득하다, 발산하다"의미를 가지게 됩니다. 그래서 발산, 정열, 밝음, 열정. 화려함의 기질이 있습니다.

셋째: 계절적으로는 입하(立夏)이고 숫자는 2이며 시간은 09시에서 11시입니다. 가장 바쁘게 움직이는 시간이므로 복잡하고 어수선합니다. 그래서 활발, 생기가 됩니다. 사월(巳月)은 겉으로 양기(陽氣)가 펼쳐지는 시기이나 열매도 태동이 되는 시점이 됩니다. 그래서 사(巳)중에는 경금(庚金) 열매를 품고 있는 것입니다. 사(巳)는 양화(陽火)이지만 적용할 때에는 음화(陰火)로 해석합니다 그래서 내양외음(內陽外陰)이라 합니다. 인체로는 심장 눈, 시력, 소장 심포, 얼굴, 혀, 치아, 편도선에 해당이 됩니다. 그래서 눈 관련이 많고 안경점, 광학 카메라 등의 물상이 나오기도 합니다.

넷째: 사(巳)는 사유축(巳酉丑) 삼합에서 생지(生地)가 됩니다. 곧 만물이 사방으로 확산되어지는 물상을 보여줍니다. 그래서 청년기에 해당이 되며 정열, 발산, 활발을 기준으로 물상을 확대해 나가면 됩니다. 그러므로 발산, 정열, 밝음, 열정. 화려함 등의 기질이 있게 됩니다. 이러한 기질이 발현이 된 공간이 예술회관, 문화공간, 게임, 오락, 청년, 활동, 취업, 직장, 주연, 배우, 활

달, 연예, 오락성급, 연예 등으로 나타납니다.

또, 불을 재료로 만들어지는 물상이기도 합니다. 그게 정열 발산을 합니다. 그래서 빛, 전기, 전자, 전파, 소리, 광선, 전열기구가 됩니다. 발산하는 비물질 중에 이동이 가장 빠른 것은 소리와 빛입니다. 그래서 조명학, 방송학, 광학카메라, 성악, 홍보, 음악, 통신, 악기점, 방송, 무선마이크, 앰프 등이 있습니다.

다섯째: 병화(丙火)가 지상에 내려온 것이니 에너지, 화학, 가스 폭발력이 있습니다. 빛이 발산하는 장소는 화려한 번화가가 많습니다. 그래서 사람이 많이 모인 장소가 됩니다. 곧 시장, 교차로, 역전, 극장, 정류장, 네온사인, 유원지, 백화점, 예식장 등입니다.

그리고 조명(照明)의 열을 받게 되면 청년들은 내지르고 직선적이고 숨김이 없게 됩니다. 그러므로 소리, 발산, 연극, 무대, 연출, 예술회관, 전기, 전파, 방송, 앰프, 마이크, 홍보 등입니다.

여섯째: 뱀은 무척 차가운 동물입니다 그 안에는 경금(庚金)이라는 냉기(冷氣)를 가진 금속체가 들어 있습니다. 그런데 발이 없이 빠르게 이동하는 동물이 뱀입니다. 그래서 비행기 공항, 우주선, 제트엔진, 광통신속망, 전파, 전기, 빛, 소리 등의 물상으로 보여 집니다. 뱀은 탈피(脫皮)를 하는 동물입니다. 그래서 간혹 소생, 부활, 재생, 영생, 치료 등의 기질을 나타내기도 합니다. 그래서 빛, 광선을 사용한 의료기구, 방사선, 적외선 자외선, 레이저, 조명기구, 간판, 네온사인, 열기구, 난로 등의 종사자가 있을 수 있습니다.

【예시6】 남친이 유통업에 종사하는 여자입니다.

時	日	月	年	女命
정재		편관	식신	
甲	**辛**	**丁**	**癸**	
午	**亥**	**巳**	**酉**	
편관	상관	정관	비견	

이 명조는 살용식제(殺用食制)가 됩니다. 그래서 식신(食神)에 주목해야 합니다. 식신(食神) 계수(癸水)가 유금(酉金) 위에 앉아 있는데 유금(酉金)은 나의 건록이 되므로 이 식신은 바람직한 길신이 됩니다. 정사(丁巳) 편관은 나의 직업이 되기도 하고 혹은 나의 남자의 직업이 됩니다. 이 명조에서 계유(癸酉)는 정사(丁巳)월주와 관련이 깊습니다.

정사(丁巳) 남자는 누구인가요? 사해(巳亥)충은 역마의 충이고 또 관살(官殺)이 역마이고 정사(丁巳)는 불과 관련이 있는 사람입니다. 정사(丁巳)의 불이라는 것은 일종에 전파와도 같아서 널리 퍼지는 형상을 보여줍니다. 그래서 정사(丁巳)는 예술, 음악, 소리, 악기, 빛, 전기, 전자, 전파, 소리, 광선, 전열기구와 관련이 된 업체에 해당이 됩니다. 그리고 역마의 직업은 보통 유통, 무역, 항공, 해운, 통신 등인데 여기서는 관살(官殺)이 역마로 충을 맞았고 정사(丁巳)는 널리 퍼지는 성정(性情)이 있으므로 보통 유통, 무역업으로 보면 정확해집니다. 특히 상대하는 품목은 전자, 불 에너지와 관련이 있을 것입니다. 따라서 이 명조의 남친(男親)이 현재 유통업에 근무를 하고 있습니다.

7. 오(午)의 속상(屬像).

첫째: 오(午)는 똑바로 세운 절구공이의 모양을 본뜬 글자입니다. 절구공은 위와 아래로 오르고 내리는 성향으로 양기의 상징이 되는데 "교차하다, 어긋나다"라는 의미를 가지고 있습니다. 오(午) 글자는 남쪽을 가리키는 이정표(里程標)이기도 합니다. 그래서 '정오'나 '낮'이라는 뜻으로 가차(假借)되었습니다. 또 갑골문에서는 말머리의 형상(形像)을 그렸다고도 합니다. 오화(午火)를 주역의 천풍구괘(天風姤卦)가 됩니다. 이 괘는 가장 밑에 음효(陰爻) 하나가 있고 전체가 양효(陽爻)인 괘입니다. 양(陽)이 넘치는데 음(陰)이 하나 일어나기 시작하는 형상입니다. 이것을 일음시생(一陰時生)이라 하는데 5개의 양기(陽氣) 아래 처음으로 음기(陰氣)가 나타나는 것을 상징합니다. 이것은 외부는 꽃으로 화사하나 내부에는 작은 씨앗이 하나 생기는 것을 말합니다. 청풍구의 구(姤)라는 뜻은 만남을 의미합니다. 후(后)는 "임금 후"입니다. 곧 계집녀(女)를 넣으면 구(姤)는 왕비를 말함이 됩니다. 5명의 남자가 여(女)황제를 만나는 것이니, 이 여자는 함부로 건드릴 수 없는 인물이 됩니다. 그러므로 만남은 있으되 취해서는 안 되는 것이 구괘(姤卦)가 되는 것입니다. 이것은 잘못된 만남일 수도 있습니다. 그래서 "어긋나다"라는 뜻을 가지게 되었습니다.

둘째: 계절적으로는 음력 5월의 망종(芒種)이고 색깔은 적색(赤色)이고 숫자는 7이며 시간은 11시에서 13시에 해당이 됩니다. 모내기와 보리베기에 알맞은 시기가 됩니다. 벼농사에는 순서가 있습니다. 우선 싹틔운 볍씨를 육묘(育苗) 상자에 파종(播種)을 하고, 오월(午月)에 2차로 모심기를 하게 됩니다. 그래서 오월(午月)은 모든 만물이 사월(巳月)에 사방으로 확산 된 후 다음 오월(午月)에 2차 확장이 되는 것을 뜻하게 되었습니다. 그래서 2차 확산, 발열, 발산을 하는데 전송수단의 뜻을 가지게 되었습니다. 그러므로 인터넷, 통신, 성악 언론사, 예술인, 연예인, 배우, 무용, 스포츠, 스타강사, 이

벤트 진행, 연예인, 광고기획사 등이 됩니다. 인체로는 심장, 눈, 시력, 혀 혈관질환 됩니다.

셋째: 오(午)는 인오술(寅午戌) 삼합의 왕지(旺地)에 해당이 됩니다. 즉 화(火)가 최고의 전성기를 맞는 시기입니다. 그래서 인생에서 청년, 중년기로 왕성한 사회 활동을 하는 시기가 됩니다. 또 오월(午月)은 계절로 보면 한 여름에 해당이 됩니다. 꽃이 만개(滿開)하고 화려(華麗)하며 아름답습니다. 그래서 "화려함, 정열, 발산, 운동"을 기준으로 물상을 확장해 나가면 됩니다. 그러므로 열정, 펼침, 명랑, 적극성, 생동감, 순발력, 예술, 언론, 방송, 화장품, 분장실, 조명, 스포트라이트의 기질을 가지고 있습니다. 오화(午火)가 발산하는 성향으로 전공학과를 나타난다면 음악, 성악, 전자공학, 모바일통신학과, 홍보학과 이고, 오화(午火)가 성격으로 나타난다면 명랑, 적극성, 집중, 완고성, 놀라다, 예민하다, 순수성, 문명성이 해당이 됩니다. 오화(午火)가 건물에 비교한다면, 방송국, 극장, 호텔, 예식장, 문화원, 경마장, 연구소, 대학교 등이 됩니다. 오화(午火)가 기술로 비교한다면, 자외선, 레이저, 인터넷, 광자역학, 조명, 영사, 뜸 치료, 안과이며 오화(午火)가 열정, 발산하는 물질로 표현이 된다면 에너지, 열, 열기구, 조명기구, 전등, 앰프, 마이크, 화장품, 간판, 안경, 사진, 렌즈, TV, 관광 오락실, 분장실, 미장원, 오락실 등에 해당이 됩니다.

넷째: 오월(午月)은 시간으로는 낮 12시에 해당이 됩니다. 가장 밝을 때이고 숨을 곳이 없이 다 드러나는 시기입니다. 그래서 "대중성, 공공성"을 기준으로 물상을 확장해 나간다. 밝음, 명확함, 대중성 공공성, 시청건물, 남부구청, 은행, 금융기관, 언론기관, 번화가, 법무법인, 법조계, 금융계, 언론, 시시비비를 가리는 직업, 공익적인 일, 속전 속패하는 일입니다. 오(午)는 정화(丁火)를 품은 문명의 불이 됩니다. 그래서 정신문명, 문화, 교육, 언어에 해당됩니다.

다섯째: 자수(子水)는 계획하고 준비하는 것이나 오화(午火)는 겉으로 드러내는 것을 좋아합니다. 그래서 자수(子水)는 생산을 위한 기획 연구실이라면 오화(午火)는 결실을 극대화하기 위한 마케팅이 됩니다. 그래서 자수(子水)는 한밤중에 은밀히 진행하나 오화(午火)는 대명천지(大明天地)에 활동하니 겉으로 드러나게 됩니다. 그러므로 "드러내다, 밝히다"라는 기준을 가지고 물상을 확대해 나가면 됩니다. 그래서 공공성, 대중성, 겉모양, 액세서리, 광고, 조명, 거울, 간판, 네온사인, 진열대, 안경점, 사진, 안과, 렌즈 카메라, 번화가, 문화예술이 됩니다.

【예시7】 MBC 개그맨에서 프리 선언 후 잘 나가는 MC의 사주입니다.

時	日	月	年	男命
정관		식신	정인	
辛	**甲**	**丙**	**癸**	
未	**午**	**辰**	**卯**	
정재	상관	편재	겁재	

	乙癸戊	지장간

75	65	55	45	35	25	15	5	
무	기	경	신	임	계	갑	을	대운
신	유	술	해	자	축	임	계	

이 명조는 진월(辰月)에 태어난 갑목(甲木)일간입니다. 그런데 진(辰)중의 계수 (癸水)가 투출했으므로 재격(財格)으로 할 것인가 아니면, 인수격(印綬格)으로 할 것인가를 결정해야 합니다. 다만 애매하다면 대운(大運)의 향방(向方)을 참조해야 합니다.

대운이 25세부터 54세까지 해자축(亥子丑) 수(水)의 향지(鄕地)로 흘러가고 있습니다. 그러면 수(水) 인성의 기운이 왕성하다고 판단하시면 됩니다. 그러므로 이 명조는 그 기간 동안은 인수격으로 보면 됩니다. 곧 인수용관(印綬用官)으로 신(辛) 정관에 주목하여 살펴보면 됩니다. 상신이 보직이 되는 것이기 때문에 이 사람의 정관이 무슨 물건인지를 파악해야 하는 것이 중요합니다.

그런데 신(辛)은 월지 진월(辰月)에서 12운성으로 살펴보면 묘지(墓地)에 해당이 됩니다. 묘지(墓地)라는 것은 신(辛)이 옥(玉)이 아니라 돌이라는 말을 하고 있는 것입니다. 그리고 미토(未土)는 화개(華蓋)살에 해당이 됩니다. 곧 화개에 앉아 있는 신금(辛金)은 매우 종교적인 모습을 하고 있습니다. 신미(辛未)의 물상은 비석(碑石)의 물상이라 신(辛)은 종교, 철학적인 향기를 품고 있는 것이죠.

그래서 신미(辛未)는 단단한 돌을 덮어쓴 기둥이니 돌비석이라 보시면 됩니다. 그래서 신미(辛未)는 종교사찰에 해당이 됩니다. 또는 종교복지재단도 될 수 있습니다. 그런데 일지(日地)와 오미합(午未合)을 허고 있습니다. 이 사람은 종교에 들어가 일하면 미토(未土) 화개(華蓋)가 재성이라서 재물이 들어 올 수가 있습니다. 그는 현재 어린이 권익봉사단체(사)에서 총무이사를 하고 있습니다. 그런데 이 명조는 화(火)의 기세도 무척 강하다고 할 수 있습니다. 만약 대운에서 해자축(亥子丑)으로 진행하지 않고 화(火)의 기운으로 갔다면 병화(丙火)와 오화(午火)로 직업을 선택하였을 것이 분명합니다. 그러나 병화가 계수를 만나 물상은 **흑운차일**이라 하여 먹구름(癸水)에 의해 병화(丙火)를 쓸 수 없게 된 팔자가 됩니다.

이 사람의 병화(丙火)는 식신인데 진월(辰月)에서 관대에 해당이 됩니다. 세력이 강하다고 볼 수가 있습니다. 목화(木火)로 이루어진 식신(食神)이니 이 사람은 표현력이 남다르다는 것을 알 수가 있습니다. 그래서 임기웅변이 있습니다. 그러한 식신(食神)이 병화(丙火)로 나타난 것이니 병화와 오화(午火)의 속성은 열정, 발산, 예술, 언론, 방송, 조명, 스포트라이트, 스타강사, 이벤트 진행에 해당한다고 밝혔습니다.

그래서 이 명조는 젊은 날에 MBC 개그맨 대회에서 입상하여 개그맨으로 활동한 저력이 있습니다. 그런데 얼마 안가서 퇴사(退仕)하고 다른 직업을 선택하였는데 이것은 역시 흑운차일(黑雲遮日)이 되어 병화(丙火)를 써 먹지 못하기 때문일 것입니다. 그런데도 갑목(甲木)이 오화(午火) 상관을 활용하므로 무대 위에서 사회자로서 활동하는 일이 많았습니다. 물론 복지재단에서도 사회자로 남 못지않게 활동을 많이 한다고 합니다.

▶ 흑운차일(黑雲遮日)관련 내용은 제자 집필한 "사주명리실전 100구문" 85장에 상세히 설명하고 있으니 참고하시길 바랍니다.

8. 미(未)의 속상(屬像).

첫째: 미(未) 글자는 나무 끝의 가느다란 작은 가지의 모양을 본뜬 상형(象形) 글자입니다. 또는, 볏단을 묶어 놓은 모습이라고도 합니다. 나무가 무성하며 나무 끝 가느다란 작은 가지의 모양을 그렸습니다. 나중에 "분명하지 않다, 희미하다, 못 미치다"의 의미를 지니게 됩니다. 이것이 "아닐 미"로 발전을 합니다. 또한 양(羊)의 뿔 모양이라고도 합니다. 원래 양은 들이받는 습성으로 인해 양인(羊刃)으로 불리기도 합니다. 무엇인가를 보면 쿡쿡 지르거나 들이받아야 직성이 풀린다고 합니다.

둘째: 미(未)는 주의역 천산둔괘(天山遯卦)에 해당이 됩니다. 사양이음(四陽二陰)이라 양의 기운이 막강하지만 음의 세력이 자라나고 있는 중입니다. 이 음(陰)은 덜 익은 과실을 상징합니다. 그래서 열매는 생성되나 미성숙이므로 말하기를 "아닐 미(未)"가 되는 것입니다. 그래서 미월(未月)은 갑목(甲木)의 생기가 오월(午月)에 끊겨지고 미(未)중의 을목(乙木)으로 옮겨 맛이 생기기 시작을 하는 계절에 속하게 됩니다. 그러나 아직 맛이 들지는 않았습니다. 그래서 "아닐 미(未)"이고 덜 익었으므로 맛은 떫습니다, 즉, 미완성의 의미가 있는 것입니다.

셋째: 미토(未土)의 의미는 목(木)의 고지(庫地)이니, 목기(木氣)를 마감하고 화기(火氣)를 정리하는 일을 합니다. 그리고는 금기(金氣)에게 넘겨주는데 이것이 금화교역(金火交易)이라고 합니다. 미월(未月)은 땅에 흡수된 열기(丁火)가 복사되어 가장 더위를 느끼는 시기입니다. 막 정오(正午)를 넘어섰으니 만물의 생장(生長)이 무더위로 지쳐서 멈추게 되고 미월(未月)의 수분은 뿌리 쪽으로 하강(下降)하는데 주름이 지고 단풍이 들기 시작합니다. 꽃이 지고 열매가 생겨 맛이 들어가기 시작하는 철이 됩니다. 그래서 미월(未月)은 만물이 성장을 멈추었으니 내실(內實)을 기하라는 의미이고 미완성(未完成)의 뜻을 내포한다고 합니다.

넷째: 미(未)는 "맛 미(味)"로 미(未) 글자가 있으면 음식 솜씨가 있습니다. 주 방장은 미(未) 글자를 가진 사람을 채용해야 좋습니다. 미월(未月)은 열매가 태동이 되는 시기이고 신월(申月)은 오곡백과가 풍성한 계절이고 유월(酉月)은 낙과(落果)를 의미합니다. 육신으로 비유하자면 미토(未土)는 고등학생이 라면 신금(申金)은 대학생이고 유금(酉金)은 직장인이라고 보면 됩니다. 계절 적으로는 늦여름으로 음력 6월의 소서(小暑)이고 색깔은 황색(黃色)이고 숫 자는 10이며 시간은 13시에서 15시에 해당합니다. 인체에서는 비장 위, 비 위, 허리, 창자에 해당합니다.

다섯째: 해묘미(亥卯未) 삼합의 고지(庫地)이므로 더위를 식히고 목(木)의 성장 을 마무리하는 시기입니다. 미(未)는 고지에 을목(乙木)을 품고 있습니다. 그 래서 나무(乙木) 관련 해석이 많습니다. 그러므로 목재, 제재소, 방적공장, 목 장, 교량, 토건, 건축, 의류, 포목, 양모, 털실, 혼수품, 예술, 문화, 출판업, 도 서관, 서점, 책등이 나타납니다. 양(陽)이 쇠퇴하고 거두워 들이는 내부적 활 동이 보이게 됩니다. 곧 저축, 보관, 창고업, 따뜻한 섬유, 마른 건자재, 건조 한 식품, 따뜻한 침구류 등이 있습니다.

여섯째: 미토(未土)는 금화교역(金火交易)으로 연결시키는 일을 좋아합니다. 그래서 부동산, 임대업, 중개업, 농업, 조경, 교량, 토건, 증권거래소, 중간 상인, 협동조합, 전당포, 근교의 논밭, 도로 등이고 "맛 미(味)"로 음식재료 와 관련이 있습니다. 그래서 단 것, 단백질, 전분, 당분, 식품점, 음식점, 조 미료, 양념, 물감, 비료, 제과회사, 조미, 식품회사, 전자담배, 기호식품 등 이 있습니다.

【예시8】 1대의 중장비를 2명이 함께 운영하는 사주입니다.

時	日	月	年	男命
겁재		정관	비견	
乙	甲	辛	甲	
亥	午	未	戌	
편인	상관	정재	편재	
장생	사지	묘지	양지	12운성
		반안살		신살

이 명조는 재격용관(財格用官)입니다. 용신(用神)은 재성이고 상신(相神)은 정관
이라는 말이죠. 곧 재성이라는 땅을 축술형(丑戌刑)하는 곳이 직업 환경이며,
내 보직(補職)은 정관이 되고, 술미(戌未) 형살(刑殺)을 관장하는 신금(辛金)의 날
카로운 쇠가 나의 보직이 됩니다. 그러므로 신금(辛金)정관에 주목하여 분석해
야 합니다. 미월(未月)에 앉아 있는 신금(辛金)의 형상이란 무엇인가요? 년지(年
支)의 술토(戌土)를 기준으로 보면 미토(未土)는 반안살이 됩니다. 곧, 신미(辛未)
는 말(馬)안장 위에 올라탄 철을 상징합니다. 그런데 신금(辛金)은 미토(未土)가
쇠지(衰地)에 해당합니다. 쇠지(衰地)에 금(金)은 아직은 강하고, 빛은 남아있는
철(鐵)이지만, 옥(玉)은 되지 못합니다. 왜냐하면 음간은 역행하므로 미월(未月)
의 신금(辛金)은 사오월(巳午月)의 병,사지(病死地)에서 살아남은 쇠이기 때문입
니다. 그러므로 아직은 녹이 묻은 철이 됩니다. 녹슨 철에 내가 말(馬)안장처
럼 위에 올라타는 상(像)입니다. 그래서 중장비를 상징하게 됩니다. 술미형(戌
未刑)은 땅을 깔아버리는 것이니 토건(土建)이 됩니다. 땅이 재성이므로 흙갈이
(刑殺)를 많이 할수록 돈이 됩니다. 그런데 갑술(甲戌)은 건물의 상(像)입니다. 그
래서 건물과 도로를 이어주는 토건업(土建業)이 될 수도 있습니다. 또, 신금(辛
金) 즉, 1대의 중장비를 가지고, 비견 갑(甲)기사와 일간 갑(甲)기사가 번갈아 운
영할 수 있습니다. 즉 갑신갑(甲辛甲)이라는 상(像)은 이러한 형태로 움직인다
는 것을 이해하면 됩니다. 여기서 비견은 나의 동료, 협조자가 되는 것입니다.

9. 신(申)의 속상(屬像).

첫째: 신(申)은 번갯불이 내리치는 모양을 형상화한 글자입니다. 번개는 순식간에 하늘에서 땅으로 상통하달(上通下達)하므로 신출귀몰하다고 보았습니다. 그래서 "뻗치다, 거듭하다, 경계하다"의 뜻을 가지고 있습니다. 또 원숭이가 뛰어 노는 형상을 그린 것이라고도 합니다. 그래서 재주가 많고 동작의 움직임이 무척 빠른 사람을 의미합니다.

둘째: 신(申)은 주역의 천지비(天地否)괘에 해당합니다. 비(否)는 "막히다"의 뜻을 가지고 있습니다. 삼양삼음(三陽三陰)으로 비등한 세력이 땅은 아래로 향하고, 하늘은 위로 올라가니 서로 섞이지 않는 것입니다. 하늘은 하늘대로 땅은 땅대로 만물이 소통하지 못하니 "불통, 정체"가 됩니다. 이것은 갈등과 반목의 상징입니다.

셋째: 신월(申月)은 음력 7월이고 절기로는 입추(立秋)입니다. 보통 과실은 미월(未月)에는 맛이 들기 시작하면서 성장이 억제가 됩니다. 그런데 신월(申月)이면 영양분이 수축되어 응고(凝固)하는 결실이 나타납니다. 그래서 신월(申月)부터는 음기(陰氣)가 강해지면서 단단해집니다. 곡식과 과일이 처음으로 형체를 갖추기 시작하는 단계입니다. 그러나 아직 때가 일러서 이때 과실을 먹으면 좀 떫습니다. 그래서 최종 결실을 보려면 좀 더 기다려야 합니다. 즉, 최종적의 단계가 아니라 완성을 위해 마무리하는 과정이 필요한 사람입니다.

넷째: 신(申)은 시간으로는 15시에서 17시입니다. 회사 밖에서 결과물을 가지고 복귀하는 시간입니다. 그래서 소득, 수금(收金)의 기질이 있습니다. 또한, 신월(申月)은 장년기이므로 프로패셔널한 전문가 집단이 됩니다.

다섯째: 신(申)의 형태는 4 등분한 조각을 반으로 크게 자르는 물상입니다. 그래서 보통 정리가 잘 되어 있다고 하여 잘 구획 정리된 계획도시를 상징합니다. 곧 신월(申月)은 4 등분하는 형상이니 배분, 결산해야 하고 독식(獨食)하면 탈이 납니다. 정리하고 분리해야 하는 시기입니다. 받을 것은 받고 줄 것은 주게 되니 무척 계산적인 사람입니다. 이해 타산적이며 그래서 결산, 분할, 분리, 이별, 정리하는 시기라고 보기도 합니다. 인체로는 폐, 대장, 근골, 치아, 관절, 뼈, 골격, 가래, 기침, 피부 등이 됩니다.

여섯째: 신자진(申子辰) 삼합 수국(水局)으로 생지(生地)에 해당합니다. 음(陰)의 운동이 본격적으로 시작하게 됩니다. 또 역마이며 지살이니 "활동성"에 주목하는데 이 활동성은 확장이 아닌 수렴(收斂)의 활동성을 가진고 생각하면 됩니다. 번개가 내리치듯 상통하달(上通下達)하므로 신출귀몰하는데 "유동성, 이동성, 활동성"을 기준으로 물상을 확대해 나가면 됩니다. 창고업, 무역, 유통, 항공, 선박, 교통, 운송, 차량, 통신사, 전화, 철도, 철로, 도로, 큰길, 뱃길, 수로, 항로, 차로, 소통, 여행사, 관광회사 등으로 나타나게 됩니다. 또한, 신(申)은 번개처럼 땅에 내리 꽂는 것이 현침의 물상입니다. 그래서 의료와 종교와 관련이 있습니다. 그래서 병원, 의사, 무당, 스님, 불상, 교회, 사원, 불교용품점, 수행자, 철학 등의 성품이 있을 수 있습니다. 신(申)은 결실을 이룬 글자이니 서구 유럽 등 선진기술을 가진 문명국입니다.

일곱째: 신금(申金)은 숙살지기가 딸린 역마이므로 날카로운 쇠를 사용하는 물상이 보입니다. 그래서 신(申)은 번개가 내리치듯 상명하복(上命下服)의 뜻을 가지게 됩니다. 그래서 칼, 창, 교통사고, 낙상(落傷)과 관련이 있습니다. 그러므로 칼, 도끼, 무기, 세무, 사법, 법무, 교도관, 의료, 군인, 경찰, 도축장, 정육점, 권력성의 직업에 많이 나타나기도 합니다. 신금(申金)이 정화(丁火)를 만나면 제련(製鍊)의 상(像)이 나타납니다. 그래서 철을 다루는 직업이 있습니다. 그러므로 철강, 금속, 무기, 기계, 선반, 농기구, 승강기, 자동차, 차량, 비행기, 조선소, 선박, 기차, 탱크, 야전사령부, 비행장, 중장비, 트레일러, 버스, 화물차, 철금속류, 절단도구, 기계부품, 톱니바퀴, 절단기, 전선, 수도관, 등에 적합하기도 합니다.

【예시9】 늦게 사법고시에 합격한 사주입니다.

時	日	月	年	男命
정재		편관	편재	
己	**甲**	**庚**	**戊**	
巳	**戌**	**申**	**申**	
식신	편재	편관	편관	

이 명조는 살용식제(殺用食制)입니다. 그러면 칠살(七殺)은 용신(用神)이고 식신(食神)은 상신(相神)이 됩니다. 용신(用神)은 이 사람의 근무환경이 되고 상신(相神)은 보직(補職)인데 특별히 사신형합(巳申刑合)하는 물상이 이 사람의 직업이 됩니다. 그런데 사술(巳戌) 원진(元嗔)이 중간에 걸려 있습니다. 곧 화생토(火生土), 토생금(土生金)으로 사화(巳火)가 신금(申金)을 제살(制殺)하려는 것을 술토(戌土)가 통관하여 식제(食制)를 차단해 버리는 것입니다.

이로 인해 서울대학 법대를 졸업하고도 고시 공부하였으나 뜻대로 되지 않았습니다. 이 사람이 법대를 나와 사법부에 투신(投身)하는 이유는 역시 신금(申金) 관살(官殺)의 성분에서 나타나는 기질입니다. 곧 신금(申金)은 숙살지기(肅殺之氣)로 이것이 칠살이 되면 신금(申金) 칠살은 칼, 도끼, 무기, 총포를 사용하는 국가 권력체가 됩니다. 그러므로 이 명조는 뒤 늦게 고시에 합격하였고, 그 대열에 합류하였습니다.

10. 유(酉)의 속상(屬像).

첫째: 유(酉)는 입구는 좁고 배는 볼록한 술 단지 모양을 본 뜬 상형글자입니다. 그래서 "술을 담는 그릇, 못, 연못, 물을 담다" 라는 뜻을 가지고 있습니다. 술은 일정 시간의 숙성과정을 거쳐야 만들어집니다. 그래서 유(酉) 글자가 부수로 쓰일 때는 "술" 외에도 "발효" 와 관계된 뜻이 있습니다. 또 닭이 목을 앞뒤로 흔들면서 입으로 모이를 쪼는 닭의 앞모습이라고도 합니다.

둘째: 유(酉)는 주역의 풍지관(風地觀)괘에 해당합니다. 사음이양(四陰二陽)이라 음기(陰氣)가 양기(陽氣)를 압박합니다. 땅 아래에서 과실(果實)이 맺히므로 백성들이 하늘에 고(告)하여 바라니 임금이 천하를 두루 살펴 베풀려 하는 것입니다. 마치 땅 위에 부는 바람과 같이 두루 돌아다닙니다. 새로운 변화가 시작하므로 잘 살피고 경고 망동함이 없이 관찰할 때입니다. 가정과 직장 등 자신이 속한 곳을 두루 살피고 맞게 진로를 결정할 시기입니다. 변화와 관련이 되어 있습니다. 그래서 이사, 여행, 이직, 승진, 부서, 이동 등이 따르게 됩니다. 또한, 풍지관(風地觀)은 하늘에 오곡백과를 올려 제사하니 쓰는 술을 땅에 뿌렸으니 그 술병이 유금(酉金)입니다. 그래서 종교 제사와 관련이 깊습니다. 촛대, 등잔, 술, 음식, 소녀, 연못, 문, 영혼, 종교, 성당의 종이 됩니다.

셋째: 유(酉)는 계절적으로는 음력 8월의 백로(白露)이고 색깔은 흰색이고 숫자는 4이며 시간은 17에서 19시입니다. 밤에 기온이 내려 풀잎에 이슬이 맺히는 백로(白露)가 됩니다. 백로 이후에는 서리가 내리는 시기이므로 수확량을 높이려면 볏논의 나락은 늦어도 백로가 되기 전에 여물어야 합니다. 수기(水氣)가 뿌리로 하강하여 열매는 더 단단해지고 단풍이 들게 됩니다. 오곡백과가 무르익어 상품화하고 저장, 분리하는 시기입니다. 그래서 "오그라들다, 줄어들다, 단단하다."라는 뜻이 있습니다. 인체에서는 뼈, 디스크, 폐, 복막 신경 성질환, 입, 음성이 해당이 됩니다.

넷째: 사유축(巳酉丑) 삼합 금(金)의 왕지에 해당합니다. 왕지(旺地)라 순수함이 강하고 오행의 결정체로서 도화(桃花)의 역할이 있습니다. 그래서 유금(酉金) 자체에 음주, 가무(歌舞)에 능한 성질이 있어서, 유금(酉金)이 있으면 노래와 춤에 능하며 깔끔한 매력이 있습니다. 그래서 음식, 소녀, 영혼, 종교, 음주, 음악, 예술 등에 기질을 보입니다. 생명의 근원이 있는 목(木)은 동쪽인데 금(金)은 이 생명의 근원과 가장 거리상으로 멀어져 있는 상태가 됩니다. 따라서 이 서쪽이라는 방위의 끝은 우리가 살고 있는 번뇌와 고뇌가 가득찬 이승과 거리가 먼 서방정토(西方淨土)를 가리킵니다. 그래서 닭이 울면 귀신은 물러가고 호랑이도 산속으로 피한다고 했던 것입니다. 이것이 유시(酉時)를 뜻합니다. 유월(酉月)에는 담근 술과 오곡백과로 하늘에 감사의 제사를 드리는 시기이다. 예로부터 술이라는 것은 치료와 소독으로 쓰이기도 했는데 조상들은 술을 이용해 누군가를 구제하고 치료하였습니다. 그러므로 "종교, 철학"과 연관성이 많습니다. 그리고 유(酉)중의 경금(庚金)은 사찰에 메달아 논 종(鐘)의 상(像)이 됩니다. 그래서 "깔끔하고 정결하다." 라는 기준을 가지고 물상을 확대해 나가면 됩니다. 그러므로 촛대, 등잔, 술, 음식, 소녀, 연못, 문, 영혼, 종교, 성당의 종, 여명, 개벽, 서방정토, 개벽 등이 나타나게 됩니다.

다섯째: 유(酉)는 금(金)의 왕지라 단단하고 강한 성질이 있습니다. 유금(酉金) 안의 신금(辛金)은 잘 제련이 된 가치 있는 물품이다. 그래서 "단단함, 완성" 이라는 기준을 가지고 물상을 확대해 나가면 됩니다. 그러므로 장기간 보관용 제품으로 캔이나 통조림, 건조제품, 귀금속, 바늘, 창, 칼, 발톱, 새부리, 날카로운 습성을 가진 금속, 정밀기계, 첨단기계, 총포, 부품, 반도체, 휴대폰, 컴퓨터, 전자제품, 다이아몬드, 유리, 항아리 거울 등이 표현이 됩니다.

여섯째: 유금(酉金) 안에 신(辛)은 날카로운 것이고 매운 것이 됩니다. 곧 현침살이 됩니다. 닭이 부리로 모이를 쪼는 모습은 땅에 곡괭이질을 하는 모습과 같습니다. 계속해서 땅을 쪼다 보면 그 땅에는 구멍이 나기 마련입니다. 날

카로운 것이고 곧 수술의 형태입니다. 그래서 통찰력, 날카로움으로 분리 조정하는 분야, 법무, 금융, 종교, 예술, 의술, 병원, 침술원 의료, 치과, 치기공사, 송곳, 이미용 기구, 칼, 도끼, 침, 주사, 톱, 수술도구, 바늘, 연장, 가위, 흉기 등을 상징합니다.

일곱째: 유월(酉月)은 늦가을이므로 만물이 결실을 맺고 시간으로는 마무리 매듭이 진행이 되는 시기입니다. 그래서 수확 보장, 마감, 분배, 정리, 수확, 분리, 정리가 됩니다. 완전히 익은 장년기입니다. 결실을 보는 계절입니다. 사업이나 주식 등 다양한 금전수익이 나오게 됩니다. 그래서 금은방, 보석, 은행, 금융, 현금, 화폐, 재물, 수표, 증권, 은행, 열매. 통조림, 청과물가게 등의 물상이 있습니다.

여덟째: 유월(酉月)은 숙살지기이니 열매가 익는 계절이고 익은 열매로 술을 담그게 됩니다. 술은 발효가 되어야 합니다. 그래서 숙성제품으로 "발효"와 관련이 된 글자를 기준으로 물상을 확대해 나가면 됩니다. 열매, 김치, 젓갈, 곡주, 과실주, 술, 세균, 효소, 부패, 발효, 술항아리, 엑기스, 장류, 장독, 양조장, 주류술 등입니다.

【예시10】 바이올린에서 피아노로 전공을 바꾼 사주입니다.

時	日	月	年	男命
상관		정인	정인	
己	丙	乙	乙	
丑	辰	酉	丑	
상관	식신	정재	상관	

을목(乙木)으로 다토(多土)를 소토(燒土)하는 재격패인(財格佩印) 명조입니다. 그러므로 유금은 용신이 되고 을목은 상신이 되므로 유금(酉金)과 을목(乙木)에 주목을 합니다. 유월(酉月)의 을목(乙木)은 다 익은 결실의 계절을 말합니다. 완성된 것으로 깔끔하고 정결하여 소녀적이며 종교적, 철학적입니다. 또한, 유금(酉金)은 풍지관(風地觀)괘에 해당합니다. 즉, 제사올리고 청결히 해야 하고 자신 주변을 돌아보는 시기가 됩니다. 그런데 병(丙)일간은 유월(酉月)이면 12운성으로 사지(死地)이고, 병화(丙火)의 화려함과 정열, 발산의 상징은 죽은 것으로 보는 것입니다. 노쇠한 빛이니 차분한 성질을 보여 줍니다. 또, 병화(丙火)는 원래 제사를 올리던 제단의 형상을 본 뜬 글자입니다. 그러므로 유월(酉月)의 병화(丙火)는 종교, 철학, 예술과 관계가 깊습니다. 그러한 배경에 놓인 을목(木)은 교육자가 될 것입니다. 그러므로 학교 선생님입니다. 또한, 유월(酉月)의 을목(乙木)은 절지(絶地)입니다. 휘어진 사목(死木)으로 축토(丑土)의 공망은 동굴 안에서 울리는 메아리와 같습니다. 그러므로 년주 을축(乙丑)의 물상이라는 것은 바이올린 현악기로 마른 통목(乙) 안에서 울리는 현악기 줄(丑)을 상징합니다. 그런데 유축합(酉丑合)을 합니다. 월주(月柱) 을유(乙酉)라는 것은 휘어진 큰 공명 상자 안에서 현줄을 작은 나무 해머(hammer)로 때리는 것이 됩니다. 곧 두들기는 유금은 건반의 모습과 같습니다. 그러므로 유축합(酉丑合)의 물상이라는 것은 피아노 건반악기를 말하는 것입니다. 계미(癸未)대운에 축미(丑未)충으로 축토(丑土) 공망을 울리므로 바이올린연주를 공부하다가 피아노로 전공을 바꾸었다고 합니다.

11. 술(戌)의 속상(屬像).

첫째: 술(戌) 글자는 부수가 戈(창과) 글자입니다. 창과(戈) 글자에다가 고대에 사용하던 전투용 도끼를 부착한 모양을 본 뜬 글자입니다. 본래 자신을 지키는 도구이므로 창을 들고 서 있는 병사가 됩니다. 그래서 "경비하다, 지키다"의 의미가 강합니다. 술월(戌月)에는 신유(申酉)월에 만들어낸 결실을 창고에 보관을 하게 됩니다. 곧 곡식을 수확해서 창고에 쌓아두는 계절이 유월이라면, 술(戌)월에는 그 곡식들을 적(賊)으로부터 잘 지켜야 합니다. 그래서 "결실, 보관"의 의미가 있습니다. 이것은 지키는 사람이니 "경비, 수호"입니다 개는 사람을 대신해서 창고를 지켜주게 됩니다. 그래서 술(戌)은 개에 해당이 됩니다.

둘째: 술(戌)은 계절로는 음력 9월이며 한로(寒露)에 해당하여 바람이 차가우며 모든 생명들이 땅 속으로 들어가 입구를 막아버리고 작은 불씨를 보관하는 시기입니다. 그래서 오곡백과(五穀百果)를 수확한 뒤에 보관, 저장하는 시기가 됩니다. 그 때 농촌은 타작(打作)이 한창인 시기로 술월(戌月)에는 볏단을 모아 상강 무렵까지 도리깨질을 합니다. 그래서 몽둥이로 "때리고 두드리다"의 뜻이 있어서 술(戌) 글자가 많으면 무엇이던지 잘 때리고 맞추는 것을 잘합니다. 그래서 긴 방망이를 갖춘 운동선수에게 많습니다. 그래서 야구, 골프, 검도 선수 등이 됩니다.

셋째: 술(戌)은 주역의 산지박(山地剝)괘에 해당이 됩니다. 오음일양(五陰一陽)의 기운이며 아래의 5개의 음(陰)이 맨 위 1개의 양(陽)을 없애려고 몰아내는 모양세입니다. 그래서 산지 박(剝)이라는 글자의 의미는 "훼손하다, 깎다."라는 뜻이 있습니다. 10월이면 만물이 모두 낙과(落果)하고 없어지는 의미를 가지고 있는 것입니다. 그래서 관계의 "단절, 소멸"의 뜻을 갖고 있습니다.

넷째: 술(戌)숫자로는 5이며 색깔은 황색(黃色)이고 시간으로는 19시에서 20시까지이니 잠들 시간입니다. 한밤중에 활동하는 사람들이므로 경비원, 보안요원, 경찰관 등이 됩니다. 인체로는 위, 갈비, 두뇌 가슴이 됩니다.

다섯째: 술(戌) 글자는 인오술(寅午戌) 삼합에서 화(火)를 입고시켜 저장하는 글자이므로 저장, 보관를 중심으로 물상을 확대해 나가면 됩니다. 술토(戌土)는 화고(庫庫)의 역할을 하기 때문에 화로(火爐)에 묻어 둔 불씨가 됩니다. 이것이 술(戌)중의 정화(丁火)가 됩니다. 술(戌)은 화고(火庫)로 여름철의 병정(丙丁)의 열기를 가둔 것이니 이 정화(丁火)는 "지혜, 문명, 문화"를 의미하므로 문명지상(文明之像)을 축적한 도서관, 정보부, 학교, 극장, 서점, 박물관, 문화회관등의 기질이 있습니다. 술(戌)은 외형적으로 불을 감춘 전기 박스라, 컴퓨터 배터리 등이 됩니다.

여섯째: 술(戌) 안에 정화(丁火) 열기가 내장이 된 것이니 주유소, 무기고, 화약고, 화공약품 창고가 됩니다. 양기(陽氣)가 다하여 땅 속에 숨어드는 현상이 강합니다. 그래서 에너지를 밖으로는 내보내지 않으려 하고 갈무리하려는 성향으로 보수적인 기질이 있게 됩니다. 익숙해진 상황에서 안정을 원하고 새로운 변화를 싫어하게 됩니다. 1년간의 활동을 마무리하는 의미가 강하게 나타납니다. 따라서 "해체, 정리, 전환, 재배치" 의 의미를 중심으로 물상을 확대해 나가면 됩니다. 그래서 분해, 조립, 수리, 가공업, 농기구 원위치, 정리 정돈, 수확의 분배의 성질이 있습니다. 그런 후에 오락 유흥을 즐기게 됩니다. 그러므로 보온병, 찜질방, 목욕탕, 헬스클럽, 주색잡기, 유흥업소, 이중생활 등의 성정이 나타납니다. 또 술(戌)은 화개살, 천문성으로 정리, 정돈를 잘합니다. 그래서 종교, 철학, 역학, 의학에 관심이 많습니다. 그러한 이유로 목사, 스님, 종교인, 철학자, 의료인, 의사, 수지침, 경락, 대체의학, 스포츠 맛사지 등에 많이 나타납니다.

【예시11】 한전에 근무하는 전기 내선공 사주입니다.

時	日	月	年	男命
편재		편관	편인	
戊	甲	庚	壬	
辰	申	戌	寅	
편재	편관	편재	비견	

월지 술토(戌土)는 재격(財格)으로 이 사람의 용신(用神)이 됩니다. 용신(用神)은 그 사람의 직업 환경을 결정합니다. 그런데 술토(戌土)는 인오술(寅午戌)삼합에서 화(火)를 입고시켜 저장하는 글자이죠. 또한 술토(戌土)는 화개(華蓋)가 됩니다. 그래서 저장보관의 의미가 강합니다. 무엇을 저장하는가? 여름철의 병정(丙丁)의 열기를 가둔 것입니다. 그래서 술토(戌土)의 상의(象意)는 불을 감춘 화고(火庫)라 지하 저장고, 주유소, 무기고, 화약고, 화공약품이 됩니다. 그래서 만약 술(戌)중 화고(火庫)의 분묘(墳墓)를 그대로 가져다 사용할수 있으면, 주유소, 화공약품 저장소 종사자가 맞습니다. 그러나 만약 이 사람이 술(戌)중 정화(丁火)와 신금(辛金)의 상의(象意)를 사용한다면 전기, 전자제품 반도체가 됩니다. 왜냐하면 문명지상(文明之像)의 불빛이 고급금속재를 통과하는 것이므로 이것은 전기, 전자라고 보는 것입니다. 그래서 이 사람은 전기기술자입니다. 그런데 진술충(辰戌沖)합니다. 진술충(辰戌沖)이 이 사람의 직업군이 되는 것입니다. 곧 이것은 화개(華蓋)와 화개(華蓋)의 충이므로 덮고 열고 닫고, 열고 뽑고 심고를 반복하죠. 전기제품에서 전선을 뽑고 붙이고를 반복하는 직업입니다. 그런데 이것은 역마(驛馬)이죠. 그러므로 전국을 돌아다녀야 합니다. 내가 움직여서 뽑고 붙이는 작업을 해야 하는데 전기내선공이죠. 만약 내가 주유소를 운영한다면 인신충은 교통 차량이 되는 것입니다. 차가 수시로 다가와서 내가 주유기를 차량에 넣고 뽑고를 반복하는일을 해야 합니다. 술토(戌土)가 화고(火庫)로 주유소를 상징하기 때문입니다.

12. 해(亥)의 속상(屬像).

첫째: 해(亥)는 곧은 줄기 뿌리에 잔뿌리가 난 모양을 본 뜬 글자입니다. 또 해(亥)는 돼지 형상을 그대로 본 뜬 것이라고도 합니다. 늪지대에 사는 사람들은 뱀이 출몰하여 사람들을 해치므로 돼지를 집에 풀어 같이 생활하였다고 합니다. 그러면 돼지가 뱀을 잡아 먹는다고 합니다. 곧 사해충(巳亥沖)의 물상이 됩니다. 그래서 집 가(家)와 돼지 시(豕)는 어원이 같습니다.

둘째: 해(亥)는 계절로는 입동(立冬)이고 음력 10월이며 시간으로는 21시에서 23시 사이입니다. 해(亥)는 주역의 중지곤(重地坤)괘에 해당이 됩니다. 육음(六陰)으로 모든 만물이 땅 아래 묻혀 있습니다. 땅속에 묻어버리다. 그래서 중지곤(重地坤)괘는 "저장, 보관"이 됩니다. "저장, 보관"을 중심으로 물상을 확대해 나가면 됩니다. 총판, 저장식품, 씨앗, 종자, 냉동, 냉장, 장례식장, 죽음, 무덤, 시체 등이 됩니다. 해월(亥月)에는 육음(六陰)이 극에 다다른 시기입니다. 지극(至極)하여 끝장을 보게 됩니다. 이것은 지혜, 경험이 됩니다. 해월(亥月)은 엄동설한(嚴冬雪寒)을 지낼 준비를 하니 먹을 것과 종자(種子)가 될 씨앗과 판매할 것을 구분하는 선별작업을 하게 됩니다. 버릴 것은 버리고 재생할 것은 재생산을 하게 됩니다. 그래서 술토(戌土)는 수집, 저장이라면 해수(亥水)는 선별, 저장이 되는 것입니다.

해월(亥月)에는 남는 것은 나누어 주는 여유가 있습니다. 그래서 정신적인 면이 특히 강하다고 합니다. 그러므로 술(戌)에서는 상속하지 않으나 해수(亥水)에서는 상속이나 기부를 하게 됩니다 유산을 배분하고 나눠 줄 것을 나눠주고 모든 것을 마무리하게 되는 시기입니다. 인체로는 생식기, 고환, 방광, 요도, 신장, 자궁, 혈압, 중풍, 고혈압 등이 됩니다.

셋째: 해월(亥月)은 해묘미(亥卯未) 삼합 목(木)으로 생지(生地)가 됩니다. 해수(亥水)는 생지(生地)이며 흘러가는 물이고 역마(驛馬)로 인해 수렴(收斂)하는 "이동성"이 있습니다. 목화(木火)가 발달하면 잘 펼치고 전달하는 능력이 있고 금수(金水)가 발달하면 수렴(收斂)하는 내실(內實)이 있습니다. 그래서 "물의 흐름과 이동성"을 중심으로 물상을 확대해 나가면 됩니다. 항로, 해외무역, 풍우, 물장사, 수산물, 수평선, 선창, 해변, 선박, 바닷물, 강물, 목욕탕, 수영장, 찜질방, 수도, 수력 발전, 취사장, 배, 군함, 조선소, 온천, 세탁기, 해초, 어장, 수산, 양식장, 생선, 어류, 기름, 담수, 우물, 약수터, 온천, 역마, 소방서, 방광, 수력 발전, 선박, 부두, 선원이 됩니다. 해수(亥水)는 역마성이고 바다를 건너니 그 시기는 어둡고 깜깜합니다. 그래서 야간에 하는 작업, 외국과 관련된 일, 해외 수출입, 프랜차이즈 사업, 외국회사, 밤장사, 유흥업, 노래방, 찜질방등이 됩니다.

넷째: 해(亥)에는 핵(核)의 DNA 유전자 갑(甲)이 들어 있으니 이 자료를 활용하여 미래개발의 자료로 삼습니다. 또 해월(亥月)은 자월(子月)부터 술월(戌月)까지의 경험을 겪었으므로 "경험, 지혜, 안목"이 있습니다. 과거의 자료를 통해 다음의 미래가 시작되는 자수(子水)에게 넘겨주게 됩니다. 그러므로 당대(當代)에 이루어지기 어렵고 먼 미래를 계획하고 준비하는 정신적인 노동이 좋습니다. 그래서 "기획, 구상, 추리, 조정, 선별, 저장"을 중심으로 물상을 확대해 나가면 됩니다. 교육, 종교, 인문, 문학, 고전, 철학, 역사, 심리, 연구실, 연구, 의약, 대체의약 등이 좋습니다. 그래서 해(亥)는 술해(戌亥) 천문성으로 정신세계, 의료, 종교, 철학, 역술과 인연이 많습니다. 우주 만물의 자궁(子宮)이고 음습(淫習)함이 강해 귀신의 출입문이 된다고 합니다. 그래서 신앙심, 예지력, 자유자재, 지혜, 마음 변화, 도인, 신인, 도학, 종교, 철학, 도덕, 선방, 죽음, 장례식장등에 해당이 됩니다. 해(亥)는 끌어 모으는 것으로 잡동사니가 됩니다. 그래서 이것저것 다 끌어 모으게 되는데 잡학점, 총판을 운영하면 좋습니다. 그래서 음식도 잡탕찌개를 좋아합니다.

【예시12】 산림조합(山林組合) 수해(水害)방제가 보직인 사주입니다.

時	日	月	年	男命
겁재		편관	편관	
丙	**丁**	**癸**	**癸**	
午	**巳**	**亥**	**卯**	
비견	겁재	정관	편인	
		戊甲壬		지장간

이 명조의 십간을 파자(破字)해 보면 계해(癸亥)는 넘치는 물이요 계계(癸癸)는 소낙비가 됩니다. 정화(丁火)는 병오(丙午)를 얻고 화기(火氣)가 강하니 그 강함을 설기(泄氣)하고자 해(亥)중 무토(戊土)를 생하게 됩니다. 물과 불이 모두 왕성해서 태양빛과 소낙비를 듬뿍 받은 겨울 장마철의 해묘(亥卯) 목(木)국은 수풀림이 됩니다. 그러므로 해묘목(亥卯木)국은은 산림(山林)과 관련이 있게 됩니다. 그런데 사해충(巳亥沖)을 합니다.

사해(巳亥)는 역마(驛馬)에 해당이 됩니다. 묘(卯)의 성정은 분리, 이동성이고 사해충(巳亥沖)으로 역마를 만난 것이니 이동성에 주목해야 합니다. 계계(癸癸)의 폭우(暴雨)가 내리면 사해충(巳亥沖)이 발생하니 돌 바위가 폭우에 흘러 내리니 늘 현장으로 출동해야 하는 직업을 가진 사람입니다. 그러므로 이 사람은 산림조합(山林組合)에서 근무하는데 수해(水害) 방제(防除)가 보직인 공무원입니다.

6 근묘화실(根苗花實) 알아보기

1. 근묘화실의 구조.

【표1】

시(時)	일(日)	월(月)	년(年)
시간(時干)	일간(日干)	월간(月干)	년간(年干)
시지(時支)	일지(日支)	월지(月支)	년지(年支)
실(實)	화(華)	묘(苗)	근(根)

근묘화실(根苗花實)이란 한자를 풀어보면 뿌리 근(根), 줄기 묘(苗), 꽃화(華), 열매 실(實)입니다. 이 말은 뿌리에서 줄기가 돋아나고 줄기에서 꽃이 피면 곧 열매가 익는다. 뜻인데 자연에서 생명체가 살아가는 필수 과정을 의미합니다. 이러한 자연의 리듬을 팔자(八字)로 가져와 접목(接木)을 시킨 이론이 근묘화실(根苗花實)이론입니다. 다른 말로는 궁성론(宮星論)이라고도 합니다.

명리학에서 말하는 근묘화실(根苗花實)은 시간과 공간적 제약이 섞여 있습니다. 육친이 등장하고 사라지는 과정이 시공간이라는 팔자에 퍼즐처럼 숨어 있는데 그것을 찾아내는 길이 사주학이고 그 첫 단추가 근묘화실를 이해하는 공부법입니다.

시간적 환경에서 근묘화실을 설명하여 본다면 근(根)은 년(年)이고 묘(苗)는 월(月)이며 화(花)는 일(日)이고 실(實)은 시(時)에 해당이 됩니다. 그러므로 근(根)은 묘(苗)에 앞서 있고 실(實)은 화(花)의 뒤에 존재하는 것입니다. 이 말은 뿌리가 있고 난 후에 싹이 나고 또 꽃이 피고 난 후에 열매가 맺힌다는 뜻이죠. 그래서 근묘화실(根苗花實)은 계절이 진행하는 자연의 연결고리처럼 읽는 순서가 정해져 있습니다.

만약 년월(年月)에서 재관(財官)이 없으면 뿌리가 되는 근(根)과 묘(苗)에서 재관(財官)의 종자(種子)가 존재하지 않는 것이죠. 비록 다른 외부에서 재관(財官)이 들어온다고 가정하더라도 뿌리 없는 재관(財官)이라 의지할 때가 없는 것이니 어찌 꽃(花)을 피울 수 있겠습니까? 그래서 제대로 성장하기 어려운 환경이라고 보는 것입니다. 그러므로 근묘(根苗)에 뿌리가 없는 재관(財官)은 발복(發福)이 크지 않은 것입니다. 재관(財官)이 대발(大發)하는 사주는 그 뿌리를 근묘화실(根苗花實)에 갖추고 있어야 하는 것입니다.

그러므로 사주학은 근묘화실(根苗花實)에서 첫 단추가 풀리는 것이며 재관(財官)의 위치와 왕쇠(旺衰)를 분석하여 흉길을 판단하는 학문입니다. 혹 길신이 강하면 발복하고 흉신이 득세하면 고단하다거나 흉신(凶神)은 제화(制化)가 되었는가를 살펴 행복과 불행을 판단하는 학문입니다. 근묘화실 학습법으로는 각각의 궁에서 특화가 되어 있는 해당육친궁이 있습니다.

예를 들어 년주궁(年柱宮)에서는 조상(祖上)과 유년(幼年)의 삶을 살피면 되고 월주궁(月柱宮)을 보고서는 부모형제의 복덕(福德)을 판단합니다. 일주궁(日柱宮)에서는 부인과 남편의 인연을 판단하고 시주궁(時柱宮)에서는 내 말년의 운명과 자녀의 복덕(福德)을 판단할 수 있습니다.

2. 근묘화실의 시공간(時空間) 배치와 읽는 방법.

【표2】

천 간	시(時)	일(日)	월(月)	년(年)
년 령	46세에서 60세	31세에서 45세	16세에서 30세	1세에서 15세
기 간	10월에서12월	7월에서 9월	4월에서 6월	1월에서 3월
세 대	노년기	중년기	청년기	소년기
육 신	자녀궁	부부궁	부모형제궁	조상궁
분 류	실(實)	화(華)	묘(苗)	근(根)

년주는 조상궁이 되고 월주는 부모궁이 되며 일주는 자신과 배우자궁이 되고 시주는 자녀궁이 됩니다. 년주궁은 1세에서 15세에 해당이 되고 월주궁은 16세에서 30세까지 해당이 됩니다. 일주궁은 31세에서 45세까지로 보고 시주궁은 46세에서 60세까지로 봅니다. 이 기간이 다 차면 다시 년주궁으로 회귀하여 보기도 하는데 혹은 시주궁은 말년궁이라 46세부터 사망할 때까지로 보기도 합니다.

3. 근묘화실의 궁성별 판단 방법.

1) 년주(年柱)궁 보는 법

년주(年柱)를 근(根)이라 하는데 뿌리를 의미합니다. 나의 뿌리는 조상이죠. 그래서 조상궁이라 말하며 조상궁(祖上宮)이 관장하는 시기는 1세에서 15세 까지로 보면 됩니다. 요즘은 수명이 길어져서 1세에서 20세로 연장하기도 하지만 근본 원리는 1세부터 15세로 배치(配置)함을 기억하기 바랍니다. 조상궁(祖上宮)에서는 나의 소년기와 선대(先代)의 근황을 살펴볼 수 있습니다. 보는 방법은 보통 년주에 재성(財星)이나 정관(正官)이 놓이게 되면 사길신(四吉神)이라 하여 조상대에서 큰 벼슬을 한 사람들이 많았고 부유하게 잘 살았다고 간명하면 됩니다. 즉 사길신(四吉神)에 해당하는 재성, 관성, 식신, 인수가 년주(年柱)에 위치하게 되면 이런 사람은 할아버지로부터 물려받은 부친의 유산이 있을 수가 있으며 가정 형편도 좋았고 성장하면서 학업을 이루는데 장애가 별로 없었다고 보는 것입니다. 현대에서는 보통 금수저 집안이라고 하는데 이를 토대로 보는 것입니다.

그러나 만약 년주(年柱)에 정관(正官)의 길신(吉神)이 있더라도 충극(衝剋)이 되어 나타나 있다고 가정해 봅시다. 이것은 선대의 좋은 가문이 깨졌다고 보는 것입니다. 곧 선대(先代)에서 누렸던 벼슬이 부친에서부터 단절이 되었고 대대로 내려온 좋은 가문이 내 앞에서는 흙 수저로 변했다는 정황이 보이는 것입니다. 이 말은 부친이 선친의 가업을 승계 받지 못한다는 뜻이니 나도 맨손으로 출발해야 함을 가리켜 주는 것이죠. 그런데 만약 년주에 정관이 아니라 제화(制化)되지 않은 사흉신(四凶神)이 존재한다고 한다면 어떻게 판독할 수 있겠습니까? 조부(祖父)와의 인연이 박한 것은 물론이고 선친(先親) 이전부터 가문이라고 할 만한 집안의 명맥은 찾을 길이 없고 또한 어려서 생활이 궁핍하여 학업을 이루기 어렵고 어린 나이에 집안 살림을 맡아 소년 가장이 되거나 혹은 질병으로도 고생을 할 수가 있다는 뜻입니다.

근(根)이 되는 년주(年柱)궁에 길신이 있는가, 흉신이 있는가를 보고 그 사람의 초년의 길흉을 판단하는 것입니다. 그래서 1세에서 15세까지 운명을 찾아보려면 년주가 주변 글자와 화합(和合)하는가 혹은 충극(衝剋)하여 불화(不化)하는가를 보고 판단합니다. 년주에 모친과 부친이 충극하여 불화한다면 부모는 조기 이혼할 가능성이 높게 나타납니다.

혹은 본인 사주가 부친을 극하는 팔자인데 년주와 월주에서 부친성을 심하게 충극하고 있다면 어려서 부모가 이혼하거나 혹은 부친 사망으로 나타날 수도 있다는 사실입니다. 물론 이런 경우에는 부친 팔자도 열어 함께 보아야 합니다.

또한 년주궁(年柱宮)의 관성은 본인의 직장에도 해당이 됩니다.
그래서 년주궁에 위치한 정관은 조상궁에서 발원하는 것이라 보았고 그 결과 벼슬을 하더라도 국가 사회의 관계망에서 근무를 하게 됩니다. 그래서 국가기관 종사자중에서 년주 정관이 많습니다.

2) 월주(月柱)궁 보는 법

월주(月柱)는 줄기라 해서 묘(苗)라고 부르며 자라나는 싹이 됩니다. 아직 꽃 피기 이전의 성장하는 단계이므로 부모 영향력에 지배당하고 있다하여 특히, 월주궁을 부모형제 자리라고 합니다. 16세부터 30세까지를 말하는데 청년기에 해당합니다. 월주궁에서는 부모의 운기와 형제의 복덕을 알 수 있습니다. 보통 천간은 부친이 되고 지지는 모친이 되지만 특별히 정해진 것은 없습니다.

다만, 월주궁(月柱宮)을 기준으로하여 부모(父母)의 성(星)을 근본으로 삼으면 됩니다. 곧, 년간에 편재(偏財)가 나타나 있다면 편재는 부친성에 해당하는데 월주궁(月柱宮)에서 보면 장생이 된다고 하던지 혹은 건록지라면 그 편재가 무척 왕성함을 알 수가 있을 겁니다. 그러므로 내 부친이 관록운이 좋았겠으며 잘나가는 명사(名士)라고 판독하면 됩니다. 만약, 월주에 재관(財官)이 놓여 있는데 희신이라고 판단이 되었다면 나는 부모로부터 받는 유산이 있을 수 있으며 여러 가지 재물복의 혜택을 얻어 사화의 기반을 닦는데 큰 도움을 얻을 수가 있다고 보는 것입니다.

그런데 만약, 월주궁에 흉신(凶神)이 놓여 있고, 일체 제화(制化)가 안 되어 있다거나 상충(相衝)하여 혼란스럽다고 한다면 이것은 장애(障礙)를 뜻하는 것이 됩니다. 변화 변동이 많은데 부모덕이 없으므로 도움을 못 받는 것이며 그래서 나가는 돈은 많아 축재(蓄財)를 못하며 만나는 사람마다 나를 해롭게 하는 사람들을 만나게 됩니다. 이로 인해 성격이 위축될 수 있겠고 청년기가 불운하므로 재난 혹은 고통이 따르게 된다고 보는 것입니다. 이것은 역시 부모 자리가 흉운지(凶運地)라 부모의 역할이 도움이 안 되거나 아예 없다고 판단하는 것입니다.

3) 일주(日柱)궁 보는 법

일주(日柱)는 화(華)라고 하는데 꽃을 피운다고 하여 붙여진 이름입니다. 인생에서 가장 아름다운 시기이므로 공간학적으로 "나"에 해당이 됩니다. 그래서 내 밑에 딸린 일지(日支)는 배우자가 됩니다. 31세부터 45세의 기간에 해당하며 인생에서 중년기의 삶을 확인할 수가 있습니다. 배우자를 판단할 때에 일지궁을 기준으로 하여 배치가 된 배우자별을 보고 판단합니다.

곧 월간에 처성(妻星)인 재성(財星)이 놓여 있다면 일지궁에서 재성의 건록지가 되거나 장생지이라면 내 처성이 무척 강성하다고 보는 것입니다. 그러므로 내 처가 능력이 많겠고 또한 생활력도 무척 강하다고 판단하면 되는 것입니다. 그래서 일지가 희신이라면 처덕이 많을 것이며 다정한 아내를 만나게 될 수 있습니다 이것은 일지가 희신이니 일간하고 유정하기 때문입니다 반대로 만약에 일지에 기신이 자리 잡고 있다면 나와 처는 무정한 관계이므로 불화가 잦고 다툼이 많게 됩니다.

만약, 충극이 있다면 이로 인해 이별할 수 있는 근거로 보기도 합니다. 또한 일(日)과 시(時)에 놓인 글자들은 특히 육친성은 늦게 만나게 됩니다. 년(年)과 월(月)의 재성이나 관성이 놓이면 조숙(早熟), 조혼(早婚)하고 일(日)과 시(時)에 놓인 재관, 정관이라면 만혼(晩婚)이 되는 것입니다.

4) 시주(時柱)궁 보는 법

시주(時柱)는 열매가 맺는 시기라 열매 실(實)이라 말합니다. 인생에서 결과물이 나타나는 노년기의 운명을 알 수 있습니다. 시주 자리에 희신이 놓이면 자신의 말년 운이 행복할 것이고 제화되지 않는 흉신이 놓이면 말년 복이 없다고 보는 것입니다.

시주(時柱)는 자녀궁이라고 하여 자녀운을 보기도 합니다. 자녀운도 희신이 시주궁에 존재하면 자녀의 발달 상태가 원만하여 발전한다고 보면 됩니다. 여자 사주에서는 식신과 상관이 내 자녀에 해당하는데 만약 시주(時柱)에 식신이 자리하면 자식궁에 자녀성이 제자리에 앉은 것이라 길하다고 보는 것이며 만약, 시주에 인수가 놓이게 되면 인수가 식신을 극하는 팔자가 되므로 내 자식이 극을 당한다고 보아 말년에 불길하다는 이야기가 됩니다.

남자 팔자에서 시주에 정관이 놓이면 정관은 곧 내 자녀가 되므로 제자리에 위치한 까닭에 자녀의 성장이 순조롭고 말년에 자식이 크게 발전하게 된다고 보는 것입니다. 물론 정관이 충극으로 불화(不和)가 생긴다면 자식 성장의 장애(障礙)가 있는 것이니 일의 성취가 늦어진다고 생각하면 되는 것입니다.

4. 세운(歲運)을 전반기와 후반기로 나누어 판독하는 법.

세운(歲運)이 오면 운수를 읽는 방법에는 여러 가지 견해가 있습니다. 사주 팔자는 시간적인 측면과 공간적인 측면이 섞여 있다고 말씀드렸는데 여기에서는 시간적인 측면을 보는 방법을 설명하고자 합니다. 세운이 등장하면 다만 한 가지로만 해석하지 말고 여러 견해를 다양하게 종합적으로 보고 풀어야 정확한 간명을 할 수 있습니다. 그래서 천간은 6개월을 관장하고 지지는 후반기 6개월을 관장한다고 보는 견해입니다. 만약, 신묘(辛卯)세운이라면 천간이 신금(辛金)이니 신금 편재(偏財)운의 영향력이 전반기 6개월을 지배하는데 세운의 천간 글자가 근묘화실을 운행하면서 실효지배를 한다는 것입니다. 또한, 후반기는 묘목(卯木) 편인이니 문서운이 후반기 6개월을 근묘화실을 운행하며 관장한다고 보는 것입니다.

【예시1】 여직원 성폭으로 구속당한 서기관 사주

時	日	月	年	歲運	
편인		편관	정관	편재	
乙	丁	癸	壬	辛	1월~6월 관장
巳	巳	丑	辰	卯	7월~12월 관장
겁재	겁재	식신	상관	편인	

이 사주의 주인공은 2011년 신묘(辛卯)년 5월에서 6월 쯤에 법원 서기관 승진 회식을 한 후에 20대 여자부하 직원의 집에 찾아가 성폭행하였고 고소를 당해 11월 기해(己亥)월에 구속당하였습니다. 6월에 사건이 발생하였는데 그 시기를 추정하는 방법입니다. 신묘년(辛卯年)의 세운을 볼적에는 신금(辛金)은 전반 6개월을 관장하고 묘목(卯木)은 후반 6개월을 관장한다고 생각하면 됩니다.

【표3】

실(實)	화(華)	묘(苗)	근(根)
10월 11월 12월	7월 8월 9월	4월 5월 6월	1월 2월 3월

【표4】

時	日	月	年	歲運	
1.5개월	1.5개월	1.5개월	1.5개월	6개월 실효지배	
乙	丁	癸	壬	辛	
巳	巳	丑	辰	卯	
1.5개월	1.5개월	1.5개월	1.5개월	6개월 실효지배	

또한 【표3】에서 근묘화실(根苗花實)에서는 각 궁은 3개월을 관장합니다. 근(根)궁은 1월 2월 3월을 말하고 묘(苗)궁은 4월 5월 6월에 해당합니다. 화(華)궁은 7월 8월 9월에 해당하고 실(實)궁은 10월 11월 12월을 말합니다.

그리고 【표 4】에서 전반기 신금운(辛金運)을 보려고 한다면 우선 신금(辛金)에 해당하는 월수를 계산하면 됩니다. 곧 신금(辛金)은 천간의 근묘화실(根苗花實)을 운행하면서 전반 6개월을 관장한다고 보면 됩니다. 그러므로 임수(壬水)천간은 1.5개월을 담당합니다. 그러면 1월부터 2월 중순에 해당되는데 약 45일 정도 되는 것입니다. 계수(癸水) 월간은 2월 중순부터 3월 말이 되겠죠. 또 정화(丁火)일간은 4월 초부터 5월 중순에 해당하고 을목(乙木) 시간은 5월 중순부터 6월 말에 해당하는 겁니다.

천간 글자 하나는 1.5개월에 해당합니다. 그러므로 1.5개월 X 4개 천간=6개월이 되겠죠. 신금(辛金)이 시간의 을목(乙木)을 실제로 충하는 시기는 정화(丁火) 일간(日干)을 벗어나서 발생합니다. 곧 을목(乙木)의 시간(時干)은 5월에서 6월쯤으로 예상할 수 있겠습니다. 그래서 실제로 성폭행 사건은 5월에서 6월쯤 발생하였던 것이죠. 따라서 사건 발생 이유는 을신충(乙辛沖)에 의한 사건임을 짐작할 수 있습니다.

근묘화실의 궁으로 본다면 11월의 구속은 묘(卯)가 관장을 합니다. 천간의 신금(辛金)이 지지와 함께 사유축(巳酉丑) 삼합을 이루는 시기는 축(丑)궁에서 시작해서 사(巳)궁까지입니다. 사유축(巳酉丑)의 금기(金氣)는 재물이라 이 시기에 재물이 번창을 합니다. 재물이 번창한다는 말은 곧 애정사도 일어날 수 있다는 사실이 됩니다. 신금(辛金)이라는 재물이 공간에서 영향력으로 작용하는 시점은 보면 축(丑)궁에 도달해야 하는 것입니다 그러면 축(丑)궁은 약 4월 5월 6월에 해당하죠. 신금(辛金)이 축(丑)궁과 사(巳)궁을 운행하면서 사축(巳丑)합작을 벌리는 동안 이 시기에 재화 재물이 번성하므로 재물과 여자 욕구가 강해지는 때입니다. 실제로 재물과 여자가 실감나게 다가왔습니다. 이 시기에 천간 을신(乙신(辛)충이 발생하였습니다.(시간과 공간적으로 5월 6월이므로 겹쳐짐)

그러다가 묘목(卯木) 편인(偏印)이 시지(時支) 사화(巳火)궁에 도착하는 시기는 약 10월이 됩니다. 신금(辛金)편재는 월과 일의 사축(巳丑)합작이후에 만나게 되는 시지궁의 사화(巳火)에 도착하면 사지(死地)가 형성이 되겠죠. 그러면 재물겁탈이 일어나 죽는 것이니 10월부터는 재물 손재가 일어납니다. 곧 겁재와 편인이 만나면 겁탈 문서가 되는 것이니 곧 구속영장이 됩니다. 겁탈에서 만나는 편인문서는 나를 겁탈하는 이유로 입원 문서, 구속 문서 갇히는 물상입니다. 그러므로 11월에 구속영장이 청구가 되었습니다.

5. 근묘화실(根苗花實)로 시간대를 예측한다.

【예시2】

時	日	月	年	歲運	大運	女命
정인		정재	정관	편재	편인	
乙	丙	辛	癸	庚	甲	
未	辰	酉	酉	子	子	
상관	식신	정재	정재	정관	정관	

경자년(庚子年) 28세 10월 중순부터 외국인을 사귀게 된 여자분입니다. 왜 경자년에 10월에 생긴 것일까요? 이 사람은 병화(丙火)일간이죠. 그러면 여자이므로 관살(官殺)인 임계수(壬癸水)가 남자가 됩니다. 그런데 정관 계수(癸水)를 경자년에 만났습니다. 경자년은 자수가 계수정관의 록지가 되는 것입니다 그러므로 정관이 강해진다고 보는 것이죠, 정관이 움직여야 남자가 등장하는 원리가 되는 것입니다 그렇다면 경자년에 남자를 만난다고 예측이 되는데 과연 그 만나는 시기를 예측할 수 있을까요?

사주학에서는 근묘화실(根苗花實)을 사용하여 시간을 예측합니다. 근(根)은 1월에서 3월 사이가 되고 묘(苗)는 4월에서 6월이 됩니다 화(華)는 7월에서 9월이 되고 실(實)은 10월에서 12월에 해당합니다. 그러므로 10월에 만났다면 화(華)에서 실(實)로 진입하는 시기가 됩니다. 곧 경자년(庚子年)에는 자수(子水)가 일지의 진토(辰土)와 진자(辰子)합하는 순간에 만나게 되는 것입니다 자수(子水)가 진토(辰土)를 만난 시기는 7월에서 9월 사이가 예상이 되는 겁니다. 원래 자유파(子酉破)가 있지 않았다면 7월에서 9월 만남이 적절합니다. 그러나 자유파(子酉破)가 간섭을 하면 진자합(辰子合)이 늦게 결성이 되는 것입니다. 약 9월에서 10월에 만나게 되는 것입니다. 간지(干支) 글자의 길흉(吉凶)과 형충파해등으로 인한 제화(制化) 여부만을 파악할 수 있다면, 사주학 공부는 마스터하는 셈이라고 보면 됩니다.

7 십신(十神)론 이해하기

사주학으로 사람의 전공(專攻)과 직업(職業)을 찾는 길은 여러 가지 방식이 있겠지만 전통적인 한 방법으로는 격국론(格局論)을 참작하는 길이 있습니다. 격국이란 월지(月支)를 기준으로 용신을 잡는 것인데 해당되는 오행으로 그 사람의 직업 분포도를 분석하면 됩니다. 예를 들어 월령에 인목이나 묘목이 존재하면 목(木)오행이라고 말합니다.

그러면 목에 관련된 직업 분포도를 보고 관련된 해당 직업군을 찾아보면 됩니다. 또한 해당된 목오행을 십신(十神)으로 전환하여 만약 식신(食神)에 해당이 된다고 가정을 한다면 곧 목(木)오행은 교육, 출판, 언론, 건축 등으로 표출이 되는데 목(木)오행이 식신(食神)에 해당하면 교사, 보육사, 강사 등의 역할이 강조될 것이므로 두 가지가 특화(特化)된 성질이 일치하여 나타나게 됩니다. 그러므로 이 사람의 직업 적합도는 공통점을 보이는 교육자가 좋다는 점을 알 수가 있다는 사실입니다.

1. 십신(十神)이란 무엇인가.

오행(五行)은 각각 음(陰), 양(陽)을 가지고 있습니다. 그러면 5가지 오행을 음(陰)과 양(陽)으로 나누면 약 10가지의 섹터(sector)가 생성이 됩니다. 그리고 근묘화실(根苗花實)이 놓인 공간에서 일간을 중심으로 배치해 보면 비견, 겁재, 식신, 상관, 정재, 편재, 정관, 편관, 정인, 편인의 10가지 조건 성분이 만들어집니다. 이것을 십신(十神)이라고 합니다.

왜 사주학에서는 이런 성분들이 필요한가요?
명리학은 다른 동양학문과 마찬가지로 음양오행을 기본 원리로 만들어져 있습니다. 그러나 음양오행(陰陽五行)만으로는 개인의 성격이나 능력 성공 여부 혹은 사회적인 지위와 부유함 들을 표현하기에는 한계가 있는 것입니다. 즉 가족을 이루고 친가(親家)를 형성하며 사회를 구성하는 데 있어서 나의 위치를 평가하고 예측하고자 한다면 60갑자라는 수수께끼의 데이터를 구체적인 일상생활의 용어(用語)로 끌어들여 표현할 어떤 암호 체계가 필요한 것입니다. 그러한 차원에서 십신이론은 명리학의 완성도를 높이는 훌륭한 도구 체계가 되는 것입니다.

2. 십신(十神)은 일간을 기준으로 배치한다.

십신(十神)은 근묘화실의 공간적 배치에서 일간을 기준으로 정(定)합니다. 모든 사주 분석은 나를 기준으로 합니다. 나에게 도움이 되면 유정(有情)하다고 표현하고 나를 해치거나 꺼리면 무정(無情)하다고 표현합니다. 유정(有情)하면 길하고 무정(無情)하면 흉한 것입니다. 나를 기준으로 내가 상대방을 극하면 재성(財星)이 되고 상대방이 나를 극하면 관성(官星)이 됩니다. 만약 상대방이 나를 생하면 인성(印星)이라 말하고 나의 힘을 빼는 것은 식상(食傷)이라고 표기합니다. 나와 같은 힘을 가지고 있는 것은 비겁(比劫)이라고 말합니다.

예를 들어 내가 목(木)이라고 가정한다면 내가 극하는 오행은 토(土)가 되므로 이것은 십신(十神)으로 표현하자면 재성(財星)이라고 말합니다. 또 나를 도와주는 수(水)가 있다면 수(水)는 수생목(水生木)으로 나를 도와주게 되는 원리 때문에 나에게 인성(印星)이라고 표현합니다. 그리고 나의 힘을 설기하는 오행은 화(火)가 되는데 이것은 목생화(木生火) 하는 식신(食神)과 상관(傷官)이 됩니다. 나와 같은 오행은 동등하다고 하여 비견(比肩)과 겁재(劫財)라고 부릅니다. 서로 어깨를 맞대고 겨룬다고 하여 비견(比肩)이라 합니다.

그러므로 천간의 갑목(甲木)과 을목(乙木)은 통칭하여 비겁(比劫)이라 부릅니다. 식신(食神)과 상관(傷官)을 합쳐서 식상(食傷)이라고 말합니다. 인수(印綬)와 편인(偏印)을 합쳐서 인성(印星)이라고 말하고 정관(正官)과 편관(編官)을 합쳐서 관성(官星)이라고 말합니다. 관성(官星)은 나를 극하는 것이므로 흉(凶)하면 칠살(七殺)이 되지만 귀(貴)하면 정관(正官)이 되는데 금극목(金克木)이라 합니다.

3. 십신의 탄생 원리.

1) 십신(十神)의 구분과 명칭

【표1】

구 분	십 신	설 명		참고
비겁	비견	나와 오행이 동일	음양이 같다	甲+甲
	겁재		음양이 다르다	甲+乙
식상	식신	내가 생하는 오행	음양이 같다	甲+丙
	상관		음양이 다르다	甲+丁
재성	편재	내가 극하는 오행	음양이 같다	甲+戊
	정재		음양이 다르다	甲+己
관성	편관	나를 극하는 오행	음양이 같다	甲+庚
	정관		음양이 다르다	甲+辛
인성	편인	나를 생하는 오행	음양이 같다	甲+壬
	정인		음양이 다르다	甲+癸

비겁(比劫)은 나와 똑같은 오행을 말합니다. 여기서 음(陰)과 양(陽)을 나누어 구분 짓습니다. 예를 들어 목(木)의 비겁은 목(木)인데 음양(陰陽)이 같다면 비견(比肩)이라 말합니다. 만약, 음양(陰陽)이 다르다면 겁재(劫財)가 되는 것입니다. 비겁은 형제나 동료를 상징합니다. 비겁의 흐름을 보고 형제자매의 우애(友愛)를 판단합니다.

식상(食傷)은 나에게로부터 설기되어 나오는 기운을 말합니다. 즉 내가 표출하는 것이니까 나의 능력, 활동력으로 보았는데 보통 총명과 재능의 끼를 보는 십신입니다. 만약 여자라면 나에게서 나오는 기운은 자식으로 보아 식상(食傷)은 자녀성이 됩니다. 식신(食神)은 나의 능력으로 먹고사는 것이라 의식주(衣食住)라고도 표기합니다.

또한 **상관(傷官)**은 창조적이라 기술력으로도 봅니다. 또한 **재성(財星)**은 재물을 의미합니다. 재성(財星)은 육친상으로는 아내가 되기도 합니다. 또는 부친(父親)이 되기도 합니다 내가 극하는 십신이라 극을 당하는 입장에서는 아내와 아버지가 된다고 보았던 것입니다.

관성(官星)은 명예, 관록이 됩니다. 이것은 직업의 동태(動態)를 파악하는 중요한 요소가 됩니다. 관성(官星)은 나를 극하는 오행이라 엄격한 규율이 필요한 것이므로 회사, 공기업 등의 관청으로 해석하는 것입니다. 그래서 나를 극하는 엄격한 규율이 존재하는 관성은 내가 일하는 직장 상사 혹은 회사가 되고 또한 여자에게는 하늘처럼 섬긴다 하여 남편이고 남자에게는 자신의 혈통을 잇는다 하여 자식에 해당이 됩니다.

인성(印星)은 나를 도와주는 오행으로 모친(母親)이라고 합니다. 인성은 공부나 학업운이기도 하고 또한 문서도 되는데 합격 문서, 사직서 등을 판독하기도 합니다. 따라서 보시는 것처럼 사주팔자를 해석할 수 있는 도구로써 십신이 유용하게 사용이 된다는 점을 알고 깊이 있는 학습을 해 두어야 합니다.

2) 십신(十神) 조견표

【표2】

간지\일간	甲	乙	丙	丁	戊	己	庚	辛	壬	癸
甲寅	비견	겁재	편인	인수	편관	정관	편재	정재	식신	상관
乙卯	겁재	비견	인수	편인	정관	편관	정재	편재	상관	식신
丙巳	식신	상관	비견	겁재	편인	인수	편관	정관	편재	정재
丁午	상관	식신	겁재	비견	인수	편인	정관	편관	정재	편재
戊辰戌	편재	정재	식신	상관	비견	겁재	편인	인수	편관	정관
己丑未	정재	편재	상관	식신	겁재	비견	인수	편인	정관	편관
庚申	편관	정관	편재	정재	식신	상관	비견	겁재	편인	인수
辛酉	정관	편관	정재	편재	상관	식신	겁재	비견	인수	편인
壬亥	편인	인수	편관	정관	편재	정재	식신	상관	비견	겁재
癸子	인수	편인	정관	편관	정재	편재	상관	식신	겁재	비견

다음 위 도표는 십신을 읽는 조견표입니다. 읽는 방법은 예를 들어 내가 만약 갑일간이라면 사주팔자중에 인목(寅木)이 있다면 비견(比肩)이라고 읽는 것입니다 만약 정화(丁火)가 있으면 상관(傷官)이라고 말합니다 만약 해수(亥水)가 있다면 편인(偏印)이라 읽으면 됩니다.

4. 오행(五行)으로 진로 적성을 보는 방법.

【표3】

계열	해당 계열	1순위 전공 학과	2순위 관련 학과
목(木)	인문 사회	언어 문학 교양 역사 종교 철학 행정 정치	교육 출판 의상 디자인 건축 인테리어
화(火)	예체능 공학	언론 방송 무용 연극 영화 음악 화공 화약	전기 전자 체육 미술요리
토(土)	농림 외교	외교 자원 환경 지리	부동산 건설 중개사 토목
금(金)	공학	기계 반도체 금속 항공 자동차 조선업 의료	군인 경찰 범원 검사
수(水)	이과	경제 회계 수학 통계 물리	유통 물류 식품영양 임상병리 조선 해운

위 【표3】은 오행으로 용신을 뽑은 다음에 그 특화(特化)된 성정(性情)을 전공 학과별로 환산한 도표입니다. 예를 들어 목(木)오행이라면 해당된 계열은 인문사회계열이 나오고 1순위 전공은 언어, 문학, 역사, 종교 철학이며 2순위 전공은 교육, 출판, 의상, 건축 등이라고 볼 수 있습니다.

5. 오행(五行)으로 보는 관련 업종 분석.

아래의 【표4】는 오행(五行)에 해당되는 성정(性情)을 특화(特化)하여 직업으로
표현하였습니다. 만약 목(木)오행일 경우는 직업으로 교육자, 공무원, 출판,
의료, 방송, 섬유, 건축 등이 좋다고 할 수 있습니다.

【표4】

계열	관련 업종
목(木)	교육자 공무원 의료 출판 방송 신문 문방구 작가 섬유 가구 문구 조경 원예 건축 산림 청과 인테리어 디자인 농장 침술
화(火)	전자 전기 통신 아나운서 광고 언론 정보처리 조명기사 화학 약품 방송 언론 교육 예체능 디자인 화장품 예식장 사진관
토(土)	부동산 중개인 농산물 토건업 건축 조경 농림 축산 낙농 도공예 임업
금(金)	법관 교도관 금융업 경비 경찰 군인 기계 조선업 자동차정비 중장비 주물금속 철광석 광산업 조선 항공 철도
수(水)	관광경영 유통업 호텔업 숙박업 목욕탕 수산물 선박 해운업 양조장 정수기 양어장 요식업 사우나 세차장

십신	년월의 십신과 조화(造化)가 되는 다른 조건		특화(特化)된 성격	
월주	년주	적합한 진로(進路)	장점	단점
정재	인성	자격증분야 금융 경제 통화 세무사 회계사 경리 교육 임대업 의사 약사	정당한 노력 안정 결과 재복 상속 가업계승 근면 성실 신용	이해 타산 보수적
	관성	금융 경영 통화 세무 재정 회계 지사 대리점 매장		
	재성	금융 경영 자영업		
	비견	자영업 매장 소매업		
	식상	경제 경영 제조업 요식 소매점		
편재	인성	자격증분야 금융 경제 경영 무역 통화 회계 세무 건축설계 창고업 부동산 경매	모험성 활동성 사업성 감각적 사교적 대중성 공동재산	투기 도박 즉흥적
	관성	경제 경영 금융 통화 대기업 대리점 매장 공직 경리 재무직		
	재성	경영 금융 무역 외교 관광 정보 증권 통신 교통 자동차 선박 부동산 마케팅 컨설팅		
	비견	증권 투기사업 사채업 밀수 사행성 업종 경마 경륜 복권 도박업		
	식상	경제 경영 제조생산 정보통신업 무역 유통업 도매업 운송업 물류업 교통운송계통 여행관광업 요식업 영업직 판매직		
정관	인성	판사 법학 교수 행정 관리직 대기업 국영기업체 국가 자격직	직위 명예 명분 품위 권력 지도자 가권 상속자 공명정대 정직 청렴결백	원리 원칙 딱딱함 중관
	관성	중소기업 대리점 매장 금융		
	재성	경제 경영 금융 대기업 관청의 지사 대리점 매장		
	비견	가업상속 회사원 관리인		
	식상	교육행정 교육 정치 자선사업가 대기업 관청 납품업 전산		
편관	인성	법관 검사 행정 고위 관리직 군인 경찰 의사 특수 행정	독자성 적극적 처리능력 해결사 권위적 일방적	관재 송사 살상력
	관성	무관 법관 경찰 군인 정치 의예 경호 간호		
	재성	정치인 금융 경영 대기업 관청의 지사 대리점 매점 유통업		
	비견	자영업 조직의 책임자 경호 경비		
	식상	의학 의사 간호사 정치 경찰 형무관 특수기술 대기업 제조 납품업		

십신	년월의 십신과 조화(造化)가 되는 다른 조건			특화(特化)된 성격	
월주	년주	적합한 진로(進路)		장점	단점
정인	인성	학자 교수 교사 강사 작가 언론 방송 연구원		윤리 도덕성 학문 자격증 비노동적 명분 품위 다정	모자 멸자 이목 의식
	관성	교육 학원 관료사회 대기업 판사 행정관 총무 인사관리 기획 감사			
	재성	금융 부동산 중개업 주택사업 임대사업 문서사업 골동품 서점 문구			
	비견	자격증 활용한 임대업 개인 대리점 매장			
	식상	교육 필설 통역 작사 작곡 예능			
편인	인성	수험생 만학도 사림(士林) 연구직 학자		야인성 전문성 특수자격 기술 편업 연구적	고립 차별 불신 자기 본위
	관성	의학 공학 심리 예능 방면 교수 교사 간호사 언론 출판			
	재성	전문의 병원 임대사업 자격임대 학원 독서실 고시원 컨설팅 부동산 중개업			
	비견	컨설팅 교육 역사 언어학 종교 창작			
	식상	교육 필설 통역 작사 작곡 예능방면 전문기술자격			

8. 십신 중에 음양(陰陽)이 바뀌는 간지가 있다.

【표6】

오행	목		화		토		금		수	
숫자	3	8	7	2	5	10	9	4	1	6
양/음	+	−	+	−	+	−	+	−	+	−
십간	甲	乙	丙	丁	戊	己	庚	辛	壬	癸
십이지	寅	卯	午	巳	辰戌	丑未	申	酉	子	亥
지장간본기	甲	乙	丁	丙	戊	己	庚	辛	癸	壬

간지(干支) 공부하다가 문제가 되는 십신들이 있습니다. 예를 들어 위 도표에서 보면 60간지 진행중에 인묘사오(寅卯巳午)가 아니라 인묘오사(寅卯午巳)가 됩니다. 또 신유해자(申酉亥子)가 아니라 신유자해(申酉子亥)가 됩니다. 지장간으로 확인해보면 갑을병정(甲乙丙丁)이 아니라 갑을정병(甲乙丁丙)이 됩니다. 또 경신임계(庚辛壬癸)가 아니라 경신계임(庚辛癸壬)이 됩니다. 간지(干支)를 공부하다가 보면 초학자가 의문을 제시하는 대목입니다.

이렇게 전개되는 이유는 육십갑자 기둥이 세워지는 원칙은 양간양지(陽干陽支)와 음간음지(陰干陰支)의 원리가 지켜진다는 것입니다. 그래서 정사(丁巳)년은 있어도 정오(丁午)년은 없는 것이고 병오(丙午)년은 있어도 병사(丙巳)년은 없는 것입니다. 마찬가지로 계해(癸亥)년은 있어도 계자(癸子)년은 없는 것이며 임자(壬子)년은 있어도 임해(壬亥)년은 없는 것이지요. 이것은 양간양지(陽干陽支)와 음간음지(陰干陰支)의 원리를 따른 것입니다. 십이지지를 살펴보면 모두 지장간의 본기(本氣)가 천간에 투출한 글자로 십간(十干)을 삼고 있음을 알 수 있습니다.

그런데 유독 오화(午火)와 사화(巳火), 자수(子水)와 해수(亥水)만이 음양(陰陽)이 바뀌어 사용이 됩니다. 예를 들어 갑인년(甲寅年)을 살펴보면 인(寅)은 양(陽)이므로 인중(寅中)의 양수(陽水)인 갑목(甲木)을 사용합니다. 을묘년(乙卯年)을 살펴보면 묘(卯)는 음(陰)이므로 묘중(卯中)의 음수(陰水)인 을목(乙木)을 사용합니다. 그런데 병오년(丙午年)의 경우는 오(午)는 양(陽)이지만 오(午)중에 음수(陰水)인 정화(丁火)를 사용합니다. 양수인 병화(丙火)를 사용하질 않는 겁니다. 정사년(丁巳年)의 경우에는 사(巳)는 음(陰)이지만 사(巳)중에 양수(陽水)인 병화(丙火)를 사용합니다. 음수(陰水)인 정화(丁火)를 사용하질 않는 겁니다. 임자년(壬子年)의 경우에도 자(子)는 양(陽)이지만 자(子)중에 음수인 계수(癸水)를 사용합니다. 양수(陽水)인 임수(壬水)를 사용하질 않는 겁니다. 계해년(癸亥年)의 경우에도 해(亥)는 음(陰)이지만 해(亥)중에 양수인(讓受人) 임수(壬水)를 사용합니다. 음수(陰水)인 계수(癸水)를 사용하질 않는 겁니다.

다른 간지들은 지장간의 본기를 따라 사용하는데 자(子) 오(午) 사(巳) 해(亥)만 음양(陰陽)이 바뀌어 사용되고 있습니다. 왜 이렇게 진향해야 하는가 하면 60갑자의 형태를 처음 창안하였을 당시에 갑인(甲寅) 을묘(乙卯) 병오(丙午) 정사(丁巳) 경신(庚辛) 신유(辛酉) 임자(壬子) 계해(癸亥)로 구성이 되어 있기 때문이죠. 이것은 60갑자를 만들 때에 양간양지(陽干陽支)와 음간음지(陰干陰支)의 원칙에 따라 만들어졌기 때문입니다.

즉 간지(干支)의 오행이 동일한 오행구성이라는 뜻입니다. 다시 말하면 천간이 양(陽)이면 지지도 양(陽)에 배당이 되었고 천간이 음(陰)이면 지지도 음(陰)으로 배치(配置)가 되었던 겁니다. 그래서 만약 병오년(丙午年)에서 병(丙)이 양(陽)이고 오(午)도 양(陽)이므로 간지(干支)동향(同鄉)이 일치하지만 만약 병사(丙巳)년이 된다면 천간은 양(陽)이고 지지는 음(陰)이 되는 것이라 천간 병화를 따라 사중(巳中)의 병화(丙火)를 배치하면 어그러지게 됩니다. 그래서 자(子)와 오(午)는 외양내음(外陽內陰)으로 겉으로는 체(体)가 양(陽)이지만 속으로는 음(陰)

을 용(用)으로 사용이 되었기 때문에 음(陰)에 맞춰 간지를 구성하는 것입니다. 따라서 병화(丙火)에는 사화(巳火)를 안쓰고 오화(午火)를 쓰는 까닭입니다.

또한 사(巳)와 해(亥)는 외음내양(外陰內陽)으로 겉으로는 체(体)가 음(陰)이지만 속으로는 용(用)을 양(陽)으로 삼았기 때문에 양(陽)에 맞춰 간지를 구성시켰습니다. 고로 간지를 살펴보면 양수(陽水)인 임수(壬水)에는 음수(陰水) 계수(癸水)를 안 쓰고 양수(陽水)인 자수(子水)를 쓰는 겁니다. 이런 사실을 잘 기억하시어 육친론 연구에 실 수 없도록 당부 드리겠습니다.

9. 십신의 종류별 분석.

1) 비견(比肩)
첫째: 분재(分財)의 별.

분재(分財)라 함은 재물을 나눈다는 뜻입니다. 사주에 재물이 작은 경우에 비견이 2개라면 작은 재물이라도 서로 나눠야 합니다. 만약 비견이 3명이라면 나눠야 할 재물의 한계에 봉착하여 위기상황이 올 수도 있습니다. 즉 형제끼리 서로 원수가 되어 버리는 것입니다. 비견이 3~4개가 동시에 나타나면 비견이 겁탈자로 변할 수 있습니다 이러한 관계로 인해 비견이 많은 사람들에게 형제들의 재산 분배 다툼이 많다고 하였던 것입니다.

비견다자(比肩多者)는 여러 경쟁 상대자가 모인 팔자(八字)라 재성을 놓고 다툼이 있게 됩니다. 재물이 넉넉하면 독차지하려고 형제끼리 송사(訟事)가 일어나기도 하는 구조가 비견흉신입니다. 또한 재물이 부족하면 먹는 입이 많아서 평생 밥걱정을 해야 합니다.

둘째: 타협(妥協)과 사교(社交)의 별.

비견과 비견이 존재해도 서로에게 힘이 되어 주는 경우를 말합니다. 이것은 공동의 적이 존재할 경우에 발휘가 되는 것입니다. 예를 들어 재성과 칠살이 당(黨)을 이룬다면 재당생살(財黨生殺)이라 일간을 공격하기 마련입니다.

이런 경우에 공동의 적을 비견과 협력하여 대항을 하게 되면 일간에게는 싸움이 쉬워질 수가 있다는 사실입니다 이러한 경우에 비견은 큰 도움이 되는 협력자가 될 수 있으므로 협력자 동업자가 되면 길하다고 말하였던 것입니다.

셋째: 비견(比肩)의 성질.

비견(比肩)이란 일간(日干)과 오행(五行)이 같으며 음양(陰陽)이 서로 동일한 글자를 말합니다. 비견(比肩)을 한자로 풀이해 보면 견줄비(比) 어깨견(肩) 입니다. 곧 미식축구처럼 서로 어깨를 겨루고 경쟁하는 게임 관계에서 태어났다고 보는 것입니다. 그러니 내 사주에 비견(比肩)이 많으면 주변에 경쟁하는 사람들이 많다는 뜻입니다.

그래서 형제들이 많은 집안 출생이라는 말도 되겠고 혹은 성장하면서 운동선수가 되거나 커서는 사관학교 기숙사 같은 경쟁 상대들이 모인 곳에 자연스럽게 흘러가게 됩니다. 이것은 비견이 가지고 있는 경쟁구도의 특수성 때문입니다. 그러므로 비견다자(比肩多者)는 평소에도 긴장의 끈을 놓치 못하는 성정(性情)으로 인해 과민(過敏)해질수 있으며 팔자와 부조화(不調和)가 되면 독단적이고 고집쟁이로 보이기도 하므로 남의 의견을 무시하는 경향이 나타납니다. 그로 인해 비견을 고립, 외톨이, 고독의 별이라고도 말을 합니다.

그러나 조화(造化)가 되어 좋은 장점이 드러나면 결단성, 과단성이 있어서 자연히 조직체의 우두머리로 자리잡기 쉬운게 역시 비견입니다. 그래서 월지에 놓인 비견을 건록(建祿)이라 명칭하였던 것인데 건록(建祿)이라 함은 나의 록(祿)의 성분이라는 의미입니다. 비견(比肩)은 어깨를 맞대고 겨루는 고유의 성질로 인해 분가, 이별, 투쟁, 독립을 암시하고 그로 인해 다툼이 잦아 남의 비방을 받기도 하는데 그래서 고독의 별이기도 합니다.

비견은 육친법으로는 형제, 자매, 조카, 친구, 동료 등으로 봅니다. 여성은 내 남편과 경쟁하는 관계로 비견이 설정이 되면 남편의 애인으로도 봅니다.

【표7】

십신	비견(比肩)의 특징
비견	비견다자는 경쟁구조가 되므로 형제자매 친구 등과는 불화할 수 있다.
	비견다자는 극부, 극처하므로 부친과 사이는 나빠지고 아내와 이별수가 있다.
	비견다자 남자는 처를 극하여 처덕이 없고, 여자는 남편 덕이 없다.
	비견다자는 고집 독단성으로 인해 고립 고독 외톨이가 될 수 있다.
	비견다자 극재(剋財)하므로 손재수가 많아서 투기 요행을 추구한다.
	비견다자 여자는 자매강강(姉妹鋼强)이라 독신(獨身)이 있을 수 있다.
	비견이 많으면 도둑이 많아 돈을 쪼개는 일이라 동업 협력에 불리해진다.
	고집과 반항이 심하여 분가 이별이 나타나고, 여러 곳을 떠돌아다닐 수 있다.
	비견다자인데 재성이 약하면 군겁쟁재가 된다.
	비견다자는 인성이 부실하면 조실모친하거나 병약하다.
	비견과 겁재가 간지(干支)로 동주(同住)하면 부부가 다툼이 많다.
	년주에 비견은 손 위의 형제가 있고, 월간에 비견이 있으면 형제자매가 있다.
	비견의 직업은 군인,경찰,의술,역술,운동선수,프리랜서,자유업종 등이 좋다.
	비견이 흉신이면 타인과의 동업은 손재가 발생하거나 이용만 당한다.
	비견이 흉신이면 유산상속 부모궁, 형제궁, 부부궁에 송사, 시비가 발생한다.
	비견이 칠살과 동주하고 신왕하면 관재나 구설 시비가 많다.
	여자사주에 관성이 약하고 비견이 왕하면 남편을 멸시할 수 있다.
	솔직담백하여 꾸밈이 없다. 단체의 수장이 되며 사람을 상대하는 직업이 좋다.
	비견이 희신이면 타인의 덕을 보거나 자선심은 강하지만 실속이 없다.
	비견이 희신이면 어려운 고비마다 귀인이 도와주고 타인에게 인기가 좋다.
	비견이 희신인 사람에게 간혹 횡재수가 많다.

2) 겁재(劫財)

비견(比肩)이 타협(妥協)과 경쟁(競爭)의 산물(産物)이라면 겁재(劫財)는 비견의 흉폭함이 더욱 강화된 성질로 나타납니다. 곧 지나친 경쟁심 때문에 완력(腕力)과 투쟁(鬪爭)을 동반(同伴)하였는데 겁재는 뺏지 않으면 빼앗긴다는 의미가 강하여 패재(敗財) 또는 탈재(奪財)의 신(神)이라 이름하였던 것입니다.

그 결과 재물을 위협하여 손재, 배신, 강탈, 부도, 차압, 시비, 송사의 별이 되기도 하고 경우에 따라서는 분리, 야망, 고집, 분쟁, 교만, 손재, 투기가 되고 또는 혁신, 유통, 오락, 방종, 인기, 용맹 등의 기질을 대표합니다.

또한 겁재는 재성을 극하는 역할에 한정하지 않고 인성(印星)을 탈취(奪取)하기도 합니다. 즉 겁재(劫財)는 일간(日干)으로 가는 인성(印星)의 기운을 중간에서 가로 채갑니다.

곧 겁재가 있는 사람은 모친이 나보다 형을 더 편애(偏愛)한다고 생각합니다.

만약, 인성(印星)이 약한데 겁재(劫財)가 작용한다면 부모의 사랑이 나에게 오지 않는 것과 같습니다. 그러니 조실부모(早失父母) 한다든지 결손(缺損) 가정에서 성장해야 하는 아픔을 겪게 되기도 합니다. 그래서 겁재가 무거운 사람은 조실부모(早失父母)한다고 말했던 것입니다.

그러므로 월지(月支)에 겁재(劫財)가 놓여 있고 또 겁재(劫財)가 흉신(凶神)이면 한번 정도는 사업에 망하는 경험이 있게 됩니다. 따라서 겁재가 강성하면 극부(剋父) 극처(剋妻)는 당연한 것이고 그 정도가 비견보다 더 심각한 편입니다. 특히 겁재가 있으면 재물을 겁탈하는 성질로 인해 처(妻)와 불화(不和)하고 또는 재산의 낭비(浪費)가 뒤 따르게 됩니다.

그래서 년주(年柱)의 기신(忌神) 겁재(劫財)는 조상으로부터 물려받은 재산을 탕진(蕩盡)하고 시주(時柱)의 겁재(劫財)는 말년 노후가 불안하다고 하였습니다. 결국 비견은 동성(同姓)이지만 겁재는 성(性)이 다른 이복형제와 같아서 남을 배려해 주지를 않습니다. 곧 강압, 강탈, 수색등의 강제적 기질이 포함이 됩니다. 그로 인해 직업적으로는 영장청구와 같은 압수 수색 또는 경매송사, 강제집행, 회계감사, 의사처럼 합법적으로 남의 몸을 겁탈하는 라이센스 있는 직업을 가지게 됩니다.

그래서 관살(官殺)이 많거나 재생살(財生殺)인 경우에는 비.겁이 희신이 되는 것이라 이런 경우에 군검경 의사가 많습니다. 그러나 겁재(劫財)가 기신(忌神)으로 작용하게 되면 쟁투와 교만심, 자존심이 강한 흉성(凶星)으로 작용하여 범법자가 되거나 혹은 겁재운에 현금 유동성이 극도로 나빠질 수 있습니다. 또한 겁재운에는 도난, 분실이 잘 일어납니다. 이것은 겁재가 탈재(奪財)하는 본연(本然)의 기질이 드러났기 때문입니다. 그런 즉 비견은 많게 되면 자기 주장이 강하여 주변과 불화가 발생할 수 있지만 겁재(劫財)가 많게 되면 안하무인(眼下無人)으로 겁탈, 겁박, 협박, 약탈, 위협 등의 폭력성이 나타날 수 있어서 거의 무뢰한(無賴漢)에 가깝게 됩니다.

십신	겁재의 특성
겁재	겁재의 육친은 형제자매나 이복형제 또는 친구 등을 뜻한다.
	겁재가 흉신이면 육친과 형제 및 타인의 덕이 없다.
	자존심이 강하며 독선적 의지를 나타내는 별이다.
	독립성이 강한 직업과 스릴과 투기성 활동성이 높은 직업을 좋아한다.
	만혼이 많고 평생 독신인 사람도 적지 않다.
	컨설팅 교사 연구직, 현장직, 영업직, 기술직등이 좋다.
	비견, 겁재가 많으면 활동력이 강하고 남에게 인기가 있다.
	경쟁하는 기질로 동업은 불리하지만 집단적인 사업이 길하다.
	예를 들면 대리운전, 교육사업, 장례업종 등이 좋다.
	성질은 경쟁, 경합, 재물낭비, 금전소비, 관재시비, 갈등, 경쟁 등이다.
	조직은 노동조합, 야당, 이익단체, 시민단체 등의 결성이 많다.
	진로는 신문방송학, 체육학, 범죄심리학 경호학 군사학 등이 좋다.
	타의에 의한 강탈 분배 인자가 있다.
	겁재는 재물에 허욕이 많고 부인을 억압하는 신이다.
	겁재가 왕한데 기신이면 재물과 부부궁에 파란이 많다.
	겁재가 기신이면 관을 형충하면 관재와 송사 옥살를 한다.
	겁재와 양인이 함께있어 흉신이 되면 횡액이 따르고 가정은 흩어진다.
	겁재운에는 동업이나 투자에 손재수가 있으니 주의하여여 한다.
	비견, 겁재가 왕하고 관의 극제가 없으면 진법무민이라 거의 무법자이다.
	비겁에 도화가 동주하면 주색방탕의 기질이 있다.
	비겁이 흉신인자가 비겁운이 들면 형제나 친구 등으로부터 손재, 송사, 배신을 당할 수 있다.
	비겁이 기신인자는 보증, 돈놀이, 계모임을 일생 안하는 것이 좋다.
	비겁이 희신이면 사람과 더불어 하는 일에 횡재수가 있다.
	비견, 겁재가 길신이 되면 형제나 친구덕을 본다.
	비겁이 용신인 자는 록록종신의 성질이 있어서 평생 스스로 노력하면서 살아야 한다.

3) 식신(食神)

첫째: 재성(財星)을 생조하여 재물이 끊어지지 않게 한다.

식신(食神)은 재성(財星)을 꾸준히 생하여 재물이 끊어지지 않도록 한다는 의미로 식록(食祿)의 별이라고 이름하였는데 그 특성은 의식주(衣食住)가 풍부함을 상징합니다.

그래서 소득, 봉록, 자산 등이 윤택하니 그 결과로 인해 풍채(風采)는 풍만하고 성질은 명랑화창하여 복록이 많은 글자로 인식하였습니다. 식신의 탄생 배경에는 자기 몸에서 출생한 화신(化神)의 결정체라고 믿었습니다. 곧 자기 두뇌의 생각과 사고의 표현력이 그대로 전달되는 글자를 식신이라 보았기 때문에 강론(講論)하는 일이 특기가 되었습니다. 그래서 교육, 서비스, 예체능에서 성공하기도 합니다.

둘째: 칠살(七殺)을 제어하여 일간을 보호하고 관록(官祿)을 높이는 공덕이 있다.

식신은 본래 관살을 제어(制御)하는 작용을 합니다. 그래서 식신이 정관을 만나면 불리하지만 식신이 칠살을 만나면 살(殺)을 제어하는 공덕(功德)으로 인해 만 가지 재앙(災殃)이 나에게 닥치지 않도록 보호하는 길성(吉星)의 작용을 합니다. 그 결과 수명(壽命)을 유지시켜준다고 하여 수성(壽星)이란 말로 불리게 되었습니다.

또한 "식신유기승재관(食神有氣乘財官)"이라는 말이 있는데 이것은 식신이 유기(有氣)하게 되면 자연히 재관(財官)을 발달시킨다는 뜻입니다. 고로 복록(福祿)과 벼슬이 높아진다고도 생각하였는데 이를 가리켜 작위(爵位)의 별인 작성(爵星)이라고도 불렀습니다.

셋째: 식신도식(食神倒食)을 꺼려한다.

다만 식신이 두려운 것은 인수를 만나는 것입니다 곧 인수(印綬)태강(太强)과 같은 모자멸자(母慈滅子)가 되면 식신의 쇠절(衰絶)을 뜻하는 것으로 이런 사람은 노력은 하겠지만 이루는 것이 없게 됩니다. 식신이 제일 꺼리는 것이 역시 편인(偏印)을 만나 도식(倒食)이 되는 것입니다. 또한 식신이 적은데 인수운으로 흐르면 인성이 효신(梟神)으로 변하여 탈식(奪食)이 되어 버립니다. 탈식(奪食)이 된 사람은 일의 시작은 있는데 끝을 보지를 못하게 됩니다. 도식(倒食)을 범하게 되면 사람이 어지럽고 중첩(重疊)해서 보면 유아 때 젖이 부족하거나 모친과 이별할 수도 있게 됩니다. 젊어서는 하루살이 생계로 노동을 하거나 노인이 되면 끼니를 거를 수 있습니다. 그래서 식신(食神)이 있으면 인수가 드러나지 않는게 좋습니다.또한, 식신(食神)은 태과(太過)하면 오히려 불리해집니다. 곧 식신(食神)을 많이 보면 식신(食神)이 변하여 상관(傷官)이 되기도 하여 흉살(凶殺)로 작용하기도 합니다. 반대로 식신이 쇠(衰)하거나 절(絶)해도 역시 안 좋습니다. 식신(食神)의 지지가 생왕고(生旺庫)이거나 천을귀인, 천관, 화개, 문성, 학당, 관인, 록마 등이 되면 복(福)이 모이는 자리가 됩니다.

반대로 형충파해, 공망, 악살, 휴패, 사절이 되면 화(禍)가 모이는 자리가 됩니다. 식신(食神)에 형극(刑剋)이 있으면 일생 분주하고 바쁘게 살아갑니다. 만약 식신(食神)은 있는데 재성이 없으면 노력은 하나 결실이 적다고 이해하면 됩니다. 여자에게는 식신이 자녀성이 되는데 만약 식신이 사(死), 절(絶), 병(病) 또는 목욕(沐浴) 등의 십이운성을 만나면 자식이 불효(不孝)하지 아니하면 극자(剋子)하는 일이 있습니다. 식신이 형충(刑沖)되거나 사(死), 절(絶), 목욕(沐浴) 등의 십이운성을 만나거나 편인(偏印)에 의하여 극파(剋破)되면 직업이 미천(微賤)하고 박복(薄福)하다고 합니다. 또한, 편인이 있어 식신을 극하는 여자는 산액(産額)이 있을 수가 있습니다. 남자에게는 식신(食神)은 손자(孫子)가 되고 여자에게는 자녀(子女)가 됩니다.

【표9】

	식신(食神)의 특성
식신	식신이 있으면 마음이 바르고 신체는 크며 의록이 두텁다.
	일신이 강하고 식신(食神)도 왕하면 부귀한 인물이 된다.
	식신은 록을 얻은 일간이 상조(相助)함을 기뻐한다.
	기질로는 의식주, 생산, 활동, 홍보, 탐구, 창조, 궁리, 연구, 양육, 연애, 유행, 생식기, 표현, 지혜, 식복, 장수, 표현력, 발표 등이다.
	업종으로는 문학, 교육, 예술 서비스 판매 홍보 제조 식품 등이다.
	의식주를 생산 양육하는 성질이라 음식, 식품 제조업이 된다.
	대외 홍보하는 기질이 있으므로 복지사업 서비스 판매업 교육 예술 문화이다.
	식신이 제살을 하고 있는데 효신을 보면 가난하지 않으면 요절을 한다.
	제살태과(制殺太過) 되면 여자는 남편의 무능으로 생활이 힘들어지게 된다.
	남성에게 식상이 많으면 아들과 직업을 극상한다.
	남자는 식신이 많으면 자식인 관성을 극하므로 자녀(子女)무복(無福)이다.
	여자는 식신이 많으면 남편인 관성을 극하므로 자녀 낳고 이별수가 있다.

4) 상관(傷官)

첫째: 재성을 생(生)하는 역할(役割)이 있다.

상관(傷官)이 편재(偏財)를 생(生)하게 되면 사업적 성향이 강해집니다. 재물을 다루는 솜씨가 대범하여 작은 것에는 만족하지 못합니다. 그러나 만약 일간(日干)이 약(弱)하다면 편재(偏財)를 제대로 다루지 못하니 허장성세(虛張聲勢)로 실속이 없는 명(命)이 되기 쉽습니다. 사업을 하게 된다면 대부분 유통, 무역, 거간 등 중개적 역할을 하는 업(業)을 유지하게 됩니다.

둘째: 비겁(比劫)을 설기하는 역할이 있다.

상관은 일주의 정수(精髓)를 설기(泄氣)하는 십신입니다. 설기(泄氣)하는 정도가 무지막지하여 식신(食神)과 다르므로 도기(盜氣)라고 말하기도 하였습니다. 일간(日干)이 약(弱)하면 도기(盜氣)의 성분이 되어 상관(傷官)의 흉(凶)작용이 나타나게 됩니다. 이것은 일간(日干)의 의지대로 통제가 되지 않는 상관을 말하는 것입니다. 그러므로 통제되지 않는 상관은 멈추질 않고 그대로 관(官)을 공격하므로 해(害)가 크다고 말했던 것입니다. 만약 인성(印星)이 통제한다면 상관의 작용은 누그러지게 됩니다. 그러므로 상관은 나를 손상하여 타인을 해치기 때문에 흉성(凶星)에 배치가 되는 것입니다. 상관은 자신의 정수를 바깥으로 발설(發泄)하는 것으로 재능(才能)이 뛰어나 총명하고 길들여진다면 준수한 십신이 될 수 있습니다. 이것은 마치 야생의 말을 길들여 마음대로 부림 같으니 그 능력을 잘 이용하여 대정치가나 대학자로 거듭나기도 합니다.

식신은 댓가를 받고 봉사하므로 합리적이지만 상관은 나를 손상 시키면서 함부로 주는 까닭에 상관은 특별히 제재(制裁)할 용법이 있어야 합니다. 상관은 자신의 수기(秀氣)와 정수를 발산(發散)하기 때문에 총명하여 뛰어난 학자나 문인에게는 반드시 상관이 있습니다. 그래서 상관이 용신이면 학자, 기술자의 길이 적합합니다. 상관을 인수가 제복(制伏)하면 정도(正道)에 돌아오니 능히 중정(中正)을 지키는 사람이 됩니다.

상관과 편인이 합하여 서로의 흉성(凶星)이 제화(制化)가 된다면 용기와 지모(智謀)를 겸비한 위인(偉人)의 자질을 갖출 수 있습니다. 상관이 두 개의 양기(兩氣)로 흐르게 되면 대개 미남, 미녀가 많아 총명하고 박학(博學)합니다. 금수상관(金水傷官)이 가장 총명하고 준수하고 금수상관(金水傷官)은 격(格)중의 군자(君子)이니 청수(淸秀)하여 지혜가 많으며 비밀이 없고 능변(能辯) 또는 다변(多辯)에 능통합니다. 목화상관(木火傷官)은 통명(通明)이 되면 밝아서 명랑한 수재(秀才)이고 문장이 교묘(巧妙)하다고 말합니다. 수목상관(水木傷官)은 다재다능하며 화토상관(火土傷官)은 다재 박학하나 오만하여 타인을 능멸할 수 있습니다.

셋째: 관살(官殺)을 극(剋)하는 역할(役割)이 있다.

상관(傷官)은 정관(正官)을 상(傷)하기 때문에 관(官)을 손상(損傷)시킨다는 의미로 상관(傷官)이라 이름 하였습니다. 따라서 정관을 극(剋)하여 손상(損傷)시키는 물건이므로 관(官)을 깨뜨려 행정의 속박(束縛)에서 벗어나려 하는 움직임이 강한 물건입니다. 따라서 속칭 투쟁과 자유의 별이라 말하였지만 한편으로는 조직 생활을 하는 입장에서는 방자하다고 느껴지게 합니다. 또한 상관이 칠살(七殺)을 만나면 제살(制殺)로 이어지므로 상관이 자기 역할을 맡아 순조로워지게 됩니다. 그러므로 영민해지며 평소 타인을 좋아하여 초빙하는 일이 많아 성공의 발판이 되기도 합니다.

넷째: 상관상진(傷官傷盡)은 반기고, 상관부진(傷官不盡)은 꺼린다.

상관은 그 자체로 관성을 해롭게 하는 기질이 숨어 있습니다. 그런데 평소는 조용하다가도 정관이란 관성을 보게 되거나 혹은 상관이 형충(刑沖)을 당하게 되면 상관의 형액(刑厄)이 발생하게 됩니다. 이것을 상관부진(傷官不盡)이라 말합니다. 상관부진(傷官不盡)이 되면 그 사람은 상식 이외의 행동을 하게 되고 그러므로 자신의 상사(上司)를 무례하게 대하여 하극상(下剋上)을 일으킨다고 하여 상관(傷官)인 것입니다.

즉, 상관은 정관을 극하는 존재가 되는데 이것은 상관부진(傷官不盡)이 되면 발생하게 됩니다. 따라서 상관상진(傷官傷盡)이 되는 경우에는 이런 일이 일어나지 않고 오히려 위상이 높아지고 절도가 있기 때문에 주위 사람들의 존경의 대상이 되기도 합니다

다섯째: 상관(傷官)**의 기질.**
상관은 교만하여 사람을 얕보는 특성이 있습니다. 고로 비록 내심은 온정을 품고 또 예술적 소질이 있더라도 타인의 오해와 비방을 받기 쉬우며 세인의 반대, 방해, 경쟁, 실권, 소송 등을 야기하기 쉽습니다. 상관이 천간에 나타나면 오만한 기풍(氣風)이 있습니다. 정관을 만나면 예법(禮法)을 무시하며 속박을 싫어하고 윗사람에게 반항적이며 기개가 높고 호승심이 있으며 타인의 비방을 받으면 크게 화내는 성향이 있습니다. 만약 사주에 인수 또는 편인이 있으면 이상과 같은 흉조(凶兆)는 제압되며 무사하나 비견 또는 겁재가 있으면 상관의 특성은 가일층 증가됩니다.

상관은 허영심이 있고 비밀이 없으며 항상 천하(天下)를 논하고 반항적인 기풍이 있습니다. 인수가 제복(制伏)하면 이러한 성향은 경미(輕微)하여 나타나지 않습니다. 그러므로 상관다자(傷官多者)는 인수운(印綬運)에 발복하게 되고 상관다자(傷官多者)가 다시 상관운(傷官運)을 만나면 재앙이 있을 수 있습니다. 상관은 헌신적이므로 희생적이고 적선을 좋아하며 동정심이 많습니다. 그러나 은혜를 베풀고 입으로는 그 공을 스스로 깎으니 허사가 많게 됩니다.

상관이 양인(陽刃)을 만나면 재물을 겁탈하려는 승부욕이 일어나 사기심이 많아지고 또 간계(奸計)를 도모하는데 서슴치 않아 교묘해집니다. 그러나 재성이 없으면 모사(謀事)는 많으나 성공은 졸렬한 편입니다.

상관은 사업(事業)의 신(神)인데 상진(傷盡)이 되면 기술이나 예술로도 명망(名望)이 있습니다. 상관은 기술, 생산, 학자 등에 적합합니다. 재성을 만나면 반드시 재물을 축적하려 하니 경제에 관여하는 것이 좋습니다. 상관은 변설(辯舌)이 유창하여 강사와 관련된 직업도 괜찮습니다.

여자가 상관이 왕성하면 관성을 극하는 구조가 되므로 남편과 이별하는 염려가 있습니다. 남자는 상관이 많게 되면 자녀와 직업을 극하므로 좋지 않습니다. 상관은 형충(刑沖)을 두려워하나 간합(干合)과 제복(制伏)은 기뻐합니다. 상관은 설기하는 신(神)이니 신왕(身旺)하면 길명(吉命)이고 신약(身弱)하면 빈곤한 사람입니다. 상관격이 정관이 있는데 다시 상관운이 오면 질병이 있고 고치기 어렵습니다.

【표10】

	상관(傷官)의 특징
상관	상관생재가 되면 재물을 다루는데 대범해진다.
	규격화 되고 정형화된 시스템을 좋아하지 않는다.
	성정으로는 순발력, 임기응변, 언변, 교만, 예지력, 활동성, 성적능력 사교성, 타인과 불화, 언쟁, 경쟁, 소송, 개혁, 형식파괴 등이다.
	예체능의 발현이면 연예인, 교육, 문학, 출판, 언론, 방송, 예술, 연출, 기획, 저술, 광고 등이다.
	업종으로는 식품, 기술, 기능공, 정치, 광고, 이벤트, 영업, 중개인, 변호사, 회계사등이다.
	흉성으로는 불화, 경쟁, 방해, 반항, 불만, 소모, 지출, 환상, 구설 시비, 관재, 송사등을 관장한다.
	상관격이 왕하고 맑고 깨끗하면 충신, 열사, 열녀, 순교자 혁명가등이 나오는 수가 있다.

5) 정재(正財)

첫째: 관살을 생하는 역할이 있다.

정재가 정관을 생하게 되면 원리원칙이 강하여 보수적 성향이 짙으므로 관료적인 인물이 됩니다. 따라서 대기업, 공무원, 금융권, 국가기관 종사자가 많습니다. 재생살이 되면 일신(日身)이 강하지 못하면 살(殺)이 곧 귀(鬼)가 되므로 질환(疾患)과 우환(憂患)에 노출이 될 수 있습니다.

둘째: 식상을 설기하는 역할이 있다.

식상이 많으면 제살태과가 될 수 있으므로 관살을 보호할 필요가 있게 됩니다. 이 경우에 정재가 있어서 식상을 설기한다면 식상생재 그리고 재생관으로 통관하여 관살을 보호할 수 있어서 유리하게 됩니다. 또한 인수가 무거워 식상을 극하는 팔자라면 재성으로 인수를 억제해주므로 식상이 살아나 재성을 생하는 본래의 역할 을 수행하도록 만들게 됩니다.

셋째: 인성을 극하는 역할이 있다.

식상을 중요하게 사용하는 팔자라면 인수가 있게 되면 불리하게 됩니다. 따라서 정재가 있어서 인수를 억제하주면 식상이 살아나므로 이런 경우에는 정재가 있어서 구제받는 사주가 되기도 합니다.

넷째: 길신태로(吉神太路)를 두려워한다.

길신태로(吉神太路)라는 것은 길신(吉神)이 도로(道路) 상에 방치(放置)가 되어 있다는 것을 말합니다. 예를 들면 사람에게 길신(吉神)이 되는 물건은 보통 재물을 말하는데 나의 재물이 되는 쌀가마니가 도로 상에 놓여 방치가 되면 지나가는 도둑들의 수탈(收奪)이 발생하게 됩니다. 이것을 길신태로(吉神太路)라고 이해하면 됩니다. 태로(太路)라는 것은 말 그대로 큰 도로라는 뜻이므로 천간을 상징하는 것입니다. 그러므로 재성을 보는 명리학의 입장에서는 재성이 천간에 방치가 되어 있다는 것을 말하여 "재성(財星)은 길신태로(吉神太路)를 두려워한다."라고 정의를 내리고 있습니다.

그러므로 재성은 당연히 천간에 홀로 방치가 되면 안되는 물건이므로 만약 천간에 재성이 년간(年干)이나 월간(月干)에 놓여 있다면 언젠가는 남의 손에 의해 수탈(收奪)을 당하여 큰 손재수를 입을 상(像)으로 보았던 것입니다. 때문에 재성이 노상에 놓여 있는 팔자는 길하지만 또한 동시에 위태롭다고 파악했던 것입니다.

이 문제를 해결하기 위해서는 관청의 도움이 필요한 것인데 관청이라 함은 내 재물을 지켜줄 수 있는 관공서의 합법적인 문서를 의미합니다. 그러므로 명리학에서는 관청을 관성이라 인식하였던 것입니다. 즉 내 사주에 관성이 있게 되면 합법적인 법률에 서명한 소유권을 인정받을 수 있기 때문에 길신태로(吉神太路)라고 보지 않는 것입니다.

다섯째: 정재(正財)의 기질.

정재(正財)의 별은 수명(壽命)을 기르고 양육(養育)한다고 하여 양명지원(養命之源)이라고 하였습니다. 또한 사람이 재(財)가 왕(旺)하면 관성을 생하므로 반드시 부귀(富貴)하게 된다고 믿었습니다. 따라서 사주학에서는 내가 극하는 것을 처(妻)와 재성이라 하였는데, 구조상 천간으로 내가 강해야 재성으로써 부(富)를 얻을 수가 있습니다. 그러므로 나는 정신이 굳세고 강하여야만 재성을 향유(享有)할 수가 있습니다. 일간이 유력(有力)하여 힘을 가져야만 발복(發福)을 할 수가 있다는 사실입니다. 그래서 재운(財運)을 만나면 재생관(生官)이니 관록을 일으키고 관운(官運)을 만나면 겁재를 눌러주므로 발재(發財)가 일어납니다.

그런데 내가 쇠(衰)하거나 미약(微弱)하면 비록 처(妻)가 가져오는 재물이 풍성해도 눈앞의 재물일 뿐이고 종래는 얻지 못하는 것이죠. 그래서 재다신약(財多身弱)하게 되면 일신이 쇠(衰)한 까닭에 내가 재성을 취하기 어려운 것이므로 돈에 의한 근심이 끄치질 않게 됩니다. 이러한 상황을 말하여 "부옥빈인(富屋貧人)"이라 하였는데 겉은 부자 집에 거처하지만 가난한 손객(損客)이 된다고 하여 실속이 없다고 본 것입니다.

따라서 신약재다(身弱財多)하면 형제 즉 비겁이나 양인이 도우면 좋게 됩니다. 재가 왕성하면 비겁이 와도 방해를 받지 않는 것입니다. 반대로 일신이 쇠(衰)한 사람은 운에서 관성이나 재성이 왕한 곳으로 가면 일간의 기(氣)가 더욱 손상(損傷)되어 관성이 일간을 극합니다. 즉, 이때에는 관성이 귀(貴)가 아니라 살(殺)이 되는 것입니다.

사주에 원래부터 재성이 없으면 운(運)에서 재성이 들어 와도 실제 없는 것처럼 유명무실(有名無實)하게 됩니다. 정재격(正財格)은 사람이 성실하고 행동이 근검절약하지만 오히려 금전에 대해 계산적이고 치밀하여 인색하게 느껴지므로 구두쇠가 될 수도 있습니다. 대체로 재격(財格)은 관성(官星)이 현출하게 드러나 있는 것이 기쁘고 재성의 손상이 없어야 좋게 됩니다. 다시 식상(食傷)이 재성(財星)을 생하고 인성(印星)이 일신을 도와 일주가 건왕하면 부귀(富貴) 모두를 누리게 됩니다. 그러나 다음 아래와 같은 경우는 모두 정재와 관련해서 복(福)이 될 수 없습니다.

첫째가 재다신약(財多身弱)하거나 인성의 조력이 없는 경우입니다.
둘째가 재성은 작은데 일신(日身)이 지나치게 강한 경우입니다
셋째는 비겁이 있거나 태과불급(太過不及)한 경우입니다.
월령이 재국(財局)을 이루는데 일신(日身)이 쇠(衰)하다면 인성(印星)의 도움이 있어야 부(富)를 이룬다고 말합니다. 그러나 먼저 인수를 보고 나중에 재성을 보는 것은 두렵다고 하였습니다. 먼저 재성을 보고 나중에 인성을 보아야 복을 이룬다고 말하였습니다. 왜냐하면 먼저 인성을 보고 나중에 재성을 보면 이것을 재극인(財剋印)이라 하였는데 먼저는 이루지만 나중에는 욕을 본다고 하는 것입니다

【표11】

	정재(正財)의 특징
정재	정재는 명예, 번영, 자산, 신용을 의미하고 복록과 길상을 나타낸다.
	책임감, 고정소득, 보수적, 인색, 구두쇠, 절약, 번영, 신용
	재는 득시(得時)하여 왕해야 하고 편정(偏正)으로 혼잡되지 않아야 한다.
	재성은 마(馬)이고 관성은 록(祿)이라고 한다.
	재왕신쇠(財旺身衰)하면 처(妻)가 남자의 권위를 쥐어 집안을 일으킨다.
	재성이 득위(得位)하면 처로 인해 치부(致富)하고 일가(一家)를 이룬다.
	재성은 가벼우나 일신이 재경신왕(財輕身旺)하면 처를 손상시킨다.
	재(財)가 가벼운데 분탈(分奪)이 되면 화(禍)가 매우 크다.
	남자는 처와 재물을 동일하게 본다.
	양인(羊刃), 겁재(劫財)에게 정재가 극파당하면 재물을 향유하지 못한다.
	재고(財庫)가 공망(空亡)이 되면 빈창고가 되어 재물이 모이지 않는다.
	정재와 묘(墓)가 동주(同住)하면 인색(吝嗇)하여 수전노라는 듣는다.
	년간에 정재가 맑게 있으면 조부가 부귀한 사람이다.

6) 편재(偏財)

첫째: 관살을 생하는 역할이 있다.

편재(偏財)가 정관(正官)을 생하면 일간이 관성(官星)의 도움을 받을 수 있다는 뜻입니다. 그러므로 편법적인 댓가를 바라고 움직이던 편재를 활용해 좀 더 나은 자리를 꿈꾸게 됩니다. 곧 유흥, 투기적 성향으로 막연한 호승심에 머물던 편재의 성향이 상황에 대한 뛰어난 안목과 통찰력을 확보하여 적극적으로 현실참여를 하게 됩니다.

편재(偏財)가 칠살(七殺)을 생하면 일간은 위험에 빠질 수 있게 됩니다. 만약 일간이 재생살(財生殺)을 감당할 수 있다면 군경, 감찰, 통제로 직업표출이 되고 일간이 재당생살(財黨生殺)을 감당할 수 없다면 질환, 병고, 우환 등으로 한낱 허황된 꿈이 됩니다. 재당생살(財黨生殺)은 편재(偏財)의 욕심에 의해 발현되는 것이므로 청탁(請託)이나 뇌물(賂物)등과 연루된다든지 여자나 부하 등으로 인한 스캔들과 피해를 호소하게 됩니다. 그래서 편재살을 일명 여난지상(女難之像)이라고도 말합니다.

둘째: 식상을 설기하는 역할이 있다.

편재(偏財)가 식신을 설기하는 구조가 되면 일확천금(一攫千金)에 가까우므로 생산적 활동보다는 편법적 활동이나 공공의 재산물의 성질이 강해서 기부 증여가 발생하기도 합니다. 곧 예체능, 또는 유흥 투기 등으로 빠질 수가 있어서 주색잡기가 될 수도 있습니다. 그러나 편재가 상관을 설기하는 구조가 되면 사업적 수완과 예술적 감각이 모두 탁월해집니다.

셋째: 인성을 극하는 역할이 있다.

만약 식상을 조절하는 정상적인 인성(印星)을 편재(偏財)가 극(剋)하게 된다면 식상의 폭증으로 유흥이나 탐욕으로 흐르게 되고 만약 관성을 보호하는 정상적인 인성을 편재가 극한다면 일간으로 가는 관록의 길을 차단하여 권력욕, 명예욕이 분수를 넘게 됩니다. 그러나 만약 기신(忌神)인 인성(印星)을 편재(偏

財)가 조절한다면 현실적 대응능력을 갖출 수 있게 됩니다. 곧 식상이 구제(救濟)가 되어 안정된 생산활동이 유지된다는 뜻이므로 산업활동이 번창하게 됩니다. 만약 인성의 구제(救濟)가 있게 된다면 일간으로 가는 관록의 길도 정상적으로 열리므로 나에게 명예와 승진의 발판이 되므로 곧 번영하게 됩니다.

넷째: 재다신약(財多身弱)과 선부후빈(先富後貧)을 두려워한다.

편재(偏財)가 절대적으로 두려워하는 것은 자매와 형제에 의한 분탈(分奪)이며 따라서 관성이 없으면 화액(禍患)이 매우 두렵습니다. 편재(偏財)가 두려워하는 것은 겁재와 비견인데 년(年)에 있는 것이 최고로 위태롭고 월(月)에 있으면 다음이 됩니다. 편재격인 사람이 일생동안 재물로 인해서 남을 비방하는 것은 재다신약(財多身弱)하기 때문입니다. 편재(偏財)는 원래 공공(公共)의 재물을 상징합니다. 그러므로 원래 편재(偏財)를 사용하는 사람이 신왕(身旺)하면 탈재(奪財)를 하는 것이므로 공공의 재물처럼 흩어지게 되는데 이것을 가장 두려워했습니다. 그래서 편재는 오직 분탈, 공망이 되는 것을 두려워합니다. 그러므로 편재(偏財)를 사주 중에서 여러 개 보면 안 되고 만약, 형충파해(刑沖破害)를 당하거나 비겁이 분탈하거나, 혹은 재성(財星)이 너무 쇠하거나 일주(日主)가 너무 약하거나 혹은 재성이 많은데 칠살(七殺)을 생하거나 하면 조상의 업을 파(破)하는 명조가 됩니다. 대체로 월령에 편재가 있으면 어릴 때 부귀를 누리는데 생시(生時)에서 편재가 득지(得地) 하지 못한 상태에서 겁재가 있고 또 운에서도 편재를 극하는 비견겁의 흉한 지지에 임하게 되면 만년에 조상에게서 받은 재물을 다 까먹고 죽을 때까지 가난하게 산다고 합니다. 즉 선부후빈(先富後貧)이 됩니다. 사주 중에서 재다신약(財多身弱)하고 더군다나 겁재가 많으면 많은 일이 일어나도 백가지가 여의치 않게 됩니다.

다섯째: 편재(偏財)의 기질.

편재(偏財)는 타향에서 발(發)하는 별이므로 고향을 떠나 생활하게 됩니다. 편재를 가진 사람은 별도로 두세 군데에 집이 있으므로 역마(驛馬)라고 말했는데 이것은 사업과 교제를 위해서 바쁘게 돌아다니는 이동의 별입니다. 그래서 일찍이 무역, 유통업의 종사자가 많았습니다. 그래서 편재는 처(妻)가 아닌 것이 처(妻)인 것처럼 행세하는바 모든 사람의 재물에 해당한다고 여겼습니다. 그래서 편재(偏財)는 대중(大衆)의 재물 혹은 공공의 재산을 뜻하였고 또한 소실과 첩으로 대접받았던 것입니다. 그래서 편재를 가진 사람은 재물을 가볍게 생각하는 경향이 있었는데 의리와 사람 사귀기를 좋아해서 그 사람을 받들고 따르는 강개한 마음과 함께 풍류심이 무척 강하였습니다. 그로 인해 주색을 즐기는 것은 어쩌면 당연한 이치인 것입니다.

그래서 편재는 풍류, 투기, 술꾼, 도박, 유행, 도박성, 낭비성, 역마성, 편법, 뇌물, 횡령 등의 기질이 강하게 나타나는 별인 것입니다. 그 결과 소실을 둘 셋 이상 거느린다는 말이 나오는 것이며 이것 때문에 편재를 애인, 첩(妾)으로 보았던 것입니다. 즉 편재(偏財)는 별도의 재(財)를 타향에 두었는데 첩(妾)을 좋아하고 처(妻)는 무관심하게 됩니다. 만약, 편재의 별이 사주 중에서 년상(年上)에 있는데 월령에서 생왕(生旺)의 기운을 받아 서로 통하게 되면 백부(伯父)나 숙부(叔父) 혹은 조상의 도움이 있다고 보았습니다. 그래서 조상으로부터 물려받은 유산이 있을 수가 있고 혹은 외조부로부터 산업을 계승받아 가업을 이어가는 중책을 맡기도 하였습니다. 따라서 편재(偏財)는 월령과 연계되어 있으면 최고로 좋게 생각했습니다.

대체로 월령에 재성이 있으면 어릴 때 부귀를 누리고 만약 편재(偏財)를 사주 중에서 여러 개 보면 오히려 재다신약(財多身弱)과 같은 부옥빈인(富屋貧人)이 되거나 혹은 비견겁(比肩劫)을 보게 되면 자매 형제에 의한 재물 분탈(分奪)에 시달릴 수도 있습니다. 따라서 비겁(比劫)을 억제해줄 수 있는 관성이 필요하였는데 만약 사주에서 편재는 많은데 관성이 없게 되면 주인은 재물로 인해 일평생 근심을 얻게 됩니다. 또한 편재가 형충파해(刑沖破害)를 보거나 비겁에 의해 분탈(分奪)당하거나 혹은 재성(財星)이 너무 쇠(衰)하거나 일주(日主)가 너무 약하거나 혹은 재성은 많아서 칠살(七殺)을 생하거나 하면 조상의 업을 파괴하는 명(命)이 됩니다.

만약, 년월(年月)에는 재성이 없고 일시(日時)에만 재성이 있다면 이 재성이 별도의 겁패충극이 없으면 자수성가(自手成家)한다고 보았습니다. 곧 스스로 집안을 일으켜 세우는 명(命)이 되어 중년과 만년에 대발(大發)하게 됩니다. 그 반대로 년상(年上)에 편재(偏財)가 있는데 생시(生時)에서는 편재가 득지(得地)를 못하거나 혹은 겁재(劫財)가 있다면 이 사람은 만년에 고생하는 사람으로 조상에게서 받은 재물을 탕진한다고 보았습니다. 여자는 시어머니를 편재로 보았는데 그 이유는 시어머니가 곳간(庫間)의 열쇠를 가졌다고 보았기 때문입니다.

【표12】

	편재(偏財)의 특성
편재	강개함, 변굴성, 낙관적, 풍류심, 담백함이 있다.
	남자는 아버지, 첩에 해당하고 여자는 아버지, 시어머니에 해당한다.
	년주의 편재가 형충파가 되면 양자로 가거나 고향을 떠나게 된다.
	편재가 길하면 돈복, 여복은 많으나, 편재가 흉하면 여난살이 있다.
	편재(偏財)가 동주묘이면 부친과 사별할 수 있다.
	편재(偏財)가 두려워하는 것은 겁재와 비견이다.
	월상의 편재(偏財)는 겁재와 패(敗)가 없어야 부자가 된다 하였다.
	편재(偏財)는 관성이 중(重)하고 실(實)해야 그 복이 후(厚)하다.
	편재(偏財)가 나타나면 정처(正妻)보다 첩(妾)을 더 좋아한다.
	편재(偏財)가 있는데 신왕(身旺)하면 상업, 매매업을 하는 성향이 있다.
	편재(偏財)는 능히 수명을 늘이는데 이롭다고 하였다.
	재물에 대한 호탕함, 유흥, 낭비, 허욕, 욕심, 횡재, 투기성, 공익재산 사업가, 무역업, 증권, 금융, 남의 재물을 다루는 일이 좋다.

7) 정관(正官)

정관은 충성스럽고 신의와 존중의 의미를 내포하고 있어서 나라와 집안을 다스리는 별의 상징으로 보았습니다. 정관이 안정이 된 사람은 보통 인심이 넉넉하고 두텁고 인자(仁慈)하고 관대합니다. 행동은 활달하고 목소리는 화순(和順)하고 크며 자태가 수려하고 성격도 민첩하고 총명하다고 하였습니다. 정관(正官)이라는 것은 갑(甲)이 유(酉) 혹은 신(辛)을 보거나 을(乙)이 경(庚)을 보는 사례와 같습니다. 관성은 일간을 통제(統制)하여 일정한 틀에 맞추는 작용을 합니다.

그래서 정관을 흔히 사회규범이라고 하였는데 만약 사주에 관성이 없게 되면 규율에 얽매이는 것을 싫어하는 경향이 나타납니다. 특히, 비견겁이 많은 사람으로 관성이 일체 없게 되면 비겁을 통제를 못하게 되는데 반드시 비견, 겁재의 흉(凶)이 일어나고 안하무인(眼下無人)이 될 수 있습니다. 그리하여 이를 진법무민(盡法無民)의 한 종류라고 보았습니다. 이것은 법이 다하여 법 없는 세상에 살아가는 사람이라는 뜻으로 무능력하거나 제멋대로 사는 것을 말합니다.

또한 정관은 겁재를 억제시키므로 탈재(奪財)를 못하도록 방지하는데 이것은 정관이 관청의 역할을 하여 노상(路上)에 방치가 된 재물이라도 보호할 수 있다는 것을 뜻하는 것입니다.

첫째: 인성(印星)을 생하는 역할이 있다.

관성을 만나면 인수(印綬)를 관찰해야 합니다. 정관은 인성을 생하는 작용을 합니다. 따라서 정관은 모친을 돕고 내 학문을 일으켜 세워 가문을 번창하게 되는데 그런 까닭에 정관을 번영의 별이라고 하였습니다. 정관이 인성이 없게 되면 엄격한 규율만 존재하는 조직에서 일하지만 정관이 인성을 보게 되면 나를 돕는 연고로 인해 도움의 손길이 많게 됩니다. 따라서 장관은 인성을 봐야 하는데 정관격(正官格)이면 인수의 향지로 가야 발복하게 됩니다.

둘째: 재성(財星)을 설기하는 역할이 있다.

재성은 많게 되면 탁(濁)하여 오히려 돈의 흐름이 차단이 되어 궁색해질 수 있습니다. 이런 경우 정관으로 재성을 설기하여 중화(中和)하면 막힌 길이 뚫려 열리게 됩니다. 또한 재성이 강하면 인성을 극하기 마련입니다. 탐재괴인이 되면 흉한데 정관은 재성을 극하여 인성을 보호하는 작용을 합니다.

셋째: 비겁(比劫)을 극하는 역할을 한다.

정관은 비겁을 극하여 재성을 보호하는 역할을 수행합니다. 비견겁이 많은 사람은 재물을 극하는 바 파재할 수 있는데 정관이 있게 되면 비견겁을 극제하여 탈취하지 않도록 재성을 보호합니다.

넷째: 형충파해(刑沖破害)를 두려워한다.

정관은 충성스럽고 신의와 존중의 의미를 내포하고 있어서 나라와 집안을 다스리는 것을 의미한다고 합니다. 그러므로 정관(正官)은 궁(宮)에서 형충극파를 가장 꺼린다고 하였습니다. 가장 두려운 것은 정관이 형충파해 당하고 상관(傷官)과 칠살(七殺)을 보며 또 정관이 탐합망관(貪合忘官)하고 혹은 겁재가 재성을 극하는 것 등인데 이러하면 파격이 됩니다. 예를 들어 유월(酉月) 갑(甲)일간이 묘(卯) 겁재를 보면 묘유충(卯酉衝)하여 불길하고 유유(酉酉)가 되면 형(刑)을 하며 오(午)를 보면 유를 파괴하고 술(戌)을 보면 유술(酉戌害)천하고 병(丙)을 보면 병신합(丙辛合)하고 을(乙)을 보면 겁재이고 정(丁)을 보면 상관으로서 극하고 경(庚)을 보면 관살혼잡하게 됩니다. 이런 경우는 정관을 혼잡하게 하는 것이라 파격이 될 수 있습니다. 따라서 관성은 순일(純一)하여야 하며 오행이 평화롭고 순수하여야 정관이라 말할 수 있습니다.

다섯째: 정관(正官)의 기질.

정관(正官)은 일위(一位)로 하나만 있어야 하며 정관이 많으면 안 좋습니다. 만약 정관을 중첩해서 보면 단지 살(煞)로 추론하는데 곧 관(官)이 변하여 귀

(鬼)가 되는 것입니다. 정관은 상관과 식신의 허실(虛實)이 어떠한가를 관찰하는 것이 중요합니다. 관성을 논하는데 대략 식신이 왕(旺)하면 곧 국(局)을 손상할 수가 있습니다. 만약, 월간의 식신을 본다면 월령(月令)에 정관이 감추어지는게 유리해집니다. 또한 사주 중에서 상관(傷官)과 칠살(七殺)을 보지 말아야 합니다. 크게 꺼리는 것은 정관을 형충파해(刑冲破害)하는 것입니다. 또는 정관을 합거하는 것인데 이렇게 되면 탐합망관(貪合忘官)이라하여 정관 본연의 기능을 잃어버리게 됩니다. 만약, 관성이 왕한데 합신(合神)으로 정관의 기운을 탈취당하여 허(虛)해지면 대,세(大,歲)운에서 관성을 돕는 길을 찾아야 합니다.

또한 합신(合神)이 왕(旺)하면 관성이 점점 약해지게 되는데 이런 경우에는 정관 본연의 기능을 잃어버리고 합신(合神)을 따라가게 됩니다. 소위 이러한 것이 탐합망관(貪合忘官)인 것이다. 갑(甲)일간이 유월(酉月)에 태어났는데 묘(卯)을 보면 충(衝)을 하여 정관을 손상시키게 됩니다. 만약, 유(酉)를 보게 되면 유유(酉酉)형이 되어 정관이 형살에 처하게 되고 오(午)를 보면 오묘파(午卯破)가 되어 정관파살이 되며 술(戌)을 보면 유술(酉戌)상천이 됩니다. 또한, 병(丙)을 보면 병신합(丙辛合)을 하여 탐합망관(貪合忘官)이 되고 을(乙)을 보면 겁재(劫財)가 되는데 이것은 분관(分官)이라 하여 정관의 복(福)을 나누게 됩니다.

갑일간이 정(丁)을 보면 상관으로서 정관을 극하고 경(庚)을 보면 경(庚)과 유(酉)가 혼잡(混雜)하게 되어 불리해집니다. 이러한 경우들이 정관을 해롭게 하는 상황이 됩니다. 만약 관성이 국(局)을 이루는데 또한 재(財)가 관성(官星)을 생하면 신왕(身旺)한 곳으로 운이 흘러야 복(福)이 발(發)하게 됩니다. 만일, 재관(財官)이 눈에 가득하여 일주가 쇠약(衰弱)하면 재관(財官)을 감당할 수 없게 됩니다. 이런 사람은 다만 인생이 헛되이 수고로울 뿐이고 나에게 들어오는 재와 록은 오히려 병(病)치례를 만들게 되어 실속이 없게 됩니다. 정관을 용(用)하는 경우에 일간이 스스로 재(財)와 인(印)에 앉아 있으면 마침내는 현출(顯出)하게 됩니다. 가령 갑자(甲子)와 갑진(甲辰)의 종류와 같은 것을 말합니다. 또한 일간이 스스로 상관이나 칠살에 앉아 있다면 종래에는 록의 성분이 끊어짐과 우환이 있게 됩니다. 가령 갑오(甲午)와 갑술(甲戌), 갑신(甲申)의 종류들이 해당합니다. 이런 관계들을 반드시 헤아려 살펴봐야 하는 것입니다. 정관이 칠살운으로 가면 관살이 혼잡하게 되고 정관이 묘(墓)운으로 가면 이것은 관성입묘가 되는 것입니다. 경에서 말하길 관살혼잡이면 가난하지 않으면 요절하고 왕한 칠살이 묘지에 놓여 있으면 수명이 오래가지 못하고 머무를 곳이 없다고 하였습니다. 그래서 정관격은 오직 록(祿)을 향해야 좋고 재성(財星)이 임재(臨財)하는 것을 반깁니다. 이것은 너무 명백하여 결코 틀림이 없다고 보시면 됩니다.

【표13】

	정관(正官)의 특징
정관	관공서, 공공장소, 의무, 책임, 법률, 자존심, 신용, 인덕을 상징한다.
	정관(正官)은 궁(宮)에서 충, 형, 극, 파를 꺼린다고 하였다.
	정관과 인성이 있으면서 이들이 충파를 당하지 않으면 벼슬길에 오른다.
	궁궐에 이름을 올리려면 신왕(身旺)하면서 정관을 보아야 한다.
	정관이 있으면 인수가 있어야 하고 형충이 없어야 정관을 자랑할 수 있다.
	정관이 너무 태성(太成)하고 왕처(旺處)에 임할 때 해(害)를 입는다.
	정관은 일(日)이나 시(時)에서 정편재(正編財)를 보면 귀해진다.
	파직하고 휴관하는 것은 단지 관성이 운에서 합거를 만난 것이다.
	관인(官印)이 충파공망이 되면 관인을 만나지 않은 것으로 본다.
	정관이 있는데 인성이 없으면 이름을 얻을 수 없고 인성이 있는데 정관이 없으면 신속하게 발(發)하지 않는다.
	록이 생겼다 없어지는 자는 신약하고 관도 쇠한 사람이다.
	공명을 얻고 크게 발달하는 사람은 신강하고 정관도 왕한 사람이다.
	정관과 인성이 형(刑)을 받으면 오랑캐가 아니면 하급관리이다.

8) 편관(偏官)

편관(偏官)은 갑(甲)이 경(庚)을 보거나 을(乙)이 신(辛)을 보는 것처럼 음양(陰陽)이 같은 것이 충돌(衝突)하는 것을 말합니다. 이것은 두 남자가 자리를 같이하지 못하고 두 여자가 결혼하여 동거(同居)하지 않는 것처럼 짝을 이루지 못하는 연유로 편(偏)이라 불렀습니다. 그리고 간격이 7번째가 되고 서로 상극하므로 칠살(七煞)이라 하기도 하였습니다. 성정(性情)으로는 사람이 흉폭(凶暴)하고 거리끼는 것이 없어 주위 사람을 해치기도 하고 또 자신도 다치게 만들게 합니다. 따라서 칠살은 마땅히 제복(制伏)이 되어 다스려져야 쓸 수 있는 물건이라 하였는데 이것은 말하여 제도(制度)함이 있다면 편관(偏官)이라 하였고 제도(制度)함이 없으면 칠살(七煞)이라 말을 합니다. 편관이나 칠살이나 제화가 되면 삼공(三公)의 세력을 누리지만 주색을 좋아하고 다투기를 잘하며 강직해도 성정은 호랑이 같고 조급함은 바람과 같다고 합니다.

첫째: 인성(印星)을 생하는 역할은 한다.

칠살(七煞)이 인수로 화살(化殺)이 되면 제도(制度)가 된 것입니다. 만약 일간이 허약한 경우에 인수(印綬)가 있어서 화살생신(化殺生身)이 되면 공명(功名)이 매우 높게 드러납니다. 화살생신(化殺生身)이 되면 관살의 가치를 내가 이어 받아 기존의 단체를 수호하여 명분을 지키게 됩니다. 이것을 살인상생(殺印相生)이라고도 말하는데 칠살이 인성을 생하는 작용으로 인해 살(殺)이 변하여 관(官)이 되게 하여 부귀가 따르게 됩니다. 살(殺)은 무예이고 인(印)은 문장인데 살(殺)이 있고, 인(印)이 없으면 문장력이 떨어지고 인(印)이 있는데 살(殺)이 없으면 위풍이 떨어진다고 합니다. 절묘(絶妙)한 것은 사주에서 살인(殺印)이 모두 있는 것을 가리켜 문무(文武)를 모두 겸비한다고 하였습니다.

둘째: 재성(財星)을 설기하는 역할을 한다.

칠살은 재성을 살펴야 한다고 하였습니다. 일신이 강(强)하고 살(殺)이 약(弱)하면 재성이 있어야 길하고 일신이 약하고 살(殺)이 강(强)한데 재성이 있으면 가난하거나 요절한다고 말하였습니다. 따라서 재성이 태과(太過)하면 막히는 것이 두려운 것이니 반드시 관성으로 설기해 주어야 발재(發財)가 일어날 수가 있습니다.

셋째: 비겁(比劫)을 극하는 역할이 있다.

비겁이 중(重)한 사람은 재물을 놓고 다툼이 발생합니다. 이런 경우에는 관살(官殺)이 적절하게 나타나 비겁을 극하여 조절해주게 되면 비겁의 흉작용을 사라지게 합니다. 따라서 비겁이 중중(重重)한 사람에게는 반드시 관살이 있어야 하고 관살로 비겁을 정리해주는 길이 합당한 것입니다. 그로 인하여 겁재에게 빼앗기는 나의 재물을 도둑맞지 않게 됩니다. 관살은 노상(路上)에 방치가 된 나의 재산을 지켜 주워 재물이 나에게로 되돌아오게 하는데 그 결과로 비겁을 정직한 일군이 되게 만들어 줍니다. 하지만 일간이 칠살을 감당할 수 없다면 오히려 관살이 일간(日干)을 억압하는 것으로 나타나게 되는데 이런 경우에는 가난, 질병, 천재지변, 안전사고 등의 우환이 발생하게 됩니다.

넷째: 자형(自刑)과 재생살(財生殺)을 두려워한다.

칠살은 자형(自刑)을 만나는 것을 두려워하는데 이것을 살기형(煞忌刑)이라 말합니다. 칠살이 형(刑)을 만나게 된 형국(形局)은 병사가 적진으로 돌진하여 창검으로 싸우는 형세라고 보면 됩니다. 그러므로 이런 사람의 성격은 악랄한 형태로 변화하는 경향이 많습니다. 또한 칠살이 살상겁효(殺傷劫梟)의 중살(重殺)을 만나게 되면 포악하여 잔인무도하다고 합니다. 한마디로 칠살은 반드시 제복이 되어야 하는 것입니다. 제복이 안 된 칠살은 일간을 공격하기 때문인데 고통이 심해 남을 해치기도 하는 것입니다. 특히 재성이 많은데 칠살을 만나게 되면 재생살이라 하였는데 여자는 폭군(暴君)을 만날 수 있고 남자는 상대방을 상해(傷害) 할 수도 있게 됩니다.

다섯째: 칠살(七殺)의 기질.

칠살(七殺)을 살(殺)중에서 가장 강하여 방치할 경우 일간을 해롭게 하는 십신으로 간주하여 왔습니다. 편관이 있으면 일주가 쇠약한 것을 꺼리는데 칠살이 거듭 있고 이것이 삼형, 육해, 겁살, 망신을 같이 보거나 괴강(魁罡)이 되어 상충(相衝)되면 그 흉의(凶意)는 말로 다할 수 없는 것입니다. 월(月)이 편관이 되면 본래는 살(殺)이라 부릅니다.

그러나 이를 제화(制化)하게 되면 존경을 받는 인물로 거듭 태어납니다. 따라서 칠살이 나타나면 흉폭(凶暴)하여 지는 원인이 되었는데 우선 칠살을 다스려 조절하는 임무가 우선이 되었습니다. 그런 연유로 칠살이 투출한 사주에서는 우선적으로 칠살의 제압(制壓) 여부를 살펴보았습니다. 이것을 가리켜 "칠살을 제복(制伏)한다"라고 말했습니다.

그래서 칠살을 조절하는 방식에는 제살(制殺), 합살(合殺), 화살(化殺)의 종류를 활용하였습니다. 살(殺)에 대한 제살(制殺), 합살(合殺), 생화(生化)는 모두 태과불급(太過不及)이 되어서는 안된다는 원칙이 있습니다. 곧 살(殺)의 작용을 제살(制殺)하거나 합살(合殺)하거나 혹은 화살(化殺)하여 편관(編官)으로 만드는 길이 중요한 핵심이 되었습니다.

따라서 일간이 건강하여 감당할 수 있으면 편관(編官)이라 하고 일간이 감당하지 못하면 칠살(七殺)이라 말하는 것입니다. 그리하여 일간이 허약한 경우에는 인수(印綬)로 화살(化殺)하는 법이 정법(正法)이고 만약 일간(日干)이 신강하다면 식신으로 제살(制殺)하는 법이 정공법(正攻法)이 됩니다. 이도 저도 아니라면 합살(合殺)하여 제거하는 방식을 따르게 됩니다. 식신(食神)의 의한 제살법(制殺法)은 난세의 영웅(英雄)과 같고 인수(印綬)에 의한 화살법(化殺法)은 태평성대의 귀인(貴人)과 같습니다. 합거(合去)에 의한 합살법(合殺法)은 살(殺)에 대한 작용력을 정지상태로 돌려놓는 행위를 뜻하여 복록(福祿)이 따른다고 생각하였습니다. 즉 칠살(七殺)이 합살(合殺)이 되어도 살(殺)은 제거가 되지만 관(官)은 살아 있다고 믿었습니다. 그러나 반대로 칠살이 하나 있는데 이것을 제복(制伏)하는 곳이 두 세 곳이면 제복이 심한 까닭에 행운에서는 오히려 살(殺)이 왕한 곳으로 가야 합니다. 만약 운에서 다시 살을 제(制)한다면 진법무민(盡法無民)이 되는데 사람이 무능력해지는 것을 의미합니다. 따라서 비록 호랑이·늑대처럼 맹렬하더라도 그 기량을 발휘할 수는 없게 됩니다.

그러므로 칠살을 무조건 제복만 할 것이 아니라 경중(輕重)을 따져야 하는 것입니다. 만약 월지가 편관이 되면 충(沖)하는 것을 매우 꺼리며 대신에 상관과 양인으로 살을 제화(制化) 하는 것을 좋아합니다. 일간이 왕상(旺相)하면 대체로 귀(貴)하게 되고 제압(制壓)하는 도(道)가 넘치지 않으면 만 가지 일이 형통(亨通)한다고 했습니다.

그런데 정관이 있으면 관살혼잡(官殺混雜)이라고 하는데 주중에 관성과 칠살이 교차되어 있는 것을 말합니다 이것은 거관류살(去官留殺)하거나 거살류관(去殺留官)의 방식으로 제거(除去)하면 좋게 됩니다. 거관류살(去官留殺)이라 함은 정관을 제거하고 칠살을 남긴다는 뜻인데 편관(編官)에 준하여 보면 됩니다. 또한 거살류관(去殺留官)이라 함은 칠살을 제거하고 정관을 남기는 것으로서 정관(正官)에 준하여 보면 됩니다. 천간에 투출한 것은 제거하기 쉽고 월지에 소장된 것은 제거하기 어렵다는 사실도 알아야 합니다.

또한 탐합(貪合)하여 망살(忘殺)이나 망관(忘官)을 하는 것이 있습니다. 가령 계수(癸水)일간이 기토(己土)가 투출하면 살(煞)이 되는데 갑(甲)이 투간이 되면 갑(甲)과 기(己)가 합이 되어 기(己)는 더 이상 살(殺)이 되지 않는 것을 말합니다. 이것은 기토(己土) 칠살이 갑목(甲木)이라는 정(情)에 탐착(貪着)하여 합하고자 하므로 칠살 고유의 정신을 잃어 버리는 경우를 뜻하는데 탐합망살(貪合忘殺)이라 말합니다.

【표14】

	편관(編官)의 특성
편관	신왕하면서 살(殺)을 보면 관(官)이 되고, 신쇠하면 관을 보면 귀(鬼)가 된다.
	편관은 무조건 흉하다고 할 수 없으며 제화(制化)가 되면 의록이 풍족하다.
	간두에 편관과 식신이 있으면서 겸하여 지지로 합하면 자손이 많고 잘된다.
	칠살화권이 되면 무인(武人)으로 이름이 퍼져 위엄이 사해(四海)에 떨친다.
	사람이 요절하거나 가난한 것은 필시 일신이 쇠한데 살을 만난 때문이다.
	칠살이 재를 보아 도움을 받으면 살이 점점 더 흉폭해진다.
	편관의 제복이 태과(太過)하면 가난한 선비가 된다.
	시상의 편관이 제복이 되면 만년에 자식이 기특하다.
	정관이 있으면 관살혼잡이 되는데 만약 신약하고 재다하면 힘들게 된다.
	무관, 특수직, 검찰, 군인, 경찰, 법관, 수사관, 감사관, 세관원, 교도관.
	혁명가, 의협심, 영웅심, 강제성, 투쟁성, 횡포.

9) 인수(印綬)

인수에 들어가는 인(印) 글자는 "도장 인(印)"을 뜻합니다. 그래서 도장(圖章)은 관청의 인허가에 필요한 직인(職印)을 말하는데 이로 인해 파생한 상의(象意)들이 문서, 인허가, 자격증, 교육이라고 보시면 됩니다. 또한, 인수(印綬)라는 것은 오행 중에서 나를 생하는 십신을 말합니다. 원래 인수는 정인(正印)이라고도 말하지만, 신살편에서 정인살(正印殺)이라는 용어가 존재합니다. 그런 연유에서 정인(正印)살과 십신의 정인(正印)을 혼동하지 말아야 합니다. 그래서 혼동(混同)을 막기 위해 인수(印綬)라는 명칭을 사용합니다.

인수는 일간을 생조하는 본연의 역할이 있습니다. 이렇게 방신(幇身)하는 기능으로 인해 모친의 정(情)과 유사(類似)하다하여 인수를 모친으로 헤아리는 것입니다. 따라서 인수가 발달한 사람은 지식 학습이 좋아서 인지(認知)도가 발달한 사람이 많으며 실감나는 모성애를 체험을 하게 됩니다. 인수(印綬)는 복이 많고도 특이합니다. 사람에 비유하자면 태어나서 도움을 받고 길러지는 것으로서 이러한 복은 매우 묘하고 좋은 것입니다. 그래서 인수(印綬)격이 되면 총명하며 지혜가 많고 성격은 자혜롭고 말은 천천히 선량하게 하며 풍모는 후덕하고 음식을 잘 먹으며 평생 병도 적고 흉액을 만나지 않게 됩니다. 다만 재물에 대해서는 좀 인색해 질수도 있습니다.

인수(印綬)격에 관성이 많으면 관청에서 사용하는 직인(職印) 도장을 의미하기도 합니다. 그래서 이것을 관인상생(官引相生)으로 보았는데 문무(文武)를 겸비한 사람이라 벼슬길이 순탄하다고 생각을 했습니다. 따라서 인수(印綬)는 관성(官星)을 기뻐하는데 관성은 능히 인수(印綬)를 생하기 때문입니다. 또한 일간(日干)은 인성(印星)을 통하여 배우고 익히게 됩니다. 반면에 식상은 강변(强辯) 강론(講論)에 해당합니다. 곧 인성을 통해 받아들인 지식을 소화해서 사람들에게 널리 알리는 작용을 하는 것이 식상(食傷)이라는 뜻입니다. 그래서 인수와 식상이 길한 작용이 되면 학자와 강사 등에서 유리해집니다.

또한 명(命)에서 인수를 보면 복(福)이 가볍지 않은데 어려서부터 무엇인가 이루게 된다고 합니다. 인수(印綬)가 손상되지 않으면 부모의 음덕(蔭德)을 입고 이러한 부모의 음덕으로 재물을 일으켜 세우고 부귀를 누리게 됩니다.

그런데 년(年)간에 있는 인수는 비록 강하다고 해도 모름지기 월일시(月日時)에 록(祿)으로 돌아와야 비로소 취용할 수가 있게 됩니다. 무슨 말인가 하면 월지에 인수의 뿌리가 있어야 한다는 뜻입니다. 그래서 인수는 월에서 보아야 하며 이러면 조상의 음덕이 크게 자리 잡게 됩니다. 관성이 있는데 인성이 없으면 비록 부귀를 누리나 상처를 입고 잔질이 많다고 합니다. 만약 인성이 있는데 관성은 없다면 영화를 누리나 오래 지속하지 못하고 잃어버리는 경우가 발생한다고 합니다. 꺼려하는 것은 재성(財星)과 인수(印綬)가 서로 교류하는 것입니다. 인수(印綬)는 재성을 기피하는 것이 명확한 이치입니다. 따라서 인수(印綬)가 월령(月令)이면 재성을 보는 것은 절대 불가합니다.

그런데 간혹 정인(正印)이 년(年)이나 시(時)에 있고 월령이 재성(財星)이면 재격(財格)이 되는데 이 경우에 인성(印星)이 신약한 일신을 생조하는 것이 기쁘고 재성을 대적하는 것이 복(福)이 될 수가 있습니다. 그러므로 인수는 재성을 보는 것이 두려운데 양인과 겁재를 득(得)하면 도리어 복이 된다고 하였습니다. 만약 재성(財星)이 인수를 파괴한다면 반드시 비겁을 보아야 구제받게 됩니다. 인수가 태다(太多)하고 또 일신도 왕(旺)한 경우에 어절 수 없이 칠살을 쓰게 된다면 이것은 타인이 일주를 극하는 것이 되어 빈곤하고 고독하게 된다고 말을 하였습니다. 또한 관성과 인성이 형충이 되면 돕는 뜻이 없다는 말이므로 생각은 어지럽고 마음만 분주하다고 하였습니다.

첫째: 비겁(比劫)을 생조하는 역할이 있다。

인수는 일간과 비겁을 생하는 역할이 있는데 만약 일간이 허약(虛弱)하여 비겁의 협력이 필요하여 충족이 된다면 인수의 본래 역할을 일간이 얻을 수가 있게 됩니다. 따라서 일간에게 학습하는데 이해력의 도움이 되거나 육친의 협조를 얻는 등 나에게 도움이 되는 효과적인 환경들이 제공이 됩니다. 그러나 비겁이 많으면 인수의 수용능력은 뿔뿔이 흩어지게 됩니다. 즉 인수의 복덕이 들어오는 길을 비겁이 차단하여 빼앗기는 환경이 되므로 일간에게는 그만큼 단절이 되는 것입니다.

둘째: 관성(官星)을 설기하는 역할이 있다。

관성은 인성의 활동공간이 됩니다. 조직체에서 활동하려면 인정받는 자격증, 라이센스가 필요한 대목인데 관성을 설기하면서 인수가 성장하기 때문에 그 자격증은 거대한 공공기관에서 주는 혜택이 되는 것입니다. 그래서 관인상생이 되면 인허가 전달과정의 이해도가 발달이 되어 기업 활동에 유리하다고 말하는 것입니다. 곧 인수는 관성의 기운을 설기하여 일간에게 전달하는 역할을 합니다. 그래서 일간이 깊은 복을 누리고자 한다면 살(殺)이나 관(官)이 있어야 합니다. 그러나 만약 인수가 없는 관살(官殺)을 만난다고 가정한다면 관살이 일간을 극할 수도 있어서 복이 될지 흉이 될지 고민하게 됩니다. 그러나 만약 인수가 살(殺)과 같이 있다면 살이 자신의 마음과 같아서 도리어 영웅의 기질이 나타날 수가 있습니다.

셋째: 식상(食傷)을 극하는 역할이 있다。

인수는 자신의 관성(官)을 식상(食傷)으로 부터 보호하는데 관성이 피상(彼傷)을 당하지 않도록 보호하는 역할을 하는 것입니다. 특히 정관은 존엄한 별이므로 식상의 피해를 당하면 존재 자체가 흔들리는데 인수가 있게 되면 식상을 억제하여 정관 본래의 기능을 회복하게 됩니다. 그러므로 정관은 인수를 호위자로 삼게 되는 것입니다.

넷째: 탐재괴인(貪財壞印)**을 두려워한다.**

인수는 재성운으로 가는 것은 두려워합니다. 원국에 재성이 인수(印綬)를 파하고 칠살을 도우면 반드시 일간은 좋은 일이 없게 됩니다. 만약 인수(印綬)가 묘지(墓地)에 들면 수명이 요절할 수도 있습니다. 또한 만약 원국에서 재성이 있어 인수(印綬)를 상(傷)하게 하면 일찍이 모친과 이별하는 슬픔을 당할 수 있습니다. 그러므로 인수는 재성을 기피하는데 탐재괴인(貪財壞印)이 되는 것을 가장 꺼려합니다. 만약 재성이 인성(印星)을 무너뜨리면 스스로 목숨을 끊는 경우가 있다고 합니다.

【예시1】 29세 임자(壬子)년에 흉사(凶死)한 남자 사주입니다.

時	日	月	年	歲運	大運	男命
편재		겁재	편인	편관	편재	
庚	丙	丁	甲	壬	庚	
寅	子	卯	申	子	午	
편인	정관	정인	편재	정관	겁재	

이 명조는 인수격입니다. 그런데 년(年)지의 신금(申金)이 경금(庚金) 편재로 투출한 겁니다. 인수를 용신하는 팔자에서 편재의 투출은 불리한 것이죠. 잘못하면 **탐재괴인**(貪財壞印)에 걸리게 됩니다. 경오(庚午)대운에는 갑경충(甲庚沖)으로 탐재괴인의 흉의가 드러나고 자오충(子午沖)으로 정관의 손상이 필연적입니다. 임자년(壬子年)에는 겁재 정화가 정임합거(丁壬合去)로 제거가 되는 시기가 됩니다.

또한 자묘형(子卯刑)을 하므로 탐재파인이 실현이 될 가능성이 높습니다. 탐재괴인의 사주에서는 겁재가 희신이 됩니다. 왜냐하면 겁재가 재성을 극해서 인수를 구해주는 겁니다.

그러므로 겁재가 제거되는 정임합거년에 사망했다고 보는 것이 정확하겠습니다. 이 사람은 29세 임자(壬子)년에 흉사(凶死)했습니다

▶ 탐재괴인(貪財壞印)관련 내용은 제가 집필한 【사주명리 실전 100구문】 70장에 상세히 설명하고 있습니다.

【표15】

	인수(印綬)의 특징
인수	월에서 일간을 생하면 천간에는 재성이 없어야 인수(印綬)라 한다.
	인수(印綬)가 상하게 되면 영화로움이 오래가지 않는다
	어릴 때 모(母)와 이별하는 것은 재가 많거나 인수(印綬)가 사절되는 이유이다.
	인수가 운에서 재향(財鄕)으로 가면 직위를 물러나야 한다.
	여자는 인수(印綬)가 많으면 자식이 적다.
	신왕(身旺)하고 인수(印綬)가 많으면 재운(財運)이 와도 방해를 받지 않는다.
	인수(印綬)가 상(傷)하면 고향을 일찍 떠나 돌아오지 못한다.
	인수(印綬)가 관성과 재성이 있으면 재생관(財生官), 관생인(官生印), 인생신(人生身)하여서 일간이 재성를 극하여 오히려 귀(貴)를 얻게 된다.
	도장, 인허가, 교육, 학위, 자격증, 인증서, 문서, 명예, 선비, 보수성, 육영사업 공무원, 교육자, 학자, 연구가, 교수, 예술가, 연극, 영화, 서예가

10) 편인(偏印)

편인은 일주와 음양(陰陽)이 같기 때문에 식신(食神)을 극하는 힘은 정인(正印)보다 강하고 일주를 생하는 힘은 정인(正印) 보다 약합니다. 그런 이유로 편인(偏印)이 식신(食神)을 만나면 식신을 심하게 극을 하여 활동을 위축시키게 됩니다. 그런데 정작 일간을 생하는 힘은 인수보다 약하므로 돕는 힘은 약한데 활동에는 제약이 많으니 보통 끈기가 부족하여 일을 시작하면 중도 탈락하는 경향이 많다고 합니다. 만일 겁재가 있게 되면 편인은 일간보다도 겁재를 우선적으로 돕게 됩니다. 그래서 편인을 계모(繼母), 편모(偏母)라고 보았던 것입니다.

그래서 편인은 재성의 제복을 반기는 편입니다. 민일 편인(偏印)이 재성의 제복(制伏)을 잘 받거나 간합으로 제화(制化)가 되면 편인(偏印)이라고 부르고 편인의 흉(凶)이 식신을 극하는 것을 도식(倒食)이라 하였고 편인의 흉(凶)이 일간을 해롭게하는 행위를 효신(梟神)이라 말했던 것입니다. 십신에서는 재성이 있으면 효신(梟神)과 도식(倒食)을 다스릴 수 있으므로 오히려 복이 됩니다.

그래서 년주의 편인이 강화가 되는데 제화(制化)되지 않으면 결손가정이 되거나 빈한(貧寒)한 가정의 출신으로 봅니다. 왜냐하면 편인이 식신을 암(暗)중으로 극하는 작용을 하기 때문에 재성이 액해진다고 보았던 것입니다. 조상궁에서 재성이 쇠한 것은 당연히 빈한하거나 결손 가정으로 파악했던 것입니다. 편인의 가장 문제는 역시 식신을 극하는 것인데 식신의 허약으로 재성을 생하지 못하게 하고 칠살을 제화하지 못하면 빈한하고 삶이 살은 더왕해져서 건강할 수가 없게 됩니다.

편인은 머리가 좋으며 눈치가 빠르고 임기응변에도 능해서 다방면에 많은 지식을 갖춘 지식인이 많습니다. 우주만물의 신비를 탐구하기를 좋아하여 동양철학과 한의학에 두루 관심이 많습니다. 그러나 한편 생각과 이해력이 뛰어나지만 일에는 싫증과 권태를 잘 내는 성향도 나타납니다. 왜냐하면 편인은 식신을 극하기 때문입니다. 그로 인해 활동성에 제약을 받는 것입니다. 그래서 일을 할 때에도 서두르지 않는 편이라 남이 보기에는 요령을 잘 부리고 게으른 편으로 보일 수가 있다는 사실입니다.

여자 명조에서는 만일 편인이 왕(旺)하면 자식을 양육(養育)하기 어렵다고 합니다. 이것은 도식(倒食)으로 생활환경이 궁핍해지기는 원인도 있겠지만 본래 편인은 식신을 극하는 물건입니다. 자식인 식신을 극하니 아이를 양육하기 힘들고 뜻대로 성장하지 않아 자식이 삐틀어지기도 합니다. 그래서 남녀모두 편인이 불손해지면 혹 세상 모든 일이 쓸쓸하고 고독하고 허무하다고 생각합니다. 정신적 방황, 실수, 신경과민 등의 질병이 발생할 수도 있습니다. 그로 인해 편협적인 신비한 사고에 삐지게 되어 종교, 철학, 의료, 예술, 예능 심리 쪽에 관심을 가지게 되는 것입니다.

그래서 편인이 편재의 제화를 잘 받을 수 있으면 예술, 스포츠, 기술, 의약, 종교, 문학, 학문, 역술, 무속인 등의 분야에 성공할 수 있는 요소가 됩니다.

첫째: 비겁(比劫)을 생조하는 역할이 있다.
편인은 일간을 생조하는 기능이 있습니다. 생하는 도리는 정인이 일방적이라면 편인은 통계적 계산적입니다. 그래서 편인을 편모라 칭했던 것이므로 만약 겁재가 있게 되면 순서를 따져 일간보다 겁재를 우선시합니다.

둘째: 관성(官星)을 설기하는 역할이 있다.
편인은 관성을 설기하는 기능이 있습니다. 편인은 관성을 설기하는 힘이 정인보다 크기 때문에 신약하고 관성이 기신이면 편인의 성취(成就)가 정인보다 크다고 합니다. 관살에서는 칠살을 편인으로 설기하면 화살생신이 되고 정관을 편인으로 설기하면 관인상생이 됩니다.

셋째: 식상을 극하는 역할이 있다.

편인은 식신을 극하는 기능이 있습니다. 그래서 만약 식신제살에 의지하는 명조가 편인을 만나면 식신을 극해서 제살하는 작용을 무력화 시키므로 가난하거나 생명이 위험하게 됩니다. 그러나 반대로 상관견관이 된 명조라면 편인은 상관을 극하므로 정관(正官)이 제 역할을 발휘하게하여 공명을 성취하고 성공할 수 있게 만들어주기도 합니다. 만약 식신이 태왕하여 병(病)이면 정인(正印) 보다 편인으로 제(制)하는 것이 훨씬 좋습니다.

넷째: 효신(梟神)을 두려워한다.

효신살(梟神殺)은 일지(日至)에 편인(偏人)을 만나는 것인데 동방불인지조(東方不仁之鳥)라 하여 어미새를 잡아먹는다는 효신(梟神)을 상징하여 일컫는 용어입니다. 곧 올빼미에서 나온 말입니다. 이것은 일지 배우자궁에 편인(偏印)이 거주하는 셈이라 엄한 시어머니 밑에서 생활하는 며느리의 삶이라 서로 궁합이 좋을 리가 없는 것입니다. 분가(分家)해야 좋은데 일지궁 편인이면 모친이 어디를 가던 아들을 따라와 함께 산다는 뜻으로 이해하면 됩니다. 그러므로 고부(姑婦)갈등으로 인해 부부이별수가 일어날 수 있습니다. 또한 편인(偏印)은 식신(食神)을 도식(倒食)하는 글자입니다.

식신은 여자에게는 자녀가 되고 남녀 공통으로 의식주(衣食住)가 되는 것이라 편인도식(偏印倒食)이 되면 내 밥그릇이 없어져 진로(進路)가 막히거나 장애가 발생하게 됩니다. 그러므로 편인(偏印)이 효신(梟神)이 되는 것을 극단적으로 꺼려 왔던 것입니다.

【표16】

	편인의 특징
편인	정인(正印)은 정통학술에 속하고 편인은 전문 특수 분야에 속한다.
	편인은 편신(偏神)에 속하기 때문에 특수한 분야에 종사한다.
	편인이 재성을 보게 되면 자수성가로 복덕을 쌓을 수 있다.
	여명은 편인기신운에 자녀 문제로 고민하거나 산액·여성질병이 있을 수 있다.
	편인은 제화되면 융통성이 많고 희생적 정신과 배려심이 많다.
	편인이 겁재· 양인과 나란히 있으면 생가와 고향을 떠날 수 있다.
	신규사업, 신축, 주택구입, 승진, 표창, 영전, 합격 등을 상징한다.
	복서(卜筮), 명상, 풍수, 연구, 조사, 정탐, 첩보, 창조, 발명, 저술(著述)이다.
	이발, 의술, 의사, 종교, 예술인, 작가, 언론인, 음악가, 학원업, 출판업, 요리사, 연극인, 체육인, 발명가 등의 종사자가 좋다.
	서예, 꽃꽂이, 수예, 사진, 각종 스포츠 등 취미활동에 좋은 결과를 얻는다.

8 육친(六親)론 이해하기

1. 육친의 개념 정리하기

중국의 역학 관련 논문을 보면 "여씨춘추(呂氏春秋)"라는 책이 있는데 그곳에서 육친에 대한 설명이 나옵니다. 곧, "육척(六戚)이란 부모형제처자(父母兄弟妻子)를 말한다." 나오고 있으며 왕필이란 사람은 육친이 "부모형제부부(父母兄弟夫婦)"라고 정의를 하였습니다.

1) 육친 정의(六親定義)

육친(六親)이란 원래 부모형제처자(父母兄弟妻子)를 말하는데 여씨춘주에 나오는 육척(六戚)에서 비롯되었다고 합니다. 그러나 민법에서 사용하는 육친(肉親)은 다만 혈족 관계에 있는 사람을 말하며 명리에서 말하는 육친(六親) 개념과는 좀 다르다고 보면 됩니다. 곧 민법에서 말하는 육친은 피부와 살을 의미하는 골육(骨肉)을 가리키는 용어로 육친(肉親)을 말하는 반면에 명리학에서 육친(六親)은 혈육의 상하(上下)관계로 맺어지는 가족을 말하는 개념이라고 보면 됩니다. 사주에서는 일간(日干)을 위주로 본 각 간지와의 관계를 십신이라 말을 합니다. 곧 비견(比肩), 겁재(劫財), 식신(食神), 상관(傷官), 편재(偏財), 정재(正財), 편관(偏官), 정관(正官), 편인(偏印), 정인(正印)을 말합니다. 간혹 십신(十神)을 육신(六神)이라고도 하는데 이건 틀린 말입니다. 왜냐하면 십신이라는 뚜렷한 용어가 존재하는데 다시 육신이라는 용어를 만들 필요는 없는 것이죠. 아마도 누군가가 육친과 십신을 연결하여 논하는 것을 육신(六神)이라고 말했던 것 같습니다. 곧 육친의 "육(六)" 글자와 십신의 "신(神)" 글자를 따와 만든 합성어가 육신(六神)이라고 보면 될 것 같습니다. 그러니까 육신(六神)이란 6격(六格)을 잡을 수 있는 십신을 말하는 것이 됩니다. 곧 육격(六格)을 정하는데 유용한 십신을 육신(六神)이라 이해하면 될 것 같습니다. 그리고 6격(六格)의 입장에서 십신의 상관관계를 논한 글이 "논육신편"이 됩니다.

2) 십신(十神)을 5가지로 묶습니다.

비견(比肩)과 겁재(劫財)를 묶어 비겁(比劫)이라 합니다.

식신(食神)과 상관(傷官)을 묶어 식상(食傷)이라 합니다.

편재(偏財)와 정재(正財)를 묶어 재성(財星)이라 합니다.

편관(偏官)과 정관(正官)을 묶어 관성(官星)이라 합니다.

편인(偏印)과 정인(正印)을 묶어 인성(印星)이라 합니다.

3) 십신과 육친성의 분류

【표1】

육친성	남자	여자
비견(比肩)	나, 형제, 형	나, 언니, 자매
겁재(劫財)	형제, 동생, 이복동생	동생, 이복동생
식신(食神)	외조부, 손자	자녀(아들)
상관(傷官)	조모, 장모, 손녀	자녀(딸)
편재(偏財)	아버지, 첩	아버지, 시어머니 .
정재(正財)	숙부, 처(아내)	숙부
편관(偏官)	자식(아들)	애인, 남편형제, 시누이
정관(正官)	자식(딸)	남편
편인(偏印)	이모, 양모, 조부	이모, 양모
정인(正印)	모 친	모 친

4) 육신(六神)의 정의

육친의 여섯 관계를 말하므로 부모형제처자(父母兄弟妻子)를 말하는 것이고 이 6개의 육친이 10개의 십신의 상관관계에 의해 6격이 만들어 지는데 이를 육신이라 말합니다. 그래서 육신이란 격으로 잡을 수 있는 십신을 의미한다고 이해하면 됩니다.

일반적으로 6격이라고 하여 전통 격국법에서 많이 사용이 되었습니다. 6격은 지금도 남아 있지만 정8격으로 많이 사용하게 되었습니다. 곧 식신, 상관, 재성, 정관, 편관, 인성 이렇게 격으로 잡을 수 있는 여섯 가지 십신을 육신이라고 합니다. 육신에서 재성과 인성을 정편 구분해서 여덟 가지로 만들고 거기에다가 비견, 겁재를 더 하면 그게 십신이 되는 것입니다.

예를 들어 다음 아래는 삼명통회의 "논육신편"을 설명하고 있습니다."무릇 명에서 인수는 모친이고 재는 부친이다. 무릇 재는 처실로 논한다. 자식은 관살이고 생시를 말한다. 부모가 한번 이별하고 한번 합하는 것은 모름지기 인수가 재성에 임한 것을 알아야 한다. 처궁에서 처를 지키게 되면 현명하여 맏이로 빛을 낼 것이다. 처성이라 하는 것은 재성인 것이다. 처궁이라 하는 것은 일지인 것이다"

2. 육친성이 만들어지는 원리 이해하기.

【예시1】　　　 時　　 日　　 月　　 年　　 男命

　　　　　　　 인수　　　　　 정재　 편재

　　　　　　　 癸　　 甲　　 己　　 戊

　　　　　　 모친성　　　 아내성　 부친성　 육 친

계수(癸水)는 나를 생조하니 십신(十神)으로 보면 인성(印星)이 되고, 육친론으로 보면 모친(母親)에 해당이 됩니다. 그런데 계수(癸水)와 합하는 십신(十神)이 뭡니까? 무계합(戊癸合)이죠. 무토(戊土)가 모친인 계수(癸水)와 합하는 십신입니다. 그러니 무토(戊土)는 편재(偏財)가 되고 곧 나에게는 부친이 되는 원리입니다. 반면에 기토(己土)는 정재(正財)가 되어 갑(甲)일간과 기토(己土)는 갑기합(甲己合)을 합니다. 이것은 천간 오합(五合)이니 곧 나의 짝이 되는 배필이 되는 셈이죠, 그래서 기토(己土) 정재(正財)는 아내가 되는 것입니다. 그런데 갑목(甲木)이 극하는 십신은 무토(戊土)와 기토(己土)입니다. 내가 극하는 오행이 곧 부친과 아내에 해당이 되는 것입니다. 그런데 기토(己土)는 갑(甲)일간이 합하면서 극을 동시에 한다고 해서 합극(合剋)이라 부릅니다. 합극(合剋)이 되는 짝을 천간오합이라 부부의 인연이라 보았습니다. 일방적으로 극하는 편재를 부친성으로 본 것입니다. 또한 기토(己土)는 정재인데 정재(正財)가 생조하는 금(金)은 관살(官殺)에 해당이 됩니다. 나를 생하는 십신이 인성(印星)으로 모친이였으므로 아내가 생조하는 십신이 곧 자식이 되는 것입니다. 그래서 관살(官殺)이 나의 자녀가 됩니다. 그러므로 여자 일간이 생조하는 식신과 상관이 자녀가 됨은 당연한 순리가 되겠죠. 또한 만일 여자 일간이라면 합극(合剋)하여 들어오는 십신인 관살이 남편이 되는 것도 마땅한 것이겠죠. 예를 들면 을목(乙木)일간인 여자라면 경금(庚金)이 합극하여 들어오는 관성(官星)이 되므로 정관으로 내 남편이 되는 것입니다. 남자와 여자는 부친은 편재가 공통적이며 인수는 모친이 됩니다. 이런 원리를 기반으로 장모와 사위 시아버지와 며느리 관계를 추정할 수 있습니다.

3. 육친궁(六親宮)과 육친성(六親星)의 배합으로 육친론을 펼친다.

육친(六親)의 안위(安位)와 유무(有無)를 살필려고 하면 육친궁과 육친성을 함께 살펴 조율해야 합니다. 육친성은 4길신과 4흉신의 제복(制伏)으로 희기(喜忌)를 가려서 살펴보고 육친궁은 근묘화실(根苗花實)에서 해당되는 육친궁의 왕상휴수(旺相休囚)로 살펴봅니다.

그러므로 육친궁(六親宮)과 육친성은 월지(月支)를 기준으로 왕상휴수사(旺相休囚死)를 파악하면 됩니다. 월지(月支)에 사절(死絶)이 되었는데도 육친(六親)이 건재하면 형충파의 작용을 받는다고 생각하시면 됩니다.

부하 직원	나	형제	사회국가
자식궁	배우자궁	부모궁	조상궁

4. 신봉통고 육친론 이야기.

신봉통고에 실린 육친 설명입니다. 년(年)은 조상의 흥망성쇠를 간명하고 월(月)은 부모의 현존 여부를 간명합니다. 년(年)은 조상의 궁에 해당하여 재관(財官)이 임(臨)해 있으면 록마(祿馬)의 고향이 앉은 것이라 영예롭습니다.

다만, 년주궁(年柱宮)에 비견겁재가 앉아 있게 되면 재관(財官)이 없게 되는 것이니 곧 영화롭지 못한 것이 됩니다. 따라서 조상궁이나 월상(月上)의 형제 비견이 거주하면 재관(財官)을 참견하는 것이니 만약, 년월(年月)에 재관(財官)이 없다면 일간인 주인은 모두 기본이 천박(淺薄)한 것이니 자수성가(自手成家)해야만 하는 것이 됩니다.

년상(年上)의 재관(財官)은 조상의 영화(榮華)이고 월상(月上) 관살은 형제의 쇠락이 됩니다. 월령에 홀로 관살이 사령(司令)하여 권세를 쥔다면 이것은 형제궁을 관살이 치는 행위이므로 일간인 주인은 모두 형제를 손상시키는 것이 됩니다. 비록 형제가 있다하더라도 주인은 울타리 안에서 형제끼리의 다툼이 많은 것이니 내부의 불화를 어찌 감당할 수 있겠습니까? 비록 비견형제는 수명을 관장하는 별이지만, 비견궁이 월상의 관살을 면전에서 보아 극을 당하는 것인데 어찌 형제를 해치지 않을 수 있겠습니까? 고로 말하길 비견궁에 관살이 사령(司令)하면 집집마다 형을 죽이고 관살이 아우를 죽인다고 하였습니다.

그러므로 월(月)은 그(비견)의 문호(門戶)가 된다고 하였는데 또한, 만약 일간이 월(月)에 통기(通氣)하면 비견이 신왕(神旺)한 것이라 주인은 기러기 신세로 많이 떠돌아다닌다고 말을 하였습니다. 이치가 이와 같은 것이니 정세에 순응하여 요령에 맞게 처리하여야 살피면 육친에 대한 간명이 저절로 나오게 됩니다.

【예시2】 년상(年上)의 재관은 조상의 영화(榮華)이고 월상 관살은 형제의 쇠
락이다.

時	日	月	年	男命
		편관	편재	
甲	庚	戊		
戊	申	申		
	편재	편관	편관	

년상(年上)에 재관(財官)이 존재하면 일단 조상 선대가 영화(榮華)롭다고 보시
면 됩니다.

월상(月上)에 관살(官殺)이 존재하면 일단 형제들이 쇠락(衰落)하구나 판단하
시면 됩니다. 이렇게 일차적인 육친판단을 하신 다음에 이것을 뒷받침할 만
한 다른 세밀한 정보를 찾아 확인해 나가는 겁니다.

5. 기타 명서(命書)에서 밝히는 육친론 이야기

일주(日柱)가 뿌리가 많거나 비견이 태왕하면 역시 일간 주인은 형제 사이가 나쁜 것입니다. 형제가 많이 있다는 것은 그 인연이 겁재신인 것이 맞는 것입니다. 이 또한 관살이 비견를 만나 극하는 것처럼 겁재신들도 일간에게 오는 재성을 겁탈하는 것이므로 형제끼리 송사에 휘말리게 합니다. 또한, 편재는 부친이 되는데 비겁이 중중(重重)하면 부친을 손상시키게 됩니다. 그리하여 비겁이 중하면 극처 극부한다고 말하는 것입니다. 또 정인은 모친이 되는데 모친의 별이 비록 성왕(盛旺)하는 자리라도 비겁이 중중하면 인수의 기운을 설기하는 것이라 모친은 손상을 당하게 됩니다. 또한 관살은 자녀가 됩니다. 그래서 상관식신이 많으면 관성을 극하게 하는 것이므로 곧 자식이 손상을 당하게 되는 것입니다. 만약 관살(官殺)이 태중(太重)하다면 일주를 극제(剋制)하므로 조기(早期)에 요절(夭折)하는데 구하기 쉽지 않습니다. 관살이 태중 할 경우는 자녀를 안정되게 낳기 위해서는 반드시 식신상관으로 태중(太重)한 관살을 제거하여야 합니다. 그래야 자식을 출산할 수가 있게 됩니다. 남자의 명이 이와 같고 여자의 명도 마찬가지입니다. 만약 재관(財官)이 왕(旺)하면 일주는 약하게 되기 때문에 시가(媤家)는 흥성하고 친정(親庭)은 쇠락하는 것이 됩니다. 왜냐하면 재관(財官)이 왕성한 것은 남편의 물건에 해당되기 때문이지요. 재성은 인수를 극하니 능히 모친을 손상시키고 관성은 능히 비견을 극하니 형제를 극하는 것이며 비견겁이 많은 일주는 부모와 형제가 모두 쇠락하는 것이 됩니다. 또한 여자에게 인수는 식신은 극하는 십신이므로 그 자식을 손상시키는 것을 좋아하지만 그 정을 양육한다면 능히 자식을 출산할 수가 있는 것입니다. 만약 식신상관이 적은데 다시 인수가 식상을 극한다면 능히 그 식신 상관의 자녀를 손상하게 하는 것이 되어 자녀에게 해롭게 되는 것입니다. 만약 진술축미(辰戌丑未) 4글자가 온전하다면 이 앉은 자리가 천지(天地)의 사옥(四嶽)인 것인데 이것은 자식과 남편의 입고처가 되므로 어찌 편안히 자녀를 생산할 수 있겠습니까? 따라서 만약 부성입묘와 자식성 입묘를 만나 사주라면 역시 지아비와 자식이 어려운 것이 됩니다. 그러므로 남녀의 두 명조가 모두 입묘를 범하면 안 되는 것입니다.

6. 육친론 사례 풀어 보기

【예시3】

時	日	月	年	男命
겁재		겁재	겁재	
戊	己	戊	戊	
辰	未	午	申	
겁재	비견	편인	상관	
乙癸戊	丁乙己	丙己丁	戊壬庚	지장간

지장간 내에 신금(申金) 속 임수(壬水)와 진토(辰土) 속 계수(癸水)가 여자인 것 같은데 그러면 부인인 제가 임수(壬水)인가요? 아니면 진중(辰中)의 계수(癸水)가 저인가요? 남편은 회사에서 3년에 한 번씩 지방 발령으로, 주말부부입니다. 남편의 팔자인데 부인이 질문을 하신 겁니다. 그러므로 남편 사주를 보고 본인의 육친관계를 살펴보도록 하겠습니다. 진(辰)중의 계수(癸水)는 지장간에서 무계(戊癸)암합이 됩니다. 무슨 의미냐 하면 남편 있는 여자라는 말이 되겠죠. 곧 계수는 유부녀(有夫女)라는 뜻입니다. 고로 남편이 만나더라도 직장 동료이거나 친구 정도 생각하며 만날 수는 있습니다. 그쪽에도 가정이 있으니까. 그리고 부부궁으로 살펴보면 시(時)지궁와 일(日)지궁이 진미(辰未)파가 되어서 더 이상의 관계가 생겨날 수가 없습니다. 그러므로 진중(辰中)의 계수(癸水)는 걱정할 필요는 없겠고 본인은 신(申)중의 임수(壬水)가 되는 것입니다. 이것을 어찌 아냐면 일지(日支)궁의 미(未)중 을목(乙木)이 관살(官殺)이므로 남자에게는 자녀가 되고 년지(年支) 신중(申中)의 경금(庚金) 상관은 조모(祖母)에 해당합니다. 을목(乙木)하고 신(申)중 경금(庚金)이 을경(乙庚)암합하죠. 무슨 뜻이냐 하면 자녀(子女)와 조모가 붙어 있는 것이니 동거하는 사이입니다. 아마도 외할머니 사랑이 돈독하였을 것이라 보이며 경금(庚金) 할머니가 금생수하는 임수(壬水)가 본인이 되는 것입니다.

【예시4】 사주에 남자가 없는 이유가 뭘까요?

時	日	月	年	女命
상관		상관	정재	
癸	**庚**	**癸**	**乙**	
未	**戌**	**未**	**亥**	
정인	편인	정인	식신	
丁乙己	辛丁戊	丁乙己	戊甲壬	지장간

이 명조에서는 남자가 팔자에 없습니다. 여자에게는 정관이 남자에 해당이 되는데 모두 지장간에 숨어있습니다. 경금(庚金)일간에게는 미(未)중 정화(丁火) 정관이고 술(戌)중 정화(丁火)가 정관이 됩니다. 그런데 진술축미(辰戌丑未)토는 형충(刑沖)해줘야 마땅하다고 말을 합니다. 그래야 지장간에 있는 기물(器物)들이 위로 솟아 올라와 내가 취할 수가 있다는 사실입니다. 그런데 술미형(戌未刑)이 되어 있습니다. 그러면 가능성이 있습니다. 그런데 형(刑)은 충(沖)보다 약해서 주변에서 건들려 줘야 개문(開門)이 될 수 있습니다.

그러나 문제가 있습니다. 천간에 계수(癸水)가 2개가 앉아 정화(丁火)를 기다리고 있는 것이 큰 결점입니다. 이 계수(癸水)는 뭐하는 자인가요? 바로 정계충(丁癸沖)을 준비중인 것입니다. 정화(丁火)가 오기만을 기다렸다가 정화(丁火)가 찾아오면 바로 정계충(丁癸沖)으로 정관(正官) 정화를 때려 쫓아내는 일을 합니다. 그것도 2명이나 되는데 몽둥이가 2개를 갖춘 사주가 되는 것입니다. 그래서 "상관견관(傷官見官)"이 되는 구조인 것입니다. 남자가 들어오는 해에 상관견관(傷官見官)의 수모(受侮)를 당해 남자가 도망가는 구조입니다.

【예시5】 왜 경자(庚子)년에 남자친구가 생기는 것일까?

時	日	月	年	歲運	大運22	女命
정인		정재	정관	편재	편인	
乙	丙	辛	癸	庚	甲	
未	辰	酉	酉	子	子	
상관	식신	정재	정재	정관	정관	

이 여자분은 경자년(庚子年)이 28세에 해당이 되므로 갑자(甲子)대운에서 자수(子水)대운을 진행 중입니다. 그런데 자수(子水)대운은 계수(癸水) 정관의 록(祿)지에 해당이 됩니다. 정관이 왕성해지는 운(運)을 만난 것입니다. 그런데 경자년(庚子年)에 다시 자수(子水)를 만났으므로 이렇게 동일한 십신이 중복이 되는 세운에 십신(十神)의 기운이 발현이 됩니다. 즉 그 십신이 육신으로 등장하게 되는 것입니다. 곧 경자년에 정관이 남자가 돼서 등장한다는 것을 말하는 것입니다.

【예시6】 경자년(庚子年)에 할머니가 돌아가셨습니다.

時	日	月	年	歲運
편인		편재	편재	편관
壬	甲	戊	戊	庚
申	寅	午	寅	子
편관	비견	상관	비견	인수

이 남자 분은 경자년에 자오충(子午沖)이 됩니다. 오화(午火)는 상관(傷官)이므로 남자에게는 조모(祖母)와 장모(丈母)에 해당합니다. 그런데 이 남자는 아직 결혼 안 한 상태이므로 오화상관이 조모(祖母)에 해당하는데 경자년(庚子年)의 자오충(子午沖)은 상관을 충하게 됩니다. 그러므로 그 해에는 해당하는 육친의 상실(喪失)을 당하게 될 수 있습니다.

【예시7】 한복집 여사장이 무자(無子)한 이유가 뭘까요?

時	日	月	年	女命
정인		편재	상관	
辛	**壬**	**丙**	**乙**	
亥	**子**	**戌**	**巳**	
비견	겁재	편관	편재	
寅卯			**寅卯**	**空亡**

첫 번째 이유로는 자녀성(子女星)인 식상이 공망(空亡)입니다.
두 번째는 자녀궁(子女宮) 자체에 문제가 있습니다. 보통 말하길 자녀궁에 인수가 거주하면 인수가 식신을 극하는 이유로 자녀가 들어갈 자리가 없게 된다고 말을 합니다. 이 명조가 그렇습니다. 신해(辛亥) 시주(時柱)인데 자식궁에 신금(辛金) 인수(印綬)가 있게 되면 을목(乙木) 상관(傷官) 자녀를 충극하여 자녀에게 불리해집니다.

이것은 상관 자식을 인수(印綬)가 을신충(乙辛沖)하고 시주(時柱) 자녀궁의 해수(亥水)는 을목(乙木)의 사지(死地)인 점이 불리하게 작용하는 것입니다.
그렇게 되면 이 팔자는 자식궁에서 공망된 자식을 거부하는 것이 됩니다.

⑨ 주요 신살(神殺)과 12신살(神殺)

1. 신살(神殺)의 유래.

우주 공간에 존재하는 별자리들은 상호 연관성을 가지고 선회(旋回)합니다. 서로 대칭을 이루면서 공전(公轉)과 자전(自轉)운동을 통해서 자기의 좌표를 유지하는 것입니다. 이 때 별과 별 사이에서는 당기거나 밀어내는 어떤 힘의 작용력으로 눈에 안 보이는 파장(波長)이 발생합니다. 이러한 것을 구분하여 논한 것이 바로 신살입니다. 신살(神殺)이라기 보다 별자리를 말하는 것입니다. 그러므로 신살(神殺)은 신성(辰星)이며 삼명학에서는 신살(神殺)이라 명칭을 하였습니다. 예를 들어 우주운행집도(宇宙運行執道)에서는 별자리를 상징하는 상수(象數)에 간지(干支)를 배속하였고 입춘(立春)에서 동지(冬至) 사이를 운행할 때의 규칙으로 삼았습니다. 예를 들어 청명(清明)과 곡우(穀雨) 절을 운행(運行)하는 진월(辰月)에는 태양과 월(月)의 파장이 임(壬)이라는 성분을 가장 활성화시킨다고 보았습니다.

그래서 이를 천덕월덕(天德月德)이라 하고 그런 까닭에 임일생(壬日生)이 3월(辰月)에 출생한 사람이면 천덕과 월덕귀인(月德貴人)의 정기(精氣)를 받는다고 믿었던 것입니다. 이같이 신살은 각종 성좌(星座)가 탄생이 된 이래(以來)로 원형이정(元亨利貞)으로 어떠한 영향을 미친다고 믿었는데 이것을 활용하여 인간사의 길흉선악(吉凶善惡)을 추리한 학문이 점성술(占星術)과 오성학(五星學)이 됩니다.

2. 오성학(五星學)의 발달.

신살(神殺)은 오성학(五星學)과 칠정사여(七政四餘)에서 발생한 것으로 추정이 되었는데 오성학(五星學)은 당나라 시대의 이허중이 년(年)을 근본으로 납음 오행(納音五行)과 신살(神殺)로 운명을 점치던 방식 이였습니다. 이것은 록명 신(祿命身)으로 사람의 운명을 보았기 때문에 흔히 삼명학(三命學)이라 하였 습니다. 나중에 서자평에 의해 일간 중심의 명리학으로 발전이 되었고 이것 이 오늘날의 자평학이 된 것입니다.

따라서 초창기에 만들어진 사주팔자의 도표는 우주 시공간에 배치가 된 행 성들의 상호 관계를 표기한 공간으로 보는 것이 타당하리라 생각합니다. 그 오성(五星)을 중심으로 별자리를 추정한 것이 바로 오성학(五星學)이니까 요. 신살(神殺)은 그 탄생 배경이 태세(太歲)의 별자리를 근본으로 하는 것이므 로 천간(天干)과 지지(地支)를 중심으로 살펴봐야 할 것입니다. 기원 전 1734 년에 고대인들이 별자리를 관찰하던 중 하늘에 목성, 화성, 토성, 금성, 수 성의 오행성(五行星)이 운집하는 오성취루(五星聚婁)현상을 발견하게 됩니다. 그 이후 오성학(五星學)에 대한 연구가 활발하게 진전(進展)이 되면서 당대(唐 代)에 이르러서는 오성학(五星學)이라는 별자리로 점을 치는 방법이 유행하게 됩니다. 이것이 자미두수(紫微斗數)로 발전하였는데 그 결과 오성학(五星學)은 자평명리학에도 영향을 끼치게 됩니다.

자평학에 이르러 삼명학에서 사용되던 중요한 별자리들은 십신(十神)으로 정 리가 되었고 삼형(三刑)과 육해(六害) 형충파해(刑沖破害) 이론으로 독립하였습 니다. 넓은 의미로 보면 십신과 12운성도 오성학의 칠정사여에서 발원한 신 살의 일종이라 보는 것입니다. 그래서 십신중에서 재성(財星)은 별 성(星)이라 고 하여 배우자의 별이라고 말했던 것이고 인성(印星)을 모친의 별이라 불러 왔던 흔적이 남아 있는 것입니다.

3. 신살(神殺) 찾는 방법.

1) 천간의 신살

이것은 일간 별자리를 기준으로 하여 지지의 다른 별자리를 관찰하여 신살을 만들어 내는 것입니다. 이러한 이치를 궁구하다 보면 사주팔자라는 배치가 단순히 천간과 지지를 말하는 것이 아니라 우주 별자리의 운행을 논(論)하고 있다는 사실을 알 수가 있게 됩니다.

예를 들어 갑(甲)이라는 별자리를 기준으로 묘궁(卯宮)을 운행하다가 만나게 되면 양인살이라 합니다. 갑(甲)의 별자리가 진궁(辰宮)을 만나게 되면 금여록이라 하고 해궁(亥宮)을 만나면 학당 또는 암록성이며 사궁(巳宮)을 만나게 되면 문창성이라 하였습니다.

그 결과 여러 신살들이 창안이 되었습니다. 곧 천을귀인, 천복귀인, 천관귀인, 천주귀인, 복성귀인, 태극귀인, 문곡성, 문창성, 학당귀인, 관귀학당, 금학성, 천록성, 암록성, 양인살, 비인살, 금여록, 암록, 낙정관살등이 있습니다.

【표1】 일간기준 신살

일간	甲	乙	丙	丁	戊	己	庚	辛	壬	癸
천을귀신	축미	신자	해유	해유	축미	자신	축미	인오	묘사	사묘
천복귀신	유	신	자	해	묘	인	오	사	오	사
천관귀신	미	진	사	인	묘	유	해	신	유	오
천주귀신	사	오	사	오	신	유	해	자	인	묘
복성귀인	인	축	자	유	신	미	오	사	진	묘
태극귀인	자오	자오	묘유	묘유	진술	축미	인해	인해	사신	사신
문곡귀인	해	자	인	묘	인	묘	사	오	신	유
문창귀인	사	오	신	유	신	유	해	자	인	묘
학당귀인	해	오	인	유	인	유	사	자	신	묘
관귀학당	사	사	신	신	해	해	인	인	신	신
금학성	진	사	미	신	미	신	술	해	축	인
천록성	인	묘	사	오	사	오	신	유	해	자
암록성	해		인		인		사		신	
양인성	묘	진	오	미	오	미	유	술	자	축
비인살	유	술	자	축	자	축	묘	진	오	미
칠살	경	신	임	계	갑	을	병	정	무	기
급각살	신유	신유	해자	해자	인묘	인묘	사오	사오	진술 축미	진술 축미

2) 방위 신살

방위(方位)라는 위치에서 신살을 찾을 수가 있는데 예를들어 인묘진(寅卯辰) 그 다음 글자가 고신(孤辰)에 해당합니다. 또한 인묘진(寅卯辰) 앞 글자가 과숙(寡宿)에 해당합니다. 고신(孤辰)과숙(寡宿)은 외로운 몸이라는 의미가 강합니다. 그래서 고신(孤辰)과 과숙이란 결국 방합(方合)에 끼지 못한 글자를 말합니다. 단체에 가입하지 못하는 외로운 글자가 고신(申)과 과숙(寡宿)이 되는 셈이죠.

예를 들어 축인묘진사(丑寅卯辰巳)에서 인묘진(寅卯辰)은 방합이고 축(丑) 글자는 과숙(寡宿)에 해당이 되고, 뒷 글자인 사(巳)는 고신(孤辰)에 해당하는 것입니다. 방합에 끼여 주지 않으니 차별이고 왕따에 해당하는 것입니다. 그래서 고신(孤辰) 과숙(寡宿)은 외로운 별이 됩니다.

【표2】 과숙(寡宿), 고신(孤辰)

과숙(寡宿)	년지,일지	고신(孤辰)
丑	寅卯辰	巳
辰	巳午未	申
未	申酉戌	亥
戌	亥子丑	寅

3) 삼합국 신살

삼합으로 변하는 오행을 중심으로 해서 신살을 찾을 수 가 있습니다. 예를 들면 년지(年支)에서 인오술(寅午戌) 글자가 놓여 있다면 삼합의 합화(合化) 오행(五行)은 화(火)가 됩니다. 화(火)는 양간(陽干)을 병화(丙火)로 간주하므로 병화(丙火)를 기준으로 지지의 12운성을 확인해 보는 것입니다.

그러므로 병화(丙火) 기준에서는 해수(亥水)가 절지(絶地)이므로 겁살(劫殺)이라고 명칭을 하는 것입니다. 만약 돼지띠라고 한다면 해묘미(亥卯未)중에서 해수(亥水)를 찾는데 해묘미(亥卯未)의 합화(合化) 오행은 목(木)이 되는 것입니다 따라서 양간(陽干)인 갑목(甲木)을 기준으로 인목(寅木)은 록(祿)에 해당하므로 망신살(亡身殺)이 되는 것이고 사화(巳火)는 병지(病地)이므로 역마(驛馬)가 되는 것입니다.

4) 십이신살(十二神殺)

【표3】 십이신살(十二神殺)

殺年/日	겁살 (劫煞)	재살 (災煞)	천살 (天煞)	지살 (地煞)	도화 (桃花)	월살 (月煞)	망신 (亡身)	장성 (將星)	반안 (攀鞍)	역마 (驛馬)	육해 (六害)	화개 (華蓋)
12운성	절	태	양	생	욕	대	록	왕	쇠	병	사	묘
巳酉丑	인 (寅)	묘 (卯)	진 (辰)	사 (巳)	오 (午)	미 (未)	신 (申)	유 (酉)	술 (戌)	해 (亥)	자 (子)	축 (丑)
亥卯未	신 (申)	유 (酉)	술 (戌)	해 (亥)	자 (子)	축 (丑)	인 (寅)	묘 (卯)	진 (辰)	사 (巳)	오 (午)	미 (未)
申子辰	사 (巳)	오 (午)	미 (未)	신 (申)	유 (酉)	술 (戌)	해 (亥)	자 (子)	축 (丑)	인 (寅)	묘 (卯)	진 (辰)
寅午戌	해 (亥)	자 (子)	축 (丑)	인 (寅)	묘 (卯)	진 (辰)	사 (巳)	오 (午)	미 (未)	신 (申)	유 (酉)	술 (戌)

❶ 겁살(劫殺)

겁살(劫殺)은 년지(年支)를 기준으로 보는데 오행이 절(絶)이 되는 자리입니다. 해묘미(亥卯未) 목(木)오행은 신금(申金)이 겁살입니다. 인오술(寅午戌) 화(火)오행은 해수(亥水)가 겁살입니다. 사유축(巳酉丑) 금(金)오행은 인목(寅木)이 겁살입니다. 신자진(申子辰) 수(水)오행은 사화(巳火)가 겁살입니다. 단순하게 년지(年支)와 일지(日支) 기준의 오행(五行)으로 겁살(劫殺)만 판단하면 실수할 수가 있으므로 일간 기준의 12운성과 십신의 길흉 여부를 함께 판독해야 정확한 추명(推命)이 가능해집니다.

만약, 일간이 겁살(劫殺)을 감당하고 다스릴 수 있으면 귀(貴)하게 보는 것입니다. 겁살(劫殺)은 년지와 일지 기준으로 보는데 삼합의 오행이 절(絶)이 되는 곳이 바로 겁살(劫殺)입니다. 겁살은 그 기운이 가장 허약한 절지(絶地)에 빠진 것으로서 어떠한 곤경과 재난을 당해도 대항하기가 어렵습니다. 막을 능력이 약하다는 것이므로 의지력도 약하여 재난에서 벗어나기 힘들다 고합니다.

절지(絶地)에서는 그 기운이 완전히 정반대의 다른 기운으로 변한 것이니 상호 반대되는 입장에서는 겁탈 현상이 일어나게 된다. 겁살은 보통 타인으로부터 겁탈을 당하거나 타인을 겁탈한다는 흉신입니다. 길(吉)하게 표출이 되면 권위, 총명, 재능 특출, 의협심, 신속, 결단, 과단성, 속성(速成) 속패(速敗)이고 흉(凶)하게 표출이 되면 불의의 탈재(奪財), 도난, 이별, 졸속(拙速), 탈취(奪取), 급변(急變), 급질횡액(急疾橫厄), 차량전복, 각종 재앙이 됩니다. 갑을(甲乙) 겁살은 방망이로 두들겨 맞고 병정(丙丁)겁살에는 불과 화약으로 상해(傷害)를 당하며 경신(庚辛) 겁살은 총, 도포, 칼로 자상(自傷)을 입거나 임계(壬癸) 겁살에는 음독, 수해(水害), 익사(溺死)를 당하기도 합니다.

사주의 격이 좋으면 권세를 잡고 격이 나쁘면 질병과 곤액이 많습니다. 겁살(劫殺)이 희신으로 작용하면 합법적인 라이센스를 소유하고 남을 겁탈하는 사람입니다. 그러므로 차압, 압수 등에 검, 경찰, 교도관이며 몸을 겁탈하는 합법적인 라이센스는 의사, 약사, 법조인이 해당이 됩니다. 머리를 겁탈하는 라이센스는 미용사, 이발사도 됩니다. 만약 겁살(劫殺)이 희신으로 작용하면 당하는 것이 아니라 횡재를 하는 것이 됩니다. 운 좋게 복권에 당첨이 되는 것입니다. 생각지도 않은 유산을 물려받는 것이고 잊었던 돈이 들어 오는 것입니다. 운에서 겁살이 희신 길신으로 작용하면 복잡다단한 가운데에서도 나에게 의외의 횡재수도 발생한다는 사실입니다. 년을 기준으로 하나 일도 기준으로 하니 참조해야 합니다.

또한, 겁살과 육친이 결합하여 발생 되는 사건들을 추리하여 간명할 수 있습니다. 겁살재성은 고부갈등, 부부불화, 부친무정, 처문제, 손재수, 부도, 파산입니다. 겁살관성은 직업변화, 남편문제, 자식문제, 직업이직, 전직, 중단, 관재구설입니다. 겁살인성은 부모이별, 계약불리, 관재문서, 구설시비, 계약파기입니다. 겁살식상은 진로장애, 업무중단, 과대망상, 패가망신, 건강이상, 식신장애입니다. 겁살비겁은 형제애로, 동료불신, 동업파괴입니다.

여자가 관성겁살이면 남자가 아무리 잘해줘도 고마워할 줄 모른다고 합니다. 남자가 관성겁살이라면 자식이 부모가 잘해줘도 항상 불만이라고 합니다. 남자가 재성겁살이면 아내는 남편이 돈 버는 기계로 생각합니다. 남녀공통으로 인성이 겁살이면 부모봉양 잘해줘도 부모는 항상 불평이 많습니다. 겁살이 관성희신이면 정계나 관계에서 발전합니다. 겁살이 재성희신이고 일지에 있으면 처덕이 있습니다.
그래서 처로 인해 축재(蓄財)합니다. 겁살이 편인이면 역술계, 예술계, 구류업등에 종사하고 겁살이 정인이면 문장력이 뛰어나 학계에서 인정을 받습니다. 겁살이 식상일 경우에는 능란한 화술로 재물을 취득합니다. 그래서 외교활동에서 발전합니다.

겁살이 재성기신에 해당하면 처로 인해 손재를 당하고 겁살이 식상기신이면 남녀 공통으로 글이나 말로 인하여 화를 당할 수 있습니다. 그래서 남자는 처가로 인해 피해를 당할 수 있습니다. 겁살이 식상기신이면 여자는 자식이나 남편으로 인한 재액이 그칠 날이 없습니다. 겁살의 근묘화실(根苗花實)의 배치에 따라 발생할 사건들을 추론할 수 있습니다.

년지겁살은 조실부모, 객지고생, 관재구설, 조상별리에 해당합니다. 월지겁살은 조실부모, 관재구설, 부모형제 별리, 육친무덕, 고향출가입니다. 일지겁살은 부부별리, 상처, 이혼으로 판단합니다. 시지겁살은 자식무덕, 자손병약, 말년고생를 뜻합니다. 이러한 신살의 간명법은 단식판단법이니 반드시 격국의 희기를 판단한 후에 형충파해와 신살을 겸비하여 간명해야 합니다.

❷ 재살(災殺)

재살(災殺)은 자오묘유(子午卯酉) 왕지(旺地)의 글자들입니다.

예를 들어 사유축(巳酉丑) 삼합의 가운데 글자 유금(酉金)은 장성살에 해당하는데, 장성살과 충(沖)되는 글자 오(午)가 재살이 되는 것입니다. 곧 권력을 가진 장성살을 건들므로 감옥에 가는 것입니다. 그래서 재살(災煞)은 수배자였던 겁살이 감옥에 갇힌 형국으로 재살 혹은 수옥살(囚獄煞)이라고도 합니다. 재살(災殺)에서 재(災)는 재앙을 나타내는 글자입니다. 이 살성(殺性)이 있는 사람은 송사, 관재, 화재, 납치, 감금, 갈등 등으로 인한 고초를 겪게 됩니다. 사주에 이 살이 있으면서 흉성(凶星)으로 작용하게 되면 간혹 납치를 당하거나 포로가 되어 감금생활을 하는 수도 있고 갑작스런 사고를 당해 피를 많이 흘리게 됩니다. 그만큼 관재(官災)의 영향이 큰 형살이라고 하겠습니다.

그래서 재살(災殺)은 다른 말로 수옥살(囚獄煞)이라고도 하는데 격렬한 싸움이나 사고를 암시합니다. 재살(災殺)이 중중(重重)한 사주는 금전거래나 보증 등에 특히 조심해야합니다. 재살(災殺)이 비겁(比劫)이면 형제 및 직장동료에 의한 관재이고 재살이 식상(食傷)이면 자식 및 장인, 장모로 인한 손실이 됩니다. 재살(災殺)이 관성(官星)이면 직장 및 자식과 조카로 인하여 재물에 손해가 나타나며 여자는 남편으로 인한 재물손해가 발생할 수 있습니다. 재살(災殺)이 인성(印星)이면 문서에 의한 사기, 모친으로 인한 손재 등이 됩니다. 재살(災殺)이 재성(財星)에 이르러 흉함을 끼치면 금전 상의 송사가 생기고 치정으로 인한 남녀간의 다툼이 생기는 흉액을 당할 수 있게 됩니다. 재살(災殺)은 치열하게 다투는 것을 의미하므로 사법기관이나 권력기관에 있으면 그 이름이 높을 수 있습니다. 그러나 소인(小人)은 감당하기 어려워 일신(日身)의 고난을 면하지 못하며 구속이나 납치, 감금, 관재, 송사, 교통사고의 형액이 많게 됩니다.

년(年)에 재살(災殺)이 있으면 선조 때의 조상이 고난을 받음이요, 초년에 질병이 많고 부부가 헤어지거나 관액을 한번은 당할 수 있습니다. 월(月)에 재살(災殺)이 있으면 노상(路上) 횡액(橫厄)의 불운을 겪게 되어 교통사고나 강탈을 당하기도 합니다. 또한, 부모형제에게 이와 같은 어려움이 생길 운이라 할 수 있으니 가업이 몰락하기 쉽습니다. 화개공망이 재살(災殺)이면 승려가 되거나 역마살과 같이 있으면 무녀가 되기도 합니다. 일(日)에 재살(災殺)이 있으면 몸에 잔병이나 흉터를 남기거나 부부궁이 불길하며 자손과의 인연이 희박하다고 합니다. 병고와 부부이별, 질액(疾厄) 등을 면치 못합니다. 시(時)에 재살(災殺)이 있으면 풍파가 많고 구설이 분분(紛紛)하며 심노(心怒)하고 근심과 걱정으로 일생이 곤고합니다. 또 자손에게 그 화(禍)가 일어나기도 하니 자식운세도 불길하여 기도와 정성이 필요합니다.

이 살성(殺性)은 단순히 년월일시(年月日時)에만 한정되는 것이 아니고 평생을 따라 다닙니다. 그러나 중요한 것은 천간의 기운을 필히 살피는 것이며 십신의 작용과 세운의 영향에 의해 이 살의 작용이 크고 작아진다 하겠습니다. 재살(災煞)이 주(柱)중에 있거나 행운(行運)에서 들게 되면 금전거래나 보증 같은 행위를 하면 손재(損財)가 따르고 그로 인하여 송사(訟事)나 관재(官災)가 따르게 됩니다. 그러나 경찰, 검찰, 법관, 세관, 군인처럼 갇혀진 틀에서 생활을 하며 규율이 엄격한 직업을 가진 사람들에게는 이미 직업 자체가 갇힌 상(像)이므로 오히려 좋은 운으로 작용을 하여 흉한 작용을 면할 수 있게 됩니다. 재살(災殺)이 길신(吉神)에 해당하면 군경, 검찰 권력과 인연이 있고 형옥(刑獄)을 면하게 되지만 흉신(凶神)이면 범법 행위로 구속 감금하게 됩니다. 또 재살이 재성(財星)이고 흉신(凶神)이면 재(財)로 인한 송사가 빈번하거나 아니면 처(妻)로 인한 구설 시비가 끊이질 않는다고 합니다. 원명(原命)에 재살이 있고 제거되지 않으면서 행운과 유년에 또는 대운에서 충형(沖刑)되는 때에 피해를 당하게 됩니다.

년월(年月)에 있는 도화는 장내도화(牆內桃花)라 하고 일시(日時)에 있는 도화는 장외도화(牆外桃花)라 합니다. 장내(牆內)도화(桃花)는 년월(年月)에 있으므로 부모 관할 하에 놓인 도화(桃花)라 하여 그것이 정관(正官), 정인(正印), 정재(正財)에 해당되면 정도화(正桃花)라 하여 풍모가 단아하고 글씨를 잘 쓰고 모든 사람이 흠모하는 사람인 경우가 많습니다. 일시(日時)에 있는 장외(牆外)도화(桃花)는 성장 한 후에 나오는 도화(桃花)이므로 주변의 통제가 없는 것입니다. 그래서 야외도화(野外桃花)라 하여 주색(酒色)으로 패가망신하는 경우가 있을 수가 있습니다.

중년운이 흉운이고 편관(編官), 편인(偏印), 겁재(劫財)가 도화(桃花)인 경우는 사도화(邪桃花)라 하여 그것이 일시(日時)에 있으면 색정(色情)으로 인한 간통죄로 관재(官災)가 따르고 또 형살이 되는 경우는(특히 곤랑도화)매독, 에이즈 등 성병으로 인해 고생하거나 심한 경우 사망하는 경우가 있습니다. 중년운이 길운으로 흐르고 도화가 길신(吉神)과 동주하면 오히려 도화로 인하여 폐는 있을지언정 도화로 치부(致富)하게 된다고 합니다. 시(時)에 재성이 도화이고 길신(吉神)에 해당되면 남자는 처나 애인으로 하여 큰 부자가 되거나 유흥업으로 큰 횡재를 할 수 있고 여자는 정관이 길신이고 도화라면 남편이나 애인으로 인하여 관록과 명성이 있고 남녀공히 자식이 수려한 경우가 많습니다. 일시(日時)에 도화가 있고 천간에 간합(干合)이 있는 경우는 곤랑도화에 해당하는데 외정(外情)을 두기 쉽고 이성을 상대하는 음식점, 카페, 술집, 유흥, 다방, 미용업 등과 가수나 배우 등의 연예인은 손님이나 팬에게 인기가 있어 빨리 성공할 수도 있습니다.

일지(日支)에 도화(桃花)가 있고 충(沖)이 있는 경우나 운에서 충(沖)이 되는 경우는 도화충을 만난 것으로 생각하여 바람기로 인하여 관재, 구설수 또는 폭행 등의 횡액을 당하는 경우가 있습니다. 도화살이 용신에 해당되면 친절하고 명랑하며 수완과 솜씨가 뛰어나 많은 사람이 따르게 된다고 합니다. 여자 명조에 도화가 정관이고 길신이면 남편이 출세하여 귀부인이 되고 남명에 도화가 정재이고 길신이면 연애, 결혼인 경우가 많고 처복이 있습니다. 여자 명조에 도화가 비견, 겁재가 되어 있거나 관성이 많거나 혹은 합이 많은 경우는 매우 음란하다고 합니다. 도화살이 편관이고 시(時)에 있으면 외도나 불륜이 있기 쉬우며 그로 인한 관재구설에 휘말릴 수가 있고 도화가 양인이면 색(色)을 탐하다 수명이 단축될 수 있습니다. 그래서 도화살은 형충파해(刑沖破害)를 꺼리고 도화가 공망이면 오히려 길하게 봅니다.

❻ 월살(月殺)

월살(月殺)은 일명 고초살(枯焦殺) 또는 고갈살(枯渴殺)이라고 합니다. 메마르고 고갈된다는 뜻으로 발육이 부진하고 매사에 부진함을 의미하며 씨를 뿌려도 싹이 나지 않아 결실을 맺지 못함을 의미합니다. 그래서 월살 일에는 파종(播種)이나 묘종(苗種)등을 하지 않는다고 합니다. 또 월살 일에는 택일 이사, 결혼, 집수리 등을 피하라 하는데 이 또한 좋은 결실을 보기 어렵다는 의미입니다. 그래서 사주내 월살이 있으면 신경 쇠약, 공상, 망상을 하며 신기(神氣)가 들기도 하며 몸이 마르게 됩니다. 신병(神病)이 잘 드는 사람은 월살(月殺)이 많을 수가 있다는 것입니다. 월살(月殺)이 사주내에 있거나 세운에서 월살운이 올 때는 대체로 흉(凶)으로 보며 대운에서 길신(吉神)과 함께 월살운이 올 때는 한밤중의 달빛으로 작용하여 길(吉)하게 보기도 합니다. 월살(月殺)은 어두운 밤길에서 만난 반가운 달빛과 같아서 뜻밖의 행운을 상징하기도 하는데 주변의 변동 상황으로 자기에게 발전적인 요소가 생기는 것을 의미합니다. 즉 상속이나 증여(贈與) 등의 이득이 생길 수 있으며 상속이나 증여 등의 일로 볼 때 조객살, 상문살 등이 겹쳐지면 집안의 곡사, 초상 등이 생길 수도 있습니다.

여자의 명(命)에 월살이 2개 이상 있거나 화개공망이 함께 있거나 혹은 월살이 편관에 해당되면 무녀나 보살이 되는 경우가 많다고 합니다. 월살(月殺)은 달(月)에서 나오는 살(殺)이니 밤에 작용이 활발하고 낮에는 무용지물(無用之物)입니다. 그래서 월살이 있는 사람은 낮보다는 밤에 일하는 사람이 많기에 음성적이며 은밀하다고 합니다. 만약에 낮에도 직업을 구한다면 지하실 근무직으로 불 켜는 직업이 될 수 있습니다. 인수 월살운에는 계약파기, 계약지연 문제가 발생하고 재성 월살운에는 재정문제, 부부 문제가 발생합니다. 관성 월살운에는 직장,명예, 자식, 남편문제가 발생하고 식상 월살운에는 이사문제, 생활변동, 직장문제, 자녀문제 등이 발생할 수 있습니다. 또한 비겁 월살운에는 형제, 친구, 동료 간에 문제가 발생하고, 처(妻)로 인한 문제가 발생할 수도 있습니다.

❼ 망신살(亡身殺)

망신살은 말 그대로 망신을 당한다, 또는 몸을 망친다는 뜻이 있습니다. 그래서 나의 치부를 드러낼 일이 발생하므로 관재(官災)나 구설(口舌)수에 시달릴 수 있습니다. 또 폭행이나 사고로 인한 신체의 손상을 당하거나 신체의 비밀한 부위의 노출이 필요한 수술로 망신당하기도하고 간통이나 겁탈을 당하는 등의 정신적, 신체적 손상과 망신 등의 좋지 않은 일들이 발생한다는 살(殺)입니다. 그런데 망신살에는 좋은 것과 나쁜 것이 섞여 있는데 망신은 생왕(生旺)하면 길한 운이 작용하여 옳은 일에 사용하고 사절(死絶)이면 흉성이 작용하여 나쁜 곳에 사용하게 됩니다.

일지에 망신살이 있고 형충(刑沖)이 있으면 관재, 구설수에 시달리거나 가정적으로 불화가 많다고 봅니다. 운에서 망신운이 올 때 건록에 해당이 되어 도(道)에 넘치는 행동을 일으킬 수가 있고 이로 인하여 망신을 당하는 경우가 생기게 됩니다. 망신이 기신(忌神) 역할을 하면 과감하고 성급하여 금전거래나 보증 등으로 실패가 따르기도 합니다. 이런 경우가 망신이 나쁘게 작용하는 사례입니다. 망신이 길신이면 결단력이 있고 승부욕이 강하고 설득력이 있습니다. 건록이면서 나에게 힘이 되어 주고 망신살 운이나 망신살 방향에는 건록지라서 돈과 권력이 생겨나니 갑자기 애인이 나타나거나 바람을 피우게 되는데 그런 연고로 망신 당할 일들이 생기게 됩니다. 그래서 망신살 방향은 애인을 숨겨 두는 방향이라고 하는 것입니다.

망신대운이면 건록이라 돈이 생길 수 있고 유산을 상속 받거나 부동산 이득을 얻기도 합니다. 망신살운에 수술할 일이 생기게 된다면 내 신체를 노출시켜야 하므로 망신살이라 하는 것입니다. 그러나 망신살의 방향은 작은 이익을 융통할 수 있는 방향이며 짧은 시간 내에 어떤 목적을 달성하는 방향이 됩니다. 그래서 사업체를 신설할 때에 이 방향이면 건록지에 해당하므로 횡재수가 있습니다. 배우자나 사업협력자가 망신띠(건록)이면 나를 도와주는 귀인이 될 수 있습니다. 고사지낼 때에도 이 방향으로 고사 지내면 좋습니다.

❽ 장성살(將星殺)

장성살이란 12운성에서 제왕지에 해당합니다. 제왕지이란 양인이고 겁재가 되므로 그 기운이 왕성하여 권력, 출세, 벼슬을 부르므로 권위와 위엄이 있습니다. 그래서 장성살은 모든 것을 주도하려는 성향이 짙은 탓에 자존심과 고집이 세고 무작정 사업을 벌이다가 실패하는 경우도 많습니다. 장성살이 사주에 있으면 제왕지라서 주관이 뚜렷하고 지배욕이 강하며 주변을 장악할 려는 의도가 농후해서 보스의 기질을 잘 드러냅니다. 여자 사주가 신왕하면서 일지에 장성살이 있으면 최고라는 의식이 강해 남편과 불화하거나 독신으로 지내기 쉽습니다. 그래서 고독한 명이기도 합니다. 장성살은 자기가 주도적으로 일을 진행해야만 만족하고 자기가 처리해야만 될 일이 생기는데 능숙 능란하게 처리합니다. 회사로 치면 부장급이고 장성이 있으면 문무백관(文武百官)으로 벼슬길에 나가면 출세가 빠른데 장성이 충극 되지 않고 장성이 일간의 정관으로 힘이 있으면 지위가 상당하다고 합니다.

장성이 칠살이나 양인에 해당하면서 길성이면 생사여탈권을 쥔 군인이고 장성이 일간의 재성으로 희신이면 재정의 대권을 쥔 공무원이기도 합니다. 따라서 장성살운에는 승진이 따르는데 지살과 합하면 이동으로 인한 승진이라 길하지만 화개와 합하면 오히려 창고직으로 조용해집니다. 장성살 방향은 제왕지라 그 기운이 강하여 전쟁터에서 불어오는 살육의 바람이니 분쟁과 다툼 등의 어려움이 따라 다닙니다. 그래서 장성살 방향으로 출입문을 내면 좋지 않습니다. 사업하는 사람은 장성살 방향의 문이 있다면 폐쇄시켜 놓는 것이 좋습니다. 그래서 장성살 방향은 꿈자리가 사납고 가위 눌리는 등의 현상이 나타날 때가 있으므로 잠잘 때 특히 이 방향으로는 머리를 두면 안 된다고 합니다. 장성살이 길하게 작용한다면 직업으로는 군인, 경찰, 검사, 세무원 등이 좋습니다. 장성살이 일지에 합하여 오는 운은 결혼운이나 승진운이 되기도 합니다. 인오술년생(寅午戌年生)은 지지인 오(午)가 장성살이고 사유축년생(巳酉丑年生)은 지지인 유(酉)가 장성살이고 해묘미년생(亥卯未年生)은 지지인 묘(卯)가 장성살이며 신자진년생(申子辰年生)은 지지인 자(子)가 장성살입니다.

❾ 반안살(攀鞍殺)

반안살(攀鞍殺)은 무엇을 붙잡고 오른다는 의미의 반(攀), 안장 안(鞍)이란 글자로 말안장에 올라앉는다는 뜻입니다. 윗사람의 도움을 받아 명예나 직위가 상승한다는 의미가 있어 승진이나 출세, 영전 등의 길한 작용을 하는데 그래서 반안(攀鞍)은 생각 못한 상속, 증여가 발생하기도 합니다.

반안이란 말을 타되 안장을 얻으니 편안하고 유용한 그 무엇을 얻는다는 뜻으로 반안이 인성이라면 학문과 공부가 그 일간에게는 편리하고 유용하게 작용하여 각종 자격증, 학위 취득, 라이센서 등을 취득하는데 유리하여 교육계통에서 성공하게 되며, 술해(戌亥)천문성이 반안에 해당이 된다면 천문성을 뜻하는 의술, 철학, 역학, 종교 등에서 크게 빛을 발하게 될 것입니다.

반안살이 도화라면 그 끼가 다분해 연예인 계통에서 성공할 것이며 반안살이 관성이고 장성살이 희신으로 있으면 높은 관직을 얻을 수 있으며 천을귀인등과 같이 있다면 일찍 등과하여 관직을 얻는다고 합니다.

병약한 사람은 반안살 방향으로 머리를 두고 자면 운이 좋아지고 회복이 빠르다고 합니다. 반안살 방향은 돈이 들어오는 방향이 되므로 금고, 불전함, 장롱, 경리책상, 베개방향은 이 반안살 방향으로 잡는 게 좋습니다.

사유축띠는 술(戌)방향이 반안살방향이고 해묘미띠는 진(辰)방향이 반안살방향입니다. 또한 신자진띠는 축(丑)방향이 반안살방향이고 인오술띠는 미(未)방향이 반안살방향이 됩니다.

❿ 역마살(驛馬殺)

역마는 이동과 변동을 뜻하는 별입니다. 그리고 재성(財星)과 유사한 작용을 합니다. 그러므로 역마는 이동하여 돈을 벌거나 변동하여 재산을 파하는 두 가지 현상으로 나타나게 됩니다. 역마(驛馬)는 12운성에서 병지(病地)물상을 가지므로 돌아다니지 않으면 몸이 아프다고 합니다. 그래서 이동을 말하며 열심히 돌아 다녀야지만 무사무탈(無事無奪)하다고 합니다. 할 수 없이 움직이는 속성이 강해서 타의에 의한 이동을 뜻하기도 합니다.

역마살(驛馬殺)대운이면 먹고 살기위해 돌아다니고 반면에 지살운에는 공부하러 유학하러 가는 경향이 많습니다. 지살운은 장생지라 누군가의 도움을 받아 유학갈 명분이 생겨나기 때문입니다. 역마란 단지 돌아다니는 것만이 아니라 먼 곳에 신호를 보내는 행위, 무언가를 전달하는 행위 등을 다 포함하는 작용입니다. 그래서 역마의 직업으로는 유통, 무역, 항공, 해운, 운수, 통신, 택배 등이 포함 됩니다.

또한, 사주에 역마성이 있을 때 그 역마성이 생왕(生旺)해야 길성으로 더 빛이 날것이고 쇠약하면 병마(病馬)라 하여 병든 말이니 중도에 좌절이 될 수 있음이고 역마가 공망(空亡)이 되면 계획은 많으나 실행력이 부족하게 됩니다. 역마가 있으면 명예와 돈을 버는 데 있어서 남보다 성취가 빠를 수 있습니다. 원국이 역마이면 반드시 고향을 떠나서 살게 되고 역마가 공망이면 주거를 자주 옮긴다고 합니다. 역마가 정재나 정관이면 돈 버는 수완이 남달라 상인이 되고 역마가 일간의 칠살(七殺)이면서 용신이고 사주 배합이 좋으면 외교관이나 무관이 되기도 합니다. 역마는 정보통이라서 희신으로 재성에 해당이 되면 현명한 처를 얻게 됩니다.

그러나 역마가 충당하면서 재관(財官)이 깨지면 떠돌이 신세로 고생하게 됩니다. 역마가 양인 또는 칠살이면서 충당하면 교통사고 또는 객사가 있을 수도 있습니다. 역마가 충(沖)되면 동하고 합되면 말고삐를 묶어 놓은 것과 같습니다. 역마가 충(沖)되면 길한 역마는 더욱 길하고 흉한 역마는 더욱 흉하게 됩니다. 진마(眞馬)가 동(動)하면 재물 을 얻고 진마(眞馬)가 아닌 것이 동(動)하면 고생이 많습니다.

인(寅)대운으로 역마인 사람이 삼합이 들면 역마가 동(動)하면서 발복하므로 승진하거나 이로 인해 바빠질 수 있습니다. 역마가 되는 지지가 일간의 장생 또는 제왕이 되면서 사주 구조상 용신 또는 희신이 되면 그 사람은 총명하고 임기응변에 능하고 덕망이 높은 직위에 오를 수가 있습니다. 반대로 역마가 되는 지지가 사절(死絶)이고 사주의 구조상 기신에 해당되면 그 사람은 변덕스러워 평생 한 가지 일도 성취하지 못하게 됩니다.

년지(年支)에 이 역마살이 있으면 일찌기 고향을 떠나 객지에서 자수성가(自手成家)하는 운이고 거처를 자주 옮기며 재성이 강하면 재물은 모을 수 있다고 합니다. 월지(月支)나 일지(日支)에 이 역마살이 있으면 배우자가 바뀔 수 있으며 부부가 서로 떨어져 사는 경우가 많습니다. 시지(時支)에 역마살이 있으면 늙어서 타향살이를 하는 운이니 죽을 때에 외지에서 죽을 수 있습니다. 주중에 역마가 길성과 동주하면 타향이나 해외에 나가 재물을 모으게 되나 흉성과 동주하면 일생동안 분주하고 고단할 뿐입니다. 역마가 도화와 함께 있고 망신살도 있다면 색욕 때문에 멀리 도주할 일이 생길 수 있습니다.

❶ 육해살(六害殺)

육해살(六害殺)은 12운성에서 사지(死地)에 해당해서 더 이상 힘을 쓸 수가 없는 물상을 나타내므로 업(業)이 머무르는 장소라고 하였습니다. 그래서 장사를 하는 사람은 손님이 없으면 육해살 방향에 술을 뿌리고 기도를 하면 좋습니다. 업장이 머무르는 방향이 육해이니 육해살은 병고에 시달리는 경우가 많습니다.

육해가 자형(自形)과 함께 있으면 신경질환으로 고생을 하거나 운(運)에서 육해가 오면 건강의 적신호로 질병이 오거나 결과물이 좋지 않게 됩니다. 육해살(六害殺)이 일지에 있으면 자신이나 배우자가 늘 아프고 육해살(六害殺)이 관성에 해당이 되면 여자에게는 남편이 남자에게는 자식이 오랜 병환에 시달릴 수가 있습니다. 만약 육해살이 인성에 해당이 되면 모친이 그러하고 식상에 해당이 되면 여자에게는 자식이 병고로 고생할 수 있겠습니다. 육해살에 해당이 되는 자식은 효자로 부모님께 헌신하고 임종을 지키는 자식이 된다고 합니다.

종교적으로 비유해보면 천살은 염라대왕이고 망신살은 저승사자의 밀밥이며, 육해는 저승 사자가 되므로 육해, 천살, 망신살은 내가 이길 수가 없고 극복하기 어려운 상대이므로 원수를 지지 말아야 합니다. 그래서 이런 방향을 향해 기도를 드리면 좋습니다.

육해 방향에 놓인 물상은 사지(死地)라서 생기가 없으니 제삿밥이 되는 것입니다. 그러므로 육해(六害)는 사지(死地)물상을 가지는 이유로 나에게는 저승사자가 되는 것이니 만약에 직장 상사가 나에게는 육해살 띠가 된다면 절대적으로 잘 보여야 살아남게 됩니다. 윗사람에게 잘 보이면 먹을 것 생기고 잘못 보이면 고통을 당하는 것입니다. 육해대운이나 그 해가 육해살에 해당이 되면 선배나 윗사람에게 의존해서 일처리 하는 것이 좋습니다.

⓬ 화개살(華蓋殺)

화개살(華蓋殺)은 12운성에서 묘지(墓地)에 해당하는 자리입니다. 무덤으로 들어가는 시기이니 화려할 화(華), 덮을 개(蓋)라는 글자로 즉 "화려한 것을 덮는다."는 의미로 화개(華蓋)라고 부릅니다. 화려한 것을 덮어 버리는 것이니 속세의 부귀영화와 거리가 멀고 종교와 철학적인 삶의 깊은 성찰과 명상과 수도를 하며 산다는 의미가 있어 사주에 화개살이 많으면 스님 등 종교인이나 수도인의 삶을 살아가는 경우가 많고 그렇지 않더라도 종교를 독실하게 믿거나 역학이나 철학을 업(業)으로 하는 경우도 많습니다.

화개살이 년주나 월주에 있으면 총명하고 영리하며 공부를 잘하고 예술에도 소질이 있는 경우가 많지만 그 재능을 잘 살리지 못하는 경우가 많습니다. 특히 화개살이 12운성상의 묘지나 절지에 해당되거나 공망이 되고 또는 형충이 되면 재주는 있되 그 재능을 잘 살리지 못하고 속세와 인연이 없어 스님이나 종교인이 되는 경우가 많습니다. 화개살은 재능의 별이라고 합니다. 예술성이 있으며 다재다능한 연예인의 재능도 있습니다. 화개살은 화려한 것을 덮는다는 의미이기도 하지만 덮는다는 것은 새로운 시작을 의미하기도 합니다. 그래서 복구나 재생, 보전, 회복의 의미가 있고 포장이나 장식을 잘하며 화개살운을 만나면 재가동, 재생산, 재생의 활동이 발생하게 됩니다. 화개(華蓋)는 묘지물상을 나타내는 이유로 묵은 문제들을 정리, 정돈, 청산을 하게 됩니다. 그러므로 옛 것들을 뒤 돌아 볼 일이 생기고 이로 인해 사업의 지연과 포기가 발생할 수 있게 됩니다.

그래서 복귀와 재기의 행위가 늘 반복적으로 일어나게 됩니다. 월지의 인성이 화개살이면 모친이 종교와 인연이 깊으며 학문과도 관계가 깊고 학자 또는 문학가, 예술가에게 많이 나타납니다. 화개살 띠와는 동업보다는 관리를 맡기는 것이 좋고 궁합적으로는 적극적인 연애를 안 하려 하므로 필요에 따라 먼저 상대방에서 적극적인 대시가 필요합니다. 그러나 화개살 띠의 자식은 몰락한 집안을 다시 일으켜 세우는 자식이 되며 차남이라도 장남의 역할을 하게 되는 경우가 많습니다.

화개살의 특성에 맞는 직업으로는 교육, 종교, 철학, 역학, 예술, 예능(연예인), 재생 사업, 재활용 사업, 중개인 등이 좋습니다. 창고나 화장실을 화개살 방향으로 놓는 이유도 창고나 화장실이 정리, 정돈의 물상을 보이기 때문입니다. 나를 알리고 싶은 홍보물은 지살방향에 걸어 놓고 늘 보는 예술품은 화개살 방향에 걸어놓으면 좋습니다.

5) 월지신살(月支神殺)

월건을 통해 신살을 찾는 방법이 있습니다.

예를 들어 월지가 진월(辰月)이면 천간에 임수(壬水)가 있게 되면 천덕(天德), 월덕(月德)이라 말하고, 오월(午月)에 해(亥)가 있으면 천덕(天德)이고 병(丙)이 있으면 월덕(月德)입니다.

【표4】 월지신살(月支神殺)

월지(月支)	寅	卯	辰	巳	午	未	申	酉	戌	亥	子	丑
천덕(天德)	丁	申	壬	辛	亥	甲	癸	寅	丙	乙	巳	庚
월덕(月德)	丙	甲	壬	庚	丙	甲	壬	庚	丙	甲	壬	庚

4. 과숙(寡宿)과 고신(孤辰) 보는 법.

고신살(孤辰殺)과 과숙살(寡宿殺)은 띠를 기준으로 월일시(月日時)를 보고 일지(日支)를 기준으로 년월시(年月時)를 봅니다.

다른 신살도 보는 법도는 동일합니다. 이 살(殺)이 놓인 사람은 홀로 있는 시간이 많으며 고독하고 육친과의 인연이 박하다고 합니다. 남녀 모두 배우자를 극하는 의미가 있어서 독신, 이별이 있는데 부모. 형제의 혜택을 받지 못하고 일찍 독립하는 경우가 많습니다. 요즘은 독신주의, 일인가족이 확대되는 상황이라 고신과 과숙살이 늘어난다고 합니다.

따라서 현대적 의미에서는 개인주의 성향이 강한 독립의 별로 보기도 합니다. 여자는 화개(華蓋)와 과숙(寡宿)이 관고(官庫)에 놓이면 결혼이 늦어지거나 이별이 있을 수 있고 남편덕이 없다고 했습니다.

【표5】 과숙(寡宿), 고신(孤辰)

과숙(寡宿)	년지,일지	고신(孤辰)
丑	寅卯辰	巳
辰	巳午未	申
未	申酉戌	亥
戌	亥子丑	寅

【예시1】 갑신년(甲申年)에 이혼한 사주입니다.

時	日	月	年	女命
상관		비견	편재	
戊	丁	丁	辛	
申	酉	酉	亥	
정재	편재	편재	정관	

고신,조객   신살

과숙과 고신살을 보는 방법으로는 반드시 격국의 흉길(凶吉)과 형충파해(刑沖破害)와 신살(神殺)을 함께 보아 그 흉의(凶意)를 파악 해야합니다. 예를 들어 정유(丁酉)일주의 사람이 있습니다. 해수(亥水) 정관(正官)은 남편성이 되는데 많은 금(金)에 둘러싸여 있습니다.

이러한 상(像)을 금다수탁(金多水濁)이라 말했는데 그 물은 혼탁(混濁)하여 사람이 마시기에 위험한 것입니다. 그러므로 해수(亥水)에 해당하는 육친은 병들고 허약하거나 위태로운 길이 보이는 것입니다. 만약 정관이 고신(孤辰), 과숙(寡宿)이고 조객살(弔客殺)이 겹친다면 그 흉성(凶星)은 더욱 강해지는 것입니다.

그러므로 이 사람은 33세 계미년(癸未年) 2003년도 아이를 유산하고 34세 갑신년(甲申年)에 이혼하였습니다.

5. 상문살(喪門殺)과 조객살(弔客殺)보는 법.

【표6】 상문(喪門), 조객(弔客)

년/일지	子	丑	寅	卯	辰	巳	午	未	申	酉	戌	亥
상문	寅	卯	辰	巳	午	未	申	酉	戌	亥	子	丑
조객	戌	亥	子	丑	寅	卯	辰	巳	午	未	申	酉

주로 상가(喪家)집 출입과 관련한 살(殺)로서, 상문(喪門)은 내가 문상(問喪)을 가는 것이고, 조객(弔客)은 내가 상주(喪主)가 되어 문상객을 맞는 것입니다. 운에서 상문이나 조객살을 만나면 활동성이나 운동성이 위축되는 것이며 해당하는 육친이 병에 걸리거나 다치게 되고 집안에 슬픈 일이 생긴다는 좋지 못한 살입이다. 특, 주중(柱中)에 상문이나 조객살이 있으면 자손에게 실패가 오거나 건강이 좋지 못하다는 살입니다. 부부관계 소원하고 연인 이별수, 가족 이별수가 있을 수 있습니다.

상문살 또는 조객살 행운에는 위축되고 소심해져 민감하게 반응하며 무엇인가 잃어버린 듯 허탈감으로 답답한 상황이 연속되기도 합니다. 그러나 주변 친인척이 상을 당하면 답답한 상황이 해소가 됩니다. 상문살 행운에는 주로 윗사람과의 마찰로 구설이 따르는 반면 조객살 행운에는 아랫사람과의 경쟁과 다툼으로 골치가 아프게 됩니다. 신체에 나타나는 특징으로는 신병(身病), 우울, 허전하고 허무함, 넋이 나간 사람처럼 행동함, 급체 및 복통이 오고 대인관계에서 구설 및 관재가 따르기도 합니다.

년운과 일진을 참조하되 동(動)하는 운에는 각별히 조심해야 합니다. 내가 아니더라도 누군가가 내 주변에서 초상 치를 소식이 있다는 것이니까, 상문 조객살이 많은 팔자는 장례 관련업에 종사하는 사람에게 많이 보이기도 합니다.

6. 사술(巳戌)과 낙정관살(落井關殺)을 보는 법.

【표7】 낙정관살(落井關殺)

일간(日干)	甲己日	乙庚日	丙申日	丁壬日	戊癸日
지지(地支)	巳	子	申	戌	卯

낙정관살이라 함은 우물, 강물, 맨홀 같은 깊은 구멍에 빠지거나 높은 곳에서 떨어져 다친다는 흉살입니다. 낙정관살(落井關殺)이 흉하게 작용하는 사람은 주로 물에 의한 사고에 취약할 수 있으므로 수산업, 목욕업, 물사업을 피하는 것이 좋겠으나 오히려 어부, 선원, 수산업 종사자에게서 낙정관살이 많이 발견이 된다는 사실은 단순히 흉살이라고 회피해선 해결책이 되지 않는다고 보는 것입니다.

오히려 그 살을 적극적으로 활용함으로 자신에게 적합한 업종을 만나 성공할 수 있는 발판이 마련이 되기도 하는 것이 신살입니다. 마치 도화살이 있으면 연예계 진출이 유리하고 비인살 혹은 양인살이면 간호사 혹은 미용사 등의 계열이 적합한 것으로 신살로 적합한 직업을 찾아 액땜한다는 비슷한 소견인 것입니다.

낙정관살을 찾는 방법은 갑(甲)일이나 기(己)일에 태어난 사람이 사화(巳火)를 만나면 해당이 됩니다. 또는 을(乙)일이나 경(庚)일에 출생한 사람이 자수(子水)를 만나면 이 살에 해당되는데 글자 그대로 물에 빠지게 된다는 살입니다.

【예시2】 운전 중 시설물과 충돌하여 사망한 이유는 무엇일까요?

時	日	月	年	男命
편인		비견	겁재	
庚	壬	壬	癸	
戌	戌	戌	巳	
편관	편관	편관	편재	

사술(巳戌)원진
낙정관살   신살

이 분은 신사(辛巳)년에 운전 중 시설물과 충돌하여 사망했습니다. 사망한 이유는 원진(元嗔)에서 찾아봅니다. 사술(巳戌)원진이라는 말은 분묘(墳墓)에 들어가려는 사화(巳火)를 말합니다. 술토(戌土)가 묘(墓)고지에 해당하는데 사화(巳火)가 술토(戌土)에 입고(入庫)되어 곧 갇힌다는 것을 암시합니다. 그러므로 사화(巳火)가 술토(戌土)를 보면 스트레스를 받아 미쳐버리는 일이 자주 발생하는데, 이것이 귀문(鬼門)으로 사술(巳戌)원진이 되는 겁니다. 그래서 사술(巳戌)은 원진(元嗔)도 되고 귀문(鬼門)도 되는 것입니다. 그리고 사화(巳火)의 분묘(墳墓)가 3개나 됩니다. 이런 경우는 분묘(墳墓)에 재성 사화(巳火)가 묻히는 것으로 사고(事故)를 암시합니다. 더구나 사화(巳火)가 낙정관살(落井關殺)에 해당하면 그 흉의(凶意)가 드러나게 됩니다. 사화(巳火) 편재는 수명(壽命)을 관장하기도 합니다. 그래서 편재 입고시에는 요절(夭折), 손재(損財), 사상(死傷)이 발생합니다. 그런데 이것만으로는 사망을 설명하면 부족하겠죠. 술토(戌土)가 낙정관살(落井關殺)로 3개나 중복되고, 호수, 도랑이나 맨홀에 빠진다는 악살입니다. 그리고 임술(壬戌)은 백호살(白虎殺)로 2개이고 경술(庚戌)은 괴강살입니다. 백호살은 현대 교통사고로 많이 봅니다. 그래서 백호와 낙정관살이 사술(巳戌)원진과 만난 것입니다. 이 술토(戌土) 글자에 백호(白虎), 낙정관살(落井關殺), 원진(元嗔)이 모며, 술토(戌土)가 가진 흉한 살의(殺意)를 느끼셔야 합니다. 사망한 시기가 신사년(辛巳年)이죠. 다시 사술(巳戌)원진이 들어옵니다. 마치 사술(巳戌)원진 때문에 죽는다는 것을 알리려 하는 것처럼 보입니다.

7. 곡각살(曲脚殺) 보는 법.

【표8】 곡각살(曲脚殺)

일간(日干)	乙 己
지지(地支)	巳 丑

을기사축(乙,己,巳,丑)을 곡각(曲脚)의 글자라고 합니다. 글자 자체가 구부러지거나 꺾여 있어서 곡각(曲脚)이라고 하는데 이런 글자가 많고 형충(刑沖)을 받으면 관절염, 디스크등의 근골격계 질환에 노출되기 쉬운 경향이 있다는 살입니다.

곡각살은 뼈가 부러지고 굽고 수족을 다치거나 장애가 발생합니다. 수족에 흠이 있을 수가 있는 것이죠 삼형(丑戌未,寅巳申)과 연계 되면 몸에 꺾이는 부위인 관절 뼈마디등 수족 등에 문제가 발생합니다.

사주에 곡각살이 있으면 골절 관절염 류마티스 허리디스크 관절염 등에 걸리기 쉬우니 건강에 주의해야 합니다.

【예시3】 남편이 자살한 이유는 무엇일까요?

時	日	月	年	女命
편관		편인	정재	
乙	己	丁	壬	
丑	丑	未	午	
비견	비견	비견	편인	
곡각살	곡각살			
비인살	비인살			신살

신살을 보는 원칙은 반드시 격국의 흉길과 형충파해와 신살(神殺)을 함께 봐서 그 흉의(凶意)를 파악해야합니다. 다음 명조는 계수대운(癸水大運) 계해년(癸亥年)에 남편(乙木)이 자살하였습니다. 사람이 요절하는 명이라면 본인이나 아내 팔자에 해당 육친성의 위태로움이 나타나야 합니다. 이 사람은 토중목절(土重木折)이 된 흉명(凶命)이 됩니다.

토중목절(土重木折)이라 함은 토(土)가 많아서 약한 을목(乙木)이 꺾인다는 뜻입니다.

그런데 기토(己土)와 축토(丑土)는 곡각살이죠. 토중목절(土重木折)이 된 명조에 곡각살(曲脚殺)이 중첩(重疊)이 되면 목(木)을 부러트리는 흉의(凶意)가 더욱 커지게 됩니다.
이 팔자에서는 을목(乙木)은 편관이므로 남편성에 해당합니다.
그러므로 이 사주는 남편 을목(乙木)이 많은 토(土)에 꺾여 파묻히는 흉상인 것입니다.

8. 도화살(桃花殺)을 보는 법.

【예시4】 노년에 자녀의 문제로 인해 속 썩는 이유는 무엇일까요?

時	日	月	年	女命
비견		식신	상관	
戊	戊	庚	辛	
午	辰	寅	酉	
정인	비견	편관	상관	
도화	홍염	겁살	도화	
양인		역마		신살

이 여자 분은 20대에 미혼모가 되었는데 년월지(年月支) 상관이 있습니다. 여자에게는 식상은 자녀성에 해당합니다. 그런데 이 팔자는 자녀가 도화(桃花)에 걸려있는 경우입니다. 이것을 상관도화(傷官桃花)라고 말합니다.

그런데 년지(年支)의 상관(傷官) 도화(桃花)이면 본인은 일찍 연애(戀愛)를 경험해 본다고 합니다. 왜냐하면 년지(年支)가 초년운의 발동이기도 하지만 상관이 자식이기 때문에 내 자식이 도화(桃花)로 발동이 되는 것입니다. 즉, 자식을 갖고자하는 심리가 본인에게 발동하는 것인데 이것이 상관도화(傷官桃花)입니다.

만약, 정관(正官) 역마가 도화, 원진이면 남자로 인해 집을 떠나 보기도 합니다. 그런데 만약 시지(時支) 상관 도화에 놓인 경우에는 이것은 말년운인지라 자식궁 문제가 발생하는 것이니 노년에 자녀로 문제로 인해 속이 썩는다고 봅니다.

9. 탕화살(湯火殺)을 보는 법.

【표9】 탕화살(湯火殺)

일지(日支)	丑	寅	午
四支	丑午未	寅巳申	午丑辰

탕화살은 일지를 기준으로 하는데 인일(寅日), 축일(丑日), 오일(午日) 이 충(沖)이나 형(刑)을 당하면 탕화살이 발생한다고 합니다. 축일(丑日)에 축오미(丑午未), 인일(寅日)에 인사신(寅巳申), 오일(午日)에 오진축(午辰丑)중 아무 글자 하나만 더 붙어 있어도 탕화살이 가중(加重)이 됩니다.

탕화살은 단독으로 보기보다는 형충파해와 겹치거나 원진살, 육해살등 악살이 중첩이 되는 해에는 잘 일어나므로 자세히 살펴야 하는 신살입니다. 특히 신약한사람이 탕화살에 걸린 경우에는 흉살이 가중이 되는 시기에 화상, 화재, 음독, 비관, 염세 등에 걸릴 수가 있습니다. 그러나 누구나 탕화살이 있다고 화재, 음독, 자살하는 것은 아닙니다. 탕화(湯火)의 글자가 길(吉)이냐 흉(凶)이냐에 따라 다르게 해석합니다.

즉, 길하다면 좋아도 열나게 좋고 흉하다면 열 받아 죽을 수도 있는 것이 탕화살이 가진 의미입니다. 특히 축오귀문에 걸린 탕화라면 더 격렬하므로 유의해야 합니다. 탕화(湯火)가 물(水)로 연계가 되면 음독(飲毒)이고 불(火)로 연계가 되면 화재(火災)로 사건이 일어날 수 있습니다

【예시5】 남편이 회사 작업장에서 가스 폭발로 사망한 이유는 무엇일까요?

時	日	月	年	女命
편관		편인	정인	
甲	戊	丙	丁	
寅	午	午	未	
편관	정인	정인	겁재	
	탕화	탕화		신살

경인년(庚寅年) 44세 무인(戊寅)월에 회사 작업장에서 남편이 가스폭발로 불에 타 비명횡사(非命橫死)한 사주입니다. 이 사람은 일지의 오화(午火)가 탕화살(湯火殺)에 해당합니다. 오오(午午)는 자형살이니 불꽃이 일어나는 직업입니다. 또한 인오합(寅午合)과 오미합(午未合)인데 천간에 병정(丙丁)화 투출이니 전국이 불바다가 된 사주입니다. 44세이면 술(戌)대운입니다. 그러면 인오술(寅午戌) 삼합국 결성이 분명합니다.

이런 경우의 갑목(甲木)은 분멸(焚滅)의 상(像)이 되는 것입니다. 분멸(焚滅)은 불타서 소멸(消滅)이 된다는 용어인데 갑목(甲木)은 편관이니 남편에게 안타까운 사건이 발생한다고 보는 것입니다. 곧 남편에게 탕화(湯火)가 작용이 되었던 것입니다. 이 때 오(午) 탕화는 화국(火局)이므로 불에 의한 재해(災害)라고 보는 것이니 가스폭발로 인한 사고였습니다.

10. 천라지망(天羅地網)을 보는 법.

천라지망은 하늘에는 새 그물이 쳐 있고 땅에는 고기 그물이 깔려 있다는 뜻으로 아무리 하여도 벗어날 수 없는 경계망이나 피할 길 없는 재액(災厄)을 이르는 말입니다. 그래서 술해(戌亥)는 천라(天羅)가 되고 진사(辰巳)는 지망(地網)이 됩니다. 천라지망(天羅地網)을 라망(羅網)이라고 부르기도 하는데 천라지망이 된 사람은 춘의(春義)라 하여 나아가지도 못하고 물러나지도 못한다 하였습니다.

그러므로 천라지망이 된 사람이라면 부부간의 한 사람은 사람(人)의 모습으로 살고 다른 한 사람은 귀(鬼)의 모습으로 역할이 구분되어 살아야 한다고도 합니다. 한 사람은 밤에 활동하고 다른 한 사람은 낮에 활동하는 직업을 갖는 모습입니다. 천라지망살의 결합은 일지에 진(辰) 사(巳)가 있고 월이나 시에 술(戌), 해(亥)가 오는 경우에 완전하게 나타납니다. 또는 그 반대인 경우를 말합니다. 즉 원국에서 완성되지 않더라고 일지에 진, 사, 술, 해 (辰巳戌亥)가 있으면 돌아오는 대세운으로 완성되어 작용될 수 있습니다.

【예시6】 왜 교도관으로 살아야 하는가?

時	日	月	年	男命
비견		상관	식신	
丁	丁	戊	己	
未	巳	辰	巳	
식신	겁재	상관	겁재	
		천라망살		신살
	지살	천살		

이 명조는 양기성상(兩氣成像)의 구조를 가진 상관격(傷官格)입니다. 그런데 진토(辰土) 상관을 기준으로 년지(年支)와 일지(日支)가 진사(辰巳)의 지망(地網)에 걸려있습니다. 지망(地網)은 갇힌다는 것을 의미합니다. 남을 갇히게 하지 못하면 내가 오히려 갇히게 됩니다. 또 진(辰)은 천살(天殺)이고 사(巳)는 지살(地殺)이죠. 천살(天殺)은 하늘에서 내리는 천벌을 집행하는 사람이고 지살(地殺)은 근거리 이동입니다. 그러므로 진사(辰巳)라망에서는 그물처럼 갇힌 주변에서 벌을 집행하려고 왔다, 갔다를 반복해야 한다는 물상이 그려지는 것입니다. 즉, 교도관(矯導官)의 물상입니다. 라망(羅網)은 사물을 강제적으로 억압, 통제 또는 구속시키는 작용을 합니다. 죄인을 구치소, 형무소에 근무가 라망(羅網)의 작용력인 것입니다. 그러나 만약, 실패한 인생이 된다면 자유로운 생활을 하더라도 항상 갇혀있는 듯 답답함을 호소합니다. 그러므로 라망살이 있는데 천살과 수옥살이 겹치면 관재와 관련이 되어 형장에 갇히는 것을 두려워해야 합니다. 다만, 경찰, 집행관, 사법기관, 특수기관 직종에 근무하면 감금을 면하게 됩니다. 왜냐하면 천라지망(天羅地網)에서 망(網)이라 함은 포위망, 그물이라는 내용이 됩니다. 그러므로 경찰의 포위망, 정보망, 수사망에서 망(網)이라는 그물을 사용하는 직업이면 지망살(地網殺)을 해소, 액땜한다고 보는 것입니다. 한편 축가, 어부, 농가에서 보면 망(網)을 치고 작업하는 사람들도 연관이 있다고 할 수 있습니다. 그래서 어부가 되어 보기도 하고 낚시꾼, 사냥꾼, 닭장의 어망과 관련하면 역시 라망살에서 벗어날 수 있는 것입니다 한마디로 천라지망은 내가 상대방을 가두지 못한다면 내가 감금당할 수 있는 답답함이 있게 되는 것입니다.

11. 천살(天殺)을 보는 법.

시작부분 천간의 신살【표3】을 참고하시면 무오년(戊午年)생은 말띠가 되는데 말띠는 인오술(寅午戌)에 해당하는 오화(午火)에 속하게 됩니다 그러면 인오술(寅午戌)의 삼합인 병화(丙火)를 기준으로 신금(申金)은 역마(驛馬)가 됩니다. 유금(酉金)은 육해(六害)가 되고 진토(辰土)는 월살(月殺)이 됩니다.

또한, 일지(日支)를 기준으로도 살펴봐야 하는데 사유축(巳酉丑) 삼합국에서는 화신이 되는 경금(庚金)이 중심이 되겠죠. 경금(庚金)에서는 진토(辰土)가 천살(天殺)에 해당하고 신(申)은 망신(亡身)이고 오화(午火)는 도화(桃花)가 됩니다. 이렇게 년지와 일지를 양쪽에서 확인하고 교차하는 신살을 관찰하면 됩니다.

【예시7】 직업 마사지사 적성에 맞는다는 사주.

時	日	月	年	女命
겁재		상관	겁재	
戊	己	庚	戊	
辰	酉	申	午	
겁재	식신	상관	편인	
천살/홍염	육해	역마	도화	신살

백호(白虎)칠살이 천살(天殺)일 경우에 형충(刑沖)을 만나면 폭력성을 두려워
해야 한다고 말씀드렸습니다. 이 명조는 무진(戊辰)이 백호(白虎)이면서 겁재
(劫財)이고 천살(天殺)에 해당합니다. 양인(겁재)이나 칠살은 성정(性情)이 비슷
합니다. 만약 천살(天殺)이 형충(刑沖)을 만나면 폭력성을 두려워하지만 육합
(六合)으로 묶이면 폭력성은 힘을 못 쓰고 가두어지게 됩니다. 무진(戊辰)이
겁재(劫財)이지만 진유합(辰酉合)으로 통제를 받는 것입니다. 그러므로 겁재
가 재성을 겁탈하는 일을 막아줍니다.

직업 중 마사지는 상대방의 몸을 손으로 주무르는 직업입니다. 돈을 먼저
받고 합법적으로 상대의 몸을 두들겨 패는 일을 합니다. 이런 직업은 이 사
람의 백호(白虎) 천살(天殺)의 폭력을 액땜하는 방식이 됩니다. 경신(庚申)금은
살성(殺性)이 강하여 불을 만나면 예리해지고 물을 만나면 맑아진다고 하였
습니다. 명조에 화(火)는 있는데 물은 없으니 정신은 둔탁하지만 예리한 상
관(傷官)의 손맛이라 마사지의 손날이 날카롭습니다.

무진(戊辰)이 홍염살이라 남자 마사지 업종을 하게 됩니다. 그러므로 이 사
주의 주인공은 미인(美人)형으로 직업은 마사지사인데 적성에 맞는다고 합
니다.

10 十二운성 이론과 왕상휴수사

1. 十二운성 이론의 탄생 배경.

12운성을 연구한 천문학자들은 태양의 흑점증가로 폭발하는 태양의 생로병사를 목성(木星)과 관련이 있다고 생각했습니다. 그 결과 12운성법이 창안이 되었는데 그것은 목성주기와 일치합니다. 곧 12 운성법이 나오는 원리는 목성의 공전주기에서 비롯됩니다. 목성이 태양주위를 11.862년의 공전주기로 돌 때 나타나는 태양의 흑점증가와 일치하는 것이죠. 그러므로 선조들은 목성을 세성(歲星)이라 하여 12단위로 나누어 시간의 기준으로 삼았는데 이것이 12년이 되고 12 운성의 배경이 되는 것입니다. 곧 12라는 숫자는 목성공전주기에서 비롯한다고 합니다.

【표1】 12운성과 태양 흑점의 증감 비교

세 운	갑 자	12포태
1996년	丙子년	태지(胎地)
1997년	丁丑년	양지(養地)
1998년	戊寅년	생지(生地)
1999년	己卯년	목욕(沐浴)
2000년	庚辰년	관대(冠帶)
2001년	辛巳년	록지(祿地)
2002년	壬午년	왕지(旺地)
2003년	癸未년	쇠지(衰地)
2004년	甲申년	병지(病地)
2005년	乙酉년	사지(死地)
2006년	丙戌년	묘지(墓地)
2007년	丁亥년	절지(絶地)

2. 十二운성 조견표.

위의 천문별의 이동을 분석하여 십간의 행성을 기준으로 생로병사를 표기한 것이 12운성 입니다. 12운성(運星)에서 왜 "별 성(星)"이라는 용어를 사용했는지 이해가 되실 것입니다.

갑목(甲木)을 예로 들어 설명한다면 절지(絶地)에서 넘겨받은 씨앗를 종자로 하여 유월(酉月)부터는 태지(胎地)에 들어갑니다. 즉 태(胎)중 배아(胚芽)를 하게 되는데 술월(戌月)이 되면 양지(養地)라서 배속에서 성장을 하게 됩니다. 이것들은 모두 자연의 땅 속에서 벌어지는 사건들이 됩니다. 그런 후에 해월(亥月)이 되면 장생이 되어 쑥쑥 자라게 됩니다. 이미 대림목(大林木)으로 성장한 나무라면 이 시기에는 나이테의 성장이 있게 됩니다. 그러다가 최초로 자월(子月)에는 목욕(沐)을 하게 되고 이 시기는 농사를 위해 종자를 물에 담가두는 환경이라고 이해하면 됩니다. 물에 불린 쌀이 밥을 지을 때에도 잘 익게 됩니다.

그러므로 물에 불린 종자가 쉽게 껍질을 뚫고 밖으로 나올 수가 있게 됩니다. 이것이 자월(子月)의 목욕(지沐浴地)입니다. 축월(丑月)에는 아직 한기(寒氣)가 남아 있으므로 땅속에 불린 씨앗을 심고 가만히 밟아 땅을 다지게 됩니다. 이것이 관대(冠帶)입니다. 인월(寅月)과 묘월(卯月)에는 건록(建祿)과 제왕(帝王)지이므로 이 시기의 나무는 가장 왕성한 움직임을 보여주기 시작합니다. 갑목(甲木)은 성장하여 줄기를 키우다가 꽃을 피울 쯤이 되면 사월(巳月)은 병지(病地)가 되고 오월(午月)은 사지(死地)라고 부르게 되었습니다. 이것은 갑목(甲木)의 성장이 오월(午月)부터는 중단이 되고 기세가 꺾인다고 보았던 것입니다. 이때부터는 을목(乙木)의 성장으로 넘겨 가게 되는데 그래서 을목(乙木)은 오월(午月)에 장생지가 되어 갑목(甲木)의 생기(生氣)를 넘겨 받게 됩니다. 그러므로 갑목(甲木)은 오월(午月)에 죽고 을목(乙木)은 오월(午月)에 장생하게 됩니다. 이것이 음생양사(陰生陽死)이론이 되는 것입니다.

그래서 말하길 천간은 쉬지 않고 움직이고 지지는 고요한 것인데 각각의 천간이 12지지의 월(月)을 유행하면서 생왕묘절(生旺墓絕)등의 관계가 맺어지게 됩니다. 이것이 12운성의 이치가 되는 것입니다. 그러므로 양(陽)은 모여서 앞으로 나아가는 속성이 있고 주로 순행(順行)하고, 음(陰)은 흩어져 뒤로 물러나는 속성이 있으므로 주로 역행(逆行)하게 됩니다. 이것을 설명한 것이 바로 장생, 목욕 등의 학설로, 양(陽)은 순행하고 음(陰)은 역행하는 특수성을 지니게 된 것입니다. 사계절을 운행하면서 이미 공을 이룬 오행은 물러가고 장차 쓰이려고 대기하고 있는 오행은 앞으로 나오게 되는 것이 계절의 이치인 것입니다. 그러므로 각각의 천간은 12지지의 월을 운행하면서 생왕묘절(生旺墓絕)을 순환하게 되는 것입니다.

곧, 양(陽)이 출생하는 곳에서 음(陰)이 사망하고 음양이 서로 교환되는 것은 자연의 이치인 것입니다. 예를 들어 만약 기토(己土) 일간이 오월(午月)에 태어났다고 가정한다면 임수(壬水)는 재성이 됩니다. 그런데 오월(午月)에 임수(壬水)는 휴수(囚)에 해당이 됩니다. 이것은 12운성표를 보면 확인할 수가 있습니다. 곧 임수(壬水)를 기준으로 살펴보면 오월(午月)은 사오미(巳午未)월(月)에 해당이 되는 것입니다. 역시 휴수(休囚)에 해당한다는 사실은 조상으로부터 물려받은 재산이 없고 처를 극하고 자식은 많지 않다고 판단하는 것입니다. 만약 년(年)이나 시(時)에서 투출한 갑인(寅甲)은 정관이 되는데 오월(午月)에 갑(甲)은 사지(死地)가 되므로 관록(官祿)은 필히 낮고 작다고 보는 것이지요. 그러므로 갑목(甲木)은 오화(午火)보다는 해묘미을(亥卯未乙)을 보기를 기뻐하는데 이처럼 신왕(身旺) 관살(官殺)하게 되면 묘(妙)한 것이 됩니다. 편재(偏財)를 보아도 역시 아름답다.

【예시1】

時	日	月	年
甲	己	壬	
寅		午	

오월(午月)에 태어난 기토(己土)는 임수(壬水)가 재성이니 재물과 아내가 됩니다. 그런데 오월(午月)에는 임수(壬水)가 휴수(休囚)에 해당이 됩니다. 그러므로 힘을 못 쓰는 글자이므로 역시 조상으로부터 물려받은 재산이 없고 혹은 그로 인해 처를 극한다고 보는 것입니다. 또한 갑(甲)은 정관이니 관록에 해당이 됩니다. 그런데 오월(午月)의 갑(甲)은 사지(死地)가 됩니다. 고로 이 사람의 관록은 높지 않다고 보는 것입니다. 그러므로 해월(亥月)이 되면 갑목(甲木)은 장생지이고 묘월(卯月)이 되면 제왕지에 해당이 되므로 이 갑목은 해묘미(亥卯未)월이 되는 것을 반기는 것입니다.

【표2】 十二운성 조견표

	長生	沐浴	冠帶	建祿	帝王	衰	病	死	墓	絶	胎	養
甲	亥	子	丑	寅	卯	辰	巳	午	未	申	酉	戌
乙	午	巳	辰	卯	寅	丑	子	亥	戌	酉	申	未
丙戊	寅	卯	辰	巳	午	未	申	酉	戌	亥	子	丑
丁己	酉	申	未	午	巳	辰	卯	寅	丑	子	亥	戌
庚	巳	午	未	申	酉	戌	亥	子	丑	寅	卯	辰
辛	子	亥	戌	酉	申	未	午	巳	辰	卯	寅	丑
壬	申	酉	戌	亥	子	丑	寅	卯	辰	巳	午	未
癸	卯	寅	丑	子	亥	戌	酉	申	未	午	巳	辰

3. 十二운성의 이해.

1) 천간에서 지지를 만났을 때 세력 또는 기운을 12단계로 나눈 것입니다.

2) 양포태와 음포태는 12운성의 생사(生死)의 방향이 다르다고 이해하면 됩니다.

3) 음포태는 정밀한 육친 해석이 가능합니다.

4) 12운성이 연습이 되면 오행적 표현이 필요가 없게 됩니다. 과거 오행학 시대에는 오행중심이였으므로 양간(陽干) 위주였으나 음양학이 들어오면서, 음포태의 중요성이 자리를 잡게 되었습니다. 그러므로 동생동사(同生同死)를 주장하는 사람들은 모두 오행학으로 본 것이고 음생양사(陰生陽死)로 보는 것은 음양학을 중심으로 보는 것입니다.

4. 근묘화실(根苗花實)에서 12운성 보는 방법.

년주(年柱)를 조상궁, 월주(月柱)는 부모궁, 일주(日柱)는 배우자궁, 시주(時柱)는 자식궁이라 하여 년지(年支)에 생.욕.대.녹.왕지에 해당이 되면 선대(先代)에 부귀한 가문이라고 보는 것입니다. 만약 쇠. 병. 사. 묘. 절지에 놓이면 대체로 선대(先代)에 가난하거나 병약하고 태지와 양지에 놓이면 고향 떠나 살거나 부친이나 자신이 양자(養子) 가거나 다른 부모를 섬기며 산다고 보는 것입니다 그러나 자세한 내막은 다른 형충파해와 십신(十神)의 상태를 함께 이해한 후에 판단해야 합니다.

【예시2】

時	日	月	年
	庚		甲
			寅

경금(庚金)일간에게는 갑인(甲寅)목(木)이 재성에 해당합니다. 그리고 인목(寅木)은 갑목(甲木)에 대해서 12운성으로 보면 건록에 해당이 됩니다. 곧 갑목(甲木)은 강한 기운을 얻은 것이므로 이 사람의 재성의 활동이 활발하겠다고 판단하는 것입니다. 또한, 년주(年柱)에 놓인 갑인(甲寅)목(木)은 조상궁의 재성이 활발한 것이므로 조상대에 부유했다고 판단할 수도 있습니다.

【예시3】

時	日	月	年
	庚		甲
			申

경금(庚金)일간에게는 갑목(甲木)이 재성(財星)에 해당이 됩니다 그런데 재성(財星)갑목(甲木)은 그 밑에 신금(申金)이 존재하는데 갑목(甲木)에 대해서 신금(申金)은 절지(絶地)에 해당이 됩니다. 그러므로 갑목(甲木)의 활동은 재성이 절지(絶地)라 힘이 없다고 판단하는 것입니다. 오직 갑목(甲木)은 장생(長生)과 건록(建祿) 제왕(帝王)지가 되는 해자(亥子)와 인묘(寅卯)에서만 재물에 관여를 하게 됩니다. 또한, 년주의 갑목은 절지이므로 그의 선친 조상들이 경(庚)금 일(日)간에게 가난을 물려주었다고 보는 것입니다.

5. 十二運星으로 운세 간단히 보는 법.

【예시4】

時	日	月	年	月運	歲運	大運	男命
비견		비견	겁재	정재	편인	식신	
癸	癸	癸	壬	丙	辛	乙	
丑	未	卯	午	申	丑	巳	
편관	편관	식신	편재	인수	20세	정재	

신축년(辛丑年) 8월 초순에 친구들이 술 마시고 옆 좌석 사람을 폭행하여 전치4주 진단이 나왔습니다. 8월에 발생한 사건이니까 병신(丙申)월이네요. 그러면 병화(丙火) 재성(財星)은 신월(申月)에 병지(病地)이고 일간 계수(癸水)는 신월(申月)이면 사지(死地)가 됩니다. 일간이 죽을 정도로 위험한 사건으로 보여지는데, 그 이유가 재성(財星)을 병들게 한 까닭입니다. 즉, 손재수가 발생하는 것인데 합의금이 됩니다. 손재수 발생은 예견하지만 어떤 이유로 발생하는지는 여전히 모르는 겁니다. 아파서 입원하여 입원비용으로 손재수가 나갈 수도 있고 차량 사고로 입원치료비로 보험금이 나갈 수도 있으니까요. 여기서는 서로 싸워서 합의금 명목으로 나가는 돈이 발생한 것입니다.

【예시5】

時	日	月	年	月運	歲運	女命
정인		상관	비견	정재	비견	
戊	辛	壬	辛	甲	辛	
子	巳	辰	丑	午	丑	
식신	정관	정인	편인	편관	편인	

식당일을 하다 신축년(辛丑年) 6월 10일 식탁 테이블에 허리가 부딪쳐 크게 다쳤습니다. 6월 10이면 갑오(甲午)월에 해당이 됩니다. 곧 갑(甲) 재성이 오(午)는 사지(死地)에 해당되고, 신금(辛金)일간에게는 오(午)는 병지(病地)에 해당이 됩니다. 그러면 이 사람에게는 6월에는 일간의 손재수가 보이는 것입니다. 곧 병지이므로 다쳐서 재성의 손재수가 발생을 하는 것입니다.

6. 왕상휴수사(旺相休囚死)이론.

왕상휴수사(旺相休囚死)이론은 오행대의(五行大義)에서 밝힌 이론을 삼명통회에
서도 동일하게 밝히고 있습니다. 곧 왕상휴수사는 사사(四時) 계절의 생극제
화(休旺)를 표현한 글입니다. 그래서 논사시휴왕(論四時休旺)이라 합니다. 이것
은 일간대비 월령계절을 대비하여 왕휴수사를 보는 겁니다. 휴왕(休旺)을 보
는데 있어 사용하는 것은 생극제화입니다. 즉, 지지가 천간을 극(剋)하는 것을
수(囚)라고 하는 것이니 이것은 지지가 천간을 극(剋)한다고 밝히는 겁니다. 또
한 월령이 인수이면 일간을 생(生)하기도 합니다. 이것은 지지가 천간을 생(生)
한다고 밝히는 겁니다. 지지가 천간을 생극(生剋)하므로 만들어지는 것이 왕상
휴수사(旺相休囚死) 이론인 겁니다. 다음 아래의 명조를 살펴보면 임수(壬水) 일
간은 인목(寅木)을 만난 것이므로 휴(休)에 해당이 됩니다. 그러므로 일간의 왕
쇠(旺衰)를 판독할 적에 "임수(壬水)는 휴(休)가 되었다"라고 이해하시면 됩니다.

【예시6】

	時	日	月	年
		壬		
			寅	

또한 봄에는 목(木)이 왕(旺)하고 여름에는 화가 왕(旺)하며 가을에는 금이 왕
(旺)하고 겨울에는 수가 왕(旺)합니다. 이것이 왕(旺)입니다. 또한 봄에는 화를
생(生)하고 여름에는 토를 생(生)하고 가을에는 수를 생(生)하고 겨울에는 목
을 생(生)합니다. 이것이 상(相)이 됩니다. 그러므로 왕상(旺相)은 일간이 왕성
(旺盛)해지는 계절을 말하게 됩니다. 기타 휴수사(休囚死)는 다음과 같습니다.

【표3】 왕상휴수사(旺相休囚死)

일간	춘(春)	하(夏)	추(秋)	동(冬)	계(季)
목(木)	왕(旺)	휴(休)	사(死)	상(相)	수(囚)
화(火)	상(相)	왕(旺)	수(囚)	사(死)	휴(休)
토(土)	사(死)	상(相)	휴(休)	수(囚)	왕(旺)
금(金)	수(囚)	사(死)	왕(旺)	휴(休)	상(相)
수(水)	휴(休)	수(囚)	상(相)	왕(旺)	사(死)

1) 왕(旺)이 되는 오행

인묘(寅卯)월 봄에는 목(木)이 왕(旺)하고 사오(巳午)월 여름철에는 화(火)가 왕(旺)하고 가을에는 금(金)이 왕(旺)하고 겨울에는 수(水)가 왕(旺)하고 사계에는 토(土)가 왕(旺)하다

2) 상(相)이 되는 오행

인묘(寅卯)월에는 봄이 생조하는 일간의 화(火)는 대리자이니 곧 화상(火相)이 됩니다. 사오(巳午)월에는 여름이 생조하는 일간의 토(土)는 대리자이니 곧 토상(土相)이 됩니다. 금왕(金旺)한 가을이 생조하는 수(水)일간은 대리자이니 곧 수상(水相)이 됩니다. 수왕(水旺)한 겨울이 생조하는 목(木)일간은 대리자이니 곧 목상(木相)이 됩니다. 토왕(土旺)한 사계(四季)가 생조하는 금(金)일간은 대리자이니 곧 금상(金相)이 됩니다.

3) 수(囚)가 되는 오행

인묘(寅卯)월 봄을 극하는 일간의 금(金)은 오히려 갇히게 되므로 마치 감옥에 들어가듯이 수(囚)에 들어가는 것이 됩니다. 사오(巳午)월 여름을 극하는 일간의 수(水)는 오히려 갇히게 되므로 마치 감옥에 들어가듯이 수(囚)에 들어가는 것이 됩니다. 금왕(金旺)한 가을을 극하는 일간의 화(火)는 오히려 갇히게 되므로 마치 감옥에 들어가듯이 수(囚)에 들어가는 것이 됩니다. 수왕(水旺)한 겨울을 극하는 일간의 토(土)는 오히려 갇히게 되므로 마치 감옥에 들어가듯이 수(囚)에 들어가는 것이 됩니다. 토왕(土旺)한 사계를 극하는 일간의 목(木)이 오히려 갇히게 되므로 마치 감옥에 들어가듯이 수(囚)에 들어가는 것이 됩니다.

4) 휴(休)가 되는 오행

인묘(寅卯)월 봄을 돕는 일간의 수(水)는 기운이 설기 당하므로 휴식(休息)이
필요하니 휴(休)에 해당이 됩니다. 사오(巳午)월 여름을 돕는 일간 목(木)은 기
운이 설기 당하므로 휴식(休息)이 필요하니 휴(休)에 해당이 됩니다. 금왕한
가을을 돕는 일간의 토(土)는 기운이 설기 당하므로 휴식(休息)이 필요하니
휴(休)에 해당이 됩니다. 수왕(水旺)한 겨울을 돕는 일간의 금(金)은 기운이 설
기 당하므로 휴식(休息)이 필요하니 휴(休)에 해당이 됩니다. 토왕(土旺)한 사
계를 돕는 일간의 화(火)는 기운이 설기 당하므로 휴식(休息)이 필요하니 휴
(休)에 해당이 됩니다.

5) 사(死)가 되는 오행

인묘(寅卯)월 봄이 극하는 일간의 토(土)는 죽습니다. 사오(巳午)월 여름이 극
하는 일간의 금(金)은 죽습니다. 금왕(金旺)한 가을이 극하는 목(木)은 죽습니
다. 수왕(水旺)한 겨울이 극하는 일간의 화(火)는 죽습니다. 토왕(土旺)한 사계
(四季)가 극하는 일간의 수(水)는 죽습니다.

7. 일간(日干)의 강약 판별법.

일주(日柱)의 강약(强弱) 구분을 이해하려고 한다면 일단 출생에 해당이 되는 월령(月令)의 계절을 잘 관찰해야 합니다. 그리고는 합국(合局)과 형충파해(刑沖破害)에 따른 변화와 생극제화(生剋制化)의 작용을 정확히 이해해야 합니다. 일간의 신강(身强)과 신약(身弱)을 판단하는 법은 수량(數量)으로 보는 것이 아니라 질량(質量)으로 판단하는 것입니다. 곧 양(量)이라 하는 것은 갯수를 말하는 것이며 질(質)이라 하는 것은 득령(得領) 득지(得地) 등을 말하는 것입니다. 일간이 지지에 득지(得地) 득령(得領) 득세(得勢)가 되면 그 힘이 강성한 것으로 신강하니 식재관(食財官)을 모두 감당할 수 있다는 체질을 뜻하고, 실령(失令) 실지(失地)가 되면 힘이 유약하여 신약하니 재관(財官)을 감당하기에 역부족이라고 보는 것입니다.

그러나 이와 같이 일간의 강약과 길흉과는 서로 별개의 문제라는 사실을 분명히 인지해야 합니다. 만약 천간에 있는 글자가 길신이면서 지지에 통근하면 그 길함의 정도도 커질 것이고, 천간에 있는 자가 흉신이면서 지지에 통근을 하게 되면 그 흉함의 정도도 커지게 됩니다. 즉 통근하는 천간 글자의 희신과 기신을 먼저 판단해야 한다는 것입니다. 이것은 일간의 신강과 신약과는 일체 상관이 없게 나타나기 때문에 월령의 용신으로 판단할 수밖에 없다는 사실입니다.

예를 들어 갑목(甲木)일간이 인월(寅月)을 만나면 자기 계절을 얻어 득령(得領)이라 말하는데 오화(午火)가 붙어 있다면 인오합(寅午合)이 되여 변할 수가 있게 됩니다. 이것을 화겁위상(化劫爲傷)이라 하였는데 겁재(劫財)나 비견(比肩)이 식상(食傷)으로 변화하였다고 말하는 것입니다. 이로 인해 갑목(甲木)에게는 인월(寅月)은 신강 하였지만 식상으로 변하게 되면 설기(泄氣)를 당하는 것이므로 여름철을 만난 것처럼 변화하게 됩니다. 고로, 왕상휴수(旺相休囚)에 의하면 인월(寅月)은 왕(旺)이였지만 화(火)로 변화여 식상(食傷)이 되니 일간 갑목(甲木)은 왕(旺)에서 휴(休)로 변하게 되었다고 말하는 것입니다. 이것은 일간하고는 상관이 없이 월령의 변화로 발생하게 되는 것입니다.

또한, 갑목(甲木)이 진월(辰月)에 태어나게 되면 내가 극하는 오행이니 편재격에 해당하지만 만약 일지에 인목(寅木)이 존재하여 갑인(甲寅)일주라면 이 진토(辰土)를 대목지토(帶木之土)라 불렀던 것입니다. 곧 대목지토(帶木之土)라 함은 커다란 나무가 심어진 진토(辰土) 환경이라는 뜻인데 고로 인목(寅木)이 있게 되면 진토(辰土)는 토(土)가 아니라 목(木)으로 작용한다고 보았던 것입니다. 고로 갑인(甲寅)일주의 진토(辰土)월은 재격에서 건록격으로 변하기 쉬운 것이 됩니다. 그러므로 진월(辰月)의 갑인일주는 재격(財格)보다는 건록(建祿)의 성향이 나타난다고 보았던 것입니다

이와같이 월령이 육합과 삼합 또는 방합과 연결구조가 되어 변화하게 되면 왕상휴수사가 변하게 됩니다. 이러한 변화의 이치를 잘 깨달아야만 신왕 신약을 분간하는 시야가 생겨나게 됩니다. 그리고 중요한 대목은 신강하다고 해서 반드시 사주가 좋다고 말하면 안되는 것입니다. 왜냐하면 일간이 월지에서 득령하여 왕(旺)을 얻게 되었다면 오히려 일간이 왕하기 때문에 보통 설기하는 자를 길신으로 삼게 되는데 이런 경우 설기하는 식상은 대체로 월지에서 득령하지 못하게 되는 경우가 많다는 사실입니다.

예를 들어 갑(甲)일간이 월지에서 인목(寅木)을 얻으면 왕(旺)이 되는데 인(寅)중에는 병화(丙火)가 있어서 식상(食傷)이 통근하므로 식상이 득령하여 별 문제가 없겠지만 만약 갑(甲)일간이 묘월(卯月)을 만나게 되면 병정화(丙丁火) 식상이 존재하지 않게 되어 식상이 통근을 못하게 됩니다. 월지에 통근 못하는 식상은 힘이 허약하여 불리하다는 말이므로 식상을 용신으로 사용하지 못하게 되는 것입니다. 그러므로 갑일간이 묘월에 태어났으니 식신을 쓰면

된다고 하더라도 묘월에서는 식상이 존재하지 않기 때문에 식신이 묘월에
득령이 되지 못하는 것입니다. 득령을 하지 못한 용신은 별 의미가 없는데,
신강한 일간이 식상을 만났으니 귀(貴)하다고 잘못 판단을 한다는 말을 하
는 것입니다.

따라서 신강신약법은 일간의 쇠왕(衰旺)을 참작하는 용도에 그쳐야 하고 이
것으로 용신을 구하게 되면 실수하게 된다는 점을 잘 이해해야 하는 것입니
다. 즉 왕상휴수사(旺相休囚死) 이론으로는 일주와 월주의 왕쇠(旺衰)를 판단
할 유일한 요소로 이해해야 하는 것이지 이것으로 용신을 구하는 것이 아니
라는 사실입니다. 용신을 구하는 방법은 반드시 용신법으로 구해야 한다는
사실이고 만약 용신이 월지를 얻은 경우 진신득용(眞神得用)이라 하며 주중
제일 강력한 뿌리를 얻은 것이 되므로 귀격(貴格)이 되는 경우가 많았습니다.

1) 득령(得令)

득령(得令)의 령(令)은 월령을 말합니다. 그러므로 득령(得令)은 천간이 월지에 뿌리를 두고 있다는 말을 가리킵니다. 사령(司令)은 오직 일간이 월령에 통근하는 것을 말하고 득령(得令)이나 당령(當領)은 일간을 포함은 모든 천간이 월령에 통근하는 것을 말합니다.

따라서 득령이란 천간이 월지에서 기(氣)를 얻는다는 뜻이다. 그래서 '일간이 득령하였다.'라는 말은 월지가 비견겁을 얻은 경우를 득령이라 할 수 있으며 또한, 월지의 지장간에서 일간과 동기가 포함된 경우도 득령(得令)이라 말할 수 있습니다. 사주의 환경을 결정하는 주요 요소가 월지(月支)이니 월에서 기를 얻는다는 것은 일간이 강해지기 위한 필요조건이 됩니다. 득령은 월지에서 계절을 얻었다는 의미이므로 왕상휴수에서는 왕이 되는 시기를 얻었다고 이해하면 되며 고로 일간이 가장 강왕(强旺)하다고 보면 됩니다.

2) 실령(失令)

득령의 반대가 되는 개념이 실령입니다. 곧 월지에서 기를 얻지 못한 경우를 실령(失令)이라 말을 합니다. 그래서 왕상휴수사에서 사(死)가 되는 때를 얻었다면 일간이 실령하는 정도가 제일 클 것입니다

3) 득세(得勢)

득세란 일간이 사주 주변에서 세력을 얻었다는 뜻으로 생조(生助)를 충분히 받고 있는 것을 말한다. 이때 생(生)은 인성을 말하고 조(助)는 비견·겁재의 동기로서 도와주는 것을 뜻합니다. 곧 왕상휴수사에서 왕(王)과 상(相)에 해당이 되는 것입니다 따라서 왕상이 많게 되면 생조자가 많은 것으로 비록 실령했다고 할지라도 일간이 강해질 것은 당연한 이치입니다. 득세(得勢)를 따질 적에는 지지(地支)의 합충관계와 지장간을 살펴서 고려해야 합니다. 곧, 일간과는 적재적인 오행이라 하여도 그 오행이 합화(合化)하여 일간을 돕는 세력으로 변화 했다면 이것은 오행이 득세(得勢)를 하게 될 수 있는 배

경이 됩니다. 또한 일간을 돕는 지지가 있다 하여도 충극(沖)을 당하면 일간이 해당 지지에서 세력을 얻기가 그만큼 힘들어지게 됩니다. 천간에서도 일간을 부조(扶助)하는 자가 많게 되면 역시 득세가 될 수 있습니다. 이런 경우는 천간에서 돕는 자는 반드시 지지의 세력을 등에 업고 있어야만 득세라 할 수 있습니다.

4) 실세(失勢)

이것은 득세(得勢)에 반대가 되는 개념입니다. 곧 주변에서 일간을 돕는 왕상(旺相)의 무리가 없는 것으로 만약 생조(生助)가 미약하면 실세(失勢)라하고 실세하면 일간은 약해지게 됩니다

5) 득지(得地)

득지(得地)라고 하는 것은 일간(日干)이 일지(日支)에 뿌리를 내리고 있는 것을 말합니다. 일지(日支)의 지장간에서 일간을 돕는자가 있는 경우와 지지가 진술축미(辰戌丑未)라 하더라도 일간과 동기(同氣)가 되는 지장간이 있으면 득지(得地)라 할 수 있습니다. 보통 정미(丁未), 갑진(甲辰), 병술(丙戌), 계축(癸丑) 일주는 득지(得地)했다고 볼 수 있습니다.

득지(得地)는 일지(日支)가 사왕지(四旺地)와 사생지(四生地) 혹은 묘고지(墓庫地)일 경우를 나누어 살펴봐야 합니다. 일지(日支)가 자오묘유(子午卯酉)의 사왕지(四旺地)이면서 일간과 동기(同氣)인 경우에는 간여지동(干與之同)에 해당이 되기 때문에 그 자체로 신강(身强)하다고 말할 수 있습니다. 만약, 일지(日支)가 인신사해(寅申巳亥)의 사생지(四生地)이면서 일간과 동기(同氣)가 되면 형충(刑沖)을 살펴야 하는데 월지(月支)의 상황을 살펴서 신강약을 정해야 하며 일지가 진술축미(辰戌丑未)이면서 일간과 동기(同氣)가 되면 고지(庫地)에 있는 관계로 형충(刑沖)의 여부가 역량을 판단하는데 중요한 단서가 됩니다.

6) 통근(通根)

천간이 지지의 지장간에 동기(同氣)가 있어 지지로부터 힘을 얻고 있는 것을 통근(通根)이라 합니다. 천간을 대비하여 오행은 같고 음양(陰陽)이 다른 자가 지장간에 있다고 하더라도 통근했다고 간주합니다. 보통 유근(有根), 유기(有氣)라고도 말합니다. 예를 들어 병술(丙戌)일주처럼 병화(丙火)가 투출했으므로 술토(戌土)가 비록 고지가 되지만 통근했다고 말할 수 있습니다.

그러나 이런 고지의 경우는 뿌리가 약하다고 판정하시면 됩니다. 자평진전에서 말하길 "장생과 녹왕은 뿌리가 튼튼한 것이고 묘고(墓庫)와 여기(餘氣)는 뿌리가 약한 것이다. 예를 들면 한 개의 묘고를 만났다고 한다면 이것은 천간에서 한 개의 비견을 얻는 것보다는 강하다고 보면 된다"라고 분명히 밝히고 있습니다. 또한 병진(丙辰)일주라면 병화(丙火)가 진토(辰土)에 뿌리가 없으므로 통근(通根)이라 말하지 못합니다. 또한 지지의 지장간이 천간에 드러나는 것을 투출(投出) 혹은 투간(透干)되었다고 말을 합니다. 고지(庫地)에 있는 중기(中氣)의 물건이 천간에 투출(投出)하면 투고(投庫)라고 말합니다.

8. 통근(通根)개요.

① 통근(通根)은 음양을 구분하지 않고 오행(五行)으로 봅니다
② 절지(絶地)에 임한 천간은 불안하다고 봅니다.
③ 장생 건록지에 임한 천간은 안정이 되었다고 봅니다
④ 진술축미(辰戌丑未)는 묘고지라도 통근으로 봅니다
⑤ 삼합(三合)이 결성되면 변화 오행이 아닌 오행의 뿌리는 상실이 됩니다.
⑥ 을미(乙未), 신축(辛丑)은 축미충이 되면 통근력이 상실이 됩니다.
⑦ 병술(丙戌), 임진(壬辰)은 진술충이 되면 통근력이 상실이 됩니다.
⑧ 합충(合沖)이 되거나 피합(彼合)이 되면 통근력을 상실(喪失)합니다
⑨ 지지의 이동은 간합(干合)에 의해 가능합니다.
⑩ 육합(六合)은 생합의 경우는 통근이 가능하나,
　　극합(剋合)의 경우에는 통근이 불가능합니다.
⑪ 육합(六合)에서는 생합(生合)이 되면 합으로 인하여 구속되지 않는다.

【표4】 통근(通根)조견표

甲子	무근	丙子	무근	戊子	무근	庚子	무근	壬子	통근
甲寅	통근	丙寅	통근	戊寅	무근	庚寅	무근	壬寅	무근
甲辰	통근	丙辰	무근	戊辰	통근	庚辰	통근	壬辰	무근
甲午	무근	丙午	통근	戊午	무근	庚午	무근	壬午	무근
甲申	무근	丙申	무근	戊申	무근	庚申	통근	壬申	통근
甲戌	무근	丙戌	통근	戊戌	통근	庚戌	통근	壬戌	무근
乙丑	무근	丁丑	무근	己丑	통근	辛丑	통근	癸丑	무근
乙卯	통근	丁卯	통근	己卯	무근	辛卯	무근	癸卯	무근
乙巳	무근	丁巳	통근	己巳	무근	辛未	무근	癸巳	무근
乙未	통근	丁未	통근	己未	통근	辛巳	통근	癸未	무근
乙酉	무근	丁酉	무근	己酉	무근	辛酉	통근	癸酉	무근
乙亥	통근	丁亥	무근	己亥	무근	辛亥	무근	癸亥	통근

9. 형충파해와 통근.

【예시7】

時	日	月	年
戊	乙		
寅	亥		

인해합(寅亥合)으로 인하여 무토(戊土)의 통근이 강하지 못합니다.

【예시8】

時	日	月	年
戊	壬		
申	寅		

인신충(寅申沖)으로 인하여 무토(戊土)의 통근은 불안합니다. 지지의 합충이 되거나 지장간이 암합이 되면 천간의 무기토는 지지의 중기 여기에 통근하기 어렵습니다.

【예시9】

時	日	月	年
己	丙		
巳	申		

사신합(巳申合)으로 인하여 기토(己土)는 여기(餘氣) 중기(中氣)인 사중(巳中)의 무토(戊土)에 통근하기 어렵습니다.

【예시10】

時	日	月	年
	己	癸	
	亥	巳	

사해충(巳亥沖)으로 인하여 기토(己土)는 해중(亥中) 무토(戊土)에 통근하기 어렵습니다.

【예시11】

時	日	月	年
	乙		
	丑	未	

을목이 축미충이 되어 있으므로 미토에 통근하기 어렵습니다.

【예시12】

時	日	月	年
		庚	乙
		申	未

을목(乙木)은 을경합(乙庚合)으로 기반(羈絆)이 되어 미중(未中)에 을목(乙木)이 통근하기 어렵습니다.

【예시13】

時	日	月	年
		辛	乙
		酉	未

을목(乙木)은 을신충(乙辛沖)으로 충거(衝去)되어 미중(未中)에 을목(乙木)이 통근하지 못합니다.

【예시14】

時	日	月	年
		辛	乙
		丑	未

을목(乙木)은 을신충(乙辛沖)과 축미충(丑未沖)을 당하고 있어 미(未)중의 을목(乙木)에 통근하지 못합니다.

【예시15】

時	日	月	年
	乙		
丑	未	午	未

오미합(午未合)을 축미충(丑未沖)으로 해제하여 미중(未中)의 을목(乙木)이 통근할 수 있습니다.

11 十二운성 활용 포태법

포태법은 일본의 명리학자 아부태산(阿部泰山)이 그의 저작 "아부태산(阿部泰山)전집"에서 12운성 간명기법을 4개로 체계화시켜 처음으로 소개되었습니다. 아부태산의 적용법은 이후 12운성의 간명기법을 체계화하는데 선구자적 역할을 하였는데 아부태산은 12운성 간명법으로 봉법(逢法), 좌법(坐法), 거법(居法), 인종법(引從法)을 구별하여 적용하였습니다. 봉법(逢法)은 일간과 일지를 비교하여 12운성을 도출하는 것이고 좌법(坐法)은 지지와 지지를 지장간에 운성 대입하는 방법입니다. 거법(居法)은 해당 천간과 해당 지지의 관계를 직접 운성 비교하는 방법이고 인종법(引從法)은 일간과 지장간 이외의 육신을 불러와 일지에 대입하여 12운성을 도출하는 방법입니다.

우리나라는 일본과 비교하여 간명기법에 약간의 차이는 있지만 운성포태의 체계와 적용법은 일본의 기법을 그대로 원용하고 있는 실정입니다. 또한 인종법과 거법 설명에 정확한 이해를 위해 실전에서 사용하는 12운성 기법으로 설명하겠습니다.

아부태산의 4가지 12운성기법에서는 봉법체계는 궁(宮)으로 표현하며 좌법체계는 좌(坐), 인종법체계는 종(從), 거법체계는 지(支)로 구분하여 명칭을 합니다. 다만 여기서는 혼돈될 수 있으므로 모두 궁(宮)으로 통칭하도록 하겠습니다.

1. 십이운성(十二運星)의 개념과 포식법.

십이운성(十二運星)의 별자리를 활용한 학문이 일명(一名) 포태법(胞胎法)입니다. 여기서 포(胞)는 절(絶)이라하고, 태(胎)는 태지이므로 포태(胞胎)는 절태(絶胎)가 되는 것입니다. 12운성의 자리에서 절태(絶胎)가 되면 끊어지다가 다시 잉태(孕胎)하는 이치(理致)와 같습니다. 12운성은 오행론에서 시작하였다가 점차 음양론으로 완성이 됩니다. 곧 오성(五星)의 배열을 설명한 자리가 12별자리 운행이므로, 이것은 목성이 태양에 접근하면서 발생하는 힘의 폭발력을 표기한 것이지만, 지리(地理)에서 사용되면서부터 음양(陰陽)을 구분하기 시작했습니다. 그래서 지리에서는 12운성을 힘의 논리가 아니라 삼합(三合)의 논리로 이해하면 됩니다. 그러므로 양생음사와 음생양사로 양은 순행하고 음은 역행한다는 원칙을 이해해야 합니다, 따라서 12포태법을 실전에 적용시키려면 음간(陰干) 포태법과 양간(陽干) 포태법이 서로 다르게 움직인다는 사실을 먼저 알아야 합니다.

【표1】 육십갑자와 십이운성

십이운성	해당되는 60 갑자
절(絶)	갑신(甲申), 을유(乙酉), 경인(庚寅), 신묘(辛卯)
태(胎)	병자(丙子), 정해(丁亥), 무자(戊子), 기해(己亥), 임오(壬午), 계사(癸巳)
양(養)	갑술(甲戌), 을미(乙未), 경진(庚辰), 신축(辛丑)
장생(長生)	병인(丙寅), 정유(丁酉), 무인(戊寅), 기유(己酉), 임신(壬申), 계묘(癸卯)
목욕(沐浴)	갑자(甲子), 을사(乙巳), 경오(庚午), 신해(辛亥)
관대(冠帶)	병진(丙辰), 정미(丁未), 무진(戊辰), 기미(己未), 임술(壬戌), 계축(癸丑)
건록(建祿)	갑인(甲寅), 을묘(乙卯), 경신(庚申), 신유(辛酉)
제왕(帝旺)	병오(丙午), 정사(丁巳), 무오(戊午), 기사(己), 임자(壬子), 계해(癸亥)
쇠(衰)	갑진(甲辰), 을축(乙丑), 경술(庚戌), 신미(辛未)
병(病)	병신(丙申), 정묘(丁卯), 무신(戊申), 기묘(己卯), 임인(壬寅), 계유(癸酉)
사(死)	갑오(甲午), 을해(乙亥), 경자(庚子), 신사(辛巳)
묘(墓)	병술(丙戌), 정축(丁丑), 무술(戊戌), 기축(己丑), 임진(壬辰), 계미(癸未)

1) 봉법(逢法)

이것은 일주(日柱)를 말하는 것입니다. 곧 일간 대비 일지의 간지 구성이 12운성의 포태법에 어느 부분에 해당하는지를 확인하여 일간의 운세를 간명하는 방식입니다. 따라서 봉법은 60갑자의 상(像)이 중요하게 대두가 됩니다. 예를 들어 갑신(甲申)일주이면 절지(絶地)에 처한 일간이므로 절처봉생(絶處逢生)을 언급할 수 있겠고 갑인(甲寅)이면 간여지동(干與之同)을 언급할 수 있습니다. 갑인(甲寅), 을묘(乙卯), 경신(庚申), 신유(辛酉)는 건록이므로 신강(身强)한 일주라고 보고 갑신(甲申), 을유(乙酉), 경인(庚寅), 신묘(辛卯)는 절지(絶地)로 위태롭다고 판단하는 것입니다. 또한 정해(丁亥), 무자(戊子), 갑오(甲午), 기해(己亥), 신사(辛巳), 임오(壬午), 계사(癸巳)의 무리가 있는데 일간이 일지 지강간의 십간(十干)과 천간명암합이 되는 경우입니다. 이것을 자화간합(自化干合)이라 말을 하는데 일간과 유정(有情)하여 길하게 보았습니다.

2) 좌법(坐法)

이것은 지지와 지지끼리의 좌표 관계를 놓고 보는 것입니다. 따라서 지장간 안에서 십간이 되는 한 글자를 뽑아서 기준으로 삼은 후에 다른 지지궁에 놓인 12포태를 비교해 보는 방법입니다. 예를 들어 년지(年支)에 인목(寅木)이 존재하고 월지(月支)에 신금(申金)이 존재한다면 인(寅)에는 무인갑(戊寅甲)이라는 지장간이 존재합니다. 이 지장간의 글자 들 중에 하나를 선택하여 월지에 놓인 신금(申金)을 12 포태법으로 돌려 확인하는 방식입니다.

【예시1】 우울증세로 자살한 사주입니다.

예를 들어 경금(庚金)일간에게 신금(申金)은 비견이 되고 인목(寅木)은 편재(偏財)가 됩니다. 여기서 인중(寅中)의 갑목(甲木)의 상태를 파악하려고 한다면 월지(月支)의 신금(申金)이 12운성에 어디에 해당이 되는지 파악하면 됩니다.

곧 인중(寅中) 갑목(甲木)은 신금(申金)에서 절지(絶地)가 됩니다. 그러므로 이 사람의 재성은 절지(絶地)라는 계절을 만난 것으로 무력하다고 보는 것인데 그렇게 보면 재성을 얻기 힘들다고 판단하면 됩니다.
왜냐하면 인신충거(寅申冲去)가 되어 인목(寅木)이 파손이 될 가능성이 높게 나타나기 때문입니다.

3) 거법(居法)

이것은 천간과 각 지지의 관계를 보는 것인데 곧 일간(日干)및 다른 천간을 기준으로 각 지지의 12 운성의 위치를 확인하는 것을 말합니다. 대부분 12 포태법이란 일간을 두고 말하는 것이지만 여기에 국한하지 않고 확장해 나가는 것입니다. 곧 해당되는 천간 기준으로 지지의 근묘화실궁에 무엇이 위치해 있는가를 확인하고 왕쇠를 판단하기도 하며 그 위치에서 일어날 사건들을 예측하기도 합니다.

예를 들어 갑목(甲木)일간이라면 월지(月支)에 오화(午火)가 놓이게 되면 사지(死地)가 되어 불리하다고 보는 것입니다. 만약 갑목(甲木)일간은 신금(申金)이 되면 절지(絶地)이므로 역시 불리하게 됩니다. 건록이나 장생이면 길하게 보고 절태지(絶胎地) 혹은 사지(死地)이면 흉하게 봅니다. 또한 년지궁에 일간이 절지가 되면 조상으로부터 받는 복록이 절단, 차단이 된 것이라 보고 조상의 가업을 승계 받기 어렵다고 보았던 것인데 이로 인해 집을 떠나 자수성가해야 한다고 말했던 것입니다.

이와 반대로 년지에 장생이면 조상궁에서 록을 일으키므로 내가 조상의 봉록을 이어받아 일찍이 국가기관에 종사할 수가 있다고 판단하는 것입니다. 또한 대운이나 세운에서 만나는 12운성을 보기도 하는데 만약 일간기준에서 대운의 지지가 길운으로 등장하는데 지지가 장생 건록이라면 대발(大發)한다고 판단하는 것입니다. 만약, 기신이 지지에 있고 기신이 장생, 건록이라면 반대로 대흉(大凶)하다고 판단하는 것입니다.

그러나 만약 기신이 절태지라면 흉(凶)이 반감(半減)되기도 합니다. 곧 희신이 장생, 건록이라면 크게 기뻐하고 기신이 장생, 건록이면 크게 꺼려 합니다. 희신이 절태지라면 크게 실망하고 기신이 절태지라면 오히려 희망이 보이는 것입니다.

일간이 근묘화실에서 일지궁에 희신이 있는데 건록 장생을 만나면 배우자 인연이 좋아 기뻐하고 월지궁에 흉신이 건록 장생을 만나게 되면 부모덕이 없거나 가정이 원만하지 못하다고 판단하면 됩니다.

또한 정관이 되는 글자가 포태법으로 지지가 관대지에 해당이 된다면 이 사람의 정관은 제복(制服)과 관련이 깊을 수가 있게 됩니다. 그래서 군인이나 의사, 연구원, 운동선수들에게 해당이 되는 특징이 함께 보이게 된다면 그 사람은 제복을 주로 입고 생활하는 군인 단체에서 근무할 가능성이 높다는 것입니다. 그렇게 되기 위해서는 사주에 비견겁이 많아야 가능성이 높아집니다. 이런 모든 정황을 한 가지로 판단하면 안 되고 여러 정황의 복식(複式)으로 확인해 봐야 합니다.

【예시2】 년주의 12운성을 보고 성공하는 초년운(初年運)을 간명한다.

時	日	月	年
			정관
	甲		辛
			亥
			편인
			長生　12포태

갑목(甲木) 일간은 해수(亥水)가 장생(長生)에 해당하고, 년지(年支) 해수(亥水)는 조상궁으로 장생(長生)이 일어나는 것인데, 편인과 정관의 장생지이니 조상의 은공(恩功)이 높다고 보입니다. 이런 사람은 일찍이 문서가 발달하고 높은 벼슬을 할 수가 있게 됩니다.

【예시3】 년주의 12운성을 보고 초년기(初年記)의 고단함을 간명한다.

時	日	月	年
			상관
甲			丁
			未
			정재
			墓地 12포태

갑목(甲木)일간이 년주에 정미(丁未)를 만났다면 정화(丁火)는 상관이 되며, 미토(未土)는 정재가 되고, 년지궁이 묘지(墓地)에 해당이 됩니다. 이 사람은 년지에 묘지(墓地)가 놓인 관계로 조상에서 발현이 되는 기운이 불리하게 보는 것입니다. 곧, 조상궁에서 묘지(墓地)가 발동(發動)하여 잘못하면 갑목이 어려서부터 질환이 많아 입원이 많다거나 행동에 제약을 받게 되는 일들이 발생할 수 있습니다.

또한, 정화(丁火) 상관(傷官)이 조상궁에 놓이게 되면 상관이 정관을 극하는 것이라 벼슬길에 오르지 못하게 됩니다. 그러므로 조상궁의 도움을 받지 못한다고도 보는 것입니다. 고로 이 사람은 집을 떠나 새로운 환경에서 자수성가(自手成家)해야만 하는 고달 품이 있습니다.

【예시4】 수술 환자의 회복 여부를 12운성을 보고 판단할 수 있다.

時	日	月	年
壬			
子	卯	申
겁재	상관	편인
	長生	12포태

이 명조는 자묘형(子卯刑)이 함께 동(動)할때 자묘(子卯)가 현침(懸針)이라 수술 (手術)물상이 나타날 수가 있습니다. 만약 이 사람이 수술한다고 가정을 한 다면 수술의 후유증이 발생할 수 있을까요. 아니면 쾌유할 수 있을까요. 무 엇을 보고 판단할 수 있겠습니까? 거법(居法)으로 보아 판단할 수 있습니다 곧 신금(申金)이 임수(壬水) 일간에 장생지(長生地)인지라 생의(生意)가 있어서 쾌유가 확실하다고 판단하는 것입니다.

또한, 신금(申金)이 일간 임수(壬水)의 편인(偏印) 문서라서 보험으로 들었던 건 강 상해보험금을 수령하게 됩니다. 또한 세운에서 임신년(壬申年)이 되던가 임자년(壬子年), 경신년(庚申年) 들이 되어도 쾌유한다고 판단하는 것입니다. 왜냐하면 경신년(庚申年)은 임수(壬水) 일간에게는 신금(申金)이 장생지가 되기 때문이고 임자년에는 자수가 임수 일간의 건록지가 되기 때문입니다.

4) 인종법(引從法)

아부태산의 원작에서 말한 인종법은 음포태 인종법이라 말합니다. 곧 음간 일주라면 음포태로 된 편관을 끌고 와서 비교해 본다는 뜻입니다. 예를 들어 정미(丁未)일주라면 정화(丁火)는 음간(陰干)이므로 양간인 임수(壬水)가 남편이 아니라 음간인 계수(癸水)를 끌고 와서 편관 남편으로 비교한다는 주장입니다. 여기서는 혼동을 방지하고자 기존에 나타난 육친성을 인종(引從)하는 방식을 설명하겠습니다. 보통 인종법(引從法)에서는 일간을 기준으로 하기 보다는 다른 천간의 육친성을 기준으로 지지의 12운성을 찾는 것입니다. 예를 들어 조부모 육친성이라면 년주궁(年柱宮)에 인종(引從)하여 보고 부모 육친성이라면 월주궁(月柱宮)에 인종(引從)하여 보며 부부 육친성이라면 일지궁(日支宮)에 인종(引從)하여 보고 자녀 육친성이라면 시주궁(時柱宮)에 인종(引從)하여 보는 방법입니다. 결국 인종(引從)이라 함은 끌어 들여서 따라간다는 법을 말하는 것이므로 해당되는 육친성을 해당궁에 끌어 들여 순행과 역행을 보아 왕쇠를 판단하기 위함이 제일의 목적이 됩니다.

【예시5】 부친성의 12운성을 보고 부친덕을 판단할 수 있다.

時	日	月	年	男命
	일간	편재		
甲	戊			
	子		亥	
	인수	편인		
	태지	절지	12포태	

갑목(甲木) 일간은 무토(戊土)가 편재(偏財)로 부친에 해당하고, 무(戊)에서 년지의 해수(亥水)를 인종(引從)하여 보니까 절지(絶地)가 되고 또한 무토(戊土) 부친성을 월지 자수(子水)에 인종(引從)하여 보니까 태지(胎地)가 됩니다. 그러므로 이 사람은 어려서부터 부친과 인연이 박(薄)하여 부모가 이혼하고 모친과 함께 살게 되었습니다.

【예시6】 남편성의 12운성을 보고 길흉(吉凶)을 판단할 수 있다.

갑목(甲木)일간이 있는데 경금(庚金)은 편관이 됩니다. 여자에게는 정관이 없다면 편관을 남편으로 해석을 하게 되는데 편관인 경금(庚金)을 지지에 12운성에 대조하여 보는 것입니다. 그러면 경금(庚金)은 유(酉)에는 왕지(旺地)이고 (庚을 酉에 인종하면 왕지임) 오(午)는 욕지(欲地)이며(庚을 午에 인종하면 욕지임) 자(子)는 사지(死地)가(庚을 子에 인종하면 사지임) 됩니다.

이것은 일간을 기준으로 12운성을 보는 것이 아니라 해당 편관을 기준으로 12운성을 돌려 나온 결과물인 것입니다. 즉, 일간의 움직임 보다는 편관의 움직임을 알아보기 위한 방편이라 보면 됩니다. 이것을 인종법(引從法)이라 합니다. 그러므로 이 사주의 남편 경금(庚金)은 일지궁에 인종(引從)하여 살펴본 즉 사지(死地)에 해당이 되고 월지 오화(午火)와 자오충(子午沖)하므로 부부궁이 원망하지 않다고 추정해 볼 수 있겠습니다. 그러나 년지(年支)에 유금(酉金)이 경금(庚金)의 왕지(旺地)로 나타나기 때문에 이 여자분은 남자분을 일찍 만나게 되었습니다. 인종법으로 육친성을 살펴보려면 인종법에 국한하지 말고 일반적인 육친통변법도 함께 살펴봐야 합니다.

예를 들어 정관(正官)이 있다면 재성(財星)이 있게 되면 정관의 역량이 향상이 될 것이라 보고 만약 재성이 없고 정관을 극충(剋沖)하는게 많은데 인종법으로 본 정관도 일지궁에 절태지(絶胎地)가 되면 그 사람은 남편의 인연이 약하다고 판단하는 것입니다.

【예시7】 계미년(癸未年)에 아이를 유산하였습니다.

時	日	月	年	歲運33	女命
상관		비견	편재	편관	
戊	丁	丁	辛	癸	
申	酉	酉	亥	未	
정재	편재	편재	정관	식신	
병지			절지		

이 명조에서는 무토(戊土) 상관(傷官)이 자녀성(子女星)에 해당이 됩니다. 그런데 이 여자분의 자녀운기를 확인하려면 어떻게 해야 할까요. 우선적으로 자녀성을 자녀궁에 인종해서 왕쇠를 판단해야 할 것입니다. 그러므로 무토(戊土) 자녀성(子女星)은 신금(申金)이 병지(病地)에 해당합니다. 그리고 주변을 살펴봅니다. 월(月)과 일(日)에도 인종법(引從法)을 적용해 활용해보니까 일월(日月)의 유금(酉金)은 사지(死地)가 됩니다. 그리고 년지(年支)의 해수(亥水)는 절지(絶地)가 됩니다. 곧 무토(戊土)는 지지에 그 기반이 허약하다는 판단이 내려지게 됩니다.

그렇기 때문에 이 사람의 자녀운을 본다면 자녀복이 불길하다로 판독할 수 있습니다. 그러므로 계미년(癸未年)에는 계수(癸水)가 칠살(七殺)로 세운(歲運)에서 찾아오게 되면 상관인 무토(戊土)를 합거하는데 무계합거(戊癸合去)운이 됩니다. 자녀운이 허약한 상태에서 자녀 합거운을 만나면 자식(子息) 별리(別離)가 발생하게 됩니다. 그러므로 이 사람은 계미년(癸未年)에 유산(流産)을 하게 되었습니다.

【예시8】 무술년(戊戌年)에 남편이 자살하였다.

時	日	月	年	歲運	女命
정관	일간	편관	식신	상관	
壬	丁	癸	己	戊	
寅	未	酉	酉	戌	
정인	식신	편재	편재	상관	

이 명조는 계수(癸水)편관이 남편성이 됩니다. 그리고 일지궁 미토(未土)는 배우자궁이 됩니다. 그런데 무술년(戊戌年)에 편관을 무계합거(戊癸合去)하고 일지궁(日支宮)을 술미(戌未) 형살(刑殺)합니다. 그러면 유유(酉酉)형살도 발동하므로 천지(天地)가 형(刑)에 의한 난동이 발생하는 것입니다.

그런데 미토(未土)는 배우자궁으로 일지궁(日支宮)을 술미형(戌未刑)으로 상(傷)하게 하고 남편성은 합거(合去)되었으니 배우자궁(配偶者宮)과 배우자성(配偶者星)이 동시에 피상(彼傷) 당하였음을 확인할 수 있습니다. 그러므로 이 사람은 무술년(戊戌年)에 남편이 자살을 하였습니다.

【예시9】 조부(祖父)로부터 받은 유산(遺産)을 인종법으로 추산(推算)해 봅니다.

時	日	月	年	歲運	男命
편관		식신	편인	편인	
己	癸	乙	辛	辛	
未	巳	未	未	丑	
편관	정재	편관	편관	편관	

신축년(辛丑年)에 조부(祖父)가 사망하자 할아버지로부터 재산을 상속받았습니다. 부친(父親)은 이미 사망하여 손자에게로 전달이 된 경우입니다. 육친법상 조부(祖父)는 편인(偏印)이 됩니다. 년간(年干)의 신금(辛金)이 조부성(祖父星)에 해당이 됩니다. 조부궁(祖父宮)에 조부성(祖父星)인 편인(偏印)이 제대로 위치하므로 조부(祖父)의 영향력이 지대했습니다. 조부(祖父)는 재산가였지만 부친에게 재산을 물려주지 않았다고 합니다. 인종법(引從法)으로 살펴보면 년간(年干)의 신금(辛金) 편인(偏印)이 조부인데 신금(辛金)이 일지(日支)의 사중(巳中)의 병화(丙火) 재성과 병신(丙辛) 명암합(明暗合)이 되어 있습니다. 이것은 나의 재물이 병화(丙火) 재성이지만 조부성인 신금(辛金)과 명암합(明暗合)하는 관계로 조부(祖父)가 좌지우지하는 재산이라는 의미가 됩니다. 그러므로 할아버지가 시키는 일을 거부한다면 곧 후원금이 끊기게 됩니다. 따라서 조부(祖父)가 희망한대로 경찰직공무원에 여러번 응시했지만 낙방하였습니다. 그러던 중에 조부(祖父)가 사망하자 유산(流産) 상속(相續)을 받게 된 경우입니다. 사망 이유는 신축년(辛丑年)이라는 간지(干支)는 동주고(同柱庫)에 해당하고 천간(天干)의 신금(辛金)이 자기 묘지(墓地) 위에 있습니다. 이것은 축미충(丑未沖)이 되면 바로 편인(偏印) 신금(辛金)이 무덤으로 들어가는 것을 암시합니다. 따라서 년지(年支)와 월지(月支)의 미토(未土)와 년이어 축미충(丑未沖)이 발생하므로 축토(丑土)에 신금(辛金) 편인(偏印)이 입고가 된 것이므로 조부(祖父)의 사망을 알 수 있습니다. 이 시기는 년간(年干)의 신금(辛金)이 사라지는 것이라 사중(巳中) 병신(丙辛) 암합의 사슬이 끊어지게 되는 것이므로, 사중(巳中) 병화(丙火)는 내 차지가 되었던 것입니다.

12 체용론(體用論), 동정론(動靜論)의 오해

1. 나를 대표하는 글자를 찾아내자.

사주학이라는 것은 팔자를 체(體)와 용(用)의 두 개의 영역으로 구분한 후에 체용(體用)의 동정(動靜)을 살피는 학문 체계라고 말씀드리고 싶습니다. 이것을 체용법(體用法)과 동정설(同情設)이라 말을 합니다. 체용론(體用論)이라는 것은 사주팔자를 크게 두 개의 영역으로 구분하는 작업을 말합니다. 격국법(格局法)으로 비교하자면 용신(用神)과 상신(相神)으로 구분하는 것입니다. 여기서 용신(用神)은 체(體)가 되고 상신(相神)은 용(用)에 해당이 된다고 보시면 됩니다. 그러므로 사주 4기둥과 8가지 글자 중에서 체(體)와 용(用)이 될 만한 글자를 찾아내는 작업이 체용법(體用法)입니다.

이것은 주체(主體)가 되는 것을 찾아내는 것으로 예를 들어 회사를 세웠다면 무슨 종류의 법인인가를 우선적으로 밝히는 것입니다. 곧 회계법인 인가 아니면 재단법인인가 등을 알아내는 작업입니다. 그래서 체(體)로써 사람의 환경과 직업의 실체를 파악할 수 있게 됩니다. 곧 일간을 보고는 그 사람의 정신적인 근성을 이해하고 체(體)로써는 육신(六神)적인 환경을 파악하는 것입니다.

예를 들어 만약 내가 세운 법인(體)이 회계를 중심으로 움직인다면 그 수리(數理) 방면에서 본인의 직업을 찾으면 되는 것입니다. 그리고 회계에서 사용이 되는 여러 시스템을 찾아내는 일을 용(用)이라고 말합니다. 그 시스템에는 고용인이 용(用)이 될 수도 있고 재물이 될 수도 있고 산하기관이 될 수도 있습니다. 이것은 팔자에 나타난 글자의 배치를 보고 파악하면 됩니다. 또한 사주에서 체용(體用)이 결정이 났다면 체용(體用)의 동정(動靜)을 살펴야 합니다. 보통 "동정(動靜)을 살펴보고 오겠습니다" 이런 용어들을 자주 접하게 되는데 이것 또한 동정론(動靜論)에서 유래한 속어들이라고 보시면 됩니다. 체용법(體用法)과 동정론(動靜論)은 사주학을 간명하는 중요한 한 방식이 됩니다.

사주 팔자는 천간과 지지가 시공간으로 서로 연결이 된 구조입니다. 그래서 동(動)과 정(靜)이 반복적으로 발생하는 것인데 년지(年支)와 시지(時支)는 거리가 멀다고 하여도 우주에서는 연속성을 지닌 채로 동일한 궤도를 선회하고 있다는 사실입니다. 이것은 마치 지구의 땅 속 내부의 멘탈은 한 덩어리로 구성이 된 물건이라서 한쪽에 변동이 생겨나면 맞은편에도 지각 변동이 발생하는 원리와 같은 이치인 것입니다. 그러므로 그 영향이 알게 모르게 미치게 됩니다. 또한 천간의 글자는 지지의 쇠왕절(衰旺絶)에 따라서 그 움직임이 달라지고 지지는 천간에 놓인 물건의 종류에 따라 그 성분이 변화하게 됩니다. 곧 절각(折脚)이 되면 아래가 막히고 개두(蓋頭)가 되면 하늘이 닫히는 것입니다. 사주에서 정체(停滯)가 된 글자들은 활용할 길이 열리기 전까지는 운수불길하다고 여기는데 곧 제 역할을 못하게 됩니다. 이러한 움직임을 포착하여 팔자의 운수를 찾아보는 것이 동정론에 의한 간명법이 됩니다.

2. 동정설(動靜說)이란 무엇인가

1) 동정론의 실체

동정론(動靜論) 이론은 일반적으로 말해서 "천간은 동(動)하므로 생극력을 가지고 있지만 지장간은 정(靜)하므로 생극력이 없다는 주장을 말하는 것입니다. 그러므로 지장간의 글자들은 그 때를 기다려야 활용이 가능해지는데 천간에 투출하거나 형충(刑沖) 혹은 회합(會合)으로 동(動)하게 되면 지장간의 정(靜)한 글자가 동(動)으로 바뀌므로 활용할 수 있다.것이 요지(要旨)입니다.

2) 잘못 알고 있는 동정설

다음 아래와 같이 동정론을 설명하는 사람들이 있습니다. 천간은 다만 천간을 공격할 수는 있어도 지지를 공격할 수 없는 것이 분명하고, 지지는 다만 지지를 공격할 수 있을 뿐이며 천간을 공격하지 못하는 것이 분명하다. 왜냐하면 천간은 동(動)하므로 생극력이 있으나 지지는 정(靜)하므로 생극력이 없기 때문이다. 언뜻 보기에는 별 문제가 없는 것처럼 여겨지지만 지장간과 지지는 다른 물건입니다. 여기서는 지장간을 지지로 둔갑시킨 것이 문제가 됩니다.

3) 동정설에서 언급한 진실

천간과 지장간의 생극(生剋)을 논했던 글이 신봉통고(神峰通考)의 동정론(動靜論)입니다. 그런데 지장간에 어두웠던 사람들이 지장간을 지지로 둔갑하여 천간과 지지의 생극(生剋)으로 변질시킨 사건입니다. 다음 아래 두 구결의 차이점을 확인해 보면 확실해 집니다.

❶ 천간 갑목은 지지 지장간 사(巳)중의 무(武)토를 극(剋)하지 못합니다.

【天干之甲木, 不能克巳中所藏之戊土也】

위 원문을 살펴보면 "천간이 지장간을 극하지 못한다."라고 밝히는데도 "천간이 지지를 극하지 못한다."라고 왜곡되게 주장을 합니다. 지지와 지장간은 엄연히 다른 성분의 물건인 것입니다. 사중(巳中)의 무토(戊土)를 말하는 것으로 사화(巳火)가 아닌 것입니다.

❷ 운(運)에서 신(申)의 경금(庚金)이 천간에 투출한 갑목(甲木)을 공격하기 어렵다.

【申中地支之庚金, 亦不能攻我八字中天干所透之甲木也】

신(申)중의 지장간인 경금(庚金)은 천간의 갑목(甲木)을 공격하지 못한다.는 입장입니다. 왜냐하면 지장간의 글자는 암신(暗神)이라 천간 글자를 극하질 못한다고 밝히고 있는 것입니다. 그런데 이 구결을 역시 "지지가 천간을 극하지 못한다."라고 왜곡시켜 번역한 겁니다. 동정론은 "천간과 지장간 사이의 생극(生剋)을 논하는 글입니다" 그런데 지장간에 어두웠던 누군가가 지장간을 지지로 해석한 사건으로 인해 천간과 지지를 언급하는 내용으로 왜곡된 것이 작금의 동정론 이론이 되어 버렸습니다. 또한 다음 아래 원문에서 그 사실을 확인할 수 있습니다.

❸ 팔자에 지지 장간에 배치되는 아래(지장간)의 글자를 정(靜)이라 한다.

【 故以人之八字地支配藏於下者, 為之靜也】

"지지는 정하다"라는 핵심은 지장간 글자를 정(靜)이라 한다.라고 분명히 언급을 하는 겁니다. 곧 지지가 아니라는 말이죠. 왜냐하면 지지는 내부가 혼재되어 있기 때문에 딱히 누가 주인이다.라고 주장할 수가 없는 겁니다. 그래서 정(靜)하다라고 표기하는 겁니다. 따라서 "때를 기다려 동(動)할 때를 기다리는 것이죠." 언제 정(靜)이 동(動)으로 변하는가? 장간의 정한 글자가 천간에 투출, 투간하거나 회합하거나 형충하거나 하면 모두 동(動)하게 됩니다.

따라서 지장간은 암신(暗神)이니 허자(虛字)와 같은 성질인지라 장간 글자는 실체가 없어서 천간 글자나 또는 지지 글자를 극할 힘이 없다는 것이 동정론의 입장인 겁니다. 즉 암극암회(暗剋暗會)를 논했던 것인데 이러한 구결이 와전되어 "지지가 지지를 생극하질 못한다" 또는 "지지가 천간을 생극하질 못한다"라고 왜곡하여 전파된 것입니다. 생각해보건대 "암극, 암회, 암충"에 대해 무지했던 분들이 이런 왜곡을 만들어 유포했던 것은 아닐까 추정해 볼 수 있습니다.

❹ 장간의 암신이 천간을 놀랜 킬 수는 있어도, 직접적인 재화를 만들 수가 있겠는가?
【雖不能加垂楚於其身, 而亦有恐懼之意焉】
이것은 지지의 정(靜)한 글자는 암신(暗神)임을 밝히는 중요한 대목이 됩니다. 실제로 동정설에서 말하는 정(靜)한 글자는 힘이 없는 글자입니다. 그래서 직접적인 재화(災禍)를 만들 수가 없다고 말하는 것입니다.

4) 자평진전에서 말하는 동정설 원문 구결

자평진전에서도 신봉통고의 동정론 이론과 별다르지가 않습니다. 즉 "지지는 지장간으로 인해 정(靜)하다"라고 밝히는 것입니다. 아래 원문을 확인해 보시기 바랍니다.【오중(午中)에는 정화(丁火)및 기토(己土)가 존재하기 때문에 지지는 정(靜)하다. 또한 이는 정(丁)은 동적(動的)이고 오(午)는 정적(靜的)인 까닭이다. 왜냐하면 오(午)는 그 안에 정화(丁火)와 기토(己土)를 지니고 있기 때문이다.】

3. 동정론 이론으로 풀어보는 사주학.

時	日	月	年	歲運	大運	女命
겁재		식신	정인	상관	편인	
庚	辛	癸	戊	壬	己	
寅	酉	亥	寅	戌	未	
정재	비견	상관	정재	인수	편인	

임술년(壬戌年)에 남편이 설악산 등반 도중 추락하여 사망하였습니다. 그런데 무관 사주로 인중(寅中) 병화(丙火)가 남편성이지만 이것을 동정론(動靜論)에 의하면 정(靜)이라 표현했습니다. 그래서 인중(寅中) 병화(丙火)가 존재하는데도 불구하고 무관(無官)팔자(八字)라고 부르는 것입니다. 곧 지장간은 암신(暗神)이 되기 때문입니다. 그래서 정(靜)이란 움직이지 못하는 지장간이므로 천간을 생극(生剋)하지 못하는 존재를 정(靜)이라 부르죠. 지지(地支)를 가리키는게 아니라 지장간(地藏干)을 가리키는 겁니다. 그러나 투출이 되어 밖으로 나오는 순간에는 정(靜)이 동(動)으로 변하는 겁니다. 곧 형충(刑沖)으로 건드려주면 정동(靜動)이 바뀌게 되는 겁니다. 지지가 정(精)하고 있는데 인(寅)을 건드려야 나오는 거죠. 즉 대,세운에서 형충(刑沖)으로 건드리면 "정(靜)"이 "동(動)"으로 변하는 거죠. 고로 임술년(壬戌年)에는 인중(寅中) 병화(丙火)에서 투출된 정화(丁火)가 실제로 남편성으로 "동(動)"이 되어 나타나는 겁니다. 따라서 임술년(壬戌年)은 술미형(戌未刑)이 되고, 술미형(戌未刑)으로 술토(戌土)가 동(動)하게 되는 겁니다. 술토(戌土)가 동(動)하여 열리면 술(戌)중 정화(丁火)가 충출(沖出)이 되는데 이것은 지장간의 정화(丁火)도 정(靜)에 속하였는데 형충(刑沖)으로 정화가 동(動)하여 밖으로 나왔다고 말합니다. 이 때 임술년(壬戌年) 간지 구성을 살펴보세요. 임수(壬水)와 정화(丁火)는 정임(丁壬)합거(合去)하는 구조가 되는 상황이 발생하는 것입니다. 곧 이 해에는 정임합거(丁壬合去)로 남편성인 정화(丁火)가 사망하게 됩니다.

13 묘고(墓庫)이론 알아보기

1. 잡기(雜氣)란 무엇인가.

잡기(雜氣)라는 것은 진술축미(辰戌丑未)를 말합니다. 진(辰)에는 을계무(乙癸戊)가 있으며 수(水)의 고(庫)가 되며, 술(戌)에는 신정무(辛丁戊)가 있고 화(火)의 고(庫)이며, 축(丑)에는 계신기(癸辛己)가 있고 금(金)의 고(庫)이고, 미(未)에는 정을기(丁乙己)가 있고 목(木)의 고(庫)가 됩니다. 이처럼 각기 소장하고 있는 기(氣)가 있어서 이를 두고 잡기(雜氣)라고 말하는 것입니다.

나를 일간으로 할 때 잡기가 품고 있는 십신은 재(財), 관(官), 인(印)이 됩니다. 관성은 일신(身)에게 복(福)이 되는 물건(福身之物)이며 재성는 명(命)을 기르고 유지하는 원천(養命之源)이며 인수는 일신(身)을 유지하고 돕는 근본(資身之本)으로써 이 3가지는 사람에게 절대적으로 필요한 것입니다. 이러한 재관인(財官印)이 고(庫)에 저장되어 있으니 매우 좋은데 다만 천지(天地)의 바른 기운이 아니므로 잡(雜)하다고 하는 것입니다.

경(經)에서 말하기를 재관인(財官印)이 전부 갖추어지는 것은 4계(四季)라고 하였으며 이중에 저장되어 있다는 것을 말합니다. 이러한 잡기(雜氣)격은 형.충(刑沖)으로 투간하여 노출됨을 기뻐합니다. 그러나 압복(壓伏)은 꺼려합니다. 이러한 관점 외에 기타 나머지 희기는 정기(正氣)의 재, 관, 인과 동일하게 봅니다.

가령 갑(甲)일생이 축(丑)월에 나면 축(丑)중에 신(辛)은 관(官)이 되고 기(己)는 재(財)가 되며 계(癸)는 인(印)이 됩니다. 따라서 천간에 투출되었으면 어떠한 글자가 복(福)이 되는지를 살펴야 하며 다음에 절기의 심천을 따져서 무엇이 당령을 하였는지를 살펴야 합니다. 대개 재(財)가 투출되면 고(庫)가 투출(投出)이 되었다고 말하며 투고(投庫)라 말하는데 부자(富)가 되고 관(官)이 투출되면 귀(貴)를 얻으며 인수(印綬)가 투출되면 조상이 이룬 복을 누리게 되는데 조상의 음덕으로 벼슬을 하게도 됩니다.

투출이 되지 않으면 관고(官庫), 재고(財庫), 혹은 인고(印庫)라 말하는데 아직은 창고에 가둬 있는 물건이라 꺼내 쓸려면 충형(沖刑)을 조금 허용해야 하는데, 신왕(身旺)해야만 좋습니다. 신약(身弱)한 것은 매우 꺼리게 됩니다.

그리고 형충(刑衝)이 태과하면 복으로 모여 있는 암장이 된 기(氣)가 흩어져 버리게 되므로 사주(四柱)에서 원래부터 고(庫)를 파해(破害)하는 것이 있다면 운(運)에서 다시 형충을 보면 안 좋게 됩니다. 운에서 다시 보게 되면 파해하는 것이 태과하게 되기 때문입니다.

그러므로 사주에 고(庫)를 형충파해(刑沖破害)하고 있는데 다시 운에서 형충파해를 보면 충개(衝開)가 아니라 충산(沖散)이 된다는 말을 하는 겁니다. 따라서 이것이 충(衝)을 하면 수기(秀氣)가 파괴되어 길(吉)이 되지 않는 것입니다. 그러나 원래부터 파해(破害)하는 것이 없으면 운에서 충형(沖刑)하는 것을 기뻐합니다. 경감에 말하기를 잡기재관(雜氣財官)은 신왕(身旺)하고서 충(衝)이 있으면 발복하지만 만약 신약하고 충(沖)하는 것이 태과하면 반대로 고독하고 가난하게 된다고 하였습니다.

2. 지장간(地藏干)의 이해.

계절	봄(春)			여름(夏)			가을(秋)			겨울(冬)		
월	寅月	卯月	辰月	巳月	午月	未月	申月	酉月	戌月	亥月	子月	丑月
여기 餘氣	戊	甲	乙	戊	丙	丁	己戊	庚	辛	戊	壬	癸
중기 中氣	丙		癸	庚	己	乙	壬		丁	甲		辛
정기 正氣	甲	乙	戊	丙	丁	己	庚	辛	戊	壬	癸	己
절기 節氣	**입춘**	**경칩**	**청명**	**입하**	**망종**	**소서**	**입추**	**백로**	**한로**	**입동**	**대설**	**소한**
중기 中氣	우수	춘분	곡우	소만	하지	대서	처서	추분	상강	소설	동지	대한

지장간(地藏干)이란 글자를 풀어보면 지지 내부에 숨어 있는 천간의 기운이 됩니다. 천문(天文)에서 사용되는 글자가 땅에 내려와 배속(配屬)이 되면서 12지지 내부에는 천간의 글자를 간직하게 되었습니다. 이것은 마치 인간의 육체 안에 정신이 깃들어 있듯이 12 지지라는 껍데기 안에 천간의 정신을 소장하게 되었습니다. 이것을 지장간(地藏干) 혹은 인원용사(人元用事)라고 부릅니다. 사주팔자를 간명한다는 것은 팔자만 연구해서는 힘들고 지장간의 움직임을 면밀히 관찰해야 합니다. 적천수에서는 이것을 일러 암충암회(暗沖暗會)라 일컫었는데 암합(暗合)하거나 암충(暗沖)하므로써 기운이 깨지거나 혹은 충기(衝起)하는 것을 잘 살펴보라는 뜻입니다. 이 암충암회의 사용법은 고급편에 가면 배울 수 있습니다.

3. 입고(入庫)와 출고(出庫) 이해하기.

입고(入庫)라 함은 천간 오행이 해당되는 진술축미(辰戌丑未) 내부의 지장간으로 복귀하는 과정을 말합니다. 이와 반대로 출고(出庫)라 함은 이미 지장간으로 존재하는 암신(暗神)이 천간 밖으로 뛰어나오는 것을 말합니다.

형충(刑沖)하였을 때에 출고(出庫)하는 경우를 충출(沖出)이라 말합니다. 이때에는 "실자입고(實字入庫) 암신개고(暗神開庫)"라는 법칙이 적용이 됩니다.

무슨 말인가 하면 사주팔자에서는 고(庫)에 해당이 되는 중기(中氣)가 이미 천간에 실자(實字)로 드러난 글자가 있다면 출고(出庫)하지 못하는 것입니다. 왜냐하면 이미 투고(投庫)가 되어 있으니까요.

그러나 만약 사주팔자에 드러난 실자(實字)가 존재하지 않는다면 이때 비로소 암신(暗神)이 밖으로 투출할 수가 있다는 이론입니다. 고(庫)에서 천간에 투출한 중기가 있다면 이것을 투고(投庫)라고 부릅니다. 투출(投出)은 천간 글자가 지지에 통근하고 있는 일반적인 것을 말하지만 투고(投庫)는 오직 고장지(庫藏地)에서 솟아 오른 중기(中氣) 글자를 말합니다. 예를 들면 임진(壬辰), 신축(辛丑), 병술(丙戌), 을미(乙未)를 말합니다.

4. 출고(出庫)하는 경우에 우선순위.

충개(衝開)할 경우에 출고(出庫)는 본기, 중기, 여기가 다 해당이 되고 입고(入庫)일 경우에만 오직 오행입고라하며 중기(中氣)입고가 되는 겁니다. 그래서 신봉통고(神峰通考)에도 충출(沖出)하는 글자는 본기(本氣), 중기(中氣), 여기(餘氣)라고 밝힌 겁니다.

신봉통고를 보면 이러한 설명이 자세히 나타나 있습니다. 신봉통고에서 말하길 "진술축미(辰戌丑未) 4개 지지의 기물은 천지사방을 수장하는 창고이니 매우 견고하다. 가령 팔자 지지의 진중(辰中)의 무토(戊土), 을목(乙木), 계수(癸水)는 운에서 인(寅)이 온다하여 인(寅)에 있는 갑목(甲木)이 무(戊)를 깨트릴 수 없는 것이며 또한, 운에서 유(酉)가 온다 하여 유(酉)에 비록 신금(辛金)이 있다지만 역시 을(乙)을 깨트리지 못하며 또한 오(午)가 온다하여도 오(午)의 기토(己土)가 계(癸)를 깨트리지 못하는 것이다. 대개 창고를 묶은 쇠사슬은 매우 견고하므로 술(戌)이 운에 와서 진술충(辰戌沖)을 하여 열어주는 것을 필요로 한다. 예컨대 열쇠가 있어야 쇠사슬이 열릴 수 있는 것이다. 이로서 진중(辰中)의 무토(戊土), 을목(乙木), 계수(癸水)가 방출되는 것이다."

또한, 자평진전에서도 동일한 주장을 하고 있습니다. 곧 자평진전에서 말하길 "만약 사고(四庫)의 충으로 목화금수(木火金水)는 파괴되어도 본기인 토(土)는 살아있으니 만약 본기인 토(土)가 재관(財官)이라면 재관(財官)을 방출(放出)하여 사용하는 것이라 이것이 개고(開庫)로 창고(倉庫)가 열리는 것이다."라고 설명하고 있습니다. 삼명통회에서도 이러한 설명이 있습니다. "사주팔자에 관성 혹은 재성이 모두 노출되지 않았을 경우 고(庫)가 있는 경우에는 파해와 형충을 하는 것이 마땅하다. 다시 상세하게 어떠한 국을 형성하는지를 보아야 하는데 상순(여기), 중순(중기), 하순(본기)을 구분하여야 한다."라고 말하는 것입니다. 따라서 입고는 중기로 들어가는 오행입고이며 출고는 파손되지 않는다면 여기, 중기, 본기가 모두 출고하게 됩니다.

5 개고(開庫)에 의한 입고(入庫)와 출고(出庫) 활용하기.

1) 고출이입(庫出移入)

고출이입(庫出移入)은 팔자에 입고물(入庫物)이 이미 충출(沖出)된 경우에 입고(入庫) 현상이 빈번하게 나타남을 뜻하는 말입니다. 즉, 다른 말로 말한다면 실자(實字)가 노출이 된 명조는 입고(入庫)가 빈번하게 이루어진다. 고 이해 하시면 됩니다. 가령 팔자에 진술충(辰戌沖)이 있고 천간이나 지지에 병정(丙丁)이나 사오(巳午)가 있다면, 고출이입의 전형이 됩니다. 이런 경우에 진술 충이 되면 화(火)가 술토(戌土)에 오행입고가 된다고 말하는 것입니다. 또한, 축미(丑未)가 충(沖)하면 목기(木氣)는 미토(未土)에 오행 입고(入庫)한다고 말하 며, 입묘(入墓)한다고 말하지 않는다. 왜냐하면 입묘(入墓)는 12운성의 표현 법이고 입고(入庫)는 삼합에서 나오는 용어가 되기 때문이다.

2) 실자입고(實字入庫) 암신개고(暗神開庫).

실자(實字)는 입고(入庫)하고 암신(暗神)은 개고(開庫)됩니다. 이 말의 뜻은 천 간에 나타난 실자(實字)는 입고(入庫)조건이 성립이 되면 출고(出庫)가 되지 못 하고 오히려 먼저 입고(入庫)된다는 이론입니다. 이것은 당연한 말이지만 천 간에 이미 투고가 되어 실자로 노출이 된 것은 이미 고장지에 뿌리를 내린 글자라 살아있는 물건이라 보기 때문입니다. 그러나 만약 천간에 입고(入庫)될 십간이 없다면, 그 때에 비로소 암신(暗神)이 개고(開庫)되는 것입니다.

未	甲, 乙이 천간에 나타나 있다면 입고 된다.
丑	庚, 辛이 천간에 나타나 있다면 입고 된다.
辰	壬, 癸가 천간에 나타나 있다면 입고 된다.
戌	丙, 丁이 천간에 나타나 있다면 입고 된다.

3) 지지에서 입고는 아래와 같다.

巳,午	戌에 입고 된다.
申,酉	丑에 입고 된다.
亥,子	辰에 입고 된다.
寅,卯	未에 입고 된다.

【예시1】

時	日	月	年	男命
편재		식신	상관	
乙	辛	癸	壬	
未	酉	丑	子	
편인	비견	편인	식신	

이 명조는 천간이 을신충(乙辛沖)이 되고 을미(乙未)는 자좌(自座) 동주고(同柱庫)입니다. 또 지지는 축미충(丑未沖)이 되어 있습니다. 대, 세운에서 다시 축미(丑未)를 재충(再沖)하는 시기에 미토(未土)는 개고(開庫)로 열리게 되어 있습니다.

곧, 개고(開庫)가 되면 천간 을목(乙木)이 입고(入庫)하는 것이죠. 만약 입고가 되는 경우에는 을목(乙木)에 해당하는 육친의 상실(喪失)이 따르게 됩니다. 이 때에는 편재 입고가 진행이 되어 크게 손재(損財) 하였는데 사기죄로 감옥에 간 이유는 축미충(丑未沖)이 되는 경우에 미토(未土) 뿐만 아니라 축토(丑土)도 동(動)하게 됩니다. 축토(丑土)는 일간의 입고지(入庫地)가 되는 것입니다. 그러므로 을목(乙木) 편재입고로 손재 입은 사람들이 사기죄로 고발하여 구속이 된 사례입니다.

자료: 맹사단명질례집

6. 동주고(同柱庫)와 부성입고(夫星入庫).

동주고(同柱庫)는 신축(辛丑), 을미(乙未), 병술(丙戌), 임진(壬辰)를 말합니다. 이것은 천간이 지지에서 삼합오행의 고지(庫地)가 되는 글자들입니다. 즉 신축(辛丑)에서 신금(辛金)의 고지(庫地)는 축토(丑土)가 됩니다. 을미(乙未)에서는 을목(乙木)의 고지(庫地)는 미토(未土)가 됩니다. 병술(丙戌)에서는 병화(丙火)는 술토(戌土)가 고지(庫地)가 됩니다. 임진(壬辰)에서는 임수(壬水)는 진토(辰土)가 수(水)의 고지(庫地)가 됩니다.

특히 천간 글자가 남편에 해당이 되면 이것을 관고(官庫)에 앉아 있다하여 부성입고(夫星入庫)라 말을 합니다. 목화금수(木火金水)의 음양을 구분치 않고 금(金)의 고(庫)는 축(丑), 목(木)의 고(庫)는 미(未), 수의 고(庫)는 진(辰), 화의 고(庫)는 술(戌)로써 일률적으로 사용합니다. 부성(夫星) 입고에 해당하는 간지는 동주고와 동일합니다. 곧 신축(辛丑), 을미(乙未), 병술(丙戌), 임진(壬辰)입니다.

1) 을미(乙未)는 부성입고에 해당한다.
【예시2】

時	日	月	年	女命
인수		정관	상관	
丁	戊	乙	辛	
巳	戌	未	酉	
편인	비견	겁재	비견	

이 여자분은 관성(官星)인 을목(乙木)이 미토(未土)를 깔고 앉아 있습니다. 이른바 을미(乙未)는 부성입고(夫星入庫)에 해당합니다 그런데 천간에는 을신충(乙辛沖)이고 지지는 축술형(丑戌刑)이 된 구조입니다. 또한 사술(巳戌)원진(元嗔)도 보입니다. 이런 경우는 남편과의 인연이 약하다고 판단할 수 있습니다. 그러므로 남편은 20대 이전에 사망하였습니다.

2) 재성의 수시입고지(隨時入庫地)를 가지면 여러 번 파산한다.

【예시3】

時	日	月	年	勢運	大運	女命
비견	일간	상관	편재	편관	51	
丙	丙	己	庚	壬	癸	
申	申	丑	戌	寅	未	
편재	편재	상관	식신	편인	상관	

상관생재격이므로 사업이 바람직하지만 재성의 수시입고지를 가진 사람이라 재물을 모으면 흩어지는 사람입니다. 편재가 경금(庚金)이므로 곧, 땡전의 형상이니까 금융업, 현금업 종사자로 장사를 했다면 적합한 업종을 선택한 겁니다. 다만 이 사람은 월령(月令)에 축토(丑土)가 있는데 축토(丑土)는 금(金)의 고장지(庫藏地)를 말합니다. "실자(實字)는 입고(入庫)하고 암자(暗字)는 투간(透干)한다"는 원칙에 따라 실자(實字)인 경금(庚金)이 투간하였기 때문에 이 경금(庚金)은 축토(丑土)에 수시(隨時)로 입고(入庫)가 가능해집니다.

이것은 지지에 축술형(丑戌刑)이 되어 있기 때문입니다. 일단 이런 사주로 판단이 되면 경제활동에 지장이 많아집니다. 돈이 들어오면 한 번에 썰여 가듯이 날아간다는 공통점이 발견이 되죠. 이것은 현금의 수시 입고처가 팔자에 있기 때문이라고 보시면 됩니다. 임인년(壬寅年)이면 계미(癸未)대운 미토(未土)대운입니다. 축술미(丑戌未)삼형(三刑)에 걸린 겁니다. 삼형(三刑)으로 인해 금(金)의 입고가 발생합니다. 미토대운 축술미삼형은 "삼재팔란"이라고 판단하여 피해가야 한다고 말려야 합니다. 흉운에는 움직이지 말아야 하는 것이죠. 이 사람은 평생 30억 정도 벌었는데 모두 잃었습니다. 최근에는 코인 투자를 하여 수십억을 손재하였습니다. 또한, 장사를 했지만 여러 번 망하고 현재 많은 동을 떼인 상태라고 합니다.

14 팔자용신전구월령(八字用神專究月令)

1. 사주에서 말하는 용신(用神)이란 무엇인가?

명리학에서는 생년월일시(生年月日時)를 통해서 사주팔자(四柱八字)라는 여덟 글자를 활용하여 4기둥을 세웁니다. 이때에는 만세력을 활용하는데 여기서 뽑은 4개의 기둥을 연구하는 학문을 특히 사주학이라고 부릅니다. 최초 자평학이 기록이 되었다고 전해지는 연해자평에 서술(敍述)이 된 사주학의 정의(定義)입니다. 사주(四柱)라는 것은 "일간 위주로 천간의 신강(身强)과 신약(身弱)을 판단해 보고 지지(地支)로는 월령의 격국(格局)을 살피는 것이 요지(要旨)가 된다" 따라서 사주학을 하는 사람은 일간과 월령을 중심으로 그 운명을 논하게 됩니다. 또한 사주학의 운세(運世)를 보는 방법에는 여러 가지 대안법(代案法)이 존재하는데 그 중에서 가장 많이 사용되는 법이 용신법(用神法)입니다. 그런데 용신법(用神法)의 뜻도 다양해서 저마다 학자들은 다른 견해를 주장하죠. 여기서는 자평진전의 용신법을 주제로 하여 설명하고자 합니다.

그런데 용신법을 이해하려면 체(體)와 용(用)의 상관관계를 먼저 알아야 합니다. 사람의 몸이 되는 체(體)가 바로 용신이 되는 겁니다. 체(體)는 그릇이라고도 합니다. 격국(格局)이라고도 하지요. 보통 "그 사람 격(格)이 다른 사람이네" 이런 말투 많이 사용하죠. 여기서 말하는 "격답다, 격이 다르다"에서 나오는 격국이 바로 용신(用神)인 겁니다. 이것은 바로 체(體)를 말하는 것이므로 체(體)가 용신(用神)이고 용신(用神)이 격국(格局)이다. 라는 전제를 먼저 이해하고 넘어가야 합니다. 그렇다면 사주에서 말하는 용신(用神)이란 무엇일까요? 용신(用神)이란 한자 뜻을 살펴보면 "쓸 용(用), 귀신 신(神)"이죠. 곧 "사용 하는 신(神)"을 의미합니다. 그런데 도대체 팔자에서 내가 사용 할 수 있는 신(神)이란 무엇을 의미할까요?

예를 들어 가정에는 가장(家長)이 있고 회사에는 대표(代表)가 있습니다. 마찬가지로 내 여덟 글자 중에도 나를 대표하는 글자성분이 있는데 이것을 용신(用神)이라고 하는 겁니다. 용신이란 여덟 글자의 대표가 되어 대내외적으로 나를 알리고 각인시키는 일을 하고 다니는 겁니다. 일단 팔자에서 용신이 결정이 나면 그 사람의 일생(一生)은 이 용신에 의해 좌지우지(左之右之)가 되는 것입니다. 즉, 한마디로 용신(用神)이란 나의 여덟 글자를 대표하는 우두머리 글자를 말한다고 이해하면 됩니다. 그러면 이제부터는 용신의 뜻은 어느 정도 이해가 되었을 겁니다. 그런데 또, 한가지 난제(難堤)가 남아 있습니다. 그렇다면 용신(用神)은 어떻게 찾아야 할까요? 이 물음에 대해 중구난방(衆口難防) 해석이 있습니다. 물론 여기서는 자평진전 용신법을 채택했으므로 그 의미의 정확성을 알아보겠습니다. 자평진전의 용신은 오직 월령에서 구합니다. 이를 팔자용신전구월령(八字用神專求月令)이라 말합니다. 한마디로 사주 4기둥에서 월지(月支)를 그대로 용신(用神)으로 잡으면 반(半)은 성공하는 겁니다. 또는 월지에 뿌리를 내리고 통근한 천간의 글자를 용신으로 잡을 수도 있습니다.

예를 들어 월지(月令)에 인목(寅木)이 있으면 목(木)용신이고, 월지(月支)에 신금(申金)이 있으면 금(金)용신이 되는 겁니다. 그러나 간혹 어느 때에는 월령에서 투출한 천간 글자가 있으면 천간 글자를 용신으로 잡기도 합니다. 이런 경우에는 월지(月支)와 투출한 글자를 동시에 용신으로 잡으면 됩니다. 이를 보통 겸격(兼格)이라 말합니다. 투출(投出)하면 그 글자의 성정(性情)이 강하게 나타난다는 의미입니다. 그래서 투출한 글자가 용신이 되는 경우가 많습니다. 그러나 지지 월령 자체도 강하기 때문에 함께 용신으로 봐서 해석해 주는 것이 유리합니다. 만약, 용신을 월령(月令)에서 구하지 못하는 경우도 있을 수 있습니다. 그런 경우에는 다른 위치에서 용신을 구합니다. 이것을 외격(外格)이라 말하는 겁니다. 곧 월령 용신에 해당하면 내격(內格)이 되고, 월령 이외의 용신은 외격(外格)이라 구분하는 겁니다. 외격은 특수격으로 구분을 합니다. 그러므로 내격(內格)에서는 정 8격이 존재합니다.

아무튼 용신은 그 여덟 글자를 대표하는 성분이므로 가장 강한 세력을 의미합니다. 강한 세력이 형성이 되려면, 사주팔자에서 계절을 얻은 글자가 되어야 하는 까닭에 월지가 용신이 되는 것입니다. 왜냐하면 사주 기둥에서 월주(月柱)는 계절을 의미하기 때문입니다.

時 日 月 年	時 日 月 年	時 日 月 年	時 日 月 年
卯 木 용신 用	酉 金 용신 用	子 水 용신 用	午 火 용신 用

2. 상신(相神)이란 무엇인가?

일단 사주팔자에서 용신(用神)을 잡았다면 반(半)은 성공한 겁니다. 그리고 나머지 반쪽은 이 용신에 대해 적절한 상신(相神)을 잡는 작업이 뒤따르게 됩니다. 사주학에서는 이러한 용신을 조절해 주는 글자로 상신(相神)의 존재를 말했습니다. 용신법에서는 용신에 따라 그에 적합한 상신(相神)을 선정하는데 그 작업은 대단히 어렵고 중요한 일이 되었습니다. 그러므로 일단 상신(相神)을 결정하기 전에 살펴봐야 할 대목이 용신의 건전성 여부입니다. 용신은 말씀드렸듯이 정8격이 존재합니다. 즉 용신에서는 8가지 이름이 존재하는데 그 건전성에 따라서 선(善)과 악(惡)으로 용신을 구분합니다.

예를 들어 사람의 성정(性情)을 선악설(善惡說) 2등급으로 구분하였다면, 용신도 이렇게 선악(善惡)에 따라 균등하게 2등급으로 구분을 합니다. 만약에 사람의 성정이 선(善)하다고 가정한다면 그에게는 별다른 제재를 만들어 탄압할 필요가 없다는 것입니다. 특별히 강압적인 자세와 회초리는 오히려 그를 망칠 수 있으므로 다만 그가 원하는 데로 주변 환경 여건을 지원해 주기만 하여도 그는 성공한다고 보았던 것이죠. 반면에 그 사람의 성정(性情)이 악(惡)이라고 판단하였다면 그는 선생님 말을 웬만해서는 안 들을 겁니다. 혹은 조직에 반항할 수 있으며 때때로 반사회적인 기질이 드러나서 자치 범죄행위로 이어질 수도 있습니다. 따라서 이런 사람들은 사회의 법규가 인정하는 최소한의 법적 조치가 가해져야 하는 것입니다. 이런 까닭에 용신은 두 가지로 분류가 됩니다.

하나는 선(善)한 종류의 용신이고 또 하나는 악(惡)한 종류의 용신이 됩니다. 이것을 명리학에서는 4길신과 4흉신이라고 해석을 하였습니다. 그런데 주의해야 할 점은 사길신(四吉神)을 만났다고 하여 "내가 성공하는 팔자이다" 또는 사흉신(四凶神)을 만났으니 "나는 망한 팔자이다". 이렇게 단순하게 생각하지 말라는 겁니다. 용신법에서는 용신에 대해서 적절한 상신을 만나야만 성공한다고 말했던 것이므로 사길신과 사흉신의 차이는 어느 용신이 어느 상신을 제대로 만나는지에 따라 성공 여부가 결정이 된다고 보면 됩니다. 물론 상신이 없는 팔자도 있는데 그럴 경우는 파격이 되는 겁니다.

【표1】

용신의 구분	용신	상신
사길신(선)	재성, 관성, 인수, 식신	생하거나 설기하는 글자
사흉신(불선)	칠살, 상관, 겁재, 양인	억제하거나 합살하는 글자

예를 들어 월지에 놓인 글자가 만약 재관인식(財官印食)이면 선(善)한 용신을 만났다고 말합니다. 선(善)한 용신에는 재성, 관성, 인수, 식신의 4종류를 말합니다. 따라서 선한 용신은 스스로 길한 성분이 많이 내포한 물건이라 주변에서 도와주기만 하면 됩니다. 그러므로 재성격에서는 재생관(財生官)하는 정관이 상신이 되는 겁니다. 또한, 정관격에서는 관인상생(官引相生)하는 인수가 상신이 되는 겁니다. 인수격에서는 살인상생(殺印相生)하는 칠살(七殺)이 상신(相神)이 되고, 식신격(食神格)에서는 식신생재(食神生財)하는 재성이 상신이 됩니다.

또, 월지에 놓인 글자가 만약 살상겁인(殺傷劫刃)이면 착하지 않다는 의미로 불선(不善)한 용신을 만났다고 말합니다. 불선(不善)에는 칠살, 상관, 겁재, 양인이 있습니다. 선(善)과 불선(不善)에는 각자 장단점이 있으므로 불선(不善)을 만났으니 나는 이제 망한 팔자라고 단정하면 안 되는 겁니다. 불선이라도 제압이 되면 오히려 귀한 팔자로 바뀌게 되는 것이 많습니다. 칠살(七殺)은 살(殺)이 가장 강하고 상관은 관성을 다치게 하며 겁재(劫財)는 재성을 겁탈하죠. 양인(陽刃)은 그 자체가 두려운 칼인 겁니다. 이러한 십신들은 그 자체로 남을 다치게 할 수 있는데 강한 살(殺)을 품고 있다고 해서 불선(不善) 혹은 흉신(凶神)이라고 말했던 겁니다. 그래서 이러한 흉(凶)한 글자들은 단독으로 사용할 수가 없는 겁니다. 통제가 안 된 무기는 세상을 위험에 빠트릴 수 있기 때문에 세계정부(UN)가 임의로 통제하여 제약을 두고 관리하고 있는데 사주학에서도 흉신을 가진 팔자도 이처럼 통제받아야 합당(合當)하다는 입장입니다. 고로 이런 흉한 글자는 통제가 되어야 마땅한 것이고 그런 흉신을 통제할 수 있는 상신(相神)이 존재하면 이런 사람은 살(殺)을 통제하는 마음을 얻었기 때문에 오히려 크게 성공할 수 있다고 보는 것입니다.

결론은 재성, 관성, 식신, 인수는 길신이므로 착한 마음을 가진 물건이라서 생조(生助)해주는 방향으로 나가면 길하다는 점입니다. 따라서 그 길로 순방향이면 좋은 사주가 되고 방해하는 길이라면 흉한 사주가 되는 것입니다. 또한 칠살, 상관, 겁재, 양인은 강한 살성(殺性)을 지녔으므로 착하지 않은 성분입니다. 그래서 그 살을 제압해 주는 방향으로 사주 구조가 되어 있다면 좋은 사주라고 보는 것입니다. 만약 그 살을 제압하는 방향이 아니라 오히려 그 살(殺)을 생조(生助)하는 신을 만난다면 그는 흉폭함이 더 강해져 일을 그르치게 만들게 될 것입니다.

【예시1】

時	日	月	年
	편재		상신
壬	丙		
	申		
	인수		용신

이 사람은 임수(壬水)일간이 신금(申金) 인수(印綬)를 만났습니다. 그러므로 금(金)용신이 되고 격국은 인수격입니다. 인수는 재관인식(財官印食)중의 하나에 속하므로 길신입니다. 길신은 마땅히 생조해 줘야 좋게 되므로 토(土)를 상신(相神)으로 만나면 좋은 팔자가 됩니다. 하지만, 천간에 병화(丙火)를 상신(相神)으로 만나게 되었는데 그렇게 되면 재극인(財剋印)이라 어려움에 처할 수가 있습니다.

【예시2】

時	日	月	年
	상관		상신
丙	己		
	酉		
	정재		용신

이 사람은 병화(丙火) 일간이 유금(酉金) 정재(正財)를 만났습니다. 그러므로 금(金)용신에 해당하고 격국은 재격(財格)입니다. 재성(財星)은 재관인식(財官印食)중의 하나에 해당하므로 길신(吉神)에 속합니다. 고로 재성을 생조해주는 토(土) 식신(食神)이나 상관(傷官)을 상신(相神)으로 얻게 되면 성공하는 팔자가 됩니다.

【예시3】

時	日	月	年
식신		상신	
甲	丙		
	申		
칠살		용신	

예를 들어 이 사람은 갑목(甲木)일간이 신금(申金) 칠살(七殺)을 만났습니다. 그러면 금(金)용신이 되고 격국은 편관격입니다. 살상겁인(殺傷劫刃)중에 칠살을 만난 것입니다. 고로 칠살은 역용(逆用)해야 하는 물건이므로 반드시 제살(制殺)하는 식신(食神)이 필요합니다. 그러므로 병화(丙火)가 상신(相神)이 됩니다.

【예시4】

時	日	月	年
칠살		상신	
庚	丙		
	酉		
양인		용신	

이 사람은 경금(庚金)일간이 유금(酉金) 양인(陽刃)을 만났습니다. 그러므로 양인격(陽刃格)인데 살상겁인(殺傷劫刃)중에 두려운 양인(陽刃)을 만난 것입니다. 고로 양인(陽刃)은 반드시 칠살(七殺)로 상대해서 역용(逆用)으로 제압해야 길하게 됩니다. 그래서 병화(丙火)가 상신(相神)이 됩니다.

3. 용신(用神)과 상신(相神) 개념 이해하기.

용신(用神)의 개념에는 유용지신(有用之神)과 격국지신(格局之神)이 있습니다. 유용지신(有用之神)이란 전통적인 용신의 개념으로 팔자에서 유용하게 사용되는 글자를 말하고 격국지신이란 용신이 곧 격국이 되는 것을 말합니다. 요즘 사람들은 이 두 가지 용신법을 혼동 (混同)하므로 이해충돌이 발생하게 됩니다.

그런데 "연해자평"에서는 "유용지신(有用之神)"을 "팔자에서 쓸모가 있는 신"이라고 정의한 것입니다. 그러나 자평진전에서는 용신을 "월령용사지신"의 준말이라고 합니다. 곧 월령에서 나온 글자를 용신이라 정의하고 있습니다. 즉, 용신이 있은 후에 희기를 가리는 방식은 자평진전에서 어느 정도 체계를 잡았다고 보면 됩니다. 팔자에는 가장 큰 대세(大勢)를 이루며 흐르는 세기(勢氣)가 있는데 이것은 월령이 계절이므로 그 세기가 가장 강하다고 본 것입니다. 이것을 오행으로 표현한 것이 용신이 되는 것입니다.

또, 이러한 용신을 십신(十神)으로 변화한 것이 격국(格局)이 되겠죠. 그래서 용신과 상신을 합쳐 보통 "격국법"이라고 말을 합니다. 명리에서 말하는 격국법은 자평진전의 용신법을 말한다고 보시면 됩니다. 그런데 유용지신(有用之神)보다 격국법(格局法)을 알아야 하는 이유는 유용지신(有用之神)은 그 개념과 정의가 다양해서 기준을 정하기 어렵다는 것입니다. 어느 곳에서는 유용지신을 이렇게 보고 저기에서는 다르게 보게 됩니다. 즉 "고서"마다 유용지신(有用之神)이 다르게 나타납니다. 이것은 유용지신이 되는 용신의 기준점이 명확하지 않기 때문에 발생하는 어려움인 것입니다. 따라서 세운과 대운에서 찾아오는 길과 흉을 알기 위해서는 그 용신의 기준점이 명확해야 하는 것입니다.

현재 일부 사람들이 말하는 일간용신은 일간의 신강, 신약으로 보는 억부법이 되어 버렸습니다. 그런데 이것은 잘 안 맞는다고 보시면 됩니다. 즉 일간이 신약하면 신약을 보충해주는 인비(印比)가 용신이고 신강하다면 재관식(財官食)이 용신이 되는 식이라는 생각을 하고 있는 것입니다. 이것은 일간을 체(體)로 보고 일간을 억부해주는 재관인식(財官印食)을 용신으로 찾는 법입니다.

그런데 이러한 방법은 초보자들이 배우기 쉬워서 많이 공부하는 내용은 될수 있으나 그만큼 매우 단순해서 정밀하지 않아 흉길(凶吉)이 잘 안 맞는다고 보시면 됩니다. 또, 목화(木火)가 많으면 금수(金水)가 용신이 되고 금수(金水)에 태어나면 목화(木火)가 용신이 된다는 공부법도 일종의 유용지신을 말하는 용신법에 해당이 됩니다.

그러나 이러한 내용도 단순 법에 해당해서 이것으로 체(體)와 용(用)을 결정하게 되면 자기 사주팔자의 용신이 맨날 틀리게 되는 이상한 결과를 당하게됩니다. 즉 가는 곳마다 용신이 다 다르게 됩니다. 이것은 체용 법의 기준을모르기 때문에 발생하는 결함입니다. 적어도 용신을 말하는 사람이라면 자평진전에서 말하는 용신법 정도는 이해하고 있어야 합니다. 이 용신은 월령에서 구하는 것이 올바르다고 말을 합니다. 왜냐하면 계절로 보아 가장 강할때이니까요. 그러나 용신을 월령에서 찾지 못하는 경우에는 월령 밖에서도찾을 수가 있는데 이것이 외격(잡격)이 됩니다.

심효첨은 이 두 가지 이론을 합하여 격국편에서 자세히 설명하고 있습니다.일단 용신을 결정하였으면 이 용신을 사용할 상신(相神)을 찾아야 합니다. 상신(相神)은 팔자가 균형을 이루는 글자로 나 일간과 용신(用神)을 보좌하는 신이므로 용신을 유통하는 역할을 하는 글자가 상신(相神)이 됩니다. 그런데 더응용의 묘(妙)를 살려서 보면 격국의 성패(成敗)와 관련이 된 구응신도 가능합니다. 또 일신(日身)을 부강하게 만드는 희신도 있습니다. 이러한 상신(相神)은 모두 희신군의 개념이 됩니다.

그러나 이에 반하여 용신(用神)은 흉신과 길신이 모두 포함이 됩니다. 즉 용신에는 선악(善惡)을 포함하고 있다. 그래서 용신을 사용하기 전에 용신을 순용(順用)할지 아니면 역용(逆用)할지를 분석해 줘야 합니다. 매우 까다로운 부분이 될 수 있습니다. 그러므로 일단 최초로 만들어진 용신은 흉신인가 아니면 길신인가를 먼저 파악해야 합니다. 여기까지, 최초의 용신은 "성패(成敗) 개념에서 벗어나 있다."라는 사실을 알아야 합니다. 즉 아직은 용신에 머무르며 "격국이 아니다."라는 말을 하는 것입니다. 이러한 용신은 다만 선(善)과 악(惡)으로만 표현이 될 뿐입니다. 악(惡)으로 뭉쳐진 용신이라 해도 상신(相神)이 강하게 가르친다면 격국이 될 수가 있다는 사실이고(이것이 역용이다) 선(善)으로 뭉쳐진 용신은 순리에 맞게 순행에 따라 줘야 합니다(이것이 순용이다) 여기서 중요 사항, 용신이라고 해서 모두 격국이 되는 것이 아닙니다. 용신이 패(敗)가 되면 패격(敗格)으로 격국 자체가 존립하지 못하는 것입니다. 그러므로 용신=격국이라는 말도 애초에 틀린 말입니다.

그래서 자평진전에서 말하길 "용신이 있다면, 격국이 있고 격국이 있는 곳에는 고저가 있다." 말했던 것인데 자세히 풀어보면 용신에서는 성격이 되어야 격국이 된다는 말인 것입니다. 그 성격(成格)을 시켜주는 한 글자가 있는데 그것이 상신(相神)이 되는 것입니다. 그러므로 개운(開運)한다는 행위 자체는 그 격국을 만들고 완성해주는 상신(相神)을 찾아 떠나는 오행 여행이라고 말할 수가 있습니다. 그러니 용신을 찾는 것만이 개운(開運)이 아닌 것이고 왜냐하면 용신에는 길신 뿐만 아니라 흉신도 있기 때문입니다. 다시 말하면 용신이 있다고 해도 전부 격국이 되는 것은 아니다. 라는 말이겠습니다. 그래서 격국에서는 성패(成敗)가 나와야 고저(高低)를 논할 수가 있다는 말이 됩니다. 격국이 있다고 해도 그 상신의 쓰임에 따라 고저(高低)로 나뉜다 라는 말이 되겠습니다. 바로 이 용신을 성격 시키는 글자가 상신인 것입니다.

그러나 애초에 상신은 용신을 유통하는 목적이 더 큽니다. 그래서 상신으로 용신을 순용한다. 거나, 역용한다 라는 개념이 있었던 것입니다. 이것이 더 발전하여 응용한 결과 천간의 합충으로 성패(成敗)가 되는 글자도 발견이 되었던 것입니다. 그러므로 용신을 상신으로 순용(順用)하는가 아니면 역용(逆用)하는가에 따라 격국의 성패(成敗)가 달려있는데 이것이 참된 상신(相神)의 진면목이 됩니다. 상신이 없는 용신은 그저 악동(惡童)의 무리이거나 순둥이의 무리라고 보면 됩니다. 둘 다 일을 그르치는 놈들이니 쓸모가 없는 놈들이 될 수 있습니다. 그러나 상신이 잘 가르친다면 한 일꾼으로 성장할 수가 있는 것입니다. 상신의 순역방향에 따라 이 악동이나 순둥이가 성인으로 가장 노릇을 할 수가 있다. 라는 말입니다. 그러니 이 상신이 얼마나 중요한 것이 되겠는가 말입니다. 용신을 격국으로 성장시키고 가장(家長)으로 역할을 다하게 만드는 것이 바로 이 상신인 것입니다. 그러나 이 격국은 일간을 위해 존재하는 것입니다. 내가(군주) 없는 조정이 무슨 소용이 있겠습니까. 또 일간이 받아먹지 못하면 금은보화가 지천에 놓여도 다 남의 것이 되는 것입니다.

그래서 이것을 유정(有情)과 무정(無情)으로 표현하기도 합니다. 유정과 무정이 되는 기준점이 바로 일간입니다. 곧 일간에게 도움이 되면 유정(有情)이요. 일간에게 도움이 안 되면 무정(無情)한 것으로 표기하는 것입니다. 그러므로 용신이 성격하여 격국을 이루어도 운로에서 악한 글자를 만나 일간에게 무정(無情)하면 도로 패격이 되는 것입니다. 이것이 성중유패(成中有敗)입니다. 아예 일간이 무력(無力)하면 종격으로 되어 버릴 수도 있습니다. 곧 칠살격이라해도 너무 강한데 일신(日身)이 허약하면 종(從)할 수밖에 없는 것이죠. 이것이 기명종살이라고 합니다. 여기서 칠살격이 이루어질려면 일신(日身)을 보호하는 세력이 있어야 성격이 되는 것입니다. 그런데 일신(日身)은 허약한데 칠살은 왕성하면 요절하거나 종(從)해야 살아남게 됩니다. 이러니 용신(用神)이 일신(日身)하고 성패가 관련이 없다는 말은 하지 말아야 합니다. 그래서 심효첨이 줄기차게 일신을 보호하는 운으로 가면 길하다. 라고 외쳤던 것입니다.

4. 격국에서 용신과 상신을 읽는 방법.

일단 격국이 결정해지면 그 읽는 순서도 정(定)해져 있습니다. 예를 들어 인수용살(印綬用殺)이라는 격국이 있다고 가정해 봅시다. 그러면 용신(用神)은 인수(印綬)가 되고 상신(相神)은 칠살(七殺)이 됩니다. 곧 인수(印綬)는 용신(用神)에 해당이 되고 칠살(七殺)은 상신(相神)이라고 말합니다 이 두 가지 조건이 잘 갖추어지면 격국(格局)이라 말합니다. 여기서 만약 상신(相神)인 칠살(七殺)이 없다면 단순히 인수격(印綬格)이라 말을 합니다. 나중에 칠살이 좋은 조건에 위치하게 된다면 비로서 인수용살(印綬用殺)이라 부릅니다. 이 격국명칭을 풀어서 설명하기를 "인수격에서 칠살을 사용한다"라고 말하면 되는 것입니다.

다음 아래는 격국을 읽는 요령을 도표화 했습니다. 기준점이 되는 "용"을 중심으로 앞 굴자는 용신이 되고 뒤 글자는 상신에 해당이 되는 것입니다. 격국 명칭을 붙일 때 용(用), 봉(逢), 대(帶), 패(佩), 생(生), 제(制), 로(露), 우(遇) 등의 다양한 용어를 사용합니다. 그러나 대부분 용(用)을 붙이게 됩니다. 용(用)을 붙이는 이유는 "확실하게 사용한다."는 자신감이 있을때 용(用)을 사용합니다. 다만, 용(用)을 사용하는 자신감이 결여(缺如)될 적에만 이와 같은 여러 가지 용어를 사용하게 되는 겁니다.

① 인수대식상(印綬帶食像)
인수는 용신이고 식상은 상신입니다.

② 인수용살(印綬用殺)
인수는 용신이고 칠살은 상신입니다.

③ 인수용살겸대식상(印綬用殺兼帶食傷)
인수는 용신이고 칠살은 상신인데 식상은 칠살을 제복해주는 희신군이 됩니다. 이 경우는 칠살을 상신으로 하고 식상은 희신이 된다는 점을 확인해야 합니다.

④ **양인용관(陽刃用官)**

양인은 용신이고 정관은 상신이 됩니다.

⑤ **재대칠살(財帶七殺)**

재성은 용신이고 칠살은 상신이 됩니다.

⑥ **재용식생(財用食生)**

재성은 용신이고 식신은 상신이 됩니다.

⑦ **정관용재(正官用財)**

정관은 용신이고 재성은 상신이 됩니다.

⑧ **상관패인(傷官佩印)**

상관은 용신이고 인수는 상신이 됩니다.

⑨ **상관겸용재인(傷官兼用財印)**

상관은 용신이고 재성과 인수는 상신이 됩니다. 상신이 2존재하는 것입니다.

⑩ **살용식제(殺用食制)**

칠살은 용신이고 식신은 상신이 됩니다.

【표2】

격국	용신 ←		기준	→ 상신	격국	용신 ←		기준	→ 상신				
인수용살	印	綬	**用**	殺	인수대식상	印	綬	**帶**	食	像			
정관용재	正	官	**用**	財	인수용살겸대식상	印	綬	**用**	殺	兼	帶	食	傷
살용식제	殺	用	**食**	制	상관겸용재인	傷	官	**兼**	用	財	印		
상관패인	傷	官	**佩**	印	록겁용재이대상식	祿	劫	**用**	財	而	帶	傷	食
재대칠살		財	**帶**	七殺	록겁용살식제	祿	劫	**用**	殺	食	制		
양인용관	陽	刃	**用**	官	식용살인	食	神	**用**	殺	印			

5. 월령중심으로 승부한다.

사주학을 간명(看命)하는 방법에는 여러 가지 방식이 있습니다. 그 중에서 전통적인 방법으로 체용법(體用法)을 활용하는 방식입니다.

체용법(體用法)이라 함은 사주팔자를 2개의 성분(性分)으로 나눠 각각의 구성원(構成員)의 이해관계를 읽어내는 방법입니다. 즉 체(體)가 되는 몸과 그 몸이 사용하는 용(用)으로 구분하는 것입니다. 2개의 구성원으로 나누는 체용법(體用法)에는 2가지 정법(定法)이 있습니다.

첫 번째 방법은 일주를 체(體)로 간주하고 월령을 용(用)으로 해석하는 것입니다. 이런 방식은 일간을 중심으로 간명하는데 일종의 신강신약법(身强身弱法)이라고 보시면 됩니다.

두 번째 방법은 월령을 체(體)로 간주하고 이에 관련이 된 희신글자를 용(用)으로 보는 경우입니다. 이것이 사주학에서 말하는 격국법(格局法)에 해당하는 것입니다.

따라서 일간중심의 신강신약법에서는 격국법이 존재하지 않고, 월령 중심의 간명법에서 격국법이 나오는 것입니다 그러나 실제로는 격국법을 위주로 하여 신강신약을 보조(補助)로 참작하여 간명(看命)하는 길이 최고의 간명법이라 말씀드릴 수 있을 것입니다. 여기서 소개하는 격국법은 자평진전의 자료를 참고한 것으로 두 번째 방식을 말하는 것입니다. 곧 월령(月令)을 체(體)로 보고 격국을 결정하는 용신법입니다.

【예시5】

時	日	月	年	女命
식신		편관	비견	
庚	**戊**	**甲**	**戊**	
申	**寅**	**寅**	**子**	
식신	편관	편관	정재	

丙	丁	戊	己	庚	辛	壬	癸	
午	未	申	酉	戌	亥	子	丑	**대운**
76	66	56	46	36	26	16	6	

초년 해자축(亥子丑)대운에 고생하다, 신유술(申酉戌)대운에 일이 잘 풀렸습니다. 현재 남편이 운영하는 회사의 부회장이고 개인재산은 약 100억대 정도가 됩니다. 이 명조는 갑인(甲寅)의 칠살(七殺)과 경신(庚申)의 식신(食神) 그리고 자수(子水)의 재성(財星)도 존재합니다. 식재관(食財官)으로 가득찬 사주이니 당연히 신약(身弱) 합니다.

그래서 만약, 신약사주로 판단이 되면 일간을 강하게 해주는 글자인 인수(印綬)와 비견(比肩)을 사용하게 되어 있습니다. 그렇다면 인수운에 대길해야 하는 겁니다만 오히려 초년 해자축 방향의 인수운에 상당한 고생을 겪었다고 고백하고 있습니다.

그 이유를 알기 위해서는 명서(明書)에서 말하는 신약(身弱)의 기준과 개념을 이해해야 합니다. 다음아래는 명서(明書)에서 밝히는 신약(身弱)의 개념입니다. 정관격에서 말하기를 "정관이 하나, 둘이고 재성은 없고 인수가 있으면 신약(身弱)해도 무방(無妨)하다". 명서에서는 "인수 있다면 신약해도 무방하다"고 분명히 결론을 내고 있습니다. 보통 알기로는 신약하면 인수(印綬)와 비견(比肩)를 사용하고 식재관(食財官)을 사용 못한다고 알고 있습니다.

그런데 명서에서 밝히고 있는 신약관법은 "인수가 있는 신약사주는 식재관 사용해도 된다"라는 밝히고 있다는 사실입니다. 따라서 명서(明書)의 입장은 분명합니다. 신약하더라도 어느 정도 기준을 맞추면 식재관(食財官)사용해도 무리가 없다는 것이 결론입니다.

그래서 고서(古書)에 나와 있는 신약신강법을 파악해보면 "신약하면 인비이고, 신강하면 식재관이다"라는 전제가 안 맞는 경우가 상당히 많습니다. 신약과 신강의 개념을 명서에서 이해한다면, 신약하므로 반드시 인비(引比)를 써야만 한다는 이론은 없습니다. 또한 신강하므로 식재관(食財官)을 써야만 한다는 이론도 정답은 아닌 것입니다.

신강신약법으로 보는 이러한 갈등이 오래동안 발생하는데 그 이유를 설명하는 답이 없었습니다.

이 문제에 대한 해답은 곧 월령 중심의 용신법을 사용해야 정답을 찾을 수가 있다는 것입니다. 왜냐하면 사주학에서는 일간을 정신(情神)으로 보았기 때문에 일간이 몸(體)을 의미하는 체(體)가 될 수가 없다는 사실입니다. 그러므로 월령을 체(體)로 한 용신법을 공부해야 한다는 사실입니다. 체(體)라는 것은 그 자체가 몸을 말하는 것인데 정신을 주관하는 일간을 체(體)로 하여 용신법을 구사하니 막히는 것입니다.

따라서 월령은 계절을 말하는 것이므로 팔자에 있어서 몸이 되고 환경이 되었던 것이죠. 이것은 체(體)와 용(用)의 관계를 잘 이해만 하면 쉽게 풀리는 문제입니다.

6. 격국(格局)으로 나의 직업을 찾아보기.

이 도표들은 자평진전에서 소개하는 정팔격(正八格)을 월령(月令)만 보고 단순하게 격국(格局)으로 구성하여 만든 것입니다.

예를 들면 갑(甲)일간이 월령에 자수(子水) 글자가 놓여 있다면 인수격(印綬格)이라 보는 것입니다. 그러므로 월령이 인신사해(寅申巳亥)인데 천간 투출자가 있다든지 또는 월령이 진술축미(辰戌丑未)라면 월령 잡기(雜氣)로 보아 천간 투출자 여부를 확인하여야 합니다.

따라서 만약 무토(戊土)일간이고 월령이 해수(亥水)라면 월령을 기준으로 하면 재격(財格)이지만 만약에 천간에 해중(亥中)의 갑목(甲木)이 투출이 되면 편관격(偏官格)으로 겸격이 되는 것입니다. 그래서 월령 재격(財格)과 천간 편관격(偏官格)을 겸격(兼格)하였다고 생각하면 됩니다.

또한, 천간 투출자가 없을 때에 지지 회합(會合)하는 글자가 있으면 그 회합하는 자(者)로 용신을 잡기도 합니다. 예를 들어 만약 신금(申金)이 용신(用神)이였는데 자수(子水)가 년지(年支)에 붙어 있어서 신자합수(申子合水)가 된다면 수(水)를 용신으로 보는 것입니다.

또한, 건록격과 겁재격을 통합하여 건록월겁격으로 보시면 됩니다. 정재격과 편재격은 통합하여 재격(財格)으로 보시면 됩니다. 정인격과 편인격을 통합하여 인수격(印綬格)으로 보시면 됩니다. 그래서 정8격이 나오는 겁니다.

1) 건록월겁격: 행정직, 자영업, 분점, 대리점, 납품업 등의 독립 사업이 좋다.

【표3】

일 간		甲	乙	丙	丁	戊	己	庚	辛	壬	癸
월지	건록격	寅	卯	巳	午	巳	午	申	酉	亥	子
	월겁격		寅		巳	丑未	辰戌		申		亥

2) 양인격: 무관, 운동선수, 경찰, 검찰, 기술자, 정육점, 이발사, 대장간, 재단사, 철 철공소, 미싱사, 유흥업, 요식업 등이 좋다.

양인격(陽刃格)은 오직 오양간(五陽干)에만 양인(陽刃)이 있습니다. 다섯 개의 양일간(陽日干)이 월령에서 겁재(劫財)를 만나면 겁재(劫財)라 부르지 않고 양인(陽刃)이라고 부르게 됩니다. 따라서 음일간(陰日干)에게는 양인(陽刃)이 없습니다. 또한 양인(陽刃)과 양인(羊刃)을 혼동하면 안 된다. 양인(陽刃)은 격국명칭이고, 양인(羊刃)은 신살의 명칭입니다.

【표4】

일 간	甲	丙	戊	庚	壬
월 지	卯	午	午	酉	子

3) 식신격: 문화, 교육, 기술업, 서비스업, 식료품업, 도매상, 은행원, 증권업, 미술, 농업등이 좋다. 예를 들어 갑일간이 월지가 사화로 식신격을 구성하였는데 만약 천간에 병화가 투출하였다면 이도 역시 식신이므로 식신격이 참되다. 라고 말할 수 있습니다.

【표5】

일간	甲	乙	丙	丁	戊	己	庚	辛	壬	癸	癸
월지	巳	午	辰戌	未丑	申	酉	亥	子	寅	卯	子
투간	丙	丁	戊	己	庚	辛	壬	癸	甲	乙	亥

4) 상관격: 교육자, 강사, 정치인, 예능, 기술직, 수리업, 변호사, 대변인, 골동품상 등이 좋다.

【표6】

일간	甲	乙	丙	丁	戊	己	庚	辛	壬	癸
월지	午	巳	丑未	辰戌	酉	申	子	亥	卯	寅
투간	丁	丙	己	戊	辛	庚	癸	壬	乙	甲

5) 재격(財格): 편재와 정재로 구분이 됩니다. 재격의 성정은 재성으로 근본은 같다고 보시면 됩니다 그러나 직업을 분석할 때에는 정재와 편재로 구분하여 보는게 정확도가 높습니다.

① **편재격:** 일반 사업에 적합하고 금전의 출입이 많은 중개업, 사채업이 좋다. 역마살이 있으면 무역업이나 물품의 이동이 많은 도소매, 유통업이 맞다. 증권, 주식, 복권등의 투기업종에 맞습니다. 재성이 약하면 회사원이 좋다. 예를 들어 을목 일간이 월지에 축토가 놓여 있어서 재격이 되었는데 만약 천간에 다시 기토 편재가 투출하였다면 이를 재격이 참되다. 라고 말할 수 있습니다.

【표7】

일 간	甲	乙	丙	丁	戊	己	庚	辛	壬	癸
월 지	辰戌	丑未	申	酉	亥	子	寅	卯	巳	午
투 간	戊	己	庚	辛	壬	癸	甲	乙	丙	丁

② **정재격:** 재정, 경리, 세무, 회계, 관리직, 공업, 건축자재업, 창고관리업, 운수업, 도매업, 소매업 등이 좋다.

【표8】

일 간	甲	乙	丙	丁	戊	己	庚	辛	壬	癸
월 지	丑未	辰戌	酉	申	子	亥	卯	寅	午	巳
투 간	己	戊	辛	庚	癸	壬	乙	甲	丁	丙

6) 편관격: 군인, 검찰, 경찰, 변호사, 관직, 공무원, 무관, 법조계, 정치인, 건축업, 조선업, 자동차업, 수금업, 영업 등이 좋다. 예를 들어 병화 일간이 월지에 해수가 놓여 있어 편관격을 구성하였는데 만약 다시 천간에 임수가 투출하였다면 이를 역시 편관격이 참되다. 라고 말을 합니다.

【표9】

일 간	甲	乙	丙	丁	戊	己	庚	辛	壬	癸
월 지	申	酉	亥	子	寅	卯	巳	午	辰戌	丑未
투 간	庚	辛	壬	癸	甲	乙	丙	丁	戊	己

7) 정관격: 공무원, 회사원, 군검찰, 법조계, 정치계, 공직계통, 목재, 포목, 양품점, 잡화점.

【표10】

일 간	甲	乙	丙	丁	戊	己	庚	辛	壬	癸
월 지	酉	申	子	亥	卯	寅	午	巳	丑未	辰戌
투 간	辛	庚	癸	壬	乙	甲	丁	丙	己	戊

8) 인수격: 편인과 정인으로 구분을 합니다. 인수의 성정은 근본은 같지만 양상이 좀 다르게 나오는 경우가 있으므로 직업 분류에서는 정인과 편인을 구분하여 찾아보는게 정확합니다.

① **편인격:** 교육자, 철학자, 역술가, 의술가, 약사업, 의료업, 연기자, 유흥업, 예술가. 예를 들어 정화 일간이 월지에 묘목이 놓여 있어 인수격이 되었는데 만약 천간에 을목 인수가 다시 투출하였다면 이를 인수격이 참되다라고 말을 합니다.

【표11】

일 간	甲	乙	丙	丁	戊	己	庚	辛	壬	癸
월 지	亥	子	寅	卯	巳	午	辰戌	丑未	申	酉
투 간	壬	癸	甲	乙	丙	丁	戊	己	庚	辛

② **정인격:** 학자, 교육자, 언론가, 문화인, 기획인, 선생, 교사, 의학자, 정치학자, 국문학자, 저술가.

【표12】

일 간	甲	乙	丙	丁	戊	己	庚	辛	壬	癸
월 지	子	亥	卯	寅	午	巳	丑未	辰戌	酉	申
투 간	癸	壬	乙	甲	丁	丙	己	戊	辛	庚

9) 용신(用神)잡는 사례

항상 월령에서 용신(用神)을 찾습니다. 자오묘유(子午卯酉) 왕지는 지장간에 구성이 된 오행이 동일하므로 투간자를 볼 필요가 없이 월령 자체로 격(格) 이 됩니다. 다만 오중(午中)에는 기토(己土) 성분이 존재하므로 만약 기토(己 土)가 투출하였다면 오화(午火)와 기토(己土)를 겸격으로 보게 됩니다. 인신사 해(寅申巳亥)는 투간자(透干者)를 봐야 합니다. 그래서 겸격(兼格)이 있을 수 있 습니다. 진술축미(辰戌丑未)는 잡기(雜氣)라서 투간(透干)한 자(者)가 재관이 되 면 잡기(雜氣)재관(財官)으로 판독하면 됩니다. 인수가 투출하였다면 잡기인 수격이 됩니다. 식신도 마찬가지입니다. 투출한 글자가 없다면 월지 토(土) 를 그래도 용신(用神)으로 하면 됩니다. 진술축미(辰戌丑未)는 잡기(雜氣)라는 명칭을 부쳐주면 됩니다.

또, 지지(地支)가 회합(會合)하는 자(者)가 있으면 그 회합(會合)하는 자(者)를 용 신으로 삼게 됩니다. 예를 들어 월령에 병화(丙火) 일간에서 월령(月令)에 미토 (未土)를 보면 상관격(傷官格)이 됩니다 그런데 을목(乙木)이 투출하였다면 인 수격(印綬格)이 되는데 잡기(雜氣)인수격(印綬格)입니다. 그런데 년지(年支)에 해 수(亥水)가 붙어있다면 해묘합(亥卯合)이 되는 것입니다 그러면 을목(乙木)이 투 간하였으므로 해묘(亥卯)가 합목(合木)하므로 목(木)용신으로 변화게 됩니다.

또한, 병화(丙火)일간에서 월령(月令)의 신금(申金)이 있으면 재격(財格)에 해당 합니다. 그런데 년지(年支)에 자수(子水)가 있다면 신자합(申子合)이 되는데 주 변을 살펴봐서 수(水)가 많아서 수(水)가 득세(得勢)하였다면 신자합수(申子合 水)로 변할 수 있게 됩니다. 이런 경우를 화재위관(化財爲官)이라고 합니다. 곧 재(財)가 변하여 관(官)이 되었다. 라는 뜻입니다 이런 것들은 모두 변격(變格) 에 해당하는 것입니다. 만약, 월령에 용신이 없게 되면 다른 곳에서 용신(用 神)을 잡아야 하는데 그 때에는 내격(內格)이 아니라 외격(外格)이 되는 겁니다.

【예시6】

時	日	月	年	女命
정재		정관	정재	
丁	壬	己	丁	
午	未	酉	未	
정관	정재	정인	정관	

이 명조는 여자로 학원 강사 입니다. 일단 월령이 유금(酉金)입니다. 그리고 유금(酉金)은 왕지(旺地)가 되니까 월지 자체로 용신을 잡으면 됩니다. 그래서 용신(用神)은 금(金)오행이고 격국은 인수격(印綬格)이죠. 인수격(印綬格)이니까 직업분포도에서 살펴보세요. 인수는 자격증을 관할하는 성분이므로 학자, 연구원, 교육, 종교인, 출판업, 언론인, 역술가등의 직업으로 보면 가능성이 매우 높죠.

그런데 인수가 하필 수학교사일까요. 그걸 파악하려면 격국법(格局法)의 상의(象意)로 들어가서 분석을 해야 합니다. 이 상의법(象意法)은 나중에 배우게 됩니다. 그러므로 격국은 인수용재(印綬用財)가 됩니다. 즉 용신은 인수이고 상신은 재성입니다. 용신은 나의 직업 환경이 되고 상신은 보직이 됩니다. 그러므로 상신(相神)이 재성으로 보직(補職)이에요. 그게 돈 관련이잖아요. 즉 인수라는 환경에서 돈을 관리하는 사람입니다.

라이센스(인수)가 돈(재성) 관련이므로 교육 쪽이긴 한데 보직이 재무담당일 수 있어요. 혹은 직업이 독립 세무사일수도 있습니다. 그런데 유금(酉金)은 편인이 아니라 정인이죠. 편인이였다면 세무사 일 가능성도 배제는 못합니다만, 정인이면 순수한 글자라서 교육자 가능성이 매우 높은 겁니다. 그런데 인수교육이 돈 관련이니까 산수(算數)이잖아요.
그래서 이 사람은 수학 관련을 가르치는 교사라고 해석하면 됩니다.

【예시7】

時	日	月	年	歲運	大運	男命
편관		식신	편재	식신	편인	
丁	辛	癸	乙	癸	己	
酉	亥	未	丑	卯	卯	
비견	상관	편인	편인	편재	편재	
		丁乙己				지장간

이 사주의 주인은 직업은 약사이고 입니다. 용신(用神)은 월지에 놓인 글자를 그대로 보면 됩니다. 그렇게 보면 월지(月支)가 미토(未土)이므로 용신(用神)은 토(土)가 되는 것입니다. 토(土)용신이죠. 그런데 미토(未土)를 십신으로 전환해서 살펴보면 미토(未土)는 편인격(偏印格)에 해당합니다. 그런데 년지(年支)의 축토(丑土)도 편인이므로 편인(偏印)의 성분이 강화(强化)가 되므로 편인격 중심의 용신 성분이 구성이 되는 것입니다. 그러므로 이 사람은 미토(未土) 성분이 가진 편인격(偏印格)에서 본인의 길을 찾으시면 되는 것입니다. 편인격(偏印格)격이므로 1차 직업을 십신의 편인 성분을 찾아서 확인해보세요. 편인(偏印)의 성정은 야인성, 전문성, 특수자격, 기술, 편업, 연구직이다. 직업 분포도는 예체능, 종교인, 출판업, 언론인, 역술가, 임대업, 의학, 공학, 언론, 출판, 예능,종교, 심리, 철학, 역학, 간호, 약학, 스포츠 등이 적합하다.

그런데 용신을 찾을 때에는 월지(月支)에서만 한정하지 말고 월령에서 천간에 투출한 글자도 용신으로 잡는 겁니다. 곧 미중(未中)에 을목(乙木) 편재(偏財)가 투출하였고 정화(丁火) 편관(編官)도 투출한 겁니다. 그러면 재격(財格)과 칠살격(七殺格)이 겸격(兼格)이 되는 것이죠. 그런데 이 사람은 어려서 부친과 떨어져 살았고 재물이 모아지질 않는다는 단점이 보이는 것입니다. 이 결함을 어디서 찾아야 하는가 하면 미토(未土)를 보면 알 수가 있는 겁니다. 미토

(未土)는 목(木)의 고장지(庫藏地)이니까, 을목(乙木)이 을신충거(乙辛沖去)가 되면 을목은 곧 미토에 입고(入庫)하게 되어 있습니다.

그러므로 이런 구조는 년간(年干)의 을목 편재(偏財)가 극충(剋沖)을 받다가 필시 편재(偏財)가 입고(入庫)되는 물상을 가진 이유로 조상궁의 편재가 날라가는 것입니다 그러니 어려서 부친과 멀어지고 또는 재물이 입고되는 탓에 돈이 모아지질 못하는 것입니다.

재성은 여자에도 해당이 되므로 여자의 인연이 왔다가 금방 사라지는 현상이 나타나는데 이것도 역시 입고로 인한 것입니다. 이와 같이 하나씩 용신(用神)을 분석해 들어 가다보면 실질적인 나의 용신에 접근하게 됩니다. 즉 편재는 믿을 수가 없다는 사실을 인정하게 됩니다. 그 결과 편재는 용신으로 삼을 수가 없는 것이죠.

그러면 정화(丁火) 칠살(七殺)이 2차 용신이 되는 것입니다. 그러면 인수용살(印綬用殺)이 보일 수 있는 것입니다. 그런데 칠살은 반드시 식상(食傷)으로 제압(制壓)이 되어야 쓸 수 있는 물건이죠. 그렇게 판단한다면 이 명조는 인수용살겸대식상(印綬用殺而兼帶傷食)의 격국 명칭을 가질 수 있습니다. 이것이 바로 태어나면서 정해진 나의 삶이고 가야 할 길입니다. 그 방향을 잘 잡으면 성공하고 틀려지면 훼방으로 인한 간섭이니까 대운과 세운을 잘 분석하여 올바르게 개운을 하셔야 합니다. 인수용살(印綬用殺)의 구조에서는 편인과 관살의 이중 구조이므로 그 특성이 분화가 되어 나타난 직업을 찾으시면 됩니다.

이것은 도표로 정리해 둔 것이 많으므로 도표를 참고하시면 됩니다. 곧 편인+관성은 의학 약학 공학 심리 예능 방면 교수 교사 간호사 언론 출판 등에 적합하다고할 수 있습니다.

15 대운(大運)을 보는 방법

1. 대운(大運)의 적용법.

대운(大運)은 간지(干支)로 구성이 되어 있는데 사주팔자에서 10년을 관할합니다.

대운을 10년 주기로 결정한 이유는 여러 학설 중에서 10일(日)을 일순(一旬)으로 구분한 것처럼 목성의 공전주기가 10년을 일순(一旬)으로 하여 배정되기 때문이라는 이론이 유력합니다. 일순(一旬)에서 순(旬)이라 함은 열흘, 10년을 뜻합니다. 그래서 10년간의 운세를 담고 있기 때문에 대운을 볼 적에는 여러 가지 학설이 난무합니다. 여기서는 주요 고서에서 주장하는 대운 간지 보는 법으로 설명해 드리겠습니다.

대운을 보는 방법에는 천간 5년의 기간은 천간 글자 위주로 보는데 지지도 함께 참고하여 봅니다. 그러나 지지의 5년에 들어서면 천간은 보지 않고 지지 글자만으로 해석합니다. 예를 들면 갑자(甲子)라는 대운이 왔다면 우선적으로 갑목(甲木)의 기운이 천간 5년간을 지배하여 영향을 미친다고 보는 것입니다. 이때에는 지지의 자수(子水)도 참고하여 같이 보다가 지지의 자수(子水) 5년으로 들어가면 천간은 버리고 오직 지지의 자수(子水)만 놓고 분석하라는 뜻입니다.

이것은【삼명통회三命通會】에서 주장하는 내용과도 동일한 것으로 대부분 이 이론을 채택하여 간명(看命)에 임하고 있습니다. 삼명통회에서는 무릇 행운이 천간(天干)에 머무른다면 지지(地支)의 신(神)을 겸용(兼)하여 쓰는 것이고 행운이 지지(地支)에 머무른다면 곧 천간(天干)의 물건은 버린다.라고 말하고 있으며, 자평진전에도 비슷한 구결의 내용이 등장합니다. 곧 간지(干支) 대운의 각각의 글자마다 반드시 원국의 간지와 배합하여 종합적으로 관찰한다고 말을 합니다.

그 이유로는 대운의 희기(喜忌)는 천간과 지지가 다르다고 주장을 하는 것입니다. 이것은 대운이 10년 주기이므로 천간은 5년이고 지지는 5년으로 분할하여 각각 5년씩을 관할(管轄)한다고 보았던 것입니다.

또한【오언독보五言獨步】에서도 동일한 주장을 하고 있습니다. 즉 대운의 운행 10년은 상하(上下) 5년씩 나누어 헤아린다고 분명히 가르치고 있습니다. 예를 들어 갑오(甲午)대운이라면 갑목(甲木)대운은 원국에서 5년을 지배하고 그다음에 오화(午火)대운으로 건너가 오화의 기운이 원국을 5년간을 지배한다는 말을 하는 겁니다.

【예시1】 대운은 간지(干支) 5년간의 희기(喜忌)를 따로 구분해서 본다.

時	日	月	年	歲運55	大運50	男命
편인		상관	정관	겁재	정관	
庚	壬	乙	己	癸	己	
戌	寅	亥	丑	未	巳	
편관	식신	비견	정관	정관	편재	

중소기업 대표인데 계미년(癸未年) 55세에 전혀 무관한 신규 사업에 뛰어들었다가 갑신년(甲申年) 56세부터 어려워지면서 을유년(乙酉年) 57세에 파산(破産) 했다고 합니다. 시기를 살펴 대운을 구분해 보니까 55세는 50에서 60주기인 대운의 절반에 해당하는 시기입니다. 곧 기토(己土)대운이 아니라 사화(巳火)대운에 속하는 영역입니다. 기토(己土)대운에 운기(運氣)가 바뀌지 않고 왜 사화(巳火)대운 초입에 운기(運氣) 변화가 보일까요? 만약 10년 간지를 구분하지 않고 본다면 이 사람은 기토(己土)대운 초입부터 파산할 수 있습니다. 그러나 정확히 55세 계미년(癸未年) 사업의 변동을 보이고 있습니다. 즉 기사(己巳)대운에(50에서 60주기 섹터) 그 반은 55세이니 사화(巳火)대운에 해당하는 것입니다. 즉 55세부터 대운 주기의 변화가 오기 시작한다는 말이죠.

이것은 천간 글자와 지지 글자 5년의 희기(喜忌)가 다르다는 자평진전의 주장에 설득력이 실리는 대목입니다. 임상해보시면 대부분 맞습니다. 이 사주의 주인공은 술토(戌土) 재고(財庫)를 가진 사업가 명(命)입니다. 그런데 기사(己巳)대운에 들어오면서 사해충(巳亥沖)과 인사형(寅巳刑), 사술원진(巳戌元嗔)이 보이죠. 그러면 당연히 사업하지 말라고 해야 합니다. 재성(財星)을 형충(刑沖)하는 대운에 무슨 사업을 하겠습니까?인사형(寅巳刑)으로 송사(訟事)로 이어지고 사술(巳戌)원진(元嗔)으로 원망으로 종결이 되는 것이 보이죠.

2. 대운(大運) 해석법.

대운의 간지를 해석하는 방법으로는 오행으로는 생극제화(生剋制化)를 살펴보고 그 형충파해(形沖破害)와 신살(神殺)을 분석한 후에 십신으로는 구체적인 생활상을 간명하는 게 순서입니다. 오행(五行)으로만 으로는 그 사람의 실제적인 육친관계와 성향을 파악하기 어렵기 때문에 십신을 활용하는 것입니다. 그러므로 대운에서 들어오는 간지를 십신으로 전환해서 살펴보는 간명법이 육신법입니다. 이것은 일반적인 해석법에 불과한 것이므로 조건의 변동이 발생한다거나 아니면 돕는 요소가 추가되면 그 성분이 변질이 될 수 있다는 사실을 명심하셔야 합니다. 예를 들어 비견운이지만 원국에 관성이 강하다면 비견운이 오히려 공격을 받아 비견 성분이 나타나질 못하는 것입니다. 이런 경우라면 비견운이 기신일 경우에는 길하다고 보는 것이고 만약 비견운이 희신이라면 반대로 대패(大敗)할 수 있는 것이므로 사주를 보는 사람은 그 실체를 똑바로 인식하여 간명해야 합니다. 구체적으로 비견대운이 찾아왔다고 봅시다. 그러면 일간은 동업하려는 투자가를 만날 수 있을 겁니다. 그러나 만약 비견이 기신이 되는 사람이라면 동업은 불리하게 작용이 될 것이므로 "동업은 불가(不可)하다"라고 판정을 하지만 어쩔 수 없이 진행해야 할 사업이라면 동업조건을 구체적으로 확인하여 변호사 공증을 받도록 하는 것이 좋은 것입니다. 그 비견은 곧 배신할 수 있는 성분을 가진 인자(因子)라고 보는 것입니다. 또한, 식신대운이 등장하였다면 일간은 의식주가 확장이 된다고 판단하는 것입니다. 그 결과 새로운 길이 열리거나 진로(進路) 확장(擴張)할 건수가 생겨납니다. 따라서 그 해에는 궁리가 많아지고 뭔가 주도적으로 꾸미는 성향이 나타나게 됩니다. 그러나 만약 원국에 인수가 태왕(太旺)한 사람이라면 식신을 극할 수 있게 됩니다. 이런 경우에서는 도식(倒食)이 발생할 수 있는가를 자세히 살펴봐야 합니다. 도식(倒食)운이 되면 오히려 의식주(衣食住)가 단절이 되기 때문에 이런 경우는 먹고 사는 게 힘들어져 일터로 나올 수 밖에 없다고 진단하는 것입니다.

3. 대운(大運)의 십신(十神) 읽는 법.

대운은 간지로 구성이 되어 있습니다. 그래서 간지로 등장하는 새로운 대운을 읽는 방법입니다. 대운은 간지로 구성된 물건이라 천간과 지지를 분리하여 각각의 운기를 살펴야 합니다. 이것은 이미 삼명통회나 오행독보에 설명이 된 것처럼 대운의 운행 10년은 상하(上下) 5년씩 나누어 헤아린다고 분명히 가르치고 있습니다. 왜냐하면 대운의 희기(喜忌)는 천간과 지지가 다르다고 주장을 하는 것입니다.

그러므로 여기서도 대운 5년은 천간으로 살펴보고 나머지 대운 5년은 지지로 살피는 법을 설명을 하겠습니다. 다음 아래 도표처럼 인식하여 운기를 관찰하시면 됩니다. 곧 갑목(甲木)대운의 희기를 계사년, 갑오년, 을미년, 병신년, 정유년 5년간을 대입하여 관찰합니다. 그리고 무술년부터는 오화대운의 운기가 적용이 되는 것입니다. 곧 오화(午火)대운의 희기는 무술년, 기해년, 경자년, 신축년, 임인년 5년간을 대입하여 관찰합니다. 다만 주의하실 점은 5년 세운이 정확하게 간지 구분하여 나타나기보다는 오차 범위를 염두에 두어야 합니다. 예를 들어 무술년(戊戌年) 38세에 오화(午火)대운과 오술합(午戌合)으로 합의 운기가 나타나겠지만 만약 무술년(戊戌年)이 36세 병신년에서 놓이게 된다면 오술합(午戌合)의 운기가 일찍 발생이 되어 36세부터 오화(午火)의 희기(喜忌)가 나타난다는 사실을 이해하시면 됩니다. 이런 이유 때문에 삼명통회에서는 "무릇 행운이 천간(天干)에 머무른다면 지지(地支)의 신(神)을 겸용(兼)하여 쓰는 것이다"라고 밝혔던 부분입니다.

【표1】

대운	甲					午				
세운	계사	갑오	을미	병신	정유	무술	기해	경자	신축	임인
나이	33	34	35	36	37	38	39	40	41	42

4. 대운의 교운기(交運期)에는 자세히 살펴야 한다.

삼명통회에서 말하길 "장차 대운이 바뀌려 할 적에는 오래 가진 않는 짧은 재앙이 있을 수 있다."라고 말을 합니다. 또 대운이 길한 곳에서 흉한 쇠절지(衰絕地)로 들어가려 할 적에 초입시에는 오히려 단기적인 큰 복을 얻을 수가 있다고 말을 합니다.

왜냐하면 이것은 교운기(交運期)의 욕구로 재화(災禍)와 수복(壽福)이 아직 남아 있기 때문이라고 설명합니다. 무슨 말이냐 하면 대운이 흉한 쇠절(衰絕)지에 있는데 장치 길하고 경사로운 곳으로 들어가려고 대운이 바뀌려 할 때에 한 번쯤 어려운 방해가 있을 수 있다는 것입니다. 또 말하기를 길운(吉運)이 오지 않았는데 미리 복(福)을 이루는 것은 과거의 흉신(凶神)으로 인해 재앙을 이미 다 겪었기 때문이라고 설명을 합니다.

이것은 마치 불이 붙지 않았는데에도 먼저 연기가 일어나는 것과 같고 비가 내려 이미 지나갔는데도 더 습한 것과 같은 이치라고 설명을 합니다. 마땅히 자세히 살펴야 하는데 이러한 이치로 인해 대운 시작점이 잘 안 맞을 수가 있습니다.

적천수에서 말했던 내년 세운의 흉길(凶吉)이 올해부터 미리 앞당겨져 나타나기도 하고 내 후년 늦게까지도 일어나기도 한다고 말한 이유와 비슷하다고 보면 됩니다.

5. 동차강(動且强)하는 세운의 흉길은 일찍 나타난다.

時	日	月	年	歲運	大運	女命
편인		상관	인수	편관	인수	
甲	丙	己	乙	壬	乙	
午	戌	卯	巳	寅	酉	
겁재	식신	인수	비견	편인	정재	

이 명조는 임인년(壬寅年) 임자월(壬子月)에 계묘년(癸卯年)에 혼사를 앞 둔 딸
이 남친과 잠수를 탔습니다. 딸이 가출한 사건이 임인년(壬寅年)의 운기(運氣)
로 기인(起因)한 것일까요. 아니면 계묘년(癸卯年)의 운기(運氣)로 발생한 것일
까요? 만약 계묘년(癸卯年)의 운기로 이런 사건이 발생하였다면 현재 임자월
(壬子月)은 임인년(壬寅年)에 해당이 되는데 어찌 내년 운세가 이렇게 일찍 찾
아올 수 있는 것일까요? 결론을 말씀드리자면 적천수에 의하면 "양지동차강
속달현재상(陽支動且强速達顯災祥), 음지정차전부태매경년(陰支靜且專否泰每經年)
"이라 기록을 하였습니다.

이것은 동(動)하는 내년 세운의 흉길(凶吉)은 올해 말부터 일찍 일어날 수 있
다고 설명을 하고 있습니다. 동(動)한다는 뜻은 형충(刑沖)이 되거나 양지(陽
支) 글자를 만나는 것 등을 말합니다. 강(强)하게 접근하는 글자가 형충(刑沖)
을 만나게 되면 그 기운의 전조(前兆)가 발생하는 것입니다. 이것은 대지진이
일어나기 전에 발생하는 전조(前兆) 현상과 동일한 형태를 말합니다. 따라서
이 명조를 살펴보면 육친상에서는 기토(己土)가 상관(傷官)으로 자식성입니다.
그런데 병화(丙火) 일간이 오술합(午戌合)을 하고 뜨거우니 기토(己土)가 메마른
정원(庭園)이 되어 있습니다. 주변이 갑을목(甲乙木) 인수 투성이라 메마른 작
은 기토(己土)흙에 목(木)이 심어지면 갈라질 수 있습니다. 답답한 환경이 되
어 성장하기 어려운 땅을 가진 것입니다.

이런 구조는 기토(己土)가 흠결이므로 기토(己土) 문제가 발생할 수 있는 겁니다. 곧 자식문제이죠. 가출사건이 임인년(壬寅年) 임자월(壬子月)이면 거의 계묘년(癸卯年)에 해당됩니다. 현재 유금(酉金)대운이니까 묘유충(卯酉沖)이죠. 가정궁을 충극하는 것이라 가정사(家庭事)이고 흠결이 드러날 해당 육친은 기토(己土)이므로 자식 문제로 인한 가족사(家族事)로 보면 됩니다. 임인년(壬寅年) 후반기로 가게 되면 인오술(寅午戌)삼합이 되므로 화(火)가 치성(熾盛)하게 되어 기토(己土)가 더욱 메마르니 숨을 쉴 수가 없을 정도로 답답함을 호소했을 것입니다.

그런데 계묘년(癸卯年)에 묘유충(卯酉沖)이 보이는 것입니다. 즉 대운의 묘유충(卯酉沖)을 유발하는 시기가 계묘년(癸卯年) 초입인 겁니다. 양지(陽支)만 일찍 동(動)하는 것이 아니라 형충(刑沖)을 만나면 일찍 동(動)하는 사건이 일어날 수 있습니다.

이것을 "양지동차강속달현재상(陽支動且强速達顯災祥)"이라 말을 합니다.
그러므로 임인년 12월에 발생한 가출 사건은 계묘년(癸卯年)의 형충(刑沖) 기운이 앞당겨져 발생한 것이리 추리해 볼 수 있습니다.

운명의 길라잡이 사주팔자학

제3장

형충회합 실전 간명 총정리

1 천간 오합(五合)의 유래

고대 사람들은 태양과 28수 별자리를 활용하여 천기를 읽었습니다. 그 천문도 중에 오천오운도(五天五運圖)가 있는데, 그림에 천간 오합이 설명이 되어 있습니다. 천문학자들은 천문에서 정(丁)과 임(壬)이 이어지는 별자리에서 특이한 현상을 발견하게 됩니다.

곧 정임(丁壬)의 통로가 되는 "창천"의 배경이 청색(靑色)을 띄고 있다는 것입니다. 또한 병(丙)과 신(辛)이 이어지는 "현천"의 통로가 흑색(黑色)의 빛을 띄고 있다는 것입니다. 이로 인해 병신합은 검고 정임합은 푸르다는 사실을 알게 되었습니다. 기타 다른 갑기합과 을경합(乙庚合) 그리고 무계합(戊癸合)도 마찬가지입니다. 이것이 천간 오합(五合)이 결합하여 합화(合化)가 되는 원리입니다.

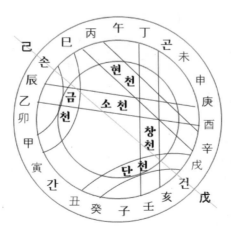

【표1】 오천오운도(五天五運圖)

432 / 운명의 길라잡이 사주팔자학

1) 정임합목은 창천(蒼天)의 기운이다.

오천오운도(五天五運圖)를 보게 되면 위(危)와 실(室)의 2개의 별자리 중간에는 임(壬)의 방위가 위치하여 있습니다. 그리고 유(柳)와 귀(鬼)의 2개의 별자리 중간에는 정(丁)의 방위가 위치해 있습니다. 천문학자들이 밤하늘을 관찰하다가 정(丁)과 임(壬)의 방위를 연결하는 길목에 푸른색의 은하수가 연결이 되는 광경을 목격하게 됩니다. 그래서 학자들은 이 푸른색의 길목을 창천(蒼天)이라 이름 하였고 정(丁)과 임(壬)이 연결이 되는 길목이니 이것을 정임합목(丁壬合木)이라 부르기 시작하였습니다. 그래서 기록하기를 "창천(蒼天)의 기가 위(危)와 실(室) 그리고 유(柳)와 귀(鬼)에 걸쳐 있다."라고 하는 것은 청색의 기(氣)가 임(壬)과 정(丁)의 방위 사이에 걸쳐 있다는 것을 말하는데 이는 정(丁)과 임(壬)은 목운(木運)으로 된다는 것을 말하는 것입니다.

2) 병신합수는 현천(玄天)의 기운이다.

오천오운도를 보게 되면 장(張)과 익(翼)의 두 개의 별자리 중간에는 병(丙)의 방위가 위치해 있고 그 반대편의 누(婁)와 위(胃)의 두 개의 별자리 중간에는 신(辛)의 방위가 위치해 있습니다. 천문학자들이 밤하늘을 관찰하다가 병과 신의 방위를 연결하는 길목에 검은색의 은하수가 연결이 되는 광경을 목격하게 됩니다. 그래서 학자들은 이 검은색의 길목을 현천(玄天)이라 호칭을 하였고 병(丙)과 신(辛)이 연결이 되는 길목이니 이것을 병신합수(丙辛合水)라 부르기 시작하였습니다. 그래서 기록하기를 "현천(玄天)의 기(氣)가 장익루위(張翼婁胃)에 걸쳐 있다."라고 하는 것은 흑색(黑色)의 기운이 병(丙)과 신(辛)의 방위 사이에 걸쳐 있다는 것을 말하는데 이는 병(丙)과 신(辛)은 합하여 수운(水運)으로 된다는 것을 말하는 것입니다.

3) 갑기합토는 금천(黅天)의 기운이다.

오천오운도를 보게 되면 심(心)과 미(尾)의 2개의 별자리 중간에는 갑(甲)의 방위가 위치에 있습니다. 그리고 각(角)과 진(軫)의 2개 별자리 중간에는 기(己)의 방위가 위치에 있습니다. 천문학자들이 밤하늘을 관찰하다가 갑과 기의 방위를 연결하는 길목에 누런색의 은하수가 연결이 되는 광경을 목격하게 됩니다. 그래서 학자들은 이 누런색의 길목을 금천(黅天)이라 호칭을 하였고 갑과 기가 연결이 되는 길목이니 이것을 갑기합토라 부르기 시작하였습니다. "금천(黅天)의 기가 심미기분(心尾己分)에 걸쳐 있다."라고 하는 것은 황색의 기가 갑과 기의 방위 사이에 걸쳐 있다는 것을 말하는데 이는 갑과 기가 토운(土運)으로 된다는 것을 말하는 것입니다.

4) 을경합금은 소천(素天)의 기운이다.

오천오운도를 보게 되면 항(亢)과 저(氐)의 2개 별자리 중간에는 을(乙)의 방위가 위치해 있고 묘(昴)와 필(畢)의 2개 별자리 중간에는 경(庚)의 방위가 위치해 있습니다. 천문학자들이 밤하늘을 관찰하다가 을과 경의 방위를 연결하는 길목에 흰색의 은하수가 연결이 되는 광경을 목격하게 됩니다. 그래서 학자들은 이 하얀색의 길목을 소천이라 호칭을 하였고 을과 경이 연결이 되는 길목이니 이것을 을경합금(乙庚合金)이라 부르기 시작하였습니다. "소천(素天)의 기가 항저묘필(亢氐昴畢)에 걸쳐 있다." 라고 하는 것은 백색의 기가 을(乙)과 경(庚)의 방위 사이에 걸쳐 있다는 것을 말하는데 이는 을(乙)과 경(庚)이 금운(金運)으로 된다는 것을 말하는 것입니다.

5) 무계합화는 단천(丹天)의 기운이다.

오천오운도를 보게 되면 우(牛)와 여(女)의 두 개의 별자리 중간에는 북쪽에서 계(癸)의 방위가 위치해 있고 규(奎)와 벽(壁)의 두 개의 별자리 중간에는 무(戊)의 방위가 위치해 있습니다. 천문학자들이 밤하늘을 관찰하다가 무(戊)와 계(癸)의 방위를 연결하는 길목에 붉은색의 은하수가 연결이 되는 광경을 목격하게 됩니다. 그래서 학자들은 이 붉은색의 길목을 단천(丹天)이라 호칭을 하였고 무(戊)와 계(癸)가 연결이 되는 길목이니 이것을 무계합화(戊癸合火)라 부르기 시작하였습니다. "단천(丹天)의 기가 우여무분(牛女戊分)에 걸쳐 있다."라고 하는 것은 적색의 기(氣)가 계와 무의 방위 사이에 걸쳐 있다는 것을 말하는데 이는 무와 계가 화운(火運)으로 된다는 것을 말하는 것입니다.

2. 오합의 종류.

무릇 합(合)이라는 것은 화평하게 어울리는 것을 말합니다. 예를 들어 양(陽)이 양(陽)을 보게 되면 두 양(陽)이 서로 경쟁하여 극하게 됩니다. 음(陰)이 음(陰)을 보게 되면 두 음(陰)이 서로 부족하므로 극하게 됩니다. 오직 음(陰)이 양(陽)을 만나고 양(陽)이 음(陰)을 만나야만 합(合)이라 할 수 있습니다. 이것은 남녀(男女)가 서로 합하여 부부가 되는 것과 같은 것입니다.

1) 갑기합(甲己合)
중앙(中央)의 무기(戊己)토(土)는 동방의 갑을(甲乙)목의 극을 두려워합니다. 그래서 무(戊)는 기(己) 누이를 시집을 보내어 갑(甲)의 처(妻)가 되게 합니다. 그러므로 두 양가(兩家)가 화친을 맺어 적대적 관계를 해소하게 합니다. 이것이 갑기합(甲己合)이 되는 것입니다. 갑기합(甲己合)은 중정지합(中正之合)이라고 말합니다. 중정(中正)이라 함은 중앙에 바른 정(正)이 앉아 있으므로 치우치지 않고 올바르다는 뜻입니다. 갑(甲)은 양목(陽木)이니 그 성품은 어질고 그 자리는 천간의 우두머리가 됩니다. 기(己)는 음토(陰土)이고 중앙에 좌정(坐定)하여 고요하며 순박하고 인정이 있어 만물을 생하는 덕이 있습니다. 그러므로 이 둘의 갑기합(甲己合)을 중정지합(中正之合)이라고 하는 것입니다.

삼명통회에서는 갑(甲)은 우레가 되고 기(己)는 구름을 상징한다고 말을 합니다. 그런데 구름과 우레가 만나면 벼락이 내리면서 강한 고압으로 인해 주변의 기압이 높아지게 됩니다. 그렇게 되면 그 주변에 구름이 폭발적으로 증식한다고 합니다. 이렇게 증식이 된 구름에 또 번개가 치면 다시 구름이 몰려들고 재차 우레가 발생하니 구름과 번개가 끊이지를 않게 됩니다. 이러한 자연현상이 갑기합토(甲己合土)가 됩니다.

2) 을경합(乙庚合)

동방(東方)의 갑을(甲乙)목(木)은 서방(西方)의 경신금(庚辛金)의 극(剋)을 두려워 합니다. 갑은 양(陽)에 속하고 형(兄)이 되고 을(乙)은 음(陰)에 속하여 누이가 되는데 갑(甲)의 형(兄)은 을(乙) 누이를 금(金)의 집안에게 시집을 보내어 경(庚)의 처(妻)가 되게 합니다. 이른바 정략 결혼을 통해 양가(兩家)의 화합과 평화를 얻는 목적이 있습니다. 이것이 을경합(乙庚合)이 됩니다. 을경합(乙庚合)을 인의지합(仁義之合)이라 말합니다. 을(乙)은 음목(陰木)이니 그 성품은 매우 유약(柔弱)하며 경(庚)은 양금(揚金)이니 굳고 강하여 굽히지 않는데 이 둘이 만나면 곧 강유상제(剛柔相濟)가 되어 인의(仁義)를 겸비한다고 말하는 것입니다.

삼명통회에서 말하길 을(乙)은 바람이 되고 경(庚)은 달이 된다고 합니다. 바람이 부는 달은 운치가 넘치게 되어 풍월지합(風月之合)이라 말하기도 하였습니다. 그러므로 가을 날씨처럼 서늘해지는데 이로 인해 서리가 내리듯 과실이 익는다고 하여 숙살의 기운이 되었던 것인데 이것을 을경합금(乙庚合金)이라 하였습니다.

3) 병신합(丙辛合)

서방(西方)의 경신금(庚辛金)은 남방(南方)의 병정화(丙丁火)의 극을 두려워 합니다. 그래서 경(庚)은 신(辛) 누이를 화(火)의 집안에 시집을 보내어 병(丙)의 처가 되게 합니다. 이로써 화친(和親)을 도모하니 이것이 병신합(丙辛合)이 되는 것입니다. 병신합을 왜 위제지합(威制之合)이라 말을 할까요. 병(丙)은 양화(陽火)이므로 혁혁하게 타오르는데 스스로 왕성하여 군주와 같으니 위엄을 보이는 물건입니다. 그런데 신(辛)은 음금(陰金)이므로 양인이 칠살을 반기는 것처럼 이 둘이 합하는 것이니 그러므로 병신합(丙辛合)을 가리켜 "위엄(威嚴)을 겸비하여 제복(制伏)하고 있다"고 하여 위제지합(威制之合)이라 말하는 것입니다.

삼명통회에서는 병화(丙火)를 태양으로 보고 신금(辛金)을 가을철의 서리로 보았습니다. 가을철의 새벽녘에 하얀 서리가 낀 단풍 잎사귀는 해가 떠오르면서 서서히 녹아 물방울이 생겨나기 시작합니다. 고인들은 그런 자연의 모습을 보고 병신합수(丙辛合水)라고 인식을 하였습니다.

4) 정임합(丁壬合)

남방(南方)의 병정화(丙丁火)는 북방(北方)의 임계수(壬癸水)의 극을 두려워합니다. 그래서 병(丙)은 정(丁) 누이를 수(水)의 집안에 정략 결혼을 맺어 화친을 도모합니다. 이것이 정임합(丁壬合)이 되는 것입니다. 정임합을 왜 음특지합이라 말할까요. 임수(壬水)는 순수한 음(陰)에 속한 물이라 3광의 빛이 비취지 못하고 정(丁)은 음(陰)을 간직한 불이므로 스스로 어두워서 밝지 않습니다. 그러므로 이 둘이 만나면 깊은 음기에 놓인 까닭에 음특지합이라 말을 합니다.

그래서 정(情)이 많아서 고결함은 따르지 않고 정(情)에 쉽게 마음을 움직이게 됩니다. 삼명통회에서는 정화(丁火)를 촛불과 같은 열기(熱氣)로 보았고 임수(壬水)는 차가운 호수로 생각했습니다. 현대 과학자들은 생명체의 기원을 바다속의 심해(深海) 열수구에서 찾고 있습니다. 곧 지구 내부에서 뜨거운 용암이 광물질과 함께 분출이 되는데 이것을 심해 열수구라 합니다. 이 부근에서는 따뜻한 기운으로 인해 광합성 작용이 무척 활발하다고 합니다. 이곳에서 최초의 생명체가 만들어졌다는 주장을 합니다. 이것은 정화(丁火)를 뜨거운 맨틀의 불기운(丁)으로 본 것이고 임수(壬水)를 차가운 심해수(壬)로 본 것인데 이 둘이 서로 만나게 되면 생명(木)이 탄생이 된다고 믿었습니다. 이것을 정임합목(丁壬合木)이라 말하였습니다.

5) 무계합(戊癸合)

북방(北方)의 임계수(壬癸水)는 중앙(中央)의 무기(戊己)토(土)의 극을 두려워합니다. 그래서 임(壬)은 계(癸) 누이를 토(土)의 집안에 시집을 보내어 무(戊)의 처(妻)가 되게 합니다. 이것이 무계합(戊癸合)이 됩니다. 무계합을 왜 무정지합(無情之合)이라 말을 할까요. 무(戊)는 양토(陽土)로 무거우니 늙은 땅이고 계(癸)는 음수(陰水)로 어리고 흔들리는 물이 됩니다. 그러므로 이 둘이 합하면 노양(老陽)과 소음(少陰)이 합하는 것이라 정(情)이 없이 합한다고 말하였던 것입니다. 그러므로 이 둘이 부부가 되면 남자는 젊고 예쁜 어린 여자에게 장가들고 여자는 잘 생기고 어린 남자에게 시집을 가게 됩니다. 그 반대가 되면 남자는 나이 많은 여자에게 장가를 가며 여자는 늙은 남자에게 시집을 가게 됩니다. 그런 연고로 정(情)이 없이 합한다고 하는 것입니다.

삼명통회에서는 고인들이 무토(戊土)를 산언덕이라 보았고 계수(癸水)는 봄비라고 보았습니다. 한 여름철에 뜨거워진 대지 위로 갑자기 천둥이 치면서 소낙비가 내리게 되면 뜨거운 대지(戊)에 촉촉한 비(癸)가 내리는 것이라 금세 뜨거운 바닥이 식으면서 아지랑이가 올라오는 현상이 생겨납니다. 그렇게 되면 대지가 식으면서 뜨거운 기운(火)이 발생하게 됩니다. 이로 인해 무지개가 발생하기도 합니다. 이것을 무계합화(戊癸合火)라고 말을 하였습니다.

3. 천간(天干) 4충

수나라 소길이 지었다고 전해지는 오행대의(五行大義)를 살펴보면 간충파(干衝破)및 지충파(支衝破)라는 용어가 나옵니다. 곧 천간에는 갑경충파(甲庚沖破)와 을신충파(乙辛沖破) 그리고 병임충파(丙壬沖破)와 정계충파(丁癸沖破)를 가리켜 4충이라 설명을 합니다.

천간의 갑(甲)과 경(庚)이 서로 충하고 을(乙)과 신(辛)이 서로 충하고 임(壬)과 병(丙)이 서로 충하고 계(癸)와 정(丁)이 서로 충(沖)합니다. 이는 동(東)과 서(西), 남(南)과 북(北)으로 서로 대치하고 있기 때문입니다. 병(丙)과 경(庚), 정(丁)과 신(辛)은 서로 볼 때는 극하는 관계로 논합니다. 충(沖)으로 논하지 않습니다. 이는 남(南)과 서(西)의 방향은 서로 대치하지 않기 때문입니다. 무(戊)와 기(己)는 충(沖)이 없습니다. 이는 중앙에 위치하고 있어 대치가 없기 때문입니다. 충과 극은 방위의 배합으로 구분이 됩니다. 방위상으로 180도 정반대가 되는 것끼리의 관계가 충이 되며 그렇지 아니한 것은 극이라고 말을 합니다. 천간충(天干沖)은 상충(相衝)하는 천간끼리 서로 무정(無情)하다고 판단하면 됩니다. 그래서 호충(好衝)과 흉충(凶沖)의 구분이 중요합니다.
따라서 흉충(凶沖)이 되면 제거, 충돌, 해산, 쟁투, 파괴 등으로 보고 호충(好衝)이 되면 발동, 시작, 분발, 개척 등의 새로운 움직임으로 보면 됩니다. 삼명통회에 논충격(論衝擊)편을 살펴보면 서로 상충하는 기운을 일컬어 말하길 칠살(七殺)이라고 말을 합니다.

지지가 7위를 취하면 충(沖)이라하고 마찬가지로 천간 7위를 취하는 것을 살(殺)이라고 합니다. 가령 자오(子午)가 충(沖)하면 자(子)는 오(午)에 7번째가 되고, 갑(甲)이 경(庚)을 만나면 살(殺)이 되면서 갑(甲)은 경(庚)에 7번째가 됩니다. 6번째는 곧 합이 되고 7은 곧 과(過)한 것이니 그러므로 서로 충격하므로 살이 되는 것입니다.

【표2】 천간 충(天干 沖)

1	2	3	4	5	6	7	8	9	10
甲	乙	丙	丁	戊	己	庚	辛	壬	癸

1) 갑경충(甲庚沖)

도끼로 작벌(斫伐)하여 나무의 궁(宮)이 잘려 나갑니다. 우박 맞는 나무이니 성장이 지연이 됩니다. 갑경충이라 처음에는 두들겨 맞는 것이 많아서 모든 것이 분열하고 헤어지는 흉(凶)함이 있게 됩니다. 그래서 초기에 각종 사고가 나고 다툼이 있을 수가 있습니다. 그러나 이 과정을 거친 후에는 흔목위재(欣木爲材)하니 동량지목(棟梁之木)으로 귀한 재목감으로 거듭나게 됩니다. 그러므로 관록(官祿)이 출중(出衆)해 집니다.

2) 을신충(乙辛沖)

날카로운 가위로 화초(花草)를 자르는 모양입니다. 곧 화초전지(花草剪枝)의 상(像)이 됩니다. 상황이 위태로와 불안하므로 편두통, 정신질환을 호소할 수 있습니다. 그래서 일반직장 근무가 맞지 않습니다. 안정적이고 꾸준하면서도 자신이 하고자 하는 일을 완수하고 싶은 욕망이 강하게 나타납니다. 계획적이고 구조화된 일을 하면 성공할 수 있을 것입니다.

3) 병임충(丙壬沖)

병화(丙火)가 임수(壬水)를 만나면 태양이 강물을 비추는 모습이 됩니다. 이것을 강휘상영(江暉相暎)의 상(像)이라 말합니다. 반짝거리는 수면 위에 강물이 춤을 추는 모습이라 아름답습니다. 병임충(丙壬沖)이 길하게 작용이 되면 이를 수화기제(水火旣濟)라 말하며 귀(貴)하게 보았습니다. 충성심이 두터워서 조직에서 큰 이익은 있습니다. 다만 너무 밝으면 재액과 시비가 빈번해 질 수도 있습니다. 이것을 화입천라(火入天羅)라 하는데 불이 물속에 들어가 오히려 꺼지거나 갇히는 것이므로 횡액과 재물의 액이 우려됩니다.

4) 정계충(丁癸沖)

사우나에 들어가 불에 달군 돌덩이에 물을 부으면 이로 인해 주변이 수증기로 가득하게 됨을 볼 수 있습니다. 이것은 정화(丁火)의 뜨거운 열기가 계수(癸水) 가랑비에 젖어 스팀이 일어나는 환경입니다. 그래서 수증기로 꽉 차서 답답할 수 있습니다. 이것을 수증울핍(水蒸鬱愊)의 상(像)이라 말합니다. 기문에서는 등사요교(螣蛇妖嬌)라 하여 꽃뱀이 또아리를 틀고 있는 모습으로 보았습니다. 주색이나 홍등(紅燈), 유흥의 상(像)을 짓는다고 합니다. 어두운 홀에서 밝고 어두움이 교체하는 것입니다. 또 비오는 날의 별빛의 모습이고 안개가 낀 가로등의 형상입니다. 이것은 재(財)를 얻으려다 궁핍해지기 쉽습니다. 모든 일은 적당치 않고 길(吉)중에 도리어 흉악(凶惡)해 질 수도 있습니다. 문서계약은 실수하기 쉽고 화재(火災)를 당하기도 합니다. 정화(丁火)가 기신일 경우에는 귀(貴)해지고 정화(丁火)가 희신일 경우에는 흉해집니다.

5. 형충(刑沖)으로 움직이는 재관(財官)의 동향이 중요하다.

時	日	月	年	時	日	月	年	時	日	月	年
편관	일간	편관	식신	편재	일간	겁재	비견	편재	일간	정인	겁재
丙	庚	丙	壬	丙	壬	癸	壬	丙	壬	辛	癸
戌	午	午	子	午	子	卯	子	午	子	酉	亥
편인	정관	정관	상관	정재	겁재	상관	겁재	정재	겁재	정인	비견
① 건물주				② 거지				③ 강간 강도			

이 3개의 명조는 동일한 병임충(丙壬沖)과 자오충(子午沖)이 존재합니다. 그런데 살아가는 삶이 전혀 다릅니다. 왜 그런 현상이 나타나는 겁니까? 사주학에서는 형충을 읽을 줄 알아야 그 사람의 질량을 파악하기 쉽습니다.

예를 들어 2번과 3번 사주는 일간이 임자일주이고 병오는 재성이 됩니다. 그런데 일간이 재성(財星)을 사주 밖으로 쳐 내고 있습니다. 즉 재관(財官)의 기운을 팔자 밖으로 내몰고 있죠. 병임충의 방향이 재물을 몰아내고 있는 모습입니다. 그러면 당연히 그로 인한 손재수가 나타나므로 흉(凶)한 사주가 됩니다. 반면에 1번 명조는 밖에서 일간 중심으로 재관을 몰아주고 있습니다. 곧 임자(壬子) 년주가 월주에 놓인 병오(丙午)라는 관성을 충거(衝去)하여 일간에게 가깝도록 밀어주는 역할을 하는 것입니다. 이것은 내가 관성과 더 가깝게 만날 수 있게 합니다. 사주 파악할 실적에는 이러한 재관(財官)의 움직임도 관찰하셔야 합니다. 즉 일간 중심으로 갖다 주면 유정(有情)이라 하고, 일간과 멀어지게 하면 무정(無情)이라 합니다.

2 육합(六合)과 육충(六沖)

60갑자의 처음 사용은 약 BC 3000년 전부터라고 전해집니다. 그런데 60 갑자를 연대에 표기한 것은 약 2000년 전 한나라(漢代)인 기원전 105년 무렵입니다. 그러다가 12지(支)가 동물로 표현되기 시작한 시기는 2세기경인 후한(後漢)시대의 왕충의 〈논형〉에서 시작하였다고 전해집니다. 그러니까 처음엔 십이지가 단순히 별의 모양을 모방하여 우주의 별자리로서 표현되고 있었습니다. 또 시간적인 관념에 의하여 12계절로 사용되면서 방위적인 성격을 지니게 되었습니다. 이러한 천문(天文) 부호들이 땅으로 내려오면서 동물로 배속(配屬)이 되었는데 곧, 자(子)를 쥐, 축(丑)을 소, 인(寅)을 호랑이 등의 12개의 동물을 배정시킨 것으로 이것을 십간분배천문(十干分配天文)이라 합니다.

따라서 상고시대(上古時代)의 천문에서 등장하는 12지(支)는 천궁도(天宮圖)에 나타난 방위적인 개념의 부호로 사용되었고 육합(六合)의 탄생배경에는 황도의 경계를 따라 순환하던 지배적인 행성들의 영향력에 의한 것이라고 보입니다. 그러므로 지지 육합을 오행의 생극제화로 설명하여 이해하기보다는 고인(古人)들이 천궁도에 그려진 방위의 기호로서 활용하였던 육합의 구조를 먼저 이해해야 한다고 보는 것이 맞습니다.

오행대의(五行大義)에서 "육합(六合)은 해와 달이 운행하다가 만나는 지점을 일컫는다."라고 말하였는데 태양과 달은 1년에 12번 만나고, 이것을 12차라고 하며 여기에서 육합이론이 나왔습니다. 또 려해집(蠡海集)에서 말하길 "음양가의 지지 육합이라는 것은 해와 달이 자(子)에서 출발하여 북두(北斗)의 세워진 축(丑)을 만나는 까닭에 자축(子丑)합이라 말한다."라 하였습니다.

1. 육합(六合)의 생성원리.

달이 지구를 한 바퀴 돌면서 생기는 천구상의 백도(白道)가 있고, 지구가 태양을 한 바퀴 돌면서 생기는 천구상의 황도(黃道)가 있습니다. 이 백도와 황도에서 해와 달이 만나는 자리에서 육합의 생성원리를 찾는 것입니다. 려해집(蠡海集)에서 말하길 "음양가의 지지 육합이라는 것은 해와 달이 자(子)에서 만나면 두건(斗建)은 축(丑)을 가리키는 까닭에 자축(子丑)합이라 말한다." 라고 말하였습니다.

곧 해와 달이 축(丑)에서 만나면 북두칠성의 두건(斗建)은 자(子)을 가리키는 까닭에 자축(子丑)합이라 말합니다. 해와 달이 인(寅)에서 만나면 북두칠성의 두건(斗建)은 해(亥)을 가리키는 까닭에 인해(寅亥)합이라 말합니다. 해와 달이 해(亥)에서 만나면 두건(斗建)은 인(寅)을 가리키는 까닭에 인해(寅亥)합이라 말합니다. 해와 달이 묘(卯)에서 만나면 두건(斗建)은 술(戌)을 가리키는 까닭에 묘술(卯戌)합이라 말합니다. 해와 달이 술(戌)에서 만나면 두건(斗建)은 묘(卯)을 가리키는 까닭에 묘술(卯戌)합이라 말합니다. 해와 달이 진(辰)에서 만나면 두건(斗建)은 유(酉)를 가리키는 까닭에 진유(辰酉)합이라. 말합니다. 해와 달이 유(酉)에서 만나면 두건(斗建)은 진(辰)을 가리키는 까닭에 진유(辰酉)합이라 말합니다. 해와 달이 사(巳)에서 만나면 두건(斗建)은 신(申)을 가리키는 까닭에 사신(巳申)합이라 말합니다. 해와 달이 신(申)에서 만나면 두건(斗建)은 사(巳)을 가리키는 까닭에 사신(巳申)합이라 말합니다. 해와 달이 오(午)에서 만나면 두건(斗建)은 미(未)을 가리키는 까닭에 오미(午未)합이라 말합니다. 해와 달이 미(未)에서 만나면 두건(斗建)은 오(午)을 가리키는 까닭에 오미(午未)합이라 말합니다.

월장(月將)과 두건(斗建)이 만나 합을 이루는 원리는 아래 도표와 같습니다.

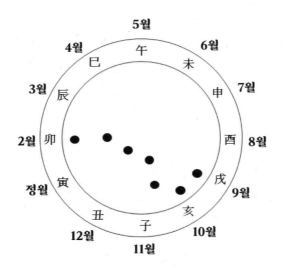

【표1】 월장(月將)과 두건(斗建)의 합(合)

【표2】 월장(月將)과 두건(斗建)의 합(合)

월(月)	1	2	3	4	5	6	7	8	9	10	11	12
12 차	추자	강루	대량	실침	순수	순화	순미	수성	대화	석목	성기	현호
월장	亥	戌	酉	申	未	午	巳	辰	卯	寅	丑	子
두건	寅	卯	辰	巳	午	未	申	酉	戌	亥	子	丑
별자리	물고기	양	황소	쌍둥이	게	사자	처녀	천칭	전갈	궁수	염소	물병

2. 육합(六合)의 종류.

1) 자축합화토(子丑合化土)

북방의 자수(子水)와 동토(凍土)인 축토(丑土)가 만난 합으로 일명 북극(北極)합(合)이라 합니다. 자축합화(子丑合化)하여 토(土)로 변하므로 천간에 무기토가 있게 되면 합화가 이루어집니다. 자축(子丑)은 서로 가까이 있으면서 한밤중이라 암흑 속에 남들이 모르게 일이 진행이 이루어집니다. 그래서 사건, 사고도 외딴 섬, 밀물과 썰물 때, 해안, 군인, 농장, 물레방아장소 등 특수하고 별난 곳에서 사건이 발생하게 됩니다. 또한 동물로 보면 자(子)는 쥐에 해당하는데 쥐라는 동물은 두 마음을 가지고 있어서 신중하고 영리하며 다산(多産)하므로 인생이 분주하여 고단하다고 합니다. 또 축(丑)을 소로 안 보고 구멍으로 보는 경우가 있습니다. 자(子)에서 보면 축(丑)은 쥐구멍에 해당이 되는 것입니다.

그래서 자(子)는 축(丑)을 보면 자기의 집이라고 여겨 합을 만들어 냅니다. 그래서 자축(子丑)합은 축(丑)을 충격하면 자(子)는 축(丑)에 입고하게 됩니다. 이것을 북고(北庫)라고 말합니다. 자축합(子丑合)은 축(丑)이 묶여지므로 자(子) 앞의 축(丑)에서 정하니 밤 시간에 축토(丑土)에서 도화사건이 발생하게 됩니다. 쥐는 본능적으로 축(丑)동굴로 들어가려는 습성이 있기 때문에 이것이 자축(子丑)합의 표현이 됩니다.

2) 오미합화화(午未合化火)

오미합(午未合)은 적도(赤道)의 합(合)이라 합니다. 오미합화하여 화(火)가 됩니다. 자축(子丑)합이 개인적이며 은밀하고 어두운 곳의 합이라면, 오미합(午未合)은 공적(公的)이고 사회적인 합이 됩니다. 말(午)과 마구간(未)의 관계로 보기도 합니다. 오(午)는 말, 사슴, 노루등에 해당이 됩니다. 미(未)는 양, 기러기, 매, 마구간, 수리과 등에 해당이 됩니다.

그래서 오(午)은 평원을 달리고 기러기(未)는 창공을 날라 다닙니다. 크게 비약하는 모습이고 발전을 의미합니다. 그래서 오미합(午未合)은 대부분은 길한 면이 많습니다. 마구간에 있는 말은 휴식을 취하고 초원의 사슴과 양은 평안하고 안정된 것을 보이므로 오미합(午未合)은 인생의 굴곡이 많지 않습니다. 오(午)는 미(未)에 관대(冠帶)에 해당하고 미(未)는 오(午)에 록(綠)지이니 서로의 관계가 매우 돈독한 것입니다.

3) 인해합화목(寅亥合化木)

인해합(寅亥合)은 합화(合化)하여 목(木)이 되는데 생합(生合)관계이며 인신사해(寅申巳亥)에 재성이 붙으면 통신이나 역마와 관련된 활동환경과 공간영역이 주어지게 됩니다. 인해(寅亥)는 먼저 합력(合力)이 강하게 작용하고 나중에 파(破)의 작용이 미미하게 일어납니다.

그래서 인해(寅亥)합은 인(寅)앞에 해(亥)가 묶여지므로 인(寅)의 작용이 왕성해지나 해(亥)는 인(寅) 때문에 해(亥)의 동작이 멈추어지게 됩니다. 왜냐하면 인(寅)에서 보면 해수(亥水)는 장생에 해당하기 때문이고 해(亥)에서 보면 인(寅)은 병지(病地)에 해당하기 때문입니다. 인해(寅亥)합은 합과 파살이 같이 존재합니다. 인(寅)호랑이가 멧돼지를 보면 흥분하여 좇아갑니다. 이것은 합의 표현입니다. 인(寅)호랑이는 해(亥)멧돼지가 먹잇감이 되는데 합의 작용이 생기기 때문에 쏜살같이 달려가는 것입니다.

그런 후 해(亥) 멧돼지는 인(寅) 호랑이에게 물려 죽게 되고 호랑이는 포식을 하게 됩니다. 이것은 역시 12운성 관계에서 보면 멧돼지 해(亥)는 인(寅)에게는 병지(病地)가 되기 때문에 무력해지고 해(亥) 멧돼지가 불리한 상황에 처한다. 반면에 인(寅)호랑이는 해(亥)에서 장생(長生)을 얻기 때문에 생의(生意)가 일어나는 것입니다.

4) 묘술합화화(卯戌合化火)

묘술합(卯戌合)은 합화(合化)하여 화(火)가 생기는데 뜨거운 열기에 해당합니다. 술(戌)은 고중(固重)한 흙이라 늙은이에 해당하고, 묘(卯)는 참신한 새싹으로 도화(桃花)에 해당하니 젊은 청춘을 나타냅니다. 이 둘의 만남을 특히 연분(緣分)의 합이라 말합니다. 묘(卯) 젊은 도화가 술(戌) 늙은이를 유혹하여 열기를 발생하는 상(像)이라 도화의 불꽃 앞에 늙은이가 무력해지는 것입니다. 그래서 도화지합(桃花之合) 또는 음란지합(淫亂之合)이라고도 합니다. 이것은 다른 표현으로는 술(戌)이라는 사냥개가 묘(卯)라는 토끼를 보고 달려가는 것과 같은 것입니다. 이것이 묘술합(卯戌合)의 표현이기도 합니다.

5) 진유합화금(辰酉合化金)

진유합(辰酉合)은 합화(合化)하여 생기는 차가운 금속에 해당합니다. 습토인 진토(辰土)가 유금(酉金)을 만나 금을 생하니 춘추(春秋)의 합이라고도 합니다. 유금(酉金)이 추상(秋霜)의 기운으로 진토(辰土)를 끌어안아 강압적인 관계를 만드는 것입니다. 이를 일명 무(武)의 합이라 합니다. 진유(辰酉)합이 되면 진(辰)중 무토(戊土)는 유금(酉金)에 가면 사궁(死宮)이고유중(酉中) 신금(辛金)이 진토(辰土)에 가면 묘궁(墓宮)이기 때문에 해당 물상의 변화로 해당육친이 사망하거나 사업패망을 하게 됩니다. 유(酉)의 도화, 겁재, 양인 등등 때문에 진(辰)의 작동은 정지가 되게 됩니다. 이것은 물고기와 독수리의 관계와 같습니다.

즉 유(酉)라는 독수리가 진(辰)이라는 물고기를 낚아 하늘로 올라가는 상(像)입니다. 진(辰)이라는 물고기는 유(酉)라는 독수리를 만나면 사지(死地)가 됩니다. 또는 유(酉) 독수리는 물 위에서는 안착을 하질 못하게 되니 묘지(墓地)가 되기 때문입니다. 이것은 서로에게 피해를 주게 됩니다.

6) 사신합화수(巳申合化水)

사신(巳申)은 합(合)하여 수(水)로 화(化)합니다. 용광로에서 녹는 쇠로 봅니다. 신(申)이라는 고양이와 사(巳)라는 뱀의 관계가 되기도 합니다. 신(申)의 동물 물상은 원숭이, 고양이, 까마귀 등이 됩니다. 곧 신(申)이라는 고양이가 사(巳)라는 뱀을 잡아 먹으려고 하는 물상인데 신(申)고양이가 사(巳)뱀을 보면 호기심으로 달려갑니다. 이것이 사신합(巳申合)의 표현이 됩니다.

왜냐하면 신(申)고양이는 사(巳)뱀에서는 장생(長生)궁을 가져 생의(生意)를 띄기 때문입니다. 반면에 사(巳)라는 뱀은 신(申)에서 병지이니 사(巳)뱀이 신(申) 고양이과를 만나면 병들어 움츠리는 물상이 됩니다. 이 둘의 관계는 형합(刑合)이 존재하므로 고로 사(巳)화는 신(申)금 때문에 작용이 정지되고 신금(申金)은 사화(巳火) 때문에 작용이 정지 됩니다.

3. 육충(六沖)의 생성원리.

1) 사해충(巳亥沖)이 되는 원리.

【표3】 사해충(巳亥沖) 원리

사해충(巳亥沖)이 되는 이치는 황도(黃道)와 백도(白道)상에서 만나는 해와 달과 지구의 위치가 일직선 상으로 정렬이 되는 가장 멀어질 때입니다. 곧 태양이 해방(亥方)에 위치하면 지구는 180도에 위치한 사방(巳方)에 정렬이 되는 것인데 그 중간에 달이 배치가 됩니다.

2) 진술충(辰戌沖)이 되는 원리.

【표4】 진술충(辰戌沖)이 되는 원리

진술충(辰戌沖)이 되는 이치는 황도와 백도상에서 만나는 해와 달과 지구의 위치가 가장 멀어질 때입니다. 곧 태양이 술방(戌方)에 위치하면 지구는 180도에 위치한 진방(辰方)에 정렬이 되는 것인데 그 중간에 달이 배치가 됩니다.

3) 묘유충(卯酉沖)이 되는 원리.

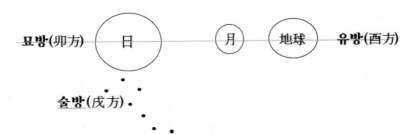

【표5】 묘유충(卯酉沖)이 되는 원리

묘유충(卯酉沖)이 되는 이치는 황도와 백도상에서 만나는 해와 달과 지구의 위치가 가장 멀어질 때입니다. 곧 태양이 묘방(卯方)에 위치하면 지구는 180도에 위치한 유방(酉方)에 정렬이 되는 것인데 그 중간에 달이 배치가 됩니다.

4) 축미충이 되는 원리.

축미충(丑未沖)이 되는 이치는 황도와 백도상에서 만나는 해와 달과 지구의 위치가 가장 멀때입니다. 곧 태양이 축방(丑方)에 위치하면 지구는 180도에 위치한 미방(未方)에 정렬이 되는 것인데 그 중간에 달이 배치가 됩니다.

5) 인신충이 되는 원리.

인신충(寅申沖)이 되는 이치는 황도와 백도상에서 만나는 해와 달과 지구의 위치가 가장 멀때입니다. 곧 태양이 인방(寅方)에 위치하면 지구는 180도에 위치한 신방(申方)에 정렬이 되는 것인데 그 중간에 달이 배치가 됩니다.

6) 자오충이 되는 원리.

자오충(子午沖)이 되는 이치는 황도와 백도상에서 만나는 해와 달과 지구의 위치가 가장 멀때입니다. 곧 태양이 자방(子方)에 위치하면 지구는 180도에 위치한 오방(午方)에 정렬이 되는 것인데 그 중간에 달이 배치가 됩니다.

4. 육충(六沖)의 종류

지지는 충(沖)이 6개가 존재합니다. 지지충의 원리는 삼명통회에서 밝히고 있으며 명리학에서는 동물들의 인연으로 출현한다고 말합니다. 또 12운성의 절태(絶胎)지를 보아서 판단하였던 것입니다.

예를 들어 소양간에는 쥐가 서식을 해도 마구간에는 쥐가 좀처럼 살지 않는다고 합니다. 왜냐하면 말이 쥐를 보면 발작(發作)을 하여 말굽으로 쥐로 때려잡는다고 합니다. 이것이 자오충(子午沖)하는 이유입니다.

그러나 소들은 쥐를 보아도 관대합니다. 이것은 자축(子丑)합을 하는 이유인 것입니다. 즉 소와 쥐는 서로 합하는 동물이기 때문에 서로 친절하고, 쥐와 말은 자오충(子午沖)하므로 서로 적대적인관계가 되는 것입니다.

고인(古人)들은 지지의 원진과 합과 충을 오래 동안 세밀히 관찰하였던 같고 그 결과로 천문상의 별자리들을 가지고 지지의 합과 충을 만들어 낸 것입니다.

1) 자오충(子午沖)

말들은 쥐를 보면 거의 발작을 하며 말발굽으로 쥐를 내려쳐 죽인다고 합니다. 그래서 말들이 서식하는 우리에는 쥐가 살지를 못합니다. 마식서시이복창(馬食鼠屎而腹脹)이라는 말이 있는데 "말은 쥐똥을 먹으면 창자가 꼬인다."고 했습니다. 정오(正午)와 자정(子正)이 정반대에 놓이듯이 둘은 성격 자체가 다른 것입니다. 자(子)가 오(午)를 찌르고 오(午)가 자(子)를 찌르기 때문입니다.

또한 12운성으로 보면 자(子)중 계수(癸水)는 오화(午火)에서는 절지(絕地)에 해당하고 오(午)중 정화(丁火)는 자수(子水)에서도 절지(絕地)에 해당합니다. 서로 절지(絕地)이므로 등한시하며 무력(無力)하게 됩니다. 그러므로 서로에게 불리하게 작용하는 것입니다.

【예시1】

時	日	月	年	歲
	庚			
	子	子	午	

말은 쥐를 보면 무서워 합니다. 말은 두려움에 발굽으로 내려 친다고 합니다. 쥐 2마리가 말이 있는 마구간으로 들어 왔는데 말이 쥐 2마리를 보고 미친 듯이 발길질하고 달아납니다. 이것이 자오충(子午沖)의 표현입니다. 자수(子水)는 상관인데 오화(午火) 정관이 들어오면서 자오충(子午沖)을 합니다. 그 해에 정관을 충극하므로 관재, 소송에 휘말리게 되었습니다. 말이 미쳐 버리게 되는 것이다.

2) 묘유충(卯酉沖)

묘(卯)와 유(酉)는 서로 절지(絶地)가 되어 찌르고 찔르게 됩니다. 유(酉)는 솔개의 상이 되고 묘는 토끼의 상이 됩니다. 그런데 유(酉) 솔개가 묘(卯) 토끼를 사냥하여 잡는 모습이 묘유충이 됩니다. 그런데 동시에 유(酉)는 닭이 되고 묘(卯)는 오소리과 동물이 되기도 합니다. 그래서 묘(卯) 오소리도 유(酉) 꿩과 닭을 덮친다고 합니다. 이것이 묘유충(卯酉沖)의 물상이 됩니다.

【예시2】

時	日	月	年	大運51	女命
식신		정관	비견	겁재	
甲	壬	己	壬	癸	
辰	子	酉	寅	卯	
편관	겁재	정인	식신	상관	

이 여자분은 임자(壬子)일주이므로 병오(丙午)가 재성이 됩니다. 그런데 병오(丙午)대운에는 크게 재물을 모으지를 못했다고 합니다. 그런데 계묘(癸卯)대운에 들어오면서 문서발재(發財)하기 시작하여 부동산 거부가 되었다고 합니다.

묘유충(卯酉沖)이 호충(好衝)이 되었기 때문입니다. 즉 묘목(卯木)이 들어오면서 월지의 왕지인 유금(酉金)을 충동(衝動)하므로 유금(酉金)을 동(動)하게 만들었던 것입니다. 유금(酉金)이 동(動)하면 유금(酉金)이 인수이므로 문서가 일어나게 됩니다.
이것이 묘유충(卯酉沖)을 보는 실전 방법입니다.

3) 인신충(寅申沖)

인(寅)은 호랑이가 되고 신(申)은 원숭이가 됩니다. 그런데 12운성에서 살펴보면 인(寅)중 갑목(甲木)은 신금(申金)에서 절지(絶地)이고 신(申)중 경금(庚金)은 인목(寅木)에서도 절지(絶地)에 해당합니다. 서로에게 불리한 것입니다. 그러므로 호랑이가 원숭이를 사냥할 때도 있지만 원숭이 때문에 호랑이도 다른 사냥감 포획을 실패하기도 합니다. 그러므로 호랑이(寅)가 원숭이(申)를 보고 달려갑니다. 원숭이(申)가 잡히면 호랑이(寅)가 이긴 것입니다. 그러나 호랑이(寅)가 사슴을 사냥할 적에 원숭이(申)가 소리를 쳐서 사슴에게 알려줘 도망을 가게 만든다고 합니다. 이것은 호랑이(寅)에게는 절지(絶地)가 되는 것입니다. 인신충(寅申沖)에서 인(寅)이 강한지 아니면 신(申)이 강한지는 주변 환경을 보고 판단합니다.

【예시3】

時	日	月	年
	戊		庚
戊	申	寅	戌

이 명조에서 무토(戊土)는 노을입니다. 노을에게는 태양빛이 없으면 찬란한 황혼은 존재할 수가 없는 것입니다. 그런데 병화(丙火)가 없습니다. 병화(丙火)를 얻으려면 인(寅)중 병화가 투출해야 합니다.

이 명조의 주변 환경을 살펴 봅시다. 인(寅)이 강한가 아니면 신(申)이 강한가요? 토생금(土生金)하고 경금(庚金)이 투출하였습니다. 신(申)은 강합니다. 반면에 인(寅)은 고립이 되어 있습니다. 그러므로 인(寅)이 흔들리게 됩니다. 그래서 인(寅)이 요동치면 개문(開門)이 됩니다. 따라서 인신충(寅申沖)으로 인(寅)중 병화(丙火)가 투출하게 됩니다. 그래서 나에게는 반가운 태양이니 무토(戊土)는 최고의 노을 환경이 되는 것입니다. 고로 인신충(寅申沖)은 호충(好沖)이 됩니다.

4) 사해충(巳亥沖)

고대에 습한 늪지대에서 살던 사람들은 종종 집안까지 들어 온 뱀에 물려 죽기도 하였습니다. 그래서 집안에 돼지를 풀어 놓아 기르게 되었습니다. 돼지가 뱀을 잡아 먹기 때문입니다. 사람들은 이미 뱀과 돼지의 상극(相剋) 관계를 발견하여 집(家)에 돼지를 길러 뱀의 침입을 방지했습니다. 아무리 둔한 돼지도 뱀만 보면 한 입에 잡아 먹는다고 합니다.

그러나 뱀이 돼지에게 당하기만 하는 게 아닙니다. 새끼 돼지 정도는 한입에 꿀꺽 삼키는 큰 구렁이들도 얼마든지 찾아볼 수 있습니다. 사해충(巳亥沖)은 이렇게 서로 절지(絶地)로 치닫는 불리한 결과를 나타내기 쉽습니다. 사(巳)중 병화(丙火)는 해수(亥水)에서는 절지(絶地)이고 해(亥)중 임수(壬水)는 사화(巳火)에서는 절지(絶地)에 해당합니다. 서로에게 불리합니다. 그러므로 돼지는 뱀을 사냥하고 때로는 뱀에 의해 새기 돼지들도 잡혀 먹히게 됩니다.

【예시4】

時	日	月	年
辛			
亥		巳	

해수(亥水)는 상관이고 사화(巳火)는 정관입니다. 그런데 사해충(巳亥沖)이 되어 있습니다. 곧 뱀은 돼지를 보면 기겁하여 도망을 갑니다. 돼지는 뱀을 보면 쏜살같이 좇아갑니다. 쫓고 도망가는 관계를 말하는 것입니다. 그래서 사해충은 역마가 됩니다.

그러므로 내 남편은 유통업에 종사를 합니다. 왜냐하면 나의 남편은 사화 정관이므로 사해(巳亥)충은 역마의 충이고 또 관살(官殺)이 역마이고 사(巳)는 불과 관련이 있어서 널리 퍼지는 현상이 있습니다. 그래서 교통, 무역, 통관과 관련이 있기 때문입니다.

5) 진술충(辰戌沖)

진(辰)의 물상은 용, 물고기, 교룡, 연어 악어 등이 되고 술(戌)의 물상은 개, 늑대, 승냥이 등이 됩니다. 그래서 늑대(戌)는 불곰처럼 연어(辰)를 낚아 사냥을 합니다. 혹은 악어도 늑대(戌)를 공격하여 먹잇감으로 삼는다고 합니다. 진(辰) 중 무토(戊土)는 술토(戌土)가 묘지(墓地)이고 술(戌)중 무토(戊土)는 진토(辰土)가 관대(冠帶)에 해당합니다. 그러므로 늑대(戌)가 연어(辰)를 보면 관대(冠帶)에 해당하므로 청년이 성장하여 사냥을 하는 것입니다. 그러나 연어(辰)는 술토(戌土)에서는 묘지(墓地)가 되어 무력하니 일방적으로 당하게 됩니다. 그러나 때로는 악어(辰)도 늑대(戌)를 잡아 먹기도 합니다.

【예시5】

時	日	月	年
甲	甲	甲	甲
辰	戌		寅

악어(辰)와 하이에나(戌)가 싸운다고 가정해 봅시다. 하이에나(戌)가 악어(辰)의 강력한 이빨에 한 번 물리면 좀처럼 도망갈 수가 없습니다. 곧 악어 이빨에 물린 하이에나의 살점이 떨어져 나간 자리에 하얀 뼈가 보이게 됩니다. 이것은 술(戌)중 신금(辛金)이 됩니다. 그러므로 갑목(甲木)일간은 피부질환으로 고통을 받고 있습니다. 술(戌)중 신금(辛金)이 진술충(辰戌沖)으로 투출이 되면 강한 왕목(木)의 역극을 받게 되는데 이게 피부질환으로 나타나는 현상입니다. 보통 신금(辛金)은 극을 받게 되면 피부질환 또는 폐, 대장 부위 관련 질환을 일으키게 됩니다.

6) 축미충(丑未沖)

양(未)은 머리 뿔로 상대를 들이 받기를 좋아 합니다. 이것은 소(丑)도 마찬가지입니다. 투우 경기를 보면 소의 뿔이 매우 날카롭다는 것을 알게 됩니다. 이러한 소와 양이 만나면 서로 머리 뿔로 충돌한다는 것입니다. 이것이 축미(丑未)충의 표현입니다. 12운성으로 보면 축(丑)중 기토(己土)는 미토(未土)가 관대(冠帶)이고, 미(未)중 기토(己土)은 축토(丑土)가 묘지(墓地)에 해당합니다. 그러므로 소는 양에 비해 우량(優良)하여 힘이 강하여 양을 이기고 양은 축(丑)에서 묘지(墓地)이므로 힘으로는 밀리게 됩니다.

【예시6】

	時	日	月	年
		己		
		未	丑	
			癸辛己	

양(未)은 먼저 소(丑)에게 도발합니다. 덩치는 작아도 무서운 것을 모르는 동물이 뿔 달린 양(未)입니다. 그래서 양인살이라는 별칭이 있는 것입니다. 따라서 축미(丑未)충을 하는 쪽은 대부분 양(未)이 됩니다. 그러면 소(丑)가 동(動)하게 됩니다. 소(丑)가 동(動)할 때에는 어김없이 침을 흘리면서 땅을 발길로 뒷질을 합니다. 그래서 소(丑)는 움직여야 돈이 됩니다. 가만히 있으면 살림만 축나는 것입니다. 이 명조는 축(丑)중에 계수(癸水)가 재성(財星)에 해당이 됩니다. 곧 재고(財庫)를 가지고 있는 것입니다. 재성을 얻으려면 소(丑)가 움직여 줘야 하는 것입니다. 그래서 재고(財庫)를 가진 사람이라면 마땅히 그 문을 열어야 재물을 얻을 수가 있습니다. 그래서 축미(丑未)충을 매우 길하게 보는 것입니다. 고(庫)는 충(沖)하는 것이 마땅하다는 구결은 여기에 해당이 되는 것입니다. 곧 축미충(丑未沖)으로 재고(財庫)가 열린 상태라고 보면 됩니다.

3 합(合)

1. 합의 기능(機能) 분석.

합(合)은 묶인다는 의미입니다. 묶이면 답답하지만 합(合)이 되면 충(沖)으로부터 보호받습니다. 길신(吉神)이 합이 되는 경우에는 길신(吉神)이 정상 작동을 하기 어려우므로 손해(損害)가 막심하고 흉신(凶神)이 합이 되면 이득(利得)이 생겨납니다. 합은 구조에 따라 몇 가지로 분류할 수 있습니다. 천간의 글자가 서로 상합(相合)할 때에 여러 가지 합의 특성이 나타나게 됩니다. 이것으로 여러 가지 변동을 파악하는데 주효합니다.

1) 천간의 합충으로 원국의 합충을 풀 수가 있습니다.

【예시1】   【예시2】

時	日	月	年
甲			己

時	日	月	年
	甲	甲	己

【예시1】의 경우는 갑(甲)일간이 년의 기토(己土)를 나의 정재로 사용합니다. 그러나 【예시2】경우처럼 월간 갑목(甲木)이 있게 되면 년의 기토(己土)는 일간보다 월간 갑목과 합하고자 합니다. 그러므로 일간에게는 합의 기회를 박탈당하는 경우가 됩니다. 이것은 월간 갑(甲)이 나타나 갑기합(甲己合)하므로 일간과의 합을 풀어버리는 결과가 발생하였습니다. 이것이 합으로 합을 풀어버린 경우가 됩니다.

【예시3】   【예시4】

時	日	月	年
甲		己	

時	日	月	年
	甲	己	甲

【예시3】은 일간 갑목(甲木)은 월간 기토(己土)를 나의 정재(正財)로 사용합니다. 만약, 【예시4】년간에 갑목(甲木)이 있게 되면 선합(先合)의 원칙에 따라 일간의 갑기합(甲己合)은 풀리므로 년간과 월간이 갑기합(甲己合)을 합니다. 그 결과 일간하고는 갑기합이 풀리게 됩니다.

【예시5】

時	日	月	年	歲運
	甲	己		甲

【예시5】는 일간하고 갑기합(甲己合)하는데 만약 세운에서 갑(甲)이 등장하면 월간의 기토(己土)는 배신하는데 곧 세운의 갑목과 합치게 됩니다. 그 결과 일간하고의 갑기합(甲己合)은 풀리게 됩니다.

【예시6】

時	日	月	年
	乙	乙	庚

마찬가지로 【예시6】은 자평진전의 내용을 그대로 가져 왔습니다. 여기서는 선합(先合)의 원칙에 따라 월간 을(乙)이 먼저 년간 경(庚)과 합하니, 일간은 도리어 합이 되지 않습니다. 그러므로 월간의 을(乙)과 년간의 경(庚)이 합했다고 보는 것입니다. 이것이 여자의 사주라면 정관 경금(庚金)은 남편의 별이므로 남편이 다른 여자와 합한 것이 됩니다.

【예시7】

時	日	月	年
	丁	壬	丁

【예시7】의 경우 만약, 정화(丁火) 일간(日干)에 임수(壬水)가 있다면 임수(壬水)의 정관은 내 남편인데 남편이 나와 합하면 부부가 합한 것과 같으니 부부의 정(情)이 더욱 돈독할 것입니다. 그런데 사주가 이렇게 되어 있다면 년간 정화(丁火)가 먼저 월간 일수(壬水)와 합하므로 일간은 정관인 임수(壬水)와 합하지 못하게 됩니다. 남편의 별이 자매와 합해서 사라졌으니 남편이 있어도 없는 것과 같은 것이 되어 버린 경우입니다.

2) 삼합과 육합으로 형충(刑沖)을 해소(解消)할 수가 있습니다.

팔자에 형충(刑沖)이 있으면 좋지 않으나 삼합(三合)과 육합(六合)으로 형충(刑沖)을 해소할 수 있습니다.

【예시8】

時	日	月	年
	甲		
戌	卯	酉	辰

【예시8】은 일지와 월지가 묘유(卯酉)충이 되어 불리하지만 시지의 술토가 있으므로 묘술(卯戌)합이 되어서 묘유충을 해소할 수도 있었습니다. 또한 년지의 진토가 존재하므로 진유(辰酉)합이 되어서 묘유충을 해소할 수도 있습니다.

【예시9】

時	日	月	年		時	日	月	年
	甲					甲		
亥	卯	酉				卯	酉	巳

【예시9】는 일지와 월지의 묘유충은 불리하게 작용합니다. 그러나 만약 술(戌) 대신 시지에 해(亥)나 미(未)가 있어 해묘미(亥卯未) 삼합이 되면 묘유충을 해소할 수 있습니다.

또, 년지에 사(巳)가 있으면 사유축(巳酉丑) 삼합이 되어서, 묘유충을 해소할 수 있습니다. 이것은 회합(會合)이 있어서 형충(刑沖)을 해소한 사례입니다.

【예시10】

時	日	月	年		時	日	月	年
	丙					丙		
戌	卯	子				卯	子	丑

【예시10】은 병(丙) 일간이고 월지가 자(子)인데 일지에 묘(卯)가 있으면 자묘(子卯)형이 되어 불리하게 작용합니다. 그런데 시지에 술(戌)이 있으면 묘술(卯戌)합이 되어서 자묘형(子卯刑)이 해소가 됩니다.

만약, 년지에 축(丑)이 있다면 자축(子丑)합이 되어서 자묘형(子卯刑)을 해소합니다. 이것은 회합(會合)이 있어서 형(刑)을 해소한 사례입니다.

【예시11】

時	日	月	年	男命
정관		편재	편재	
乙	戊	壬	壬	
卯	午	子	申	
정관	정인	정재	식신	
甲乙	丙己丁			지장간

다음 사주는 삼명통회에 기록이 된 명조입니다. 합으로 충이 해소가 되었다고 밝히고 있는 대목입니다. 일간이 무오(戊午)인데 자좌(自坐) 양인(陽刃)에 앉았고 두 개의 임(壬)과 신자(申子)가 있어 재(財)가 왕하고도 많습니다. 자오(子午)가 충을 하지만 신자(申子)가 합을 하여 오(午)를 충하지 못하게 됩니다. 원래 양인충이 되면 흉해서 꺼리는 바이지만 신자합(申子合)으로 충(沖)이 해소(解消)가 되어 귀(貴)해진 것입니다. 묘중(卯中) 갑목(甲木)이 오중(午中) 기토(己土) 양인을 갑기(甲己)암합(暗合)하여 제복(制伏)하는 것이라 시(時)의 관성이 양인을 제복(制伏)하고 있어 재관격을 이루고 있습니다. 그래서 매우 대귀한 명이 되었습니다.【삼명통회】

3) 원국과 세운의 합충이 만들어 낸 결과물을 읽는 법.

육합(六合)이 되면 일단 합반(合絆)으로 십신이 묶인 것을 말합니다. 오행이 묶였으므로 각 십신이 제 기능을 발휘하지 못하다가 육합이 풀어질 때에는 생산이 일어나게 됩니다. 육합이 풀어지려면 또 다른 형충합(刑沖合)이 필요합니다. 합해(合解)란 합으로 합이나 충을 해소하는 것을 말합니다.

즉, 만약에 인해합(寅亥合)이 되어 있는 팔자라면 인해합(寅亥合)을 풀 수 있는 열쇠는 대운이나 세운에서 묘(卯)를 만나 해묘합(亥卯合)이 되면 인해합(寅亥合)이 풀려질 수 있습니다. 사화(巳火)가 등장하여 사해충(巳亥沖)이 되어도 인해합(寅亥合)이 풀리게 됩니다.

세운에서 오는 동력은 원국보다 힘이 2배 이상 더 세다고 보면 됩니다. 그래서 들어오는 동력의 힘으로 원국에 있는 합충을 부서 버리고 새로운 합충을 만들 수가 있게 됩니다.

【예시12】

時	日	月	年	歲運
	戌	卯	酉	

원국에서 합충(合沖)이 엮이면 충도 아니고 합도 아닙니다. 이 때에는 육합(六合)이 육충(六沖)을 푼다고 말할 수가 있습니다. 합충으로 서로 해소되는 경우는 사주 원국에서만 해당이 됩니다.

【예시13】

時	日	月	年	歲運
	卯	酉	戌	

【예시12】 경우는 좀 다릅니다. 세운에서 등장하는 술토(戌土)에 의해 묘술합(卯戌合)으로 묶이면서 유(酉)가 동(動)하게 됩니다. 그래서 유(酉)에 해당이 되는 육신에 관한 일이 일어나게 됩니다. 곧 유(酉)가 생산이 일어나게 됩니다.

【예시14】

時	日	月	年	歲運
	卯	酉	辰	

세운에서 등장하는 진토(辰土)에 의해 진유(辰酉)가 합으로 묶이면서 묘(卯)가 동하게 됩니다. 곧 묘(卯) 육신에 관한 일이 발생하게 됩니다 묘(卯)가 생산이 일어난다고 보면 됩니다.

【예시15】

時	日	月	年	大運
辰	戌	辰	卯	

원국의 진술충(辰戌沖)은 해충(解沖)으로 충이 성립하지 못한다고 보시면 됩니다. 곧 충이 충을 풀어 버린 결과물입니다. 그러나 원국에 있는 진술충이 묘(卯)운을 만나면 묘술합(卯戌合)으로 묶이면서 진진(辰辰)의 형기(形氣)가 일어나게 됩니다. 이 때 진토(辰土)가 희신이면 길(吉)한 결과를 얻게 되고 흉신(凶神)이라면 손재(損財) 혹은 사고(事故)가 발생합니다.

(1) 비겁과 재성의 합 동태 파악하기.

【예시16】

			재성	비겁
時	**日**	**月**	**年**	**歲運**

세운에 비겁이 등장하면서 원국의 재성을 합한다면 형제로 인해 재물이 없어질 수 있습니다.

이것은 형제 동료가 나의 재물을 강탈하는 모습이므로 손재수가 발생하는 것으로 보면 됩니다. 이것은 내가 소유한 재물이 실제로 없어지는 것이라 손재수를 실감하게 됩니다. 재성합거가 되면 틀림이 없고 만약 재성합동이 되면 일단 현금이 투자하는 장소에 묶이게 됩니다.

【예시17】

			비겁	재성
時	**日**	**月**	**年**	**歲運**

만약 세운에 재성이 등장하면서 원국의 비겁을 합한다면 재물로 인해 형제 간에 반목이 생길 수 있습니다. 또는 나의 급여가 다른 사람에게 가는 것이라 일자리를 잃을 수 있습니다. 나에게 들어올 재산을 형제가 가로채 간 것이라 갈등이 발생하는 것입니다. 이것은 내가 소유한 재물이 아니므로 실제 없어지는 손실의 체감은 없으나 기대하고 있던 재물이 안 들어오는 것이므로 급여중단과 같은 현상이 일어나고 발전이 못 되고 현재 자리에서 정체가 됩니다.

(2) 인성과 식상의 합 동태 파악하기.

【예시18】

			식상	인성
時	日	月	年	歲運

세운에서 인성이 등장하면서 원국의 식상을 합한다면 부모로 인해 나의 활동 진로가 막힐 수가 있습니다. 인성 때문에 내 움직임에 제약을 받게 되는 것이므로 이것은 계약서 작성할 일이 생겨나는 것을 암시합니다. 곧 입학문서, 문서계약, 근로계약서를 맺을 일이 생기게 됩니다. 식상은 내 기술력이고 활동성이죠. 그런데 인성은 문서이니 이 둘의 합작은 대외적인 문서로 보장받는다는 사실이다.

【예시19】

			인성	식상
時	日	月	年	歲

세운에서 식상이 등장하면서 원국의 인성을 합한다면 진로가 열리는 길이 인성과 합하는 것이므로 교육받을 일이 생겨납니다. 입학 유학 진로적성으로 고민할 일이 발생합니다.

(3) 관성과 비겁의 합 동태 파악하기.

【예시20】

비겁   관성

時   日   月   年   歲

세운에서 관성이 등장하면서 원국의 비겁을 합한다면 규정을 지킬 사건들이 발생하게 됩니다. 곧, 어느 조직의 관규(官規)에 따라 지켜야 도리가 생겨나는 일이지만 관성의 기운이 일간에게까지 두루 영향을 끼친다면 조직에 입사하는 경우가 될 수 있습니다.

다만, 만약 관성 합거가 일어나면 비겁이 나의 관록을 강탈해 가는 것이 됩니다. 곧 분관(分官)이 발생하는데 운이 좋으면 관을 쪼개 나눠 가질 수 있지만 불운하면 친구에게 내 관록을 전부 빼앗기는 일이 발생할 수 있습니다.

【예시21】

관성   비겁

時   日   月   年   歲

세운에서 비겁이 등장하면서 원국의 관성을 합한다면 운이 좋으면 투자자이거나 협력자로 비겁이 등장할 수도 있습니다 그래서 합작회사를 설립하여 같은 곳에서 일하거나 투자자가 될 수 있습니다. 하지만 관성합거가 되어 불운하면 친구 동료에게 배신을 당하여 내 일자리를 내주고 쫓겨날 수 있습니다.

(4) 재성과 인성의 합 동태 파악하기.

【예시22】

인성　　　재성

時　　　日　　　月　　　年　　　歲

세운에서 재성이 등장하면서 원국의 인성을 합한다면 길운이라면 돈을 주
고 문서를 얻는 일이 발생하게 됩니다 이것은 대부분 부동산매매 혹은 주택
임대가 발생하게 됩니다.

【예시23】

재성　　　인성

時　　　日　　　月　　　年　　　歲

세운에서 인성이 등장하면서 원국의 재성을 합한다면 문서가 들어오면서
내 재산을 담보하는 것이니 재성합거이면 차압, 압류 등이 일어날 수 있습
니다.

(5) 식상과 관성의 합 동태 파악하기.

【예시24】

			관성	식상
時	日	月	年	歲

세운에서 식상이 등장하면서 원국의 관성을 합한다면 진로와 내 관성이 사라지는 모습이라 시험응시자 혹은 취업자에게는 불리하게 진행이 됩니다. 이런 경우 관성합거가 되면 여자라면 남편과 별리(別離)할 수 있습니다.

【예시25】

			식상	관성
時	日	月	年	歲

세운에서 관성이 등장하면서 원국의 식상과 합한다면 규율을 지켜야 할 도리가 생겨나는 것이라 취업운이 될 수 있습니다. 법규를 지켜야 할 일이 생겨나므로 나의 행동에 제약이 생겨나게 됩니다. 그러므로 여자라면 자식과 조직의 합이므로 자식이 취업을 위해 집을 떠나는 것이 되므로 별리(別離)보다는 집을 잠시 떠나 있을 수 있습니다.

4) 스펀지 효과.

만약 팔자에서 사화(巳火)가 인수(印綬)인데 해수(亥水)가 등장할 경우에 사해충(巳亥沖)으로 사화(巳火) 인수(印綬)가 깨지면 인수(印綬)를 얻을 수가 없게 됩니다. 그러나 만약 팔자의 원국에서 사유합(巳酉合)이 된 구조라면 해수(亥水)가 사화(巳火)를 충(沖)하기 어려워집니다. 왜냐하면 사유합(巳酉合)이 스펀지 작용을 하여 해수(亥水)의 충(沖)을 흡수하기 때문입니다. 이로 인하여 사(巳)와 유(酉)는 합에서 풀리고 사해충(巳亥沖)도 완화가 되는 것입니다. 그러므로 이 때에 그 동안 묶여 활동하지 못하던 사화(巳火) 글자는 그 기능이 정상회복이 됩니다. 즉 인수의 정상회복이므로 모친 건강이 회복이 된다던지 합격문서을 취하게 된다고 보는 것입니다. 이러한 합충의 결과물을 스펀지 효과라 합니다.

【예시26】

時	日	月	年	歲
				편인
	己			丁
	酉	巳		亥
	식신	인수		정재

원국에서는 사유합(巳酉合)으로 사화(巳火) 인수(印綬)가 묶여 활동이 없다가 세운에서 등장하는 해수(亥水)가 유입이 되면서 사해충(巳亥沖)을 합니다. 그렇게 되면 사유합(巳酉合)이 충(沖)으로 인한 동력(動力)의 힘에 의하여 합(合)이 깨지게 되어 풀리게 됩니다. 그 결과 정해년(丁亥年)에는 사화(巳火) 글자가 해방이 되어 인수(印綬)가 정상 작동하게 됩니다. 이것을 충으로 합을 풀었다라고 말을 하는 것입니다. 충(沖)으로 풀 때에는 갑자기 풀리는 현상을 체험하게 되는데 격돌하여 강제성이 있으므로 사태 해결이 매끄럽지 않게 풀립니다. 그러나 합(合)으로 풀 때는 답답할 정도로 시간이 걸리지만 깔끔하고 해결이 됩니다.

5) 천간의 합이 되는 듯해도 실상은 합이 되지 않는 것이 있다.

사주 원국을 살펴보면 합의 형태를 가진 구조라 하여도 합이 안 되는 경우가 있습니다. 먼저 가까이 붙어 있는지 멀리 떨어져 있는지 그 간격을 보아야 합니다. 사람에 비유한다면 서로 좋아해도 그 중간에 방해자가 있으면 맺어지기 힘든 것과 같습니다. 예컨대 갑(甲)과 기(己)가 합하려고 하는데 그 중간에 경(庚)이 있다면 갑목(甲木)은 경금(庚金)을 뛰어넘어 기토(己土)와 합할 수가 없게 됩니다. 이는 경금(庚金)이 갑목(甲木)을 극제(剋制)하기 때문에 갑목(甲木)이 기토(己土)와 합할 겨를이 없는 것으로 합이 성립되기 힘들다고 보는 것입니다.

【예시27】

時	日	月	年
甲	庚	己	

【예시27】경우처럼 갑기는 합하고자 하는데 중간에 경금이 있으므로 방해를 받고 있습니다. 이런 경우에는 갑기합이라고 단정하면 안 됩니다.

【예시28】

時	日	月	年
甲	乙	己	

또한【예시28】처럼 을(乙)이 갑(甲)과 기(己)의 중간에 있으면 기(己)가 어떻게 자신을 극하는 을(乙)을 뛰어 넘어 갑(甲)과 합할 수 있겠습니까. 따라서 여기 갑기합의 합력은 아주 약하다고 판단하면 됩니다.

6) 거리에 따라 합력(合力)이 다르다.

사주 팔자의 간격이 너무 멀리 떨어져 있는 경우가 있습니다. 예컨대 갑(甲)이 년간에 있고 기(己)가 시간에 있으면 합하고 싶은 심정이야 간절하지만 거리가 멀어서 합이 성립하지 못하는 것입니다. 거리가 멀어서 합하지 못하는 경우도 있고 가까이 붙어 있어도 극을 당하여 합할 겨를이 없는 경우도 있습니다. 이와 같은 여러 가지 경우로 인하여 합이 되려다가 만 것은 합하는 작용력이 10분의 2, 3에 불과하다고 보는 것입니다.

(1) 80~90%의 합하는 힘이 작용한다.

時	日	月	年
	甲	己	

(2) 40%의 합하는 힘이 작용한다.

時	日	月	年
	己		甲

(3) 20~30%의 합하는 힘이 작용한다.

時	日	月	年
己			甲

(4) 자오충(子午沖)의 세기(勢氣) 판독법.

時	日	月	年
	丑	午	子

예를 들면 이 명조는 자오충(子午沖)이 되지만 자축합(子丑合)이 있으므로 합으로 충을 어느 정도 해소(解消)했다고 보는 것입니다. 곧 자오충(子午沖)의 충력(沖力)은 90% 이상이고 자축합(子丑合)의 합력(合力)은 약 40% 정도입니다. 그러면 90-40=50이니 이 명조의 자오충(子午沖)은 어느 정도가 해소가 되겠지만, 약 50%는 아직도 충력이 존재한다고 보는 것입니다.

2. 합의 유형(類型) 분석.

일단 합이 되면 합의 상태에 따라 합거(合去), 합동(合動), 합류(合流), 합화(合化) 합기(合起) 등이 생겨납니다. 이 합의 변화를 사주 팔자에서 읽어낼 수 있다면 운세를 쉽게 간명할 수 있게 됩니다.

1) 합거(合去)가 되는 상황
   (1) 천간에 허투(虛透)한 글자
   (2) 지지에 통근(通勤)이 없는 글자
   (3) 주변에 동일한 오행이 없는 글자

【예시29】

時	日	月	年	大運	男命
인수		편인	비견	정재	
甲	丁	乙	丁	庚	
辰	酉	巳	亥	子	
상관	편재	겁재	정관	편관	

남자 은행원으로 경자(庚子)대운 초반에 주식 투자로 7~8억 원을 잃었습니다. 이 사람에게는 을목(乙木)은 편인(偏印)이고 경금(庚金)대운은 정재(正財)가 됩니다. 을목(乙木)의 입장에서는 지지 사유합(巳酉合)은 절지(絶地)이고 해수(亥水)는 사지(死地)가 됩니다.

그러나 을사(乙巳)가 욕지(欲地)이니 을목(乙木)의 꽃을 피우려고 노력을 할 것입니다. 그런데 그 주변은 사절지(死絶地)이니 마음처럼 결과물이 따라주질 않는 것입니다. 그래서 사절(死絶)에 놓인 편인 문서는 도박성이 강한 투기성 문서가 됩니다.

이러한 문서에 경금(庚金) 재성(財星)이 등장하여 합하게 됩니다. 어떻게 해석을 해야 할 것인가요?

이것을 풀려면 경자(庚子)대운에 만나는 을경합(乙庚合)이 합거(合去)인지 아니면 합동(合動)인지를 파악해야 합니다. 결론은 을목(乙木) 문서(文書)는 그 지지 기반(基盤)이 취약하므로 곧 합거(合去)에 해당이 되었습니다. 고로 경금 대운 기간 중에 문서 폭락으로 7억원의 손재수를 당했습니다.

그러나 경금(庚金) 정재(正財)는 원국(原局)의 록지(祿地)와 장생(長生)인 사유합(巳酉合)을 보고 들어 왔으니 큰 재물이 됩니다.

그래서 이 사람은 주식 문서 폭락으로 큰 손실은 입었지만, 여전히 금전운이 강한 사람입니다. 이것이 큰 돈을 빌릴 수 있는 동기가 된 것입니다. 이것은 손실은 입었어도 파산하지 않고 은행권에서 근무를 지속할 수가 있다는 말이 됩니다. 또한, 여기서 나타난 을경합(乙庚合)의 정체는 애당초 문서 폭락이고 재성은 그 반대로 왕(旺)하다는 말이니 현금을 동원할 수 있더라도 문서에 투자하지는 말라고 당부했어야 올바르다는 것입니다.

그러므로 이 을경합(乙庚合)은 편인(偏印)과 정재(正財)의 합으로 주식문서, 부동산 문서, 계약문서, 문서투자 등이 되는 것입니다.

2) 합동(合動)이 되는 상황

(1) 원국의 천간 글자가 왕지를 얻는 경우
(2) 원국의 천간 글자가 장생을 얻는 경우

이런 글자를 대,세운에서 합하여 오면 합동(合動)이라고 말합니다. 유년(流年)의 천간 글자가 왕지 혹은 생지를 얻고 합하는 경우에는 세년(歲年)합동(合動) 혹은 유년(流年)합동(合動)이라 말합니다.

【예시30】

時	日	月	年	大運	女命
편재		편관	정재	비견	
丙	壬	戊	丁	壬	
午	戌	申	巳	子	
정재	편관	편인	편재	겁재	

년주 정사(丁巳)는 큰 재물입니다. 임자(壬子)운에 임수(壬水) 비견(比肩)이 등장하면서 정임합(丁壬合)이 됩니다. 이것은 합거(合去)일까요? 아니면 합동(合動)일까요? 정화(丁火) 정재(正財)는 사화(巳火) 편재(偏財)에 뿌리를 단단히 내리고 있습니다. 그러므로 합동(合動)으로 보는 것입니다. 합으로 인해 뿌리가 동(動)하여 흔들린다는 뜻입니다. 합거(合去)는 사라지는 것이니 손재수가 되고 합동(合動)은 동(動)하는 중이라 지속적이니 투자를 의미하는 것이 됩니다. 비견 임수가 와서 재성을 합동한다는 말은 곧 주변의 친지들의 돈을 빌려 어딘가에 투자하는 형식으로 나타난다고 볼 수 있습니다. 그리고 투자의 형태 내용은 지지를 보고 확인하면 됩니다. 년지와 월지가 사신형합(巳申刑合)이 된 구조입니다. 그런데 편재와 편인의 사신형합(刑合)이죠. 이것은 큰 재물이 세금, 소송 등을 통해 문서화 하는 구조가 됩니다. 월주(月柱)의 무신(戊申)에서 무토(戊土)가 땅을 상징하기 때문에 이런 경우의 문서는 부동산을 의미합니다. 사신형합(巳申刑合)은 무역, 통관, 관재, 소송을 거친 경매 혹은 통관문서 등을 말합니다. 그래서 이 사람은 동남아 특산품을 무역 통관 수출하고 임자(壬子)대운에 상당한 부동산을 매입하는데 성공하였습니다.

3) 합류(合流)가 되는 상황

   (1) 원국의 천간 글자가 통근(通勤)하고 있는 글자
   (2) 원국의 천간 글자가 득기(得氣)하고 있는 글자

원국의 이런 글자를 대,세운에서 합하여 오면 합류(合流)라고 말합니다.
원국의 글자를 합하지만 득세(得勢)하고 있으므로 완전히 제거가 되지 않는
경우입니다.

그래서 합하여도 남아 있다고 하여 합류(合流)라고 말을 합니다.
합동(合動)하고 비슷한 성질이 있습니만 합류(合流)는 지지 오행이 다른 구조
이고 합동(合動)은 간지가 동일한 간여지동일 경우를 말합니다.
그러므로 합류(合流)보다는 합동이 동(動)하는 것이 더 크게 작용합니다.
합류(合流)는 합으로 묶여 대기하는 것이고 합동(合動)은 그 움직임이 묶였지
만 지지가 왕지(旺地)라 동(動)하게 되므로 그 글자의 활동이 현격(懸隔)하게
나타나게 됩니다.

【예시31】

時	日	月	年	大運	男命
인수	일간	편관	겁재	식신	
丙	己	乙	戊	辛	
寅	卯	丑	辰	未	
정관	편관	비견	겁재	비견	

이 명조에서 병화(丙火)는 인수(印綬)가 됩니다. 그리고 신금(辛金)은 식신(食神)이 됩니다. 신미(辛未)대운(大運)에서 병신합(丙辛合)을 합니다. 그렇다면 이 병신합(丙辛合)은 합거(合去)인가요 아니면 합류(合流)인가요?

합거(合去)와 합류(合流) 그리고 합동(合動)의 움직임을 간파(看破)하지 못한다면 간명하기가 어려운 것입니다. 그러므로 우선적으로 합(合)의 동태(動態)를 파악해서 길흉을 분석해야 하는 것입니다. 인중(寅中) 병화(丙火)는 장생(長生)에 해당이 됩니다. 그래서 이 사람은 문서복이 있는 것입니다. 따라서 병화(丙火) 문서는 합류(合流)에 해당합니다. 동일한 오행인 간여지동(干與之同)에서는 합동(合動)이 되고 장생(長生)에 놓인 글자는 합류(合流)가 되는 것입니다. 병화(丙火)는 인수(印綬)이고 신금(辛金)은 식신(食神)입니다. 식신(食神)이라는 기술과 문서가 합하는 상(像)이죠. 병화 문서는 합류(合流)이므로 문서의 기운이 지속적이라는 의미가 됩니다. 이것은 문서 발복이 지속한다고 보면 됩니다.

즉, 인수 합류에서는 문서가 왕(旺)하다고 봐야지 문서가 제거되었다고 보면 안 됩니다. 그러므로 이 시기에 문서 발복이 일어났습니다. 이 남자는 부친으로부터 물려받은 부동산이 급등(急騰)하였습니다. 을신충(乙辛沖)으로 제살(制殺)이 되어 들어오는 합이니 길하게 작용했던 것입니다.

4) 합화(合化)가 되는 상황

합화(合化)는 합으로 인해 그 본래 성질이 변하는 것입니다. 그래서 보통 화기격을 말하게 됩니다. 화기격은 지지의 기를 얻어야 하며, 월령을 얻어야 합니다. 월령에서 기를 얻지 못하면, 합화로 변하기 어려울 수 있습니다. 예를들면 정임합목(丁壬化木)이 되려면 반드시 천간에 갑을(甲乙)이 있고, 지지에는 인묘월(寅卯月) 이라야 하고 갑기화토(甲己化土)가 되려면 반드시 천간에 무기(戊己)토가 있고 월지는 진술축미(辰戌丑未) 월(月) 이라야 가능해 집니다. 이것을 가리켜 화신(化神)은 득시(得時) 병령(竝令)해야 한다고 하는 것입니다. 예를 들면 정임합목(丁壬化木)이 되면서 지지에서 해묘미(亥卯未) 목국이 되거나, 인묘진(寅卯辰) 방국을 온전하게 갖추고 봄에 출생하면 대귀하게 됩니다.

【예시32】

時	日	月	年
겁재		정재	비견
辛	**庚**	**乙**	**庚**
巳	**戌**	**酉**	**申**
편관	편인	겁재	비견

이 명조는 신유술(申酉戌) 방국(方局)을 결성하였습니다. 그러므로 천간에는 을경합금(乙庚合金)이 됩니다. 사중(巳中)의 병화(丙火)는 시간(時干)의 신금(辛金)과 병신(丙辛)명암합(明暗合)이니 병화(丙火)가 무력해지면서 종혁(從革)을 방해하질 못하게 합니다. 또한 사화(巳火)는 경금(庚金)의 장생지가 되어 금(金)을 강화시키게 됩니다. 종혁격(從革格)이 참되다고 말할 수 있습니다. 종혁격을 이룬 사람은 일인지하 만인지상(一人之下 萬人之上)의 사람이 될 수 있습니다. 따라서 이 사람은 부산대 법대를 나와 변호사로 활동하면서 로펌 대표로 재직 중에 있습니다. 월 3억의 수익을 올린다고 합니다. 무자(戊子) 기축(己丑)대운의 전성기도 맞이하였는데 이 시기에 모든 걸 얻었습니다.

5) 합기(合起)가 되는 상황

【예시33】

時	日	月	年	歲運	女命
	庚				
	寅	亥		巳	
	편재	식신		편관	

원국에서 인해(寅亥)합이 되어 있습니다. 그런데 사년(巳年)을 만나 사해(巳亥)충이 성립이 되면 해(亥)는 인해(寅亥)합으로 보호되어 개고(開庫)되지 못하지만, 인해합(寅亥合)은 풀리게 됩니다. 합이 풀리기 전에 인해(寅亥) 합기(合起)가 일어납니다. 그래서 인해(寅亥)합이 풀리면서 생산이 일어나게 됩니다. 즉 합반되었던 인(寅)과 해(亥)가 순간적으로 합기하여 살아나는데 인(寅)은 재성이고 해(亥)는 식상이니 식재(食財)가 살아나는 것입니다. 그러므로 이 해에 의식주가 풍부하게 되었습니다.

고서에 합으로 묶여 있으면 좋다고 말하고 있는데 합기(合起)를 뜻하는 것입니다. 특히 천을귀인이 합이 되어 있는 경우에 합충이 와서 건드려 주면 합기(合起)가 일어나므로 천을귀인이 발현이 되기 때문입니다.

4 충(衝)

1. 충(衝)의 기능 분석.

충(沖)은 깨진다는 의미입니다. 곧 박살난다던지 아니면 충동질한다는 의미가 됩니다. 그래서 충(沖)은 충극(沖剋)하는 충(沖)과 충동(衝動)하는 충(衝)으로 분리가 됩니다.

즉 쇠(衰)한 글자를 충(沖)하면 약한 글자는 박살이 나는 것입니다. 이것은 충극(沖剋)이 됩니다. 반대로 왕(旺)한 글자는 충(沖)으로 인해 크게 움직이게 됩니다. 이것을 충동(衝動)한다고 말합니다.

곧 쇠자(衰字)는 파괴(破壞)가 되고, 왕(旺)한 글자는 충동(衝動)하는 것이 나타납니다. 만약 원국에 충하는 두 글자가 있게 되면 약한 글자는 파손이 되어 사용하기 어렵게 됩니다. 그러나 세운에서 다시 합이 들어온다면 이것은 합으로 인해 충이 풀리는 효과가 나타나게 됩니다. 예를 들어 자오충(子午沖)이 있어서 오화(午火)가 파괴가 되어 있는데 만약 세운에서 축토(丑土)가 들어온다면 자축합(子丑合)을 하게 되어 있습니다.

그 결과 자축합(子丑合)으로 인해 자오충(子午沖)은 풀리게 되므로 오화(午火) 글자가 살아나게 됩니다. 만약 오화(午火)가 정관(正官)이라면 이 사람은 이때에 명예를 회복하고 승진하거나 합격하는 기쁨이 생겨날 수가 있다는 사실입니다.

時	日	月	年	歲運
	庚			
		午	子	丑
		정관	상관	인수

원국에 자오충(子午沖)이 구성이 되어 있는데 세운에서 축토(丑土)가 들어온다면 충(沖)이 풀리게 됩니다. 따라서 오화(午火)가 살아나 일간이 오화(午火)를 얻게 됩니다. 즉 원래는 충(沖)이 되어 사용 못 했던 글자를 축년(丑年)이 되면서 쓸 수 있게 되는 것입니다. 그러나 역시 재충(再沖)은 안 좋은 것입니다. 재충(再沖)이란 2번 충하는 경우이므로 약한 글자는 완전히 깨지게 되어 있습니다. 풀리기도 전에 박살이 나는 것입니다. 특히 백호(白虎), 동주사(同柱死), 동주묘(同柱墓)의 구조가 있는 경우에 그 글자를 재충(再沖)하게 되면 반드시 신상(身上)에 곤고함과 입원 사고 등의 불미스러운 일을 당할 수가 있게 됩니다.

【예시2】

時	日	月	年	歲運
	戌	午		
				子

왕지인 오(午)를 자(子)가 자오충(子午沖) 하는 것은 좀 다르게 봅니다. 곧 오술합(午戌合)은 합신(合神)이 되어 있는 상태이므로 왕신(旺神)이라고 말을 합니다. 자수(子水)가 이 왕신(旺神)을 충(沖)하게 되면 오히려 자수(子水)가 밀리게 됩니다. 그러므로 오화(午火)는 결코 손상당하기 어려운 상태라고 보는 것이죠. 그러므로 이 오술합(午戌合)이 기물파괴가 없다면 충기(衝起) 현상이 일어나게 됩니다. 그러므로 이 해에는 화기(火氣)가 충만하므로 만약 화가 재성이라면 사람은 이 해에 재물을 얻을 수가 있게 됩니다.

1) 인신사해(寅申巳亥)

사생(四生)의 충은 생방(生方)의 충이고 총포 물상이 됩니다. 천간에 양간만 존재하면 인신충(寅申沖)은 장간이 모두 양간(陽干)이라 천간 기물과 합거(合去) 현상이 없습니다. 따라서 대부분 충발(衝發)하여 길한 조짐이 많습니다.

그러나 반대로 충발하는 암신(暗神)이 기신(忌神)에 해당하면 암신(暗神)의 촉발(觸發)이 흉한 것이 됩니다. 사생의 충은 소리물상이기도 해서 타악기나 현악기를 두들겨 주는 것이 액땜 방법이 됩니다.

【예시3】

時	日	月	年
	壬		
午		寅	申

인신충(寅申沖)이 되면 인오(寅午)합이 풀리게 됩니다. 원국에서 인오(寅午) 반합은 재성에 해당이 됩니다 인오합(寅午合)으로 재성의 기운이 강해지면 재물의 생산이 일어나는 구조인데, 년지 신금(申金)의 인신충(寅申沖)으로 인해 인오합(寅午合)이 풀려 오히려 동(動)이 사라지고 정물(靜物)이 되어 버렸습니다.

【예시4】

時	日	月	年	歲運38	大運29	女命
편인	일간	비견	정인	편관	상관	
庚	壬	壬	辛	戊	乙	
戌	申	辰	丑	寅	未	
편관	편인	편관	정관	식신	정관	

이 명조는 무인년(戊寅年)에 남편이 등반 도중에 실족하여 사망하신 분입니다. 어느 대목에서 남편 사망의 단서(端緖)가 보이는가요.

이 사주는 월주 임진(壬辰)은 동주고(同柱庫)이고, 년주 신축(辛丑)도 동주고(同柱庫)에 해당됩니다. 그런데 을미(乙未)대운도 역시 동주고(同柱庫)를 만나게 됩니다. 모두 자좌(自座) 동주고이니 지지는 모두 분묘(墳墓)로 가득하므로 긴장해야 합니다.

이런 경우는 반드시 육친(六親)의 변고사를 물어봐야 합니다. 왜냐하면 을미(乙未)대운에 축미충(丑未沖)이라 분묘(墳墓)가 동(動)하게 되어 있습니다. 무인년(戊寅年)이므로 인신충(寅申沖)이 되면 축미충(丑未沖)도 발생하게 됩니다. 곧 인신충으로 천충지격(天沖地擊)의 구조가 격발(擊發)이 되는 순간입니다. 인목이 손상이 되면 무토도 붕괴가 되기 때문에 무토(戊土)는 관성이니 남편 문제가 발생하게 될 것입니다.

2) 자오묘유(子午卯酉)

사왕(四旺)의 충은 왕지(旺地)의 충(沖)이며 현침물상에 해당이 됩니다. 자오묘
유(子午卯酉)의 충은 예측이 잘 안되므로 자세히 살펴야 합니다. 자오(子午)충은
장간에 정임(丁壬)암합(暗合)이 형성이 되어 있으므로 충출(沖出)하더라도, 다시
정임합거(丁壬合去)가 될 수 있으므로 기물(器物)이 파괴가 됩니다. 묘유(卯酉)충
도 장간의 을경합거(乙庚合去)로 기물이 모두 파괴가 될 수 있습니다. 자오묘유
(子午卯酉)의 충은 왕한 글자끼리 만나 충돌하는 경우라 싸우게 되면 일체 양보
가 없을 정도로 격렬하게 투쟁하게 됩니다. 따라서 파손의 우려가 많지만 아
래의 경우에는 살아남는 지지가 있을 수가 있습니다.

【예시5】

時	日	月	年
	乙		
	卯		酉

묘유충(卯酉沖)이 되면 유(酉)중의 경(庚)금이 충출(沖出)되어 천간 을목(乙木)과
을경(乙庚)합거(合去)되어 사리는 것이 아니라 합동(合動)이 됩니다. 을묘(乙卯)
가 간여지동(干與之同)이라 을경합(乙庚合)은 합동(合動)이 되는 것이니 묘목(卯
木)이 살아남아 고유의 역할을 수행할 수 있습니다.

【예시6】

時	日	月	年	歲運
	壬			
	午	寅		子

원국이 인오합(寅午合)이라서 자오충(子午沖)이 되면 스펀지 효과로 인해 자오충
(子午沖)을 흡수합니다. 그런데 왕신(旺神)이므로 왕신충발(旺神沖發)이 동시에 발
생하게 됩니다. 그러므로 오화(午火)가 깨지는 것이 아니라 충기(衝起)하는 현상
이 일어나죠. 이 해에 오화(午火) 충기(衝起)로 인해 재물을 벌어들이게 됩니다.

3) 진술축미(辰戌丑未)

사고(四庫)의 충은 토(土)의 붕충(朋沖)이니 농사물상이 됩니다. 진술축미(辰戌丑未)는 마땅히 열어야 쓸 수가 있게 됩니다. 그러나 천간에 투고(投庫)가 된 경우는 충(沖)하면 안 됩니다. 이것은 이미 지장간에서 천간으로 투고가 된 상태이므로 고(庫)라고 부르지 않습니다. 고(庫)가 이미 투출이 된 것이므로 통근이 된 구조에서는 진술충이 되면 통근이 된 뿌리손상을 당하게 되기 때문입니다. 그러므로 오직 천간에 투출한 글자가 없는 순수한 고(庫)의 상태에서는 충(沖)하는게 마땅합니다.

그 결과 진술(辰戌)충은 수화(水火)의 입고가 발생하고 축미(丑未)충은 금목(金木)이 입고(入庫)하는데 반대로 팔자에 목화금수(木火金水)가 존재하지 않는다면 이 때에는 출고(出庫)현상이 일어나 충발(衝發)하게 됩니다. 이것이 "실자입고(實字入庫) 암신출고(暗神出庫)" 입니다. 진술축미(辰戌丑未)가 많은 사람은 주말 농사를 짓던가, 땅을 파거나 부동산업에 종사하면 물상대체를 할 수가 있습니다.

【예시7】

時	日	月	年
丁	丁		癸
	丑		未

축미(丑未)충이 되면 천간이 모두 음간(陰干)이므로 암신(暗神)이 일어나더라도 합거(合去)되는 것이 없습니다. 그러므로 축미충(丑未沖)으로 충기(衝起)가 일어나게 됩니다. 곧 충출(沖出)한 글자가 합거로 손상이 없으면 충기(衝起)로 보는 것입니다. 또한 형기(形氣)도 마찬가지로 보면 됩니다. 그러므로 이 사주에서 만약 인수가 없다면 축미충(丑未沖)의 결과로 인해 미중(未中) 을목(乙木)이 투출하여 인수를 얻을 수 있는 사주 구조로 변하게 된 것입니다.

【예시8】

時	日	月	年	歲運
	戊			
	辰			戌

무토(戊土) 일간에게는 계수(癸水)가 정재가 됩니다. 그런데 무진(戊辰) 일주가 되면 진토(辰土) 내부에 계수 재고(財庫)를 깔고 앉아 있으므로 이 사람은 부자라고 판단합니다. 곧 무토 일간에게 진(辰)중 계수(癸水)가 재성으로 재고(財庫)에 해당이 됩니다. 이 진(辰)을 진술충(辰戌沖)을 하게 되면 진(辰)중 계수(癸水)가 충출이 되면서 이 사람은 무계합으로 득재하게 되는데 이 시기에 큰 재물을 창고에서 얻을 수가 있었습니다.

【예시9】

時	日	月	年	歲運
	壬			
	辰	巳		戌

진술충(辰戌沖)이 되면 수화(水火)가 입고(入庫)가 됩니다. 그러므로 진술충을 만나는 해에 진(辰)과 술(戌)이 둘 다 입고현상이 일어나게 됩니다. 곧 수(水)는 진(辰)에 입고되고 화(火)는 술(戌)에 입고가 됩니다.

따라서 그 해에 일간 임수가 입고가 되었는데 질환으로 입원하여 병원치료비가 상당히 많이 나왔습니다. 이것은 화가 재성인데 술토에 화가 입고가 되기 때문에 손재수를 당하게 되는 것입니다 일간 임수도 진토에 입고가 되어 갇히는 물상이므로 입원으로 강제 수감 등의 현상이 나타난 것입니다.

4) 왕신충발쇠자발(旺神沖發衰字拔)

정식적인 구결 명칭은 "왕자충쇠쇠자발(旺者沖衰衰者拔) 쇠신충왕왕신발(衰神沖旺旺神發)"입니다. 적천수에 따르면 왕자(旺者)가 쇠(衰)한 것을 충(沖)하면 쇠(衰)한 자는 뽑히고, 쇠신(衰神)이 왕한 것을 충(沖)하면 왕신(旺神)은 발(發)한다고 합니다.

예를 들어 자수(子水)가 왕(旺)하고 오화(午火)가 쇠(衰)할 때에 충(沖)하면 왕자충쇠쇠자발(旺者沖衰衰者拔)에 해당이 되는 것입니다. 그러므로 쇠(衰)한 글자인 오화(午火)는 뽑혀 일어서지 못하고 왕신인 자수는 발달하게 됩니다. 만약, 자수(子水)가 쇠(衰)하고 오화(午火)가 왕(旺)할 때에 충하면 쇠신충왕왕신발(衰神沖旺旺神發)에 해당이 되어 왕(旺)한 글자인 오화(午火)는 오히려 발복(發福) 하게 되고 쇠(衰)한 글자인 자수(子水)가 오히려 뽑히게 된다는 이야기입니다.

나머지도 이와 같이 보면 됩니다. 여기서 말하는 왕신(旺神)이란 합(合)하여 국(局)을 이루는 것을 말합니다. 합으로 국을 이루는 경우는 반합(半合)이 있고 육합(六合)도 있습니다. 또한 삼합(三合)도 해당이 됩니다. 이처럼 두 글자로 병합(倂合)하여 변화하는 기운의 왕지(旺地)를 충(沖)하는 것을 왕신충발(旺神沖發)이라 합니다. 이 왕신(旺神)을 충(沖)하면 왕신은 충(沖)하여 발동(發動)하고 쇠(衰)한 글자는 뽑히게 됩니다. 왕신(旺神)에 해당이 되는 구조로는 자오묘유(子午卯酉)의 사왕지(四旺地)를 말합니다.

예를 들어 신자(申子) 반합(半合)이면 자수(子水)를 충해야 왕신충발(旺神沖發)에 해당이 됩니다. 만약, 인신충(寅申沖)이 되면 신금(申金)은 생지(生地)이고 인목(寅木)도 생지(生地)가 되므로 이것은 생지(生地)의 충(沖)이므로 왕신충발(旺神沖發)이라 말하지 않습니다. 이런 경우는 충이 합을 해소(解消)시키는 작용을 하게 됩니다.

【예시10】

時	日	月	年	歲運
	丙			
	申	子		午

신자(子申) 반합으로 왕신(旺神)을 이루고 있습니다. 그런데 신자(子申)수국에 오(午)가 자오(子午)충하면 왕신충쇠자발로 신자수국(申子水局)이 동(動)하고 오화(午火)는 깨진다고 보는 것입니다. 그러므로 수(水)는 관록에 해당하므로 이 해에 관록이 높아지게 됩니다.

【예시11】

時	日	月	年	歲運
	丙			
	申	子		寅

그러나 만약 인(寅)이 인신(寅申)충하면 자수(子水) 왕지(旺地)를 충하는 것이 아니고 신금(申金)을 인신충(寅申沖)하는 것입니다. 그러므로 이것은 생지(生地)의 충(沖)이라 왕신충발(旺神沖發)이 아닙니다. 왕신충발(旺神沖發)은 4왕지(旺地)를 충(沖)하는 것을 말하니까요. 그러므로 인신충(寅申沖)은 일반적인 충을 말합니다. 따라서 자(子)와 신(申)이 풀리게 됩니다. 곧 신자(申子)합작 생산이 멈추게 됩니다.

【예시12】

時	日	月	年	歲運
	丙			
	申	子	辰	戌

신자진(申子辰)수국을 결성하므로 술(戌)이 진토(辰土)를 충(沖)하면 삼합(三合)의 결성이 와해(瓦解)가 됩니다. 따라서 이러한 충(沖)은 왕신충발이 될 수가 없는 것이니 술(戌)은 충으로 파괴(破壞) 되거나 개고(開庫)가 될 수 있습니다.

【예시13】 왕신충발쇠자발(旺神沖發衰字拔) 사례 1

時	日	月	年	女命
편재		비견	편인	
戊	甲	甲	壬	
辰	申	辰	子	
편재	편관	편재	정인	

현재 무탈하고 재혼하여 잘 살고 있습니다.

【예시14】 왕신충발쇠자발(旺神沖發衰字拔) 사례 2

時	日	月	年	女命
겁재		비견	편인	
乙	甲	甲	壬	
丑	申	辰	子	
정재	편관	편재	정인	

7세 을사(乙巳)대운 무오(戊午)년에 계단에서 굴러 머리를 다쳐 반신불수로 살고 있습니다.

▶ 사/주/해/설

고전에서 말하길 반합이 투간한 4정(正)이 있으면 합국(合局)을 짓는다고 하였습니다. 이 명조는 신자진(申子辰)삼합이 임수(壬水)가 투출하였으니 수국(水局)을 만들게 됩니다. 이렇게 되면 칠살 위에 앉은 갑목(甲木)은 부목(浮木)의 상(像)이라 위태롭다고 보는 것입니다.

【예시13】【예시14】 사주는 년, 월, 일(年月日)이 동일한 사주이나 한 명은 재혼자이고 한 명은 어릴 적에 불구로 장애자가 된 사람입니다. 부목(浮木)의 상(像)은 같은데 왜 살아온 인생이 다른가?

그 이유를 추리해 보자면 어릴 적에 장애자가 된(예시 14/ 사례 2) 을축(乙丑) 시주(時主)의 명조는 무오년(戊午年)에 자오(子午)충이니 왕신(旺神)을 충발(衝發)하는데 수국(水局)이 노도(怒濤)와 같이 일어나 갑목(甲木)을 휩쓸렸으나 을목(乙木)이 등라계갑으로 갑목(甲木)을 더욱 휘감으니 쓰나미에 대한 방책이 전혀 없다고 보는 것입니다. 이것은 갑목(甲木)이 부목(浮木)이 된 상(像)이므로 머리는 갑목(甲木)을 상징하므로 머리를 다쳐 불구가 되었습니다.

반면에(예시 13/ 사례1)의 무진(戊辰) 시주는 무토(戊土)가 제방의 상(像)이라 토극수(土克水)로 물결을 막아내어 약신(藥神)이 있는 사주가 됩니다. 이로 인해 이 명조들은 비록 태과불급(太過不及)으로 인해 병든 사주이지만 한 명은 약신(藥神)이 존재하여 구응(救應)을 얻게 되는 것이고 한 명은 장애의 명(命)을 가지게 된다고 보는 것입니다.

5) 왕자충발(旺字沖發)

왕신충발(旺神沖發)은 신자합(申子合)이나 오술합(午戌合)처럼 왕지(旺地)와 결합이 된 합국을 말합니다. 이와 비슷한 구조로 왕자충발(旺字沖發)이 있습니다. 왕자(旺字)는 두 글자가 같이 병립(竝立)하게 되면 왕한 기운이 모였다고 하여 왕자(旺字)라고 말을 합니다. 이 왕자를 충(沖)하게 되면 왕신충발(旺神沖發)과 같은 효과가 발생하게 됩니다. 예를 들어 인인(寅寅) 신신(申申) 등이 됩니다. 일종의 동합(同合)이라고 보면 됩니다.

【예시15】

	時	日	月	年	歲運60	大運54	女命
	편재		정관	정관	편재	겁재	
	辛	丁	壬	壬	辛	丙	
	亥	亥	寅	寅	丑	申	
	정관	정관	정인	정인	식신	정재	

이 사주는 인인(寅寅)이 모여 동합(同合)이 되어 왕자(旺字)가 됩니다. 곧 인목(寅木)은 왕한 기운이 있다고 파악이 되는데, 서해안에서 대형회집을 운영하다가 신축년(辛丑年)에 코로나로 인해 가게 문을 닫은 상태입니다. 가게를 내 놓았는데 언제 나갈 수 있을까요? 질문하러 온 것입니다. 그러므로 신축년(辛丑年)에 문서 문제가 발생한 것입니다. 신축년은 신금(申金)대운에 해당이 됩니다. 그러므로 인신충(寅申沖)이 되는 시기입니다. 이것은 인목(寅木)은 인수문서가 되는데 신금(申金) 재성이 출현하면서 인수를 충동(衝動)하는 겁니다. 곧 인목(寅木)은 두 개가 붙어 있으면 동합(同合)이지만, 인신충(寅申沖)을 하면 왕자충발(旺字沖發)이 있게 됩니다. 곧 인목(寅木)은 발(發)하고 신금(申金)은 뽑히게 됩니다. 결과 신축년(辛丑年)에 문서가 동(動)하여 월세 문서를 해결하기 위해 찾아 온 것입니다. 신금 재성은 쇠자(衰字)로 뽑힌 것이므로 제물 손재수가 많다고 봅니다. 인목(寅木)은 발(發)하고 신금(申金)은 뽑혔다고 파악하는 것입니다.

2. 충(沖)을 보는 요령.

1) 같은 충이지만 빠르고 늦은 구별이 있다.

세운에서 등장하는 합충이 있다고 가정을 한다면 세운에서 년(年)과 월(月)을 충하면 급하게 일어나고, 일(日)과 시(時)를 충하면 상대적으로 느리게 발생한다.

【예시16】

時	日	月	年	歲運		時	日	月	年	歲運
			卯	酉		卯				酉

세운과 년지가 충하게 되면 초년에 충이 일찍 나타나고, 시지(時支)에 묘목(卯木)이 있다면 세운의 묘유충(卯酉沖)은 늦게 충이 발생하게 됩니다.

2) 같은 충이라도 가벼운 충과 무거운 충이 있다.

어떤 경우인가하면 운이 본래 좋은 것을 희신(喜神)이라 한다면 희신이 충해오는 것이라 충(沖)을 당해도 가볍다고 보는 것입니다. 그러나 만약 기신(忌神)이 충해오는 경우에는 운이 꺼리는 기(忌)신운이라 또 다시 충이 들어오면 이것을 무겁다고 표현을 하는 것입니다.

【예시17】

時	日	月	年	歲運
			卯	酉

세운에서 등장하는 유금(酉金)이 길신이면 충이 좋다고 판단합니다, 또는 충이 가볍다고 표현을 합니다. 그러나 세운에서 등장하는 유금(酉金)이 기신(忌神)이라면 충이 흉(凶)하다. 혹은 중(重)하다고 표현을 합니다.

3) 충이 되는 것 같지만 충이 아닌 것이 있다.

예를 들면 갑(甲) 일주가 유(酉)의 정관을 용신으로 삼는데 묘(卯)운으로 행하면 묘유(卯酉)가 충하게 됩니다. 그러나 본명(本命)에 사유(巳酉)가 서로 합하여 있으면 충이 무력하게 됩니다. 또한, 년지에 해(亥) 또는 미(未)가 있다면 묘(卯)의 운이 와도 년지(年支)와 해묘합(亥卯合)을 하느라고 월지의 정관을 충하지 않습니다. 이런 것을 말합니다.

【예시18】

時	日	月	年	歲運
	甲			
		酉		卯

時	日	月	年	歲運
	甲			
		巳	酉	卯

월지의 유금(酉金)이 있으며 세운에서 묘(卯)가 들어오면서 묘유충(卯酉沖)이 발생하게 됩니다. 이런 구조는 유금(酉金)과 묘목(卯木)의 길과 흉을 따져 계산하면 됩니다.

그러나 원국에서 사유합(巳酉合)이 되어 있다면 사유합(巳酉合)이 묘유충(卯酉沖)을 흡수하여 충(沖)이 무력해진다고 판단하는 것입니다.

時	日	月	年	歲運
	甲			
		酉	亥	卯

만약, 원국에서 년지(年支)에 해수(亥水)가 존재하게 되면 세운의 묘(卯)는 해묘합(亥卯合)하려는 마음 때문에 묘유충(卯酉沖)이 안된다고 보는 것입니다.

4) 동합(同合)이 되는 경우에는 충을 하지 못한다.

예를 들면 을(乙) 일주에 신(申) 정관을 용신으로 삼는데 2개의 신(申)은 1개의 인(寅)을 충하지 못한다는 이론입니다. 그러나 운에서 인(寅)이 또 다시 오면 운과 본명이 어우러져서 두개의 인(寅)과 두 개의 신(申)이 서로 일대일로 맞서므로 충이 발생하게 됩니다. 이와같은 이론은 오언독보(五言獨步)의 이자불충오(二子不沖午), 이인불충신(二寅不沖申)의 법칙과 같은 것입니다.

【예시19】

時	日	月	年	歲運
	乙			
寅		申	申	寅

원국에서는 인신충(寅申沖)이 없습니다. 신신(申申)은 동합(同合)이므로 인목(寅木)이 인신충(寅申沖)으로 동합(同合)을 해소시킨 상태라고 보는 것입니다. 그러나 운에서 인(寅)이 등장하면 년지 인신충(寅申沖)을 하느라, 월지 신(申)과 시지 인(寅)이 인신충(寅申沖)을 하게 됩니다.

3. 충극(沖剋)과 충동(衝動)의 차이점.

사주팔자를 간명할 적에 충(沖)이 존재하면 충극(沖剋)하는 충(沖)인가 아니면, 충동(衝動)하는 충(衝)인가를 자세히 살펴봐야 합니다. 이것으로 호충(好沖)과 흉충(凶沖)을 분간하게 됩니다. 일단 충(沖)에 대하여 한자의 의미를 살펴보면 충(沖)은 빌충(沖)이죠. "비어있다" 이니 충(沖)으로 장간이 충출(沖出)하여 장간이 비어있다는 의미가 강합니다. 이것은 곧 깨져있다는 말도 됩니다. 그래서 일단 고전에서 빌충(沖)이 등장하면 팔자가 어딘가 충격으로 비어있다고 판단하시면 되고요.

만약, 부딪힐 충(衝)이라면 팔자 자체가 동(動)하는 기운이라는 것을 판단하면 좋겠습니다. 곧 충극(沖剋)은 "깨져있다"가 강한 뜻으로 손상을 가지게 되고 충동(衝動)은 충(衝)으로 그 글자가 "발동"하는 겁니다. 그래서 자평진전에서 말하길 충극지충(沖剋之沖)과 충동지충(衝動之沖)이 다르다고 설명을 하고 있습니다. 그래서 "사묘(四墓)의 토(土)는 스스로 충(沖)이라서 충극(沖剋)하는 충(沖)이 아니고 바로 충동(衝動)하는 충(沖)이 되는 것이다. 그러나 자오묘유(子午卯酉)같은 부류는 양자(兩者)가 서로 원수가 되므로 이내 충극(沖剋)하는 충(沖)이 된다"라고 분명히 설명하고 있는 것입니다.

【예시20】

時	日	月	年
癸	戊		
	辰	戌	

위에 제시가 된 명조를 살펴보면 진술충(辰戌沖)으로 정관 무토(戊土)가 파괴되었다고 보지 않습니다. 이것은 충동(衝動)하는 충(衝)으로 보는 것입니다. 토(土)끼리의 충은 붕충(朋沖)이라 토동(土動)이 발생하여 토(土)가 충기(衝起)하는 현상이 일어나게 됩니다.

4. 호충(好衝)과 흉충(凶沖)을 구분한다.

충이라는 것에는 좋은 충과 불리한 충이 있습니다. 곧 충극으로 인해 체(體)와 용(用)이 손상(損傷)당함이 없고 건재하다면 호충(好衝)이라 하고 충극으로 체용(體容)이 파손되면 흉충(凶沖)이라 합니다. 더 자세히 말하자면 기신(忌神)을 충극하면 호충(好衝)이고 희신(喜神)을 충극하면 흉충(凶沖)이 됩니다.
자오충(子午沖)을 비교해서 호충(好沖)과 흉충(凶沖)을 구분해 보겠습니다.

【예시21】 미국 대통령 바이든의 명조입니다.

時	日	月	年	歲運	男命
정인	我	편재	정관	정재	
甲	丁	辛	壬	庚	
辰	丑	亥	午	子	
상관	식신	정관	비견	편관	

바이든은 경자년에 민주당 대선후보자로 올라와 경선을 이기고 당선후보자가 되었습니다. 경자년(庚子年)의 자오(子午)충은 호충(好沖)이 됩니다. 왜냐하면 자오(子午)충으로 정관의 손상함이 없다는 사실입니다. 곧 해수(亥水)와 임수(壬水)는 편재의 생(生)을 여전히 유지하고 오화(午火)는 주변의 해수(亥水)와 임수(壬水)에 둘러 쌓여 극을 받으므로 정화(丁火)일간을 돕기에는 원래부터 큰 기대를 갖지 않고 있다는 사실입니다. 그래서 진신(眞神)인 갑목(甲木) 인수의 생(生)으로 일신(日身)을 방신(幇身)하고 있는 것이므로 오화(午火)의 충극에 크게 동요되지 않는다고 보는 것입니다. 오히려 오화(午火)는 정관 임수(壬水)를 해롭게 하는데 자오(子午)충으로 정관이 더 맑아졌다고 보는 것입니다.

【예시22】 일본 전 총리 故아베신조 명조입니다.

時	日	月	年	歲運	男命
정관	我	상관	편재	비견	
丁	庚	癸	甲	庚	
丑	辰	酉	午	子	
인수	편인	겁재	정관	상관	

故아베신조 명조입니다. 궤양성 대장염이 심해서 2020년 8월 사임했습니다. 경자년(庚子年)의 자오(子午)충은 흉충(凶沖)이 됩니다. 왜냐하면 원국의 갑경(甲庚)충이 되어 있는데 재차 갑경(甲庚)충을 당하는 세운(歲運)입니다. 그런 상태에서 지지의 자오(子午)충은 천간의 정계(丁癸)충과 자오(子午)충으로 상관견관을 구성하여 재성과 정관을 모두 극충하여 손상함이 크기 때문입니다. 그러므로 이 해 8월에 스트레스로 인한 대장염으로 사임하고, 2022년 임인(壬寅)년 7월 8일 피습으로 사망하였습니다.

5. 충(沖)의 유형 분석

충(沖)에는 여러 가지 유형(類型)이 있습니다. 가령 충거(沖去), 충기(沖起), 충동(沖動), 충출(沖出), 충발(沖發) 등이 있습니다. 합기(合起)는 합한 것을 건들렸을 때 일어나는 운이고 충기(沖起)는 충으로 건들렸을 때 일어나는 운기입니다. 즉 충(沖)을 했을 때에 충출(沖出)이 된 십신이 합거(合去)등으로 기물파괴가 일어나지 않으면 충기(沖起)라고 하여 길하게 봅니다. 충기(沖起)가 일어나면 그 십신(十神)이 기신(忌神)이면 흉(凶)이 되겠고 반대로 희신(喜神)이면 길조(吉兆)가 됩니다. 목화금수가 충기하는 현상을 잘 관찰하면 희기를 분간하기 쉽습니다. 또한 토(土)는 붕우(朋友)이므로 토끼리는 깨지는 법이 없으며 토동(土動)이 발생합니다. 형기도 마찬가지로 보면 됩니다.

【삼명통회 옥정오결(玉井奧訣)】기록이 된 충기(沖起)와 형기(形氣) 및 합기(合起) 용어입니다.

첫 째 그 힘의 세력이 충기(沖起)하여 일어남을 어느 지신(支神)이 하는가를 볼 것이요.
둘 째 그 힘의 세력이 마주 끼어선 공기(拱起)가 일어남을 어느 지신(支神)이 하는가를 볼 것이며
셋 째 그 힘의 세력이 형기(刑起)하여 일으킴을 어느 지신(支神)이 하는가를 볼 것이며
넷 째 그 힘의 세력이 합기(合起)함을 어느 지신(支神)이 하는가를 볼 것이며
다섯째 어느 지지가 일체를 다스리는지 통섭(統攝)하는 것을 볼 것이니 이런 법은 허공에서 집을 짓는 것처럼 아무 것도 없는 팔자에서 간명법을 세우는 것이리라.

▶ 상세내용은 **【문원북/삼명통회 벼리 7, 10권 참조】**

1) 충기(衝起)

【예시23】

時	日	月	年
편재		편인	편재
丙	壬	庚	丙
午	午	子	午
정재	정재	겁재	정재

오오(午午)가 자오충(子午沖)이면 오오(午午)가 밀려나지 않고 위로 솟구치게 됩니다. 곧 병오(丙午)가 왕한 글자가 되므로 곧 충기(衝起)하게 됩니다.

【예시24】

時	日	月	年	歲運	女命
상관		겁재	정관	정재	
甲	癸	壬	戊	丙	
寅	亥	戌	申	申	
상관	겁재	정관	정인	정인	

갑목(甲木)이 인목(寅木)에 단단히 박혀있는 것이라 멀리서 인신충(寅申沖)이 발생하더라도 인목(寅木)이 충거(衝去)로 밀려나지 않고 그대로 위로 치솟는 다는 말이죠. 이것을 충기(衝起)라 합니다. 충기(衝起)할 적에는 상관의 기운 이 더욱 과격해지는 겁니다.

그 결과 정관을 용신으로 사용하는 명조에서는 갑인(甲寅) 상관(傷官)이 무척 두려운 겁니다. 그래서 병신년(丙申年)에 인신충(寅申沖)으로 갑인(甲寅) 상관 (傷官)이 충기(衝起)하니 무토(戊土) 정관(正官)을 심하게 극하여 그 해에 남편 이 사망하였습니다.

2) 충거(衝去)

충거(衝去)는 충하여 "물러난다 제거된다"라는 뜻이 있습니다.

충거(衝去)가 되면 충(沖) 당하는 상대방은 손상(損傷), 파괴(破壞)가 발생한다고 보면 됩니다. 그러므로 해당 육친의 변고, 손실등이 나타나게 됩니다. 재성이 충거를 당한다면 손실수가 있고 인수가 충거당하면 문서에 장애가 발생하기도 합니다.

그 해에 인수충거가 되면 시험자는 불합격의 고비를 당할 수 있습니다.

【예시25】

時	日	月	年	歲運28	大運26	女命
정관		편관	식신	겁재	겁재	
甲	己	乙	辛	戊	戊	
戌	亥	未	酉	子	戌	
비견	편재	겁재	상관	편재	겁재	

갑을목이 관살혼잡(官殺混雜)이니 남편성이 이위(二位)로 구성이 되어 있습니다.

그런데 을목(乙木) 편관(編官)은 미토(未土)에 관고(官庫)를 가졌는데 을신(乙辛) 충거(衝去)하고 술미형(戌未刑)하고 있습니다. 이런 구조에서는 을목(乙木)이 수시입고가 발생하게 됩니다. 따라서 "한 번 이혼은 정해진 길"임을 분명히 보여 주고 있습니다.

그래서 이 여자분은 무술(戊戌)대운 무자년(戊子年)에 이혼하고 새 남자를 사귀고 있습니다.

3) 충출(沖出)

진술축미(辰戌丑未) 4개 지지의 기물은 천지사방을 수장하는 창고이니 매우 견고합니다. 가령, 팔자 지지의 진중(辰中)의 무토(戊土), 을목(乙木), 계수(癸水)는 운에서 인(寅)이 온다하여 인(寅)에 있는 갑목(甲木)이 무(戊)를 깨트릴 수 없는 것이며, 또한 운에서 유(酉)가 온다 하여 유(酉)에 비록 신금(辛金)이 있다지만 역시 을(乙)을 깨트리지 못하며, 또한 오(午)가 온다하여도 오(午)의 기토(己土)가 계(癸)를 깨트리지 못하는 것입니다. 대개 창고를 묶은 쇠사슬은 매우 견고하므로 술(戌)이 운에 와서 충하여 열어주는 것을 필요로 합니다. 예컨대 열쇠가 있어야 쇠사슬이 열릴 수 있는 것입니다. 이로서 진(辰)중의 장간 글자인 을목(乙木), 계수(癸水), 무토(戊土), 가 방출되는 것입니다. 이것을 충출(沖出)한다고 표현을 하고 있습니다.

【예시26】

時	日	月	年	歲運45	大運35	女命
겁재		식신	정인	상관	편인	
庚	辛	癸	戊	壬	己	
寅	酉	亥	寅	戌	未	
정재	비견	상관	정재	인수	편인	
戊丙甲			辛丁戊			지장간

이 사주에서는 남편성이 병정화(丙丁火)가 되는 것입니다. 그런데 남편이 사망한 대운이 미토(未土)대운 말기이므로 목고(木庫)에 해당합니다. 곧 기미(己未)대운과 무오(戊午)대운의 교운기에 해당합니다. 그러므로 목고(木庫)운(運)에는 목기(木氣)가 흡수당할 수 있는 것입니다. 인목(寅木) 안에는 병화(丙火)도 존재하므로 인목(寅木) 입고(入庫)에는 남편성도 함께 묻히는 겁니다. 그러나 직접적인 남편과의 별리(別離) 사인으로는 임술년(壬戌年)의 구조적인 문제에 있다는 생각입니다. 곧 임술(壬戌)이라는 간지(干支)는 정임(丁壬)명암합(明暗合)이 된 구조입니다. 그런데 임술년(壬戌年)에 술(戌)중 정화(丁火)가 충출(沖出)하여 천간의 임수(壬水)와 정임합거(丁壬合去)로 내 남편성이 사라지는 겁니다. 그러므로 이 분의 남편은 기미(己未)대운 임술년에 남편이 설악산 등반 도중 추락하여 사망하였다고 합니다.

5 형(刑)

1. 형살의 기능 분석

형(刑)이 가해지면 극렬해집니다. 형(刑)은 글자 그대로 형벌(刑罰)을 의미합니다. 제재(制裁)를 당하는 것을 말하는데 그런 의미에서 형(刑)은 조정, 수술, 소송들을 의미합니다. 형(刑)은 과도한 기(氣)가 주입된 형세(形勢)를 뜻하기도 합니다. 그래서 비유하자면 형(刑)이란 공무풍선이 점점 부풀어 오르다가 마침내 터지는 물상과 같다고 생각하시면 됩니다. 그래서 형살(刑殺)이 사주에 존재하면 작거나 크거나를 막론하고 위기감이 나타나면서 한번은 치르고 넘어가야 할 신액(身厄)과 같은 것입니다. 고로 사주에 있는 형(刑)은 고달픈 훈련과정이 있다는 것을 암시하게 됩니다.

신액(身厄)이란? 질병, 질액을 뜻할 수도 있으며 또는 감금, 폭행, 수인(囚人)등의 형태로도 나타납니다. 운동을 극렬하게 하여 신액(身厄)을 액땜할 수 있습니다. 그래서 운동선수가 되기도 하고 또는 형사, 군인 등이 되어 육체적 한계를 체험해야 형(刑)은 액땜이 됩니다. 그 결과 몸에 일단 문신자국이나 수술자국이 있으면 형이 액땜이 된 것으로 봅니다. 이것은 그만큼의 육체적 신액(身厄)을 경험했음을 의미하기도 하는 것이죠.

만약, 귀문(鬼門), 원진(元嗔)에 형살(刑殺)이 더해질 때에는 형(刑)의 위협이 더욱 극명하게 나타납니다. 특히 귀문(鬼門)에 형(刑)이 있는 사람은 정신 사고에 특이점이 발견이 되고 정신세계의 기이함을 체험하다가 역술업, 군검 등의 특수한 직업을 선택하는 경우가 많습니다.

時	日	月	年
丑	午	子	

축오(丑午) 원진에 형충(刑沖)이 붙으면 괴기스러운 행동과 패턴을 좋아하고 오(午)는 현침살이라, 주사바늘의 형상이라 직업적으로 외과의사, 수술대에서 피를 보는 직업이 좋을 수가 있습니다.

時	日	月	年	歲運
子	卯			申

고전에서 말하길 "군자(君子)는 형(刑)이 발전의 동기가 되고 소인(小人)은 형(刑)이 오면 매질과 채찍질을 당한다."고 하였는데 이것은 사주 원국의 구조가 좋아 희신작용이 일어나면 형기(形氣)되어 좋아지는 것을 말한 것입니다. 반대로 사주가 흉한 구조이면 형(刑)이 오면 더욱 악화되는 것을 말한 것이죠. 자묘(子卯)형이 동(動)하면 두들겨 맞기도 하고 채찍질 당하기도 하며 수술하기도 합니다. 사주구조가 좋으면 내가 의사가 되어 상대방을 수술할 일이 생기게 됩니다. 어느 형태로던지 액땜을 해줘야 합니다.

【예시3】

時	日	月	年
壬			
子	卯	申	
겁재	상관	편인	

이 명조는 신자(申子)합으로 자묘(子卯)형이 풀리면서 자묘(子卯)형이 동(動)하게 됩니다. 즉, 형기(形氣)가 발생하는 것입니다. 형기(形氣)와 충기(衝起) 등은 순간적으로 발생하는 기운이라 갑자기 얻는 사건이 발생하게 됩니다. 그래서 만약 겁재가 흉신이면 손재수가 일어나지만 만약 겁재가 길신인 경우에는 상대방의 재물을 강탈하여 얻어내는 것이므로 횡재수도 될 수가 있는 것입니다.

그래서 자묘형(子卯刑)이 함께 동(動)할때 자묘(子卯)가 현침(懸針)이라 수술(手術)물상이 나타날 수가 있습니다. 이 때 수술하면 신금(申金)이 임수(壬水) 일간에 장생지인지라 생의(生意)가 있어서 쾌유가 확실하다고 판단하는 것입니다. 또한 편인 문서라서 보험으로 들었던 건강 상해보험금을 수령하게 됩니다.

2. 형살(刑殺)의 종류 분석.

삼합국	申 子 辰	⇩	寅 午 戌	⇩	巳 酉 丑	⇩	亥 卯 未	⇩
삼회방	寅 卯 辰		巳 午 未		申 酉 戌		亥 子 丑	

음부경(陰符經)에 이르길, "은혜는 해(害)에서 생겨나고 해(害)는 은혜에서 생긴다고 말합니다. 이것은 사람의 화(禍)와 복(福)이 서로 연계(聯啟)가 되어 있음을 암시하는 것입니다. 그러므로 형(刑)이 있다고 해서 무조건 흉(凶)하다고 보면 안 되는 것입니다. 반드시 사주에 길신(吉神)이 있는지를 봐야 합니다. 또 형(刑)을 당하는 것이 왕상(旺相)한지를 봐야 합니다. 아울러 재관인(財官印)의 덕(德)이 있는지를 보고 길신들이 도우면 형(刑)이 나쁘게 작용하지 않게 됩니다. 만약 길신이 없고 망겁(亡劫), 공망(空亡), 양인(陽刃) 등이 있으면 나쁜 것에 나쁜 것이 겹치게 되므로 화(禍)가 매우 커지게 됩니다.

그래서 말하길 "군자(君子)는 형이 없으면 발전하지 못한다."하였고 벼슬을 하고 있는데 형(刑)을 만나면 오히려 높이 올라간다고 보았던 것입니다. 그러나 소인(小人)이 형(刑)을 만나면 재앙이 따르거나 관청에서 채찍질을 당하는 수모를 당하게 됩니다. 여기서 말하는 군자는 격국이 성립이 된 명조를 말하고 소인이라 함은 패격이 된 사람을 뜻합니다. 그래서 삼형(三刑)은 삼합(三合)에서 생겨납니다. 마치 육해(六害)가 육합(六合)에서 생겨난 것과 같은 이치입니다.

가령, 신자진(申子辰)삼합에 인묘진(寅卯辰)를 더하면 인신(寅申)형, 자묘형(子卯刑), 진진(辰辰)형이 되고, 인오술(寅午戌)에 사오미(巳午未)를 더하면 인사형(寅巳刑), 오오(午午)자형, 술미형(戌未刑)이 되고, 사유축(巳酉丑)에 신유술(申酉戌)을 더하면 사신형(巳申刑), 유유(酉酉)자형, 축술형(丑戌刑)이 되고, 해묘미(亥卯未)에 해자축(亥子丑)을 더하면 해해(亥亥)자형, 자묘형(子卯刑), 축미(丑未)형(刑)이 성립합니다. 합(合)하면서 형(刑)을 하게 되니 마치 부부가 상합(相合)하지만 오히려 서로를 힘들게 하고 상처를 주는 것과 같습니다. 세상 만물의 이치와 사람 사는 이치가 하나로 다르지 않는 것입니다.

사유축(巳酉丑)의 형(刑)은 서방(西方)에 있고 인오술(寅午戌)의 형(刑)은 남방(南方)에 있습니다. 금(金)과 화(火)는 그 특성이 분명하므로 자신의 방위(方位)를 만나면 형(刑)하게 됩니다.

해묘미(亥卯未)의 형(刑)은 북방(北方)에 있습니다. 해(亥)는 나무의 뿌리가 되고 그래서 나뭇잎이 떨어지면 나무의 기운이 뿌리로 돌아간다고 말을 하는 것입니다. 초목이 겨울에 잎이 떨어지면 그 기운이 뿌리로 돌아가는 것을 말하는 것입니다.

신자진(申子辰)의 형은 동방(東方)에 있습니다. 진(辰)이란 수(水)를 총괄하는 곳입니다. 물이 동쪽으로 흘러가는데 동쪽에 이르면 다시 돌아갈 수 없게 됩니다. 자묘(子卯)는 각자 하나씩 있어도 자형(自形)이 되므로 일형(一刑)이라 하고, 인사신(寅巳申)은 2개씩 있어도 형(刑)이 되므로 이형(二刑)이라 하고, 축술미(丑戌未)처럼 3개가 형하는 것을 삼형(三刑)이라 말을 합니다.

삼형(三刑)의 성립을 수(數)의 관점에서 볼 수도 있습니다.

하늘의 도는 가득 차는 것은 싫어하므로 차면 다시 뒤집어 지게 됩니다. 우주 변화에서 10은 살수(殺數)인데 수가 10에 이르면 다시 공(空)이 됩니다. 그러므로 수는 묘(卯)에서 순서대로 자(子)에 이르게 되고 자(子)에서 역으로 묘(卯)에 이르면 수가 10이 되어 극(極)에 달하므로 무례지형(無禮之刑)이 성립하게 됩니다. 또 이르길, " 인(寅)에서 역으로 사(巳)에 이르고 사(巳)에서 역으로 신(申)에 이르면 수가 10이 되어 수가 극에 달하므로 무은지형(無恩之刑)이 성립하게 됩니다. 축(丑)에서 순방향으로 술(戌)에 이르고 술(戌)에서 순방향으로 미(未)에 이르면 10이 되어 수가 극에 달하므로 지세지형(恃勢之刑)이 성립하게 됩니다. 그래서 7은 칠충이 되고, 10은 형(刑)이 되고, 6은 합(合)이 되는 것이 자연의 이치인 것입니다.

3. 형살(刑殺)의 실전 간명법.

【예시4】 계모임 사기죄로 여러 번 구속 수감 **【예시5】** 여러 차례 사업 실패

時	日	月	年	女命
정재	일간	식신	정인	
庚	**丁**	**己**	**甲**	
戌	**丑**	**巳**	**午**	
상관	식신	겁재	비견	

時	日	月	年	男命
정재	일간	편인	정인	
庚	**丁**	**乙**	**甲**	
戌	**丑**	**亥**	**午**	
상관	식신	겁재	비견	

두 사주의 공통점은 축술(丑戌)의 식상(食傷)이 형살(刑殺)이 됩니다. 형살의 원리를 읽어 보면 형(刑)은 기본적으로 기운이 넘쳐 안정이 깨지는 현상이라 말하였습니다. 곧 형살(刑殺)은 과(過)한 상태로 적당히 해야 하는데 지나쳐서 화근(禍根)이 되는 것이죠. 그렇다면 축술형살(丑戌刑殺)을 실전 간명(看命)에서는 어떻게 응용할 수 있을까요? 일단 이 명조들에서 축술(丑戌)은 식상(食傷)이 됩니다. 식상(食傷)은 간단하게 말해서 움직임, 언행 등이 되는데 이 사람은 식상(食傷)이 형살(刑殺)이라 평소 말과 행동이 지나치다고 보면 됩니다. 그런데 자세히 살펴보시면 여자의 축술형(丑戌刑)과 남자의 축술형(丑戌刑)이 다른 것을 비교 확인할 수 있습니다. 곧 이 팔자들은 모두 식상생재(食傷生財) 구조입니다. 장사와 영업을 위해 사용되는 언행과 행동임을 파악할 수 있습니다.

【예시4】 여자는 갑기합(甲己合)으로 갑목(甲木)을 쓸 수가 없으니 축술(丑戌)토(土)를 제압할 수가 없습니다. 그러므로 이 여자는 말과 언행의 간섭도가 지나칠 정도라고 파악하는 것입니다. 그 결과 이 여자는 사기죄로 인해 여러 번 구속 수감을 당하게 됩니다.

【예시5】 남자의 경우는 어떠한가요? 이 사람의 축술(丑戌)도 식상이 형살(刑殺)입니다. 이 사람도 말과 언행이 지나치다고 볼 수 있을까요? 아닙니다. 이 남자는 갑을(甲乙)목(木)이 투출한 사람이니 목극토(木克土)하여 축술(丑戌)토가 제압을 당하고 있습니다. 고로 말과 언행이 오히려 준수할 수 있습니다. 다만 경금(庚金) 재성이 수시입고지를 가진 이유로 재물의 성패(成敗)를 자주 당하게 되는 것입니다. 이것이 이 두 사람의 차이점입니다.

6 삼합(三合)

12지지(地支)에서 2개씩 짝을 이루어 합(合)을 형성하는 것을 육합(六合)이라 말한다면 이 외에도 3개가 모여서 합(合)을 이루는 것이 있는데 바로 삼합(三合)입니다. 육합(六合)은 지장간과의 연결 고리가 없는 합이지만, 삼합(三合)은 동일한 오행이 생왕고(生旺庫)의 기운이 모여서 만들어진 합을 말합니다.

그래서 동일한 오행의 패턴이 보이므로 흔히 가족의 합, 친족의 합이라 부르게도 합니다. 삼합은 1년 동안에 어떤 한 오행의 생로병사가 담겨져 있습니다. 그래서 완성이 된 삼합(三合)을 하나의 오행(五行)으로 해석 합니다.

예를 들어 병정(丙丁)일간이 해묘미(亥卯未)를 본다면 목(木)오행으로 보아 인성국(印性局)이라 말합니다. 병정(丙丁)일간이 사유축(巳酉丑)을 본다면 금(金)오행으로 보아 재성국(財性局)이라 말하고 병정(丙丁)일간이 인오술(寅午戌)을 본다면 화(火)오행으로 보아 건록(建祿)국이라 하며 병정(丙丁)일간이 신자진(申子辰)을 본다면 수(水)오행으로 보아 관성국(官星局)이라 합니다.

1. 신자진(申子辰) 수국(水局).

신자진(申子辰)이 모여 삼합을 하면 수국(水局)을 형성하게 됩니다. 신자진(申子辰)은 신월(申月)에 물이 차기 시작하여 자월(子月)에 왕(旺)하고 진월(辰月)에 소멸합니다. 한 해에 물의 수량이 가장 많은 해가 자월(子月)이 되고 진월(辰月)에는 물의 수량이 급격히 줄어들게 됩니다. 진월(辰月)이 물의 고지(庫地)가 되는 까닭은 사오(巳午)월에는 뜨거운 여름철의 무더위로 물이 수증기로 증발이 되기 때문에 이를 방지하고자 진토(辰土)라는 수고(水庫)에 안착(安着)하여 숨어 지내는 것이 필요한 것입니다. 신자진(申子辰)에서는 신자(申子)와 자진(子辰)이 반합이 됩니다. 다만 신진(申辰)은 반합이 라고 보지 않습니다. 왜냐하면 왕지가 빠진 합은 합을 이루기 힘들기 때문입니다.

2. 해묘미(亥卯未) 목국(木局).

해묘미(亥卯未)가 모여 삼합(三合)을 하면 목국(木局)을 형성하게 됩니다. 목(木) 오행은 상승하는 기질이 있어 하늘로 향해 뻗어가는 성질이 있다고 하여 참천(參天)이라 말합니다. 그래서 곡직(曲直)의 성정을 가지게 됩니다. 해묘미(亥卯未)는 나무가 해(亥)에서 시작하여 묘월(卯月)에 왕(旺)하고 미월(未月)에서 성장이 멈추게 됩니다. 그래서 해월(亥月)에는 목(木)이 크게 성장하므로 장생(長生)이라 명칭을 하였고 묘월(卯月)이 되면 우람하기가 한 해에 으뜸이 됩니다. 미월(未月)이 되면 그 성장의 속도가 꺾이게 되는데 가을이라는 숙살의 기운에 살아남기 위해 고지(庫地)라는 창고에 숨어 지내게 됩니다. 이러한 목오행의 생왕고(生旺庫)를 모아 합을 이루게 되면 삼합(三合)이라고 말을 합니다. 해묘미(亥卯未)에서는 해묘(亥卯)와 묘미(卯未)가 반합이 됩니다 그러나 왕지가 빠진 해미(亥未)는 반합 성립이 안 됩니다.

3. 인오술(寅午戌) 화국(火局).

인오술(寅午戌)이 모여 삼합(三合)을 하면 화국(火局)을 형성하게 됩니다. 인오술(寅午戌)은 인시(寅時)에 해가 뜨기 시작하여 오시(午時)에 왕(旺)하고 술시(戌時)에 해가 집니다. 화(火)는 열기와 광채를 밝히고 확산하는 기운이 있어서 염상(炎上)이라고도 합니다. 그러므로 오월(午月)이 가장 강렬하고 그 이후에 꺾이기 시작하여 술월(戌月)에는 화(火)의 기운을 땅에 모아 숨겨 둡니다. 이것은 앞으로 다가 올 겨울철 수(水)의 계절에 대비한 행동이라고 보면 됩니다. 인오술(寅午戌)에서는 인오(寅午)와 오술(午戌)이 반합이 됩니다. 다만 왕지(旺地)가 빠진 인술(寅戌)은 반합(半合)에 해당이 안 됩니다.

4. 사유축(巳酉丑) 금국(金局).

사유축(巳酉丑)이 모여 삼합(三合)을 하면 금국(金局)을 형성하게 됩니다. 사유축(巳酉丑)은 금(金)오행이 사(巳)에서 시작하여 유(酉)에서 왕하고 축(丑)에서 쉬게 됩니다. 금(金)은 수축하여 단단해지는 성질이 있는데 이를 숙살(肅殺)이라 말합니다. 죽이려는 기운이므로 숙살이라 말합니다. 유월(酉月)에 가장 왕성하고 축월(丑月)에 그 기운을 땅속에 가두게 됩니다. 왜냐하면 봄철에는 목왕(木旺)하니 금(金)이 약해져서 휴수(休囚)가 되기 때문입니다. 사유축(巳酉丑)에서는 사유(巳酉)와 유축(酉丑)이 반합이 됩니다. 그러나 왕지가 빠진 사축(巳丑)은 반합 성립이 안 됩니다.

5. 지전삼물(地全三物)이 역행한다.

時	日	月	年	세운58	대운42	男命
상관		편관	식신	비견	비견	
甲	癸	己	乙	癸	癸	
子	酉	丑	巳	卯	未	
비견	편인	편관	정재	식신	편관	

사유축(巳酉丑)지지 삼합으로, 삼합이 된 물건을 보통 지전삼물(地全三物)이라고 하는데 이때 천간은 역행(逆行)하는지 순행(順行)하는지를 살펴야 합니다. 지지가 지전삼물(地全三物)이라 해도 천간이 순응(順應)해야 귀하고, 거스르게 된다면 역행(逆行)하는 것이므로 흉하기 때문입니다. 이것을 천복지재(天覆地載)라 말을 합니다. 그런데 사유축(巳酉丑)은 축월(丑月)이라 순수한 삼합국은 아니지만, 상당한 금기(金氣)를 가지는데 천간에 갑을(甲乙)목(木)이 투간(透干)한 것입니다. 이것은 역행(逆行)한다고 봐야죠. 다행히 계수(癸水)와 자수(子水)의 비견이 있어서 금(金)과 목(木)을 통관(通官)시키지만, 년간의 금극목(金克木)으로 피상(彼傷)당하는 을목(乙木)을 구하기에는 너무 먼 거리입니다. 그러므로 식신(食神) 을목(乙木)의 손상(損傷)을 입은 사주를 편인도식(偏印倒食)이라고 합니다. 대단한 흉상(凶像)이죠. 그래서 일지의 편인은 효신이 됩니다. 그런 점에서 식신(食神)의 피상(彼傷)은 사기(詐欺)로 나타날 수 있습니다. 곧 행동, 발언에 문제가 되는 것이 식신의 결함이고, 편인도식(偏印倒食)에도 해당이 됩니다. 또한, 대운의 중년기가 신유술(申酉戌) 서방금운으로 진행하여 지지의 사유축(巳酉丑) 삼합(三合)국을 결성에 재촉하는 자리가 되는데, 오히려 천간에는 갑을(甲乙) 목(木) 대운으로 진행하니 금목상쟁(金木相爭)하는 구조가 되어 버립니다. 이러한 격국의 상태는 전쟁터와 같은 곳에서 살아가는 사람임을 짐작할 수 있습니다. 현재 미혼인데 특정된 직업이 없고 평생을 허성세월로 보내다가 계미(癸未)대운에는 사기 행각을 하고 있습니다.

【예시1】 임인년(壬寅年) 6월에 재계약할 수 있을까요?

時	日	月	年	歲運43	大運38	男命
편인		비견	식신	편재	편재	
丙	戊	戊	庚	壬	壬	
辰	午	子	申	寅	辰	
비견	정인	정재	식신	편관	비견	

백화점 제화코너에서 근무하는데 계약직으로 2022년 임인년(壬寅年) 양력 6월에 재계약을 앞두고 있었습니다. 이 남자분의 임인년(壬寅年)을 살펴보려면 현재 어느 대운에 머무르고 있는가를 우선적으로 분석해야 합니다. 그런데 임인년(壬寅年)은 43세이므로 임진(壬辰)대운의 절반이 되는 진토(辰土)대운 시작점에 해당이 됩니다. 이것은 임진(壬辰)대운이 38 대운이므로 천간(天干)과 지지(地支)를 5년간을 나눈 변동점이 약 43세가 되기 때문입니다. 그래서 진토(辰土)대운에 새로운 운기(運氣)가 시작이 되는 것을 확인할 수가 있습니다.

그런데 이 사람의 팔자에서 신자(申子)반합이 되어 있으므로 진토(辰土)대운이 되면 신자진(申子辰)삼합이 결성이 됩니다. 완전한 삼합(三合)은 어렵다고 하더라도 상당한 수기(水氣)가 발생하게 됩니다. 그러면 이 시기에 변동과 변화를 예상할 수 있는 것입니다. 보통 삼합국이 되는 시기에 이동(移動) 혹은 변동(變動)수가 찾아옵니다. 다만 그 방향성을 찾아내고자 한다면 신자진(申子辰) 삼합이 재성(財星)국이므로 재물(財物) 친화(親和)로 흘러갈 것이라는 사실은 분명히 알 수 있습니다.

7 방국(方局)

1년 중에서 12개의 지지를 4개의 방위(方位)로 나뉘어 보는데 이를 방국(方局)이라 말합니다. 방국(方局)은 춘하추동(春夏秋冬)에서 각각 주체가 되는 기운이 모여 있는 것으로 계절이라 하여 사방위(四方位)에 배속되므로 방국(方局)이라 합니다.

방국(方局)은 인묘진(寅卯辰) 목방국(木方國), 사오미(巳午未) 남방국(南方局), 신유술(申酉戌) 금방국(金方局), 해자축(亥子丑) 수방국(水方局)이 있습니다. 힘의 세기로 보면 삼합(三合)보다 방국(方局)이 더 강하다고 볼 수 있지만 삼합(三合)은 친적의 합이고 방국(方局)은 단순 계절이 모인 결합이므로 동호회와 같다고 보면 됩니다. 따라서 방국(方局)은 삼합(三合)보다 쉽게 와해(瓦解)가 될 수도 있음을 알아야 합니다.

방국(方局)은 반국(半局)은 존재하지 않습니다.

곧 삼합(三合)과 달라서 오직 3자가 함께 모여 있어야 성립이 되고, 2자만 모여 있으면 반국(反局)이 되지 못합니다.

【예시1】

時	日	月	年	歲運55	大運50	女命
정관	일간	겁재	편인	식신	정관	
庚	乙	甲	癸	丁	庚	
辰	卯	寅	巳	亥	申	
정재	비견	겁재	상관	인수	정관	

이 여사장님은 부잣집 딸로서 공부는 취미가 없고, 재물에 늘 관심이 많았는데 결혼 후 안정된 생활을 하다가 서울 광장시장에서 원단 장사를 시작했습니다. 대구지역 나염과 염색 공장을 직거래를 하며 한국에서 베스트 10에 들 정도로 성공하였습니다.

그런데 55세 무렵부터 불면증, 공황장애. 우울증을 얻었는데 신유(辛酉)대운에 더 극심해지고 사업을 접고 병원을 전전하다가 병신년(丙申年)에 1차 뇌졸증으로 입원 치료중이라고 합니다. 이 사장님이 55세에 내리막길로 흘러간 이유가 명리학적으로 무엇일까요?

일단, 이 명조는 인묘진(寅卯辰) 방국을 이루고 있습니다. 그리고 천간에는 갑을목(甲乙木)이 투출했습니다. 그러면 목국(木局)을 이루니 독상(獨像)이 됩니다. 보통 전왕격(專旺格) 또는 일행득기(一行得氣)라고도 하는데 목국(木局)일 경우에는 곡직격(曲直格)이라고도 말합니다. 지지 목국(木局)이 되면 천간에 관살(官殺)이 뜨면 불리하다고 말합니다.

그런데 시상(時上)에 경금(庚金) 관살(官殺)이 있는데 곡직격이 가능할까요?
천간의 경금(庚金)은 일간과 바로 극합(得合)하죠. 이것은 일간이 취합하는 것이라 일간에게 묶임을 당하는 겁니다. 그러므로 금극목(金克木)이 일어나지 않는다는 보는 것입니다. 이것은 다른 명조에서 년상(年上)과 월상(月上)에 을

경합거(乙庚合去)처럼 되면 그 글자들이 사라져 없는 것처럼 보는 것과 마찬가지인 것입니다. 사주학에서 팔자라는 것은 통근하거나 통근하지 않는 것을 막론하고 모두 그 왕한 기운의 질서를 따르고 간지(干支)가 서로 배반(背叛)하므로 어긋나지 않아야 묘(妙)함이 있는 것입니다.

이것은 우리가 흔히 알고 있던 일반적인 중화 이론을 벗어난 겁니다. 보통 중화(中和) 이론에 따르자면 "왕(旺)하면 곧 마땅히 설기하고 마땅히 상해(傷害)를 해줘야하고 쇠(衰)한 즉 거들어 도와야 좋은 것이라고 하는 것은 자평의 이론이 됩니다. 이것이 일반적 명리이론이지만, 여기서 말하는 천복지재(天覆地載)는 "왕지극자불가손(旺之極者不可損)"이라하여 "왕(旺)함이 극(剋)에 이른 것은 손상(損傷)해서는 안 된다."고 말하고 있습니다. 이것을 터득하셔야 적천수의 순국(順局)이론과 반국(反局) 이론을 이해할 수가 있게 됩니다. 그러므로 곡직격(曲直格)에서는 그 왕함이 극에 이른 경우가 되므로 손상해서는 안 되고 오히려 그 왕함에 따라줘야 길하게 되는 것입니다. 그래서 이명조에서도 희용신을 그 순용하는 목(木)을 취해 사용하게 됩니다.

그런데 독상에서의 문제는 관살의 운행을 만나면 대패한다는 두려움이 있게 됩니다. 이것은 경신대운과 신유대운인데 간여지동으로 흐르는 금운이라 더욱 대패의 가능성이 높은 것입니다. 55세의 불행의 변동이 찾아오는 이유는 역시 경신대운의 절반인 신금대운이 되면서 경금의 록(祿)이 작용하여 독상을 훼방하기 때문이라 보면 됩니다. 곧 독상(獨像)에서는 관살운을 가장 꺼리는 것입니다.

8 파(破)

1. 파살의 개념.

파살은 묘오(卯午) , 축진(丑辰) , 자유(子酉) , 술미(戌未), 인해(寅亥), 사신(巳申)
이 모두 상파(相破)하는데 삼합(三合)이 되면 파(破)를 취하지 않고 만약, 파살
을 범(犯)한 자(者)의 주인은 소년기에 재해(災害)로 힘들고 재산이 흩어지고
손실을 입으며 겸해서 힘들어서 재앙이 있게 된다고 합니다.

파살(破殺)은 다툼이나 어려운 상황이 발생되어 깨어지거나 흩어지는 기운으
로 봅니다.
희망하는 일에 난관에 봉착하여 뜻을 이루지 못함을 의미하며 새로운 계획이
나 구상이 뜻대로 잘 풀리지 않고 깨어지게 될 수 있습니다.
각각 해당되는 육친에 파살(破殺)이 걸리게 되면 깨어지고 흩어지며 잘 풀리지
않는 모습으로 나타나게 됩니다.

2. 파(破)의 원리.

명리에서는 십순(十旬)을 기본 순환 주기로 보는데 1에서 10이 되면 다음부터는 11부터 다시 1이 시작하는 것과 같습니다. 이는 천간 주기인 갑(甲)목에서 계(癸)수까지 진행함을 의미합니다. 천간의 1~10 순환 주기를 지지에 대입해 보면 아래 표처럼 첫 번째가 자수로 시작하여 열 번째에 있는 지지가 유금(酉金)인데 이것이 파(破)입니다.

1	2	3	4	5	6	7	8	9	10
양	음	양	음	양	음	양	음	양	음
子	丑	寅	卯	辰	巳	午	未	申	酉
戌	亥	子	丑	寅	卯	辰	巳	午	未
申	酉	戌	亥	子	丑	寅	卯	辰	巳
午	未	申	酉	戌	亥	子	丑	寅	卯
辰	巳	午	未	申	酉	戌	亥	子	丑
寅	卯	辰	巳	午	未	申	酉	戌	亥

3. 파살의 작용.

파살은 보통 육파살(六破殺), 상파살(相破殺)이라 부르는데 파살(破殺)에 걸리게 된 육친성은 외부 변화로 인해 글자 고유의 작용력을 불안하게 만들게 됩니다. 곧 외부 자극으로 인한 내적 불안과 동요를 일으키게 하고 그 작용으로 변화, 충동, 중단, 전변, 확장, 변화의 계기가 일어나게 됩니다. 육합 또는 형과 겹치는 파살이 있는데 그런 경우는 파살의 특수성이 더욱 강하게 일어납니다. 변화하기 위한 통찰력, 추론, 추리 작용이 발생합니다. 한 마디로 파살은 변화의 작용 속에 타인과의 트러블 요소가 발생할 수 있다고 보면 됩니다. 그 결과로 설득, 조정하는 작업환경이 조성이 됩니다.

4. 파살(破殺)을 보는 법.

상파살(相破殺)이란 서로 깨트린다는 의미로, 6개가 존재한다고 하여 육파살(六破殺)이라고도 합니다. 상파(相破)를 보는 방법은 원래 삼명학에서 시작이 된 신살류의 일종이기 때문에 년주(年柱)를 중심으로 보게 됩니다. 즉 자유파(子酉破)라 함은 쥐띠와 닭띠가 만나면 상파살(相破殺)이 성립이 되기 때문에 결혼 후에 가정이 불안하다고 추리합니다. 가정에 불안 요소로 남편의 직업에 장애가 발생하는 것으로 보았고, 사신파(巳申破)는 뱀띠와 원숭이띠가 만나면 서로 깨어진다는 것이고, 축진파(丑辰破)라는 것은 소띠와 양띠가 만나면 가정이 깨진다는 뜻인데 원래 소와 양은 뿔이 난 짐승으로 서로 머리를 충동하여 부딪치는 것을 좋아하는 성질이 있기 때문입니다. 또한, 오묘파(午卯破)는 말띠와 토끼띠는 사이가 안 좋고, 인해파는 범띠와 돼지띠 사이가 안 좋다는 뜻이고 술미파(戌未破)도 양띠와 개띠가 만나면 서로 깨어진다고 보는 것입니다. 또한 인해파(寅亥破)는 범띠와 돼지띠는 서로 깨뜨리는 작용을 해서 안 좋다고 보는 것입니다.

이것은 삼명학의 영향으로 신살을 보는 방법처럼 년지(年支)만으로 간단히 살피기는 하지만 자평학에서는 년월일시(年月日時)의 모든 위치에서 상파살이 걸려 있는지 확인하여 간명해야 합니다. 곧 육친성에 육파(六波)가 걸리게 되면 파살의 흉의를 판단해 줘야 합니다. 그 해당 육친성에 장애와 변동이 온다고 보면 됩니다. 상파살(相破殺)은 상충살(相沖殺)과 비슷하나 충보다는 작용력이 떨어진다는 말도 있으나, 생각보다 안 보이는 흉성이 강하게 잠재가 된 신살 입니다. 어떠한 것이 완전히 단절되는 것이 충(沖)이라면, 파(破)는 하던 것이 약간의 변동을 거친 후에 계속 진행된다는 점에서 명확히 차이가 있습니다. 이 파살은 파손, 파재, 파산, 이탈 등으로 매사에 장애가 많이 발생하게 만든다고 생각하면 됩니다. 재성이 충되면 파재 파산으로 가게 문을 닫고 새로운 길을 모색해 보지만 재성이 파(破)에 걸려 파재(破財)하더라도 부채, 빚을 빌려서라도 유지는 됩니다.

5. 파의 종류.

1) 인해파(寅亥破)

인해파(寅亥破)는 육합이 먼저 일어난 후 파(破)가 발생합니다. 곧 선합후파(先合後破)가 됩니다. 이것은 육합의 본래 기능을 망각하다, 파로 인해 변화가 됩니다.

2) 사신파(巳申破)

사신파(巳申破)는 육합이 일어나고, 형(刑)의 과정을 거치면, 파(破)가 발생합니다. 곧 선합후형(先合後刑)이 됩니다. 육합의 본래 기능을 망각하다가 형으로 조정과 삭감 작용을 거친 후 파로 인해 변화의 계기가 만들어집니다.

3) 자유파(子酉破)

자유파(子酉破)는 귀문 작용을 동반합니다. 귀문은 이상한 일, 감각적인, 통찰력, 과민반응 등을 경험한 후에 갑자기 깨달은 바가 있어서 변동하는 계기가 만들어 집니다.

4) 술미파(戌未破)

술미파(戌未破)는 형(刑)의 조정을 거친 후에 파의 작용이 일어납니다. 곧 선형후파(先刑後破)가 됩니다. 형(刑)의 작용을 통해 문제를 덜어내거나 반감된 후에 변화 변동을 하는 것입니다.

5) 축진파(丑辰破)

축진파(丑辰破)는 파의 작용만 일어납니다. 술미파(戌未破)는 형의 작용으로 덜어내기, 끼워 맞추기하는 과정 후에 파의 작용이 일어나기 때문에 변화 변동의 과정이 눈에 보입니다. 하지만 축진파(丑辰破)는 바로 파의 작용이 나타나기 때문에 급격한 변화가 있습니다. 충과 같은 느낌으로 나타나게 됩니다.

6) 묘오파(卯午破)

묘오파(卯午破)는 파의 작용만 일어납니다. 일의 진행 과정이 순수하게 일어납니다. 만약 파살을 충파하는 요인이 강하면 파살은 흉의가 깊어지게 됩니다.

6. 묘오파(卯午破)로 자식운이 불길하다.

時	日	月	年	歲運32	大運25	男命
상관		편인	겁재	비견	상관	
庚	己	丁	戊	己	庚	
午	卯	巳	申	卯	申	
편인	편관	정인	상관	편관	상관	

사주첩경을 지은 자강 선생의 매형 사주입니다. 그런데 매형(妹兄)은 4남 2
녀를 낳았으나 경신(庚)대운에 자녀들이 줄줄이 사망하다가 경신(庚申)대
운 기묘년(己卯年)에 마지막으로 득남(得男)한 후에 그 해에 매형(妹兄)이 사망
을 하였습니다.

이 사주에서 자식들이 줄줄이 사망하는 단서가 보이시나요. 이 명조는 일지
묘목(卯木) 편관(編官)이 자녀성에 해당이 됩니다. 그런데 묘오파(卯午破)에 걸
려 있습니다. 자식운이 불길한 것이므로 반드시 이 묘목(卯木)에 문제가 보
여야 하는 것입니다.

결론만 말하자면 자식성인 묘목(卯木) 편관(編官)에 묘오파(卯午破)가 걸려 있
는 물상인데 제살태과(制殺太過)로 인해 자식운이 불길한 것입니다. 곧 이 사
주는 경신(庚申)대운에는 진상관(眞傷官)을 이루어 묘목(卯木)을 극충하니 제
살태과(制殺太過)가 이루어져 편관이 부실(不實)하게 된 것입니다.

7. 사주첩경에 실린 매형 사주 이야기.

나의 조부님께서 우리 누님과 신랑 될 사람의 궁합을 보시고 나의 아버님 께 하신 말씀이 "얘, 그 청년이 지금은 돈도 있고 명망도 있고 학교도 중학 까지 나왔으니 나무랄 데가 하나도 없으나 단명(短命)한 게 흠이야. 거기에 혼사하지 마라. 만약 하면 길레(吉女:누님의 애명)가 30을 못 넘어 과부가 된 다. 그러니 안 하는 것이 좋을 거야" 하셨다. 그러나 좋은 사윗감을 놓치고 싶지 않은 것이 나의 아버님과 어머니의 심정이었고 또 누님도 매우 그곳 에 출가하고 싶어 했기 때문에 결정짓기로 하여 마지막으로 조부님의 승낙 을 청하였을 때의 일이다.

조부님께서는 "허-命은 할 수 없구나, 너희들이 평소에는 내 말을 잘 듣더 니 왜 이번에는 그렇게도 안 듣느냐, 저 애가 팔자에 삼십 전(三十前, 누님은 1911년생)에 과부가 될 팔자다. 그 청년은 서른셋을 못 넘기는 팔자이고 보 니 기어코 팔자를 못 이겨 그러는구나. 이것이 곧 하늘이 정한 배필인가 보 다. 이 다음 네가(누님을 가리킴) 일을 당하고 나서 나의 사당 앞에서 울부짖으 면서 통곡할 것을 생각하니 참 가엾구나. 안하고 하는 것은 너희 마음에 있 는 것 아니겠느냐"라고 말씀하셔서 혼인은 성립된 것이다.

그 후 재산과 부부간의 금슬 면에서는 부러울 것 없이 행복하게 살았는데, 자손에 대해서는 애가 태어나면 죽고, 나면 죽고 하여 6남매(4남 2녀)를 낳 아 모조리 실패하였다. 기묘(己卯)년(1939년) 9월14일에 득남하고 매형은 그 해 12월 30일 별세하고 말았다. 조부님은 이미 2년 전인 정축(丁丑)年에 작 고하셨고, 누님은 기묘년(己卯年)에 상부(喪夫)하여 과연 조부님의 사당 앞에 가서 울부짖으며 통곡하는 누님의 모습이 지금도 나의 눈에 훤하고 귀에 쟁 쟁하게 들려오는 것 같다.
나의 매형 사주는 무신(戊申)년 정사(丁巳)월 기묘(己卯)일 경오(庚午)시였다.

⑨ 해(害)

1. 해살(害殺)의 개념.

해살(害殺)은 12신살의 육해살(六害殺)과 혼동하기 쉽죠. 그래서 해살(害殺)을
상천살(相穿殺)이라 따로 부르기도 합니다. 상천(相穿)이란 상대방을 찔러 구
멍을 뚫는다는 뜻입니다. 그래서 마음의 상처가 깊게 남는 것이 또한 상천
살인 것입니다. '상천살은 사물을 파괴하는 성질 이외에 사물을 왜곡되게
하고 뒤집어엎는 힘을 가졌다. 바른 사물을 쳐서 비뚤어지게 하고, 비뚤어
진 사물은 쳐서 바르게 한다.' 하였습니다.

2. 해살(害殺)의 원리.

형살(刑殺)은 삼합(三合)에서 나오듯이 해살(害殺)은 육합(六合)에서 나오는 것
입니다. 해는 합을 방해하는 작용을 합니다. 도표에서 보는 바와 같이 자축
합(子丑合)을 하려고 하는데 미토(未土)가 자미(子未)로 방해를 하는 것입니다.
그래서 해살(害殺)은 육합(六合)을 방해한다는 살로 많이 알려져 있습니다.

3. 해살(害殺)의 작용.

해살은 충에 비교하면 파괴력이나 살상력이 떨어집니다. 그러나 해살은 파살처럼 내부적으로 교란이 일어나게 합니다. 곧 육친적으로 화합을 훼손시키면 갈등을 유발하게 하는데 흉성이 더해지면 해살로 인한 갈등이 표면으로 폭발하게 됩니다. 이 중에서 형살과 원진 혹은 귀문을 동시에 소유한 해살이 상당한 파괴력이 존재합니다. 자미(子未)는 원진(元嗔)과 해살(害殺)이 중첩이 되고 인사(寅巳)는 인사형살(寅巳刑殺)과 해살(害殺)을 겸했습니다. 축오(丑午)는 원진(元嗔)과 귀문(鬼門) 그리고 해살(害殺)이 동시에 속하는 것이라, 특히 축오(丑午)해살(害殺)을 두려워했습니다.

4. 해살(害殺) 보는 법.

근묘화실에 놓인 자리를 보는데 해당이 되는 육친성에 해가 되어 있는지를 살펴야 합니다. 만약 년월(年月)에 해(害)가 놓이면 부모와 불화이고 일월(日月)에 놓이면 부부의 안정을 해치게 됩니다. 만약 일시(日時)에 해(害)가 놓이면 자식 근심이 생겨날 수 있습니다. 해당되는 육친에 해(害)가 되면 그 육친과는 작은 불화가 생겨나므로 원한, 배신, 불화가 끊임이 없이 발생합니다. 이 해살(害殺)은 파괴력이 강하지 못하므로 그 육친과 대립 또는 반목은 할 수 있어도 서로 공격적이지는 못합니다. 그러다가 흉운(凶運)이 찾아오면 비로소 해살(害殺)의 파괴력이 나타나기도 합니다.

5. 해살(害殺)의 종류.

자미(子未), 축오(丑午), 인사(寅巳), 묘진(卯辰), 신해(申亥), 유술(酉戌) 해살이 있습니다.

1) 자미해(子未害)

세가육해(勢家六害)라고 하며 권문세가(權門勢家)에서 말하는 세가(勢家)를 뜻합니다. 자미는 원진에도 해당이 되므로 가족 간 함께 살지 못할 정도의 불화, 원한이 있습니다. 물상적으로는 기러기와 제비의 관계라고 하는데, 이 둘의 관계는 서로 만나볼 수 없는 관계를 의미하는 것으로 연안대비(燕雁代飛)라고 합니다. 육친의 덕이 약하고 부부불화에 모은 재산을 탕진하게 되고 일생 고독이 따른다고 합니다.

2) 축오해(丑午害)

관귀상해(官鬼相害)라고 하며 남자가 축오(丑午)를 일시(日時)에 놓으면 귀문으로 인한 의처증이 심하고 연인이 세상 비관을 하게 되며 여자는 의부증을 가진 변태적인 기이한 성격의 남자와 인연이 되기도 합니다. 축오(丑午)는 원진(元嗔)과 귀문(鬼門)을 동시에 가진 글자라 특히 박복, 고독, 다혈질의 성향이 강합니다. 그 특성으로 종교 철학 등의 역술업을 하기도 하는데 특히 일월(日月)로 축오(丑午)를 놓으면 부모의 덕이 없고 부부궁마저 불길하고 형제간에도 반목(反目)하게 된다고 합니다. 오중(午中) 정화(丁火)와 축(丑)중 계수(癸水)의 정계충(丁癸沖)으로 인해 뇌졸중, 건망증, 심장, 신장질환을 주의해야 합니다.

3) 인사해(寅巳害)

인사해(寅巳害)는 해살(害殺)도 되지만 형살(刑殺)도 중복이라 육친의 불화가 깊어 소송으로 이어질 수도 있습니다. 그러므로 육친의 덕이 없으며 관재수로 인한 수술로 몸에 흉터가 있을 수가 있고 각종 사건사고로 인한 구설이 따른다고 합니다. 사고, 절단 등의 수술, 배신, 구속 등의 악재가 따를 수도 있습니다. 만약 인사신(寅巳申)삼형(三刑)이 결속이 되게 되면 파급력이 배가(倍加)가 됩니다.

4) 묘진해(卯辰害)

묘진해(卯辰害)는 주변에 방해꾼이 있어 항시 다툼이 많고 처음은 좋으나 나중은 나쁘므로 배신과 모략이 따르고 재산마저 탕진하게 될 수 있습니다. 그러므로 중상모략, 가산탕진 등의 흉사를 당하지 않도록 살펴 돌아보아야 합니다. 묘신해가 일월에 놓이면 배우자의 불화가 일어나고 부모와 불신이 생겨날 수 있습니다. 그래서 원망, 무시, 배신하는 형태가 발생하는데 간질환에 유의해야 합니다.

5) 신해해(申亥害)

신해해(申亥害)는 신중(申中)의 경금(庚金)이 해중(亥中)의 갑목(甲木)을 충극(沖剋)하는 관계라서 갑목(甲木)을 해롭게 합니다. 그러므로 갑목에 해당이 되는 육친과 만사불성(萬事不成)으로 골육상쟁으로 인한 고통이 따를 수 있습니다. 그로 인한 차량사고 흉터 발생 물적인 사고수가 많으나 금생수로 상생을 하기 때문에 해(害)의 작용력은 반감이 된다고 합니다. 년월에 신해해가 놓이면 조부모나 부모 신상에 불길하고 일시에 신해해가 놓이면 아랫사람과 불화하거나 자식근심이 생겨날 수 있습니다

6) 유술해(酉戌害)

유술해(酉戌害) 역시 하는 일이 원만하게 성사하기 어려운 점이 있으며 성격이 사납고 잔인하여 수술수도 았습니다. 시기 질투심이 많아 배신이 많고 다른 해살과 마찬가지로 골육상쟁이 있을 수가 있습니다.

6. 경오년 남편 파산의 원인 축오(丑午)해살(害殺).

時	日	月	年	歲運37	女命
정관	일간	정재	상관	비견	
丁	庚	乙	癸	庚	
亥	午	丑	巳	午	
식신	정관	인수	편관	정관	

이 명조는 학교 선생님으로 남편은 건설사를 운영중이었는데 경오년(庚午年)에 남편이 파산을 하여 23억의 채무(債務)로 인해 부도(不渡)가 났습니다. 남편의 경오년(庚午年) 파산의 원인은 무엇이라고 생각하시나요? 결론부터 말씀드리면 축오(丑午)상천살(相穿殺) 때문입니다.

왜냐하면, 이 사람의 사주를 놓고 살펴보면 축토(丑土)는 인수(印綬)이고 오화(午火)는 정관(正官)입니다. 만약 정화(丁火) 조후가 파괴가 된다면 축오(丑午)상천살(相穿殺)의 도발이 일어나기 때문입니다. 여기서 축오(丑午)의 상의(象意)는 정관(正官)과 인수(印綬)의 해살(害殺)이므로 문서를 뚫어버리는 흉상(凶像)을 가진 정관이 되는 것입니다. 곧 남편과 관련이 된 문서 사건이 발생한다는 예측을 할 수 있습니다.

사주 분석을 해보면 이 명조는 축월(丑月)의 경금(庚金)이니 동토(凍土)의 금(金)이므로 조후가 되어 주는 정화(丁火)가 있어야 귀(貴)하게 됩니다. 그래서 이 여자분은 조후가 되어 주는 정화(丁火)가 정관이니 남편복은 있는 사람입니다. 그런데 지지가 축오(丑午)해살이라 남편과는 안보이지만 기이한 성격 트러블은 남아 있다고 봐야 할 것입니다. 이런 축오해살의 작은 기질이 문제가 되어 큰 부부 다툼으로 이어질 수도 있다는 것입니다.

또한, 이 사주의 1등 공신인 정화(丁火)를 충극(沖剋)하는 상관 계수(癸水)가 노출이 되어 있는 구조라 상관이 흉신(凶神)이 되었습니다. 그래서 여기서는 정계충(丁癸沖)을 방어 해주는 을목(乙木) 정재가 2등 공신이 됩니다.

그런데 경오(庚午)운(運)에는 을경합거(乙庚合去)가 되겠죠. 이 명조의 단점은 을목(乙木)의 지지 기반이 허약(虛弱)하다는 점인데 을경합(乙庚合)이 되면 바로 재성(財星)합거(合去)가 되어 버린다는 점입니다. 곧, 방어해주던 을목(乙木)이 제거가 되면 계수(癸水)가 정화(丁火)를 그대로 극충(剋沖)하게 됩니다.

그 결과 경오년(庚午年)에 천간의 정계충이 발생하여 조후를 망가트리고 지지의 오화(午火)는 축오(丑午)해살을 재차 범(犯)하게 됩니다. 그러면 축토(丑土) 인수의 문제가 발생하게 될 것입니다. 축오(丑午)이므로 정관과 관련이 된 문서입니다.

그래서 이 해에는 을경합거(乙庚合去)로 재성(財星)의 손재수인데 축오(丑午) 상천살(相穿殺)이 두 번 발동하여 문서를 범하니 부도 문서가 찾아 오는 것입니다.

10 전도(顚倒)현상

오행의 상생과 상극에는 변수가 많습니다. 태과불급(太過即不及)은 너무 지나치게 많은 것은 오히려 부족하고 모자란 것이나 다름없다는 뜻을 말합니다. 즉, 오행이 태과(太過)하게 되면 음양오행의 조화에 본래의 작용과는 달리 도리어 역작용(逆作用)이 나타나게 되는 것을 뜻하는 것입니다. 이것은 너무나 당연한 자연의 이치인 것이다. 만약, 삼합이나 방국이 결성이 되면 이러한 이치로 인해 오행의 전도현상이 발생하게 됩니다. 이러한 경우는 마땅히 자세히 살펴봐야 합니다. 왜냐하면 흉길이 바뀌는 것이라 팔자의 큰 변화가 일어나기 때문입니다.

만약, 지지가 삼합국을 짜면 지지에 근이 없는 허약한 주변의 오행들은 무너지게 됩니다. 이것을 오행의 전도(顚倒)라고 말하는데 위치나 순서가 뒤바뀌는 것을 말합니다.

1. 과다생(過多生).

1) 생(生)이 지나치게 많게 되면 부작용이 발생함을 과다생이라 말합니다.

① 금(金)은 토(土)에 의지해 살지만 토(土)가 많으면 금(金)은 매몰된다.

② 토(土)는 화(火)에 의지해 살지만 화(火)가 많으면 토(土)는 마른다.

③ 화(火)는 목(木)에 의지해 살지만 목(木)이 많으면 화(火)는 꺼진다.

④ 목(木)은 수(水)에 의지해 살지만 수(水)가 많으면 목(木)은 표류한다.

⑤ 수(水)는 금(金)에 의지해 살지만 금(金)이 많으면 수(水)는 탁하다.

【예시1】 목다화식(木多火熄)이면 우울증, 공황장애에 걸릴 수 있다.

時	日	月	年	歲運	男命
인수		상관	비견	정관	
甲	**丁**	**戊**	**丁**	**壬**	
辰	**卯**	**申**	**巳**	**寅**	
상관	편인	편재	비견	인수	

이 사주는 모텔업을 운영하던 중 임인년(壬寅年) 기유(己酉)월(月)에 자살을 한 명조입니다. 임인년(壬寅年)에는 무슨 합(合)의 상(像)이 발생할까요?

곧 인목(寅木)의 등장으로 인사신(寅巳申) 삼형(三刑)과 인묘진(寅卯辰) 방국(方局)을 결성하게 됩니다. 그렇게 되면 정화(丁火)가 목다화식(木多火熄)이 됩니다. 정화(丁火)의 불이 꺼질 수 있게 됩니다. 일간 정화가 목다화식(木多火熄)이 되면 일간은 정신우울증세가 발생할 수 있습니다. 일종의 과다생(過多生)에 해당이 됩니다.

【예시2】 목다화식(木多火熄)으로 결혼을 앞두고 가출하였습니다.

時	日	月	年	歲運	大運	女命
인수		정관	편관	정관	편인	
甲	丁	壬	癸	壬	乙	
辰	卯	戌	酉	寅	丑	
식신	편인	상관	편재	인수	식신	

이 명조는 계묘년(癸卯年)에 결혼을 앞두고 있었는데 임인년(壬寅年) 말에 갑자기 옛 애인과 함께 도망을 갔습니다. 이러한 행동 패턴을 사주 어디에서 읽을 수가 있을까요?

임인년(壬寅年) 말렵에 인묘진(寅卯辰) 방국(方局)이 결성이 됩니다. 이것은 문서(文書)가 국(局)을 이루는 것이고 육친적으로는 인수국이므로 모친(母親)의 입김이 강해진다고 보면 됩니다. 그러니까 임인년 말에 아마도 전 남친을 손절(孫絶)하고 새로 만난 남자와 결혼하라는 모친의 압박이 심했을 것입니다. 모친의 강경함이 인수국(印綬局) 결성이라는 것으로 나타난 것입니다.

또한, 이 여자분은 년간(年干)과 월간(月干)이 관살혼잡(官殺混雜)이 분명하므로 이것은 남녀의 애정사(愛情事)인 것입니다. 그런데 갑목(甲木)이 투출된 상태에서 인묘진(寅卯辰) 방국이 되면 정화(丁火) 일간은 목다화식(木多火熄)이 됩니다. 곧 정화의 불이 꺼지게 됩니다. 목생화(木生火)가 되는 것이 아니라 지나친 목(木)은 과유불급이라 소통이 안 되는 것이라 곧 불을 꺼지게 만드는 원인이 되는 것입니다. 이런 유형의 목다화식(木多火熄)이 되면 불안증, 강박증으로 정신 공황상태가 발생할 수 있습니다.

2. 과다설(過多洩).

1) 설기가 지나치게 많게 되면 부작용이 발생함을 말하는 것입니다.

① 금(金)은 능히 수(水)를 생하지만 수(水)가 많으면 금(金)은 가라앉는다.

② 수(水)는 목(木)을 생하지만 목(木)이 많으면 수(水)는 수축한다.

③ 목(木)은 능히 화(火)를 생하지만 화(火)가 많으면 목(木)은 불탄다.

④ 화(火)는 능히 토(土)를 생하지만 토(土)가 많으면 화(火)는 어두워진다.

⑤ 토(土)는 능히 금(金)을 생하지만 金이 많으면 토(土)는 변한다.

【예시3】 분멸(焚滅)의 상(像)으로 화재로 남편이 사망하였습니다.

時	日	月	年	歲運	大運	女命
편관		편인	정인	식신	식신	
甲	戊	丙	丁	庚	庚	
寅	午	午	未	寅	戌	
편관	정인	정인	겁재	편관	비견	

경술(庚戌)대운(35) 44세 경인년(庚寅年) 무인(戊寅)월에 회사 작업장에서 남편이 가스폭발로 사망하였습니다. 이 명조는 오오형(午午刑)이 된 구조입니다. 또한 오(午)는 양인이고 오오(午午)는 자형(自形)살입니다. 오오(午午)의 양인의 자형살이라는 것은 스스로를 불태운다는 말입니다. 즉, 양인이면 무척 치열한 것입니다. 44세이면 술(戌)대운 끝자락이고 인오술(寅午戌)화국이 이루고, 천간의 병정(丙丁)화 투출은 오미(午未)가 합하여 불이 번지는 상(像)을 말합니다. 그런데 술(戌)대운에 인오술(寅午戌) 삼합 화국(火局)이 되니 천지(天地)가 불바다가 되어 버렸습니다. 이런 상태에서는 갑목(甲木)은 분멸(焚滅)을 하게됩니다. 분멸(焚滅)은 목(木)이 스스로 불에 타서 재가 된다는 뜻입니다. 갑목(甲木)은 편관이고 남편이며 작업장입니다. 작업장에서 오오(午午)형살이 폭발한 것이라 보는 것입니다. 이런 팔자를 갑목 분멸(焚滅)의 상(像)이라 말합니다.

3. 과다한 반극(反剋).

1) 극(剋)을 받는 무력한 상대가 오히려 강해지면 반극(反剋)이 일어납니다.

① 금(金)은 능히 목(木)을 극하지만 목(木)이 견고하면 금(金)이 이지러진다.

② 목(木)은 능히 토(土)를 극하지만 토(土)가 두터우면 목(木)이 꺾인다.

③ 토(土)는 능히 수(水)를 극하지만 수(水)가 많으면 토(土)는 흐른다.

④ 수(水)는 능히 화(火)를 극하지만 화(火)가 많으면 수(水)는 증발한다.

⑤ 화(火)는 능히 금(金)을 극하지만 금(金)이 많으면 화(火)는 꺼진다.

【예시4】 토중목절(土重木折)의 상(像)으로 남편이 자살하였습니다.

時	日	月	年	歲運	大運	女命
편관		편인	정재	편재	편재	
乙	己	丁	壬	癸	癸	
丑	丑	未	午	亥	卯	
비견	비견	비견	편인	정재	편관	

계수대운(癸水大運) 계해년(癸亥年)에 남편(乙木)이 자살하였습니다. 이 사람은
남편성인 을목(乙木)이 미토(未土) 관고(官庫)를 가지면서 토중목절(土重木折)이
된 흉명(凶命)이 됩니다. 토중목절(土重木折)이라 함은 목(木)은 능히 토(土)를 극
하지만 토(土)가 두터우면 을목(乙木)이 꺾인다는 뜻입니다.

그런데 기토(己土)와 축토(丑土)는 곡각살이죠. 토중목절(土重木折)이 된 명조에
곡각살(曲脚殺)이 중첩(重疊)이 되면 목(木)을 부러뜨리는 흉의(凶意)가 더욱 커
지게 됩니다.

이 팔자에서는 을목(乙木)은 편관이므로 남편성에 해당합니다. 그러므로 이
사주는 남편 을목(乙木)이 많은 토(土)에 꺾여 관고(官庫)에 파묻히는 흉상(凶像)
인 것입니다.

형(刑)·충(沖)의 통변 응용법

1. 정관(正官)의 득관(得官)은 남자 친구를 만난다.

時	日	月	年	歲運	女命
	丁			壬	
	未	子		午	

임오년(壬午年)의 오화(午火)속에는 친구 정화(丁火) 비견이 있습니다. 또한 임수(壬水)는 정관이니 남자가 됩니다. 정화(丁火)가 천간의 임수(壬水)와 정임(丁壬)명암합이 된 구조가 임오년(壬午年)인 것입니다. 임오년(壬午年)에 임수(壬水)를 데리고 찾아 와서 정화(丁火) 일간에게 소개 시켜준 것입니다 이것이 정임합(丁壬合)의 상황인 것입니다. 그러나 자오충(子午沖)이 되면서 자미(子未)원진이 발생하게 됩니다. 배우자궁에서 자미원진이라 원망할 사건이 발생할 것을 알려주게 됩니다. 곧 오중(午中)의 정화(丁火)가 자오충으로 인해 천간에 충출(沖出)하게 되면 정임(丁壬)합거로 정관인 임수(壬水)가 사라지게 됩니다. 그래서 소개받은 임수(壬水)는 친구 정화(丁火)가 데리고 떠났습니다.

2. 재성(財星) 손재수(損財數).

時	日	月	年	歲運	男命
壬	丙				
	戌			未	

병술(丙戌)은 동주고(同柱庫)라 합니다. 이것은 병화(丙火)가 술토(戌土)라는 묘고지(墓庫地)에 앉아 있다는 의미가 됩니다. 그런데 미년(未年)에 들어와서 술미(戌未)형이 되면 병화(丙火)가 술(戌)에 입고하게 됩니다. 이것은 병화의 재성(財星)입고(入庫)이니 그 해에 재물 손재수가 있거나 처성(妻星)에 문제가 발생한다고 보는 것입니다.

3. 무계합거(戊癸合去)하는 글자의 길흉을 확인해야 한다.

時	日	月	年	歲運	男命
壬		癸			
	戌			未	

미년(未年)에 들어와서 술미(戌未)형이 되면 술(戌)중 무토(戊土)가 충출(沖出)해서 무계합거(戊癸合去)로 계수가 사라지게 됩니다. 그래서 술토(戌土)는 기물파괴가 됩니다.
무계(戊癸)합거로 사라지는 계수(癸水)가 기신이면 길할 것이고 계수(癸水)가 희신이라면 흉할 게 나타날 것입니다. 이것은 술토(戌土)가 관성이므로 관성에 문제가 발생하게 됩니다.

4. 재물로 인한 원진을 경험한 후에 재성 손재수가 찾아온다.

時	日	月	年	歲運	男命
	壬			丙	
丑			巳	戌	

병술년(丙戌年)에는 병화(丙火)가 동주고(同柱庫)의 물상으로 등장합니다. 이것
은 만약 축술형(丑戌刑)이 되면 그 해에 들어오는 병화(丙火)가 술(戌)에 입고(入
庫)가 된다는 사실을 의미합니다. 그래서 병화는 재성이므로 그 해에 재물에
손재수가 일어나게 됩니다.
이런 경우는 년지(年支)의 사화(巳火)와 사술(巳戌)원진(元嗔)이 발생하기 때문
에 갈등이 일어난다는 사실을 알게 해줍니다. 병술년 초년에 이런 원진을 겪
은 후에 후반기 늦게 재성 손재수가 발생하는 것입니다.

5. 올 해 말에 재물 혹은 여자를 만나게 된다.

時	日	月	年	歲運	男命
	庚				
未	申			戌	

술미형(戌未刑)이 되면 미중(未中) 을목(乙木)이 충출(沖出)하면서 일간과 을경합
(乙庚合)을 합니다. 이것은 일간과의 합이므로 득재(得財)를 하게 됩니다. 그래
서 이 해에 늦게 재물을 얻게 됩니다. 혹은 여자를 만나게 될 수도 있습니다.
시지(時支)가 미토(未土)이므로 이 해에 끝 무렵에 만나게 됩니다.

6. 일지의 인수고(印綬庫)를 가지면 문서 운이 불길하다.

時	日	月	年	歲運
丁	甲			
未				丑

이런 구조는 갑목(甲木)이 일지(日支)의 인수고(印綬庫)를 가진 명조가 됩니다.
축미충(丑未沖)이 되면 갑목(甲木)은 미토(未土)에 입고되므로 정화(丁火)의 진신
인 갑목(甲木)이 사라지므로 그 해에는 성취를 기대하기 어렵습니다.
축(丑)이라는 땅에 미(未)라는 전봇대를 박는다던지 아니면 축(丑)이라는 자궁
에 미(未)라는 수술물상이 이루어지면 액땜이 될 수 있습니다.

7. 삼각 관계.

時	日	月	年	歲運	女命
丁				壬	
未				戌	

정화(丁火) 일간에게는 임수(壬水)가 정관이므로 남자친구가 됩니다. 그런데
술미형(戌未刑)이 되면 미중(未中) 정화(丁火)가 충출(沖出)하여 정임(丁壬)합거
(合去)로 임수(壬水)가 사라지게 됩니다. 미(未)는 일간에서 보면 관대에 해당
이 됩니다. 관대속에 있는 정화는 그녀의 자매이니 친구입니다.
그런데 술미형(戌未刑)이 되어 충출(沖出)하므로, 정화(丁火)의 남친 임수(壬水)
를 가로 채갔습니다. 자기가 임수(壬水)를 더 좋아해서 데리고 떠나게 됩니다.
삼각관계가 만들어지는 배경입니다.

개두(蓋頭)와 절각(截脚)

1. 개두(蓋頭)와 절각(截脚)의 개념.

간지(干支)에 있어 개두(蓋頭)는 머리인 천간을 뜻하고 절각(截脚)은 다리인 지지(地支)를 말합니다. 모두 흉의(凶意)가 있는 글자들입니다. 개두(蓋頭)는 죄인의 머리에 덮어씌우던 항쇄(項鎖)와 같은 칼을 말합니다. 그러므로 천간에 개두(蓋頭)가 존재하는 경우에는 지지의 글자가 죄인처럼 구속을 당하므로 자유롭지 못함을 뜻하게 됩니다.

예를 들어 경인(庚寅)에 있어서 천간 경(庚)은 인목(寅木)에게는 개두(蓋頭)가 되는 셈입니다. 그러므로 인목(寅木)이 경금(庚金)에 눌려 자유롭지 못하다고 보는 것입니다. 또한 반대로 지지에서 천간을 극하면 절각(截脚)이라 말하는데 이것 역시 흉운이 됩니다. 절각(截脚)이 되면 다리가 부러졌다는 말이니, 천간이 자유롭게 이동하는데 제한이 걸리게 되는 셈입니다.

예를 들어 갑신(甲申), 을유(乙酉)를 만나는 경우와 같습니다. 천간의 갑목(甲木)이 지지의 신금(申金)으로부터 금극목(金克木)을 당하게 되면 갑목(甲木)은 위축되어 자유롭지 못하게 됩니다. 목(木)은 당연히 금(金)의 극(剋)을 당하여 불길하게 됩니다. 그러나 보다 정확한 것은 사주팔자에서 희신과 기신을 가려 기신인 천간(天干)이 희신인 지지(地支)를 극(剋)하는 경우를 개두(蓋頭)라 호칭을 하고 기신인 지지(地支)가 희신인 천간(天干)을 극(剋)하는 것을 절각(截脚)이라 말하게 됩니다.

13 암충암회(暗沖暗會) 이해하기

암충암회(暗沖暗會)란, 것은 지장간 속에 있는 숨은 십간들의 합과 충을 말합니다. 이와 반대로 명충명합(明沖明會)이라는 것은 팔자에 드러난 천간이나 지지의 합과 충을 말하는 것입니다. 그러니까 명충명합(明沖明會)은 팔자의 합충이고 암충암회(暗沖暗會)는 장간의 숨은 합충을 의미하는 것이라 이해하면 됩니다.

또한, 팔자 천간의 명신(明神)과 지장간의 암신(暗神)이 결합하는 것을 명암충, 명암합이라고도 합니다. 이러한 암충암회가 길(吉)하다고 하는 것은 충기(沖起)하거나 충발(沖發)하기 때문인데 기(起)라는 것은 "일어난다"라는 의미로 지장간의 십간 육신이 천간으로 확연히 드러난 것을 말합니다. 그래서 만약에 사길신(四吉神)이 드러나면 긍정적 결과가 오겠지만 살상겁효(殺傷劫梟)의 흉신이면 불리해질 수 있는 것입니다.

1. 충기(沖起) 이해하기.

【예시1】

時	日	月	年
		甲	
⇧	寅	申	

갑인(甲寅)을 신(申)이 인신(寅申)충하면 충(沖)을 당하는 지지 위에 있는 천간 갑(甲)은 통근하여 힘이 있는 까닭에 충기(沖起)하고, 충(沖)을 당한 지지 신(申)은 오히려 충파(沖破)되기 쉽습니다.

2. 형기(刑起) 이해하기.

【예시2】

時	日	月	年
		丁	
⇧	巳	申	

정사(丁巳)를 신(申)이 와서 사신(巳申)형하면 형(刑) 당하는 지지 위에 있는 천간 정화(丁火)는 통근하여 힘이 있는 까닭에 형기(刑起)하고 신(申)은 형파(刑破)가 됩니다.

그래서 형충(刑沖) 운에 고된 노력이 헛수고로 끝나거나 투자가 손실로 나타나면 형파(刑破), 충파(沖破)라 하고 노력한 것보다 기대 이상의 결과를 가져오거나 갑작스럽게 좋아지면 형기(刑起), 형발(刑發) 또는 충기(沖起), 충발(沖發)이라 말을 하게 됩니다.

3. 암충암회(暗沖暗會)의 실전 간명법.

【예시3】 부동산 경매로 큰 부자가 된 남자

時	日	月	年	大運51	女命
식신	일간	정관	비견	겁재	
甲	壬	己	壬	癸	
辰	子	酉	寅	卯	
편관	겁재	정인	식신	상관	
		庚辛	戊丙甲		지장간

이 명조는 임수(壬水) 일간이므로 병오(丙午)는 재성이 됩니다. 그런데 이 사람은 병오운(丙午運)엔 발재하지 못하다가 계묘(운癸卯運)에 들어서 발재(發財)하기 시작했습니다.

왜 그럴까요? 이것을 알려면 암충암회(暗沖暗會)를 이해해야 합니다.

지장간에 묻어둔 기물을 언제 꺼내 쓰는가를 알게 해주는 법리가 암충암회법 입니다. 암합(暗合)이란 땅에 묻힌 것이라 당장 사용이 불가능하다고 이해하면 됩니다. 이걸 사용하도록 만드는 것이 충(沖)입니다. 다만 충(沖)하게 되면 파손(破損)이 생길 수가 있는 것이므로 충극(沖剋)인가 아니면 충동(衝動)인가를 파악하는 게 어려운 점입니다. 만약 충동(衝動)으로 충기(衝起)하여 올라오는 물건이 있다면 그 물건을 얻게 됩니다. 그게 문서라면 부동산 취득 문서이고 취업운이면 입사 문서 혹은 발령 문서, 합격 문서를 그 해에 얻는다고 보시면 됩니다. 만약 재물이라면 득재(得財)한 것처럼 큰 재물이 들어오게 됩니다.

이 사주는 계묘(癸卯)대운에 묘유충(卯酉沖)이 보일 겁니다. 묘유충(卯酉沖)이 충극(沖剋)인가 아니면 충동(衝動)인가. 어떻게 확인할 수 있을까요. 월지에 놓인 유금(酉金)은 왕지(旺地)가 됩니다. 묘목(卯木)이 들어오면서 묘유충(卯酉沖)을 일으키지만 월지의 유금(酉金)이 무척 강하므로 묘목(卯木)이 유금(酉金)을 극하지 못하고 오히려 묘목(卯木)이 밀려나겠죠. 이때 유금(酉金)은 동(動)하게 됩니다. 그러므로 유금(酉金)은 충동(衝動)이 되는 것입니다. 충동(衝動)이 되면 파손이 되는 것이 아니라 충기(衝起)하게 됩니다. 곧 금(金)의 기운이 위로 솟구치는 것입니다. 유금(酉金)은 인수이므로 문서(文書)가 되는 것인데 이시기에 문서(文書)가 동(動)하는 것입니다. 그러므로 묘(卯)대운에 문서 발재(發財)가 일어나게 됩니다. 그래서 이 시기에 부동산 문서를 취득한다고 추리할 수 있는 것입니다.

일단 동(動)하게 되면 한 번으로 끝나는 것이 아니라 5년간 지속적으로 발생하게 됩니다. 이때에는 유금(酉金)이 충기(衝起)했다고 말하는 것보다는 유중(酉中)의 신금(辛金)이 충기(衝起)한다고 말하는 것입니다. 왜냐하면 평소에는 유금(酉金)이 정(靜)으로 존재하는 것입니다. 즉 인중(寅中)의 병화(丙火)와 유중(酉中)의 신금(辛金)이 병신(丙辛)암합(暗合)으로 묶여 있는 것이죠. 그래서 평소에는 유금(酉金) 인수가 크게 일어나지 못하는 이유입니다 그러나 역시 유중(酉中)의 경금(庚金)은 있으므로 문서로 사업을 하였던 것입니다.

곧 이 사람은 대리운전 사업을 운영해 왔습니다. 대리운전은 기사가 하는 것이지만 모두 문서계약으로 이루어지는 사업입니다. 그러다가 묘유충으로 유금(酉金)의 병신(丙辛)암합(暗合)을 풀어주면 암합(暗合)이 풀리게 되면서 신금(辛金)이 동(動)으로 크게 충기(衝起)하는 원리입니다. 이 때 등장한 묘목(卯木)은 상관이므로 상관이라는 고도의 언변, 테크닉, 정보, 기술이 들어와 유금(酉金)문서를 충(沖)하는 것입니다. 그 결과 신금(辛金)문서를 충기(衝起)하여 빼내는데 성공할 수 있었는데 아마도 이 상관이 능수능란한 경매 기술의 상(像)인 것 같습니다. 그러므로 이 사람은 부동산 경매로 큰 부자가 될 수 있었습니다. 실전에서는 암합(暗合)암충(暗沖)을 이렇게 간명하는 겁니다.

4. 암충암회(暗沖暗會)로 복권담청금 예상하기.

【예시4】 로또에 당첨이 된 남자

時	日	月	年	歲運41	大運33	男命
비견	일간	편재	편재	편재	편인	
戊	戊	壬	壬	壬	丙	
午	寅	寅	戌	寅	午	
정인	편관	편관	비견	편관	정인	
丙己丁	戊丙甲	戊丙甲	辛丁戊			지장간

임인년(壬寅年)에 로또에 당첨되는 사주입니다. 사주를 보면 인중(寅中)의 병화(丙火)가 문서이고 임수(壬水)가 편재가 됩니다. 그런데 인중(寅中)의 병화(丙火)가 천간의 임수(壬水)와 임인(壬寅)의 간지(干支)로 붙어 있으므로 지장간에서 병임(丙壬)과 명암충(明暗沖)이 된 구조입니다. 암충(暗沖)에서는 충동(衝動)과 충극(沖剋)을 보게 됩니다. 만약 충극(沖剋)이 된다면 기물(器物)이 파괴되는 것이고, 만약에 충동(衝動)이라면 기물(器物)이 충기(衝起)가 일어나게 됩니다. 그런데 지장간의 병화(丙火)는 비록 명암충(明暗沖)이라 하지만 정(靜)한 상태인 것입니다. 즉 암기(暗氣)는 발생할 수 있으나 실제로 충(沖)은 안 된다고 보는 것이 명암충(明暗沖)입니다. 실제로 외부에서 병화(丙火) 혹은 오화(午火)를 만나야 충(沖)이 작동하게 됩니다. 따라서 병오(丙午)대운에 암충(暗沖)으로 격발(擊發)하여 병임충(丙壬沖)이 발생하게 됩니다.

그 결과 임수가 동(動)하여 재물을 토해 내게 되어 있습니다. 그래서 이 사주는 인중(寅中)의 병화(丙火)가 충기(衝起)해야 임수(壬水)가 동(動)하고 임수(壬水)가 동(動)해야 재물이 유입이 되게 됩니다. 재물은 동(動)해야 취할 수가 있다는 것입니다. 이것이 암충암회(暗沖暗會)의 실전 간명법 입니다.

운명의 길라잡이 사주팔자학

제4장

명리에서
가르쳐 주지 않는 진실

1 군비합관(群比合官) 보는 법

명리학에서 여자가 첩실(妾室)이 되거나 후처(後妻)로 들어가거나 하는 기이한 인연법(因緣法)은 무엇을 보고 간명하겠습니까?

첫 번째로는 사주(四柱)에서는 부성(夫星)이 되는 관살(官殺)이 없는 여성은 편방(偏房)이 아니면 속실(續室)이 된다고 하였는데 다른 말로 말하면 즉 첩(妾)을 말합니다. 편방(偏房)이란 뜰아래 체를 말하는데 그곳에 거주하는 여인이니 소실(小室)이 되는 것입니다.

두 번째로는 자매강강(姉妹鋼强)을 살펴봅니다. 사주에서 자매(비겁)가 강강(剛强)하면 이것은 사주(四柱)에 비겁(比劫)이 많다는 말이 되는 것입니다 그러면 홀아비의 부인이 된다는 말로 후처(後妻)를 의미합니다. 그 이유를 명리학적으로 살펴보건대 사주(四柱)에 비겁(比劫)이 많으면 당연히 남편성인 관살(官殺)을 두고 분관(分官)으로 남편을 나누거나 다투게 됩니다. 남편을 분관(分官)으로 나누면 남편성이 지지(地支)에 강하게 통근한 자가 이기게 됩니다. 이것이 부성정편자처(夫星正編自處)입니다. 부성정편(夫星正編)이란 남편성이 위치한 처소를 정(正)과 편(偏)으로 나누어 간명하는 것입니다. 자기가 편(偏)에 해당하여 지게 된다면 남편을 상대방에게 빼앗기고 비겁(比劫)보다 신강(身强)하다면 자기가 남편을 차지하게 됩니다. 차지한다고 해도 남편의 바람기는 막을 방법이 없습니다. 이것은 팔자가 비겁분관(比劫分官)이기 때문입니다.

관살(官殺)인 남편의 입장에서 보면 비겁(比劫)은 자매이니 여자에 해당이 되는 것입니다. 그러므로 자매는 관살(官殺)의 재성(財星)이니 비겁(比劫)이 많다는 소리는 당연히 남편에게 여자가 많다는 말과 같은 것입니다. 그래서 처첩(妻妾)을 거부하여 남편과 헤어지고 나서 다시 결혼을 하더라도 운명은 거스릴 수가 없다는 의미로 전방지부(塡房之婦)의 삶이라고 간명을 합니다. 이것은 새로 결혼한 혼인방을 나 홀로 지킨다는 뜻이므로 남편이 되는 부군은 첩실에 주로 생활을 하고 가끔씩 자기가 있는 안방을 찾아 메꾸는 식이라는 뜻입니다. 그래서 군비합관(群比合官)은 많은 수의 비견(多比肩)이 정관 하나를 놓고 다투는 상황을 군비합관(群比合官)이라 말합니다. 군비합관(群比合官)이 되면 남편궁(夫宮)은 타인의 물건으로 합화(合化)되어 있으니 남편은 외도하기 쉽고 부인에 대한 사랑은 온 마음을 다하기 어렵습니다. 군비합관(群比合官)은 군겁쟁재(群劫爭財)와 비슷한 구조입니다. 다만 군비합관(群比合官)은 주체가 관성(官星)이 되는 것이고 군겁쟁재는 주체가 재성(財星)이 되는 것이 다릅니다. 곧 재성을 놓고 다투는 것은 군겁쟁재(群劫爭財)이고, 정관을 놓고 다투는 것을 군비합관(群比合官)이라 말을 합니다.

時	日	月	年		時	日	月	年		時	日	月	年
乙	乙	庚			庚	乙	乙	乙		庚	庚	辛	乙

군비합관	군비합관	군겁쟁재

어찌하였거나 한 개의 물건이 난도질 당한 것처럼 여러개로 쪼개지는 현상이 발생하는 것입니다. 이것은 관성이 쪼개지면 합관(合官) 또는 분관(分官) 혹은 쟁관(爭官)이라 말하고 재성이 쪼개지면 쟁재(爭財), 분재(分財)라 말을 합니다. 군비합관(群比合官)은 한 남자가 여러 여자에게 쪼개지는 현상이니 남자 주변에 여자가 많다고 이해하면 됩니다.

이와는 다르게 군겁쟁재(群劫爭財)는 한 여자가 여러 남자에게 쪼개져 갈라지는 것이니 주변에 남자들이 많다고 이해하면 됩니다. 그러므로 군비합관(群比合官)에서는 자기 남편에게 처첩(妻妾)이 있다는 말이고, 군겁쟁재(群劫爭財)라면 자기 아내가 외부(外部)에서 만나 정(情)을 통하는 남자가 있다는 말이 됩니다. 왜냐하면 다비견(多比肩)이 쟁재(爭財)하면 재성 하나를 놓고 다투는 겁니다. 재성을 여러 개로 쪼깨는 것이니 이 재성은 여러 남자를 거느린 경험이 많게 됩니다. 이것이 군비쟁재입니다. 만약 여자 사주가 도식(倒食)이 되어 있는데 또 군비합관(群比合官)이라고 한다면 남자를 상대하는 식당 혹은 술집경영이 나올 수 있습니다.

【예시1】

時	日	月	年	男命
비견		정재	겁재	
甲	**甲**	**己**	**乙**	
		卯	**巳**	
		겁재	식신	

기토(己土) 재성(財星)을 놓고 비견, 겁재가 군비쟁재(群比爭財)를 벌이는 상황입니다. 이 기토(己土) 재성은 여러 남자를 상대한 노련한 여자입니다. 곧 연애 경험이 많으므로 남성 편력이 심했던 여성을 인연으로 만나게 될 수 있습니다. 물론 여자사주가 좋을 경우에는 군비합관(群比合官)에서는 외부 남자와 통정(通情)을 하는 경우가 될 수 있습니다. 여자에게 있어서 관성은 남편성이 되기 때문에 그런 관성을 놓고 여러 명의 비견이 다투는 구조가 되면 이것은 자매강강(姉妹鋼强)이라 말하니 내 남편을 여러명이 관할(管轄)한다는 말이므로 내 독자치가 아닌 것을 뜻하게 됩니다. 고로 부성정편(夫星正偏)에서 밀려나면 여자 본인이 처첩(妻妾)에 해당할 수 있다는 말이 됩니다. 자신이 처(妻)인지 혹은 첩(妾)에 해당되는지 알려면 일간이 관성을 가지는 힘을 보고 판단합니다. 일간과 관성이 유정(有情)하면 처(妻)가 되고 무정(無情)하면 첩(妾)이 될 가능성이 높습니다.

또한, 남편성인 관살을 비겁이 합관(合官)을 하여 둘로 쪼개니 당연히 남편의 바람이나 외도(外道)를 하는 것이 당연합니다. 여자 명조가 군비합관(群比合官)이 되는데 그녀의 남편성이 왕성하다면 남편에게는 분명한 애인이나 혹은 처첩(妻妾)의 소유가 존재하게 됩니다. 군비합관(群比合官)이 된 여자는 비록 "내가 이혼하면 되겠지" 하고 이혼하여 다른 남자를 만나도 결국 비슷한 상황에 처하게 됩니다. 다시 재혼한 남자를 알고 보니 이 남자에게는 이미 애인이 있는데 내가 후처였더라. 뒤늦게 알게 될 공산이 크다는 사실입니다.

2 자매강강(姉妹鋼强)이면 전방지부(塡房之婦)의 운명이다.

자매강강(姉妹鋼强)이라는 것은 여자 명조에서 비견겁(比肩劫)이 많은 것을 말합니다.

일간의 동류(同流)가 되는 것이 비견겁(比肩劫)이므로 비견이 태왕(太旺)하게 된다면 재성(財星)은 물론 관성(官星)을 분관(分官)하게 만들게 됩니다.

특히 하나의 관성을 놓고 여러 비견들이 다투므로 분쟁(分爭), 분탈(分奪), 분관(分官)이라 하였는데 여자에게는 매우 불리한 상황에 놓이는 것입니다.

만약, 여자 명조(女命)에서는 비견겁(比肩劫)이 많게 되면 비견겁은 편재를 극부(剋父)하므로 부친(父親)과 시모(媤母)에게 불리하게 되는 것은 물론이고 다비견(多比肩)이 하나의 관성을 쪼개 가지는 결과로 인해 처첩(妻妾)의 상황에 놓일 수가 있다는 말이 됩니다.

그로 인하여 "자매강강이면 나는 전방지부(塡房之婦)가 된다"고 하였는바 곧 홀로 빈방을 차지하고 있는 부인이라는 말을 뜻하는 것입니다.

【예시1】 비견겁다자(比肩劫多者)로 첩(妾)이 된 사례입니다.

時	日	月	年	女命
편관		겁재	식신	
丁	辛	庚	癸	
酉	酉	申	丑	
비견	비견	겁재	편인	

신유(辛酉)일주는 사주첩경에 나오는 실례인데 사주(四柱)는 비견겁다자(比肩
劫多者)로 자매강강(姉妹剛强)인데 정화관살(丁火官殺)은 무근(無根)으로 고립무
보(孤立無補)입니다. 그러므로 첩(妾)이 된 여명(女命)의 사주(四柱)입니다. 그리
하여 말하길 자매강강(姉妹剛强)은 두 여자가 같은 남편(二女同夫)이라 부부는
별실(別室)이 다르니 동가식서가숙(東食西宿)한다고 말했던 것입니다.

【예시2】 자매강강(姉妹鋼强)하니 전방지부(塡房之婦)가 된 사례입니다.

時	日	月	年	女命
비견		정관	상관	
辛	辛	丙	壬	
酉	卯	午	子	
편재	비견	편관	식신	

하나의 병화(丙火) 남편성을 놓고 다비견(多比肩)이 붙은 것이라 자매강강(姉
妹鋼强)으로 군비합관(群比合官)이라 할 것입니다. 그런데 신묘(辛卯)일주는 신
금(辛金)일간이 묘목(卯木) 절지(絶地)에 앉아 있고 신유(辛酉)시주의 비견(比
肩)은 유금(酉金) 건록(建祿)에 앉아 있습니다. 그런데 묘유충(卯酉沖)을 하므
로 시지궁(時支宮)이 일지궁(日支宮)을 충하여 밀려나게 하는 모양새를 보이
고 있습니다. 그러므로 내가 약하고 상대방은 강한지라 내가 전방지부(塡房
之婦)가 된 사례입니다. 곧 내가 정실(正室)이라 하여도 남편은 첩실 소생을
더 좋아하였으므로 남편이 대부분 머무는 장소는 첩실이 거주하는 아래채
가 되었습니다.

5 남녀의 삼각관계도 사주에 나타난다.

時	日	月	年	女命
겁재		비견	상관	
戊	己	己	庚	
辰	卯	丑	午	
겁재	편관	비견	편인	
乙	甲	癸	丙	
癸		辛	己	지장간
戊	乙	己	丁	

"내가 사귀던 남자가 제 친구를 좋아한다고 하네요." 그래서 결국 둘이 사귀는 바람에 저는 남자와 친구 둘 다 잃게 되었습니다. 이 팔자에서 어떤 부분을 보고 삼각관계를 예상할 수가 있을까요. 이 명조는 묘중(卯中) 갑목(甲木)이 편관이므로 나의 남자입니다. 그런데 묘목(卯木)이 도화살(桃花殺)이죠. 내 남자는 도화(桃花)에 걸려 있다고 보면 됩니다.

명서(命書)에서 "도화정관이면 부군이 작첩(作妾)을 한다"라고 말했던 것인데 내 팔자는 특히 비견과 겁재가 많아 분관(分官)의 우려도 있고 도화 남자에 걸려 있으니 이것은 내 남자를 놓고 비견들이 서로 다툰다는 뜻입니다. 이것을 가리켜 군비분관이라고 말하는 겁니다. 곧 내 하나의 관성이 비견들에 의해 쪼개진 상태를 의미합니다. 지장간을 살펴보면 묘중(卯中)의 갑목(甲木)이 일간 기토(己土)와 명암합(明暗合)하는 구조가 정상입니다. 그런데 월지 축(丑)중의 기토(己土)와도 갑기 암합(暗合)하는 중입니다. 년지의 오중(午中) 기토(己土)와도 갑기 암합합니다. 이것은 내 남자가 양다리 걸친 모습인 것입니다. 곧 이혼명으로 보겠지만, 간혹 여자 분이 바람을 피우는 남자를 이해하여 받아들인다면, 남자에게는 작첩(作妾)이 되는 겁니다.

6 궁합에서 방국과 삼합이 일치하면 목적이 같다.

【예시1】 딸의 사주

時	日	月	年	歲運	大運	女命
인수		정관	편관	정관	편인	
甲	丁	壬	癸	壬	乙	
辰	卯	戌	酉	寅	丑	
식신	편인	상관	편재	인수	식신	

계묘년(癸卯年)에 결혼을 앞두고 있었는데 임인년(壬寅年) 딸이 갑자기 옛 애인과 함께 도망을 갔습니다. 이러한 행동 패턴을 사주 어디에서 읽을 수가 있을까요?

임인년(壬寅年) 말렵에 인묘진(寅卯辰) 방국(方局)이 결성이 됩니다. 이것은 문서(文書)가 국(局)을 이루는 것이고 육친적으로는 인수국이므로 모친(母親)의 입김이 강해진다고 보면 됩니다. 그러니까 임인년 말에 아마도 전 남친을 손절(孫絕)하고 새로 만난 남자와 결혼하라는 모친의 압박이 심했을 것입니다. 모친의 강경함이 인수국(印綬局) 결성이라는 것으로 나타난 것입니다.

딸은 년간(年干)과 월간(月干)이 관살혼잡(官殺混雜)이 분명하므로 이것은 남녀의 애정사(哀情事)인 것입니다. 그런데 갑목(甲木)이 투출된 상태에서 인묘진(寅卯辰) 방국이 되면 정화(丁火) 일간은 목다화식(木多火熄)이 됩니다. 곧 정화의 불이 꺼지게 됩니다. 목생화(木生火)가 되는 것이 아니라 지나친 목(木)은 과유불급이라 소통이 안 되는 것이라 곧 불을 꺼지게 만드는 원인이 되는 것입니다. 이런 유형의 목다화식이 되면 블안증, 강박증으로 정신공황상태가 발생할 수 있습니다.

【예시2】 모친(母親)의 사주

時	日	月	年	歲運	女命
편인		상관	인수	편관	
甲	丙	己	乙	壬	
午	戌	卯	巳	寅	
겁재	식신	인수	비견	편인	

이 명조는 모친의 사주입니다. 임인년(壬寅年) 말렵에 인오술(寅午戌) 화국(火局)이 보입니다. 이것은 화인위겁(化印爲劫)으로 겁재(劫財)왕국이 결성이 되는 것을 말합니다. 임인년 말렵 같은 시기에 딸의 사주에서는 인묘진(寅卯辰) 방국(方局)의 결성이 보이고 모친의 명조에서는 인오술(寅午戌) 삼합(三合)의 결성이 보는 것입니다. 이러한 패턴은 동일한 방향과 목적이 숨어 있는 것을 암시합니다. 즉, 딸에게는 인수국이고 모친에게는 겁재국에 해당하니 모친의 영향력이 딸에게 지대함을 표시하는 것을 말합니다.

그 해 말렵에 모친이 겁재(劫財)처럼 무식하게 딸에게 밀어붙여 사고가 발생할 것입니다. 그 방향은 겁재국(劫財局)이 상관을 화생토(火生土)하므로 상관인 기토(己土) 딸을 향하게 됩니다. 결과 상관 기토(己土)는 화기(火氣)로 인해 메말라 갈라지게 됩니다. 그런데 계묘년(癸卯年)에 계수(癸水)가 등장하여 단비를 내리는 형상이 되어 메마른 대지에 해갈이 되었던 것인데 당연히 편관 계수(癸水) 따라 가야 살 수 있겠습니다.

7 유산(遺産) 상속(相續)은 어디에 나타날까?

時	日	月	年	歲運	男命
편관		식신	편인	편인	
己	癸	乙	辛	辛	
未	巳	未	未	丑	
편관	정재	편관	편관	편관	
	戊庚丙				지장간

이 명조에서 내 재물은 사중(巳中) 병화(丙火) 재성이 됩니다. 년간 조상궁에 위치한 신금(辛金)은 조부궁(祖父)이 됩니다. 그런데 사(巳)중의 병화(丙火)재성 (財星)이 년간의 신금(辛金)과 명암합(明暗合)을 하고 있습니다. 이건 "조부(祖父)가 관장하는 재물이고 내가 임의로 사용 못한다"라는 사실을 알 수가 있는 것입니다.

그런데 신축년(辛丑年)에 축미충(丑未沖)이 됩니다. 그러면 신축(辛丑)은 자좌(自座) 동주고(同柱庫)이니 신금(辛金)이 축토(丑土)에 입고(入庫)가 될 수 있는 해입니다. 신금(辛金) 입고(入庫)시에는 사망, 입원, 감금 등이 발생할 수 있습니다. 그 결과 신축년에 조부가 사망하였습니다. 년간(年干)의 신금(辛金)이 입고하므로 사(巳)중의 병화(丙火)와 연결이 된 신금(辛金)이 사라지게 됩니다 그 결과 병신(丙辛)명암합(明暗合)의 연결 고리가 끊어지게 됩니다. 이렇게 되면 사중(巳中) 병화(丙火) 재물은 온전히 내 소유물로 들어오게 됩니다. 그러므로 이 사람은 신축년(辛丑年)에 유산상속(遺産相續)을 받았습니다.

8 범태세(犯太歲)를 범(犯)하면 산 사람으로 보지 않는다.

경(經)에서 말하기를 태세(太歲)가 일간을 손상(損傷)하게 하면 화(禍)가 가볍지만, 만약 일간(日干)이 세군(歲君)을 범하면 재앙이 필히 무겁다고 말을 합니다. 여기서 말하는 태세(太歲)는 그 해의 간지를 뜻하므로 유년(流年)을 말하는데 보통 세군(歲君)이라고도 합니다. 그래서 만약 세군(歲君)이 일(日)을 손상한다는 것은 예를 들어 경년(庚年)이 갑일(甲日)을 극(克)하면, 편관(扁官)이 되는데 비유하자면 임금(君)이 신하(臣)을 다스리는 것이고 부친(父)이 자녀(子)를 다스리는 것이라서 비록 재해(災害)가 있으나 큰 해(害)가 되지 않는다고 말합니다. 어떤 연유에서 이와 같이 설명을 할까요?

그 이유는 위사람(上)이 아랫사람(下)을 다스리면 순리(順)에 따르는 행동이며 그래서 그 정(情)이 오히려 끊어지지 않는 것을 의미합니다. 그러나 만약 일주(日柱)가 세군(歲君)을 범하는 경우를 충극태세라 말하였는데 이것은 태세군을 건드렸다는 의미가 됩니다. 이것은 보통 항명이나 하극상을 말하는 것입니다. 곧 신하가 임금을 능욕한 것이며 아랫사람이 위 사람을 모욕한 것이라 어찌 천하가 평탄할 수 있겠습니까. 그러므로 명리학에서 범태세가 되면 그는 이미 죽은 사람이라 보았는데 죽지 않고서는 감히 신하로 임금을 능욕할 수가 없다는 의미로 받아들이면 됩니다. 범태세에는 오양간(五陽干)에 있으면 중(重)하고 오음간(五陰干)에 있으면 가볍다고 보면 됩니다. 더구나 나쁜 흉살(凶殺)들인 원진(元辰), 공망(空亡), 함지(咸池) 고진(孤辰), 병부(病府), 상문, 조객, 백호(白虎), 양인(羊刃), 천액(天厄) 등 제흉살(諸凶殺)이 들어오는 태세와 아울러 임(臨)하면 화액(禍患)이 백가지로 심(甚)하게 되므로 이 해에 죽을 수도 있게 됩니다.

1. 범태세(犯太歲)가 되는 해에 습을상정(濕乙傷丁)이 되다.

時	日	月	年	歲運	大運	男命
비견		정관	상관	식신	정재	
壬	壬	己	乙	甲	丁	
寅	子	卯	卯	戌	丑	
식신	겁재	상관	상관	편관	정관	

정축(丁丑)대운 갑술년(甲戌年)에 가스중독으로 사망하였습니다. 이 명조는 수목(水木)이 많은데 기토(己土)가 정관(正官)으로 목(木)의 극(剋)을 당하는 사주가 됩니다. 그래서 이 명조는 상관이 용신이 되었는데 다량(多量)의 상관이 1개의 정관(正官) 기토(己土)를 공격하여 패격(敗格)이 된 명조입니다.

갑술년(甲戌年)에는 갑기합(甲己合)과 묘술합(卯戌合)을 하게 됩니다 인목(寅木)과 묘목(卯木)은 공망으로 상관(傷官)공망이 기토(己土)를 치면서 갑기합(甲己合)과 묘술합(卯戌合)이니 정관과 칠살(七殺)이 모두 제거가 되는 년도가 되었습니다. 태세의 간지가 합충으로 모두 제거가 되는 해를 범태세(犯太歲)라 합니다.

이것은 충극(沖剋)태세(太歲)로 태세군을 범했다라고 말할 수 있는 것입니다 그러므로 갑술년(甲戌年)에는 습기로 가득찬 수목(水木)에서 정화(丁火)대운을 만나니 **습을상정(濕乙傷丁)**의 상(像)이 되었습니다.

▶ **습을상정(濕乙傷丁)**의 자세한 설명은 제가 집필한【사주명리 실전 100구문】87장을 참고 해주십시오.

2. 제살태과된 명조가 범태세를 범하다.

時	日	月	年	歲運	大運	男命
비견		편관	겁재	편재	식신	
己	己	乙	戊	癸	辛	
巳	丑	卯	戌	卯	酉	
정인	비견	편관	겁재	편관	식신	

2021년 신축년(辛丑年)에 후두암에 걸려 고생하다가 2023년 계묘년(癸卯年) 1월19일에 사망하였습니다. 이 명조는 월주 을묘(乙卯)가 칠살격(七殺格)입니다. 칠살은 살(殺)이 강하므로 살(殺)을 제복하는 것을 원칙으로 삼는다고 하였습니다.

그런데 신유(辛酉)대운(大運)에 을신충(乙辛沖)과 묘유충(卯酉沖)이니 천충지격(天沖地擊)의 상(像)이니 제살태과가 된 것입니다. 더구나 유금이 일시지의 사축을 만나 사유축삼합국이 되면 제살태과는 더 강해집니다. 신축년(辛丑年)에 다시 을신충(乙辛沖)으로 질병을 일으켰습니다.

그런데 계묘년에 주목해서 봐야 할 것이 범태세인가 아닌가를 확인하는 일입니다. 왜냐하면 계묘년(癸卯年)에는 무계합(戊癸合) 묘술합(卯戌合)이 됩니다. 이것은 겁재가 태세를 범했다는 것입니다. 계묘(癸卯)의 태세군이 무술겁재(戊戌劫財)에게 붙잡혔습니다. 이러한 구조를 그 해의 간지에서 만나면 범태세(犯太歲)를 범했다고 말을 하는 것입니.

9 금목상쟁(金木相爭) 구조는 통관을 따라가야 산다.

時	日	月	年	男命
상관		정재	인수	
甲	**癸**	**丙**	**庚**	
寅	**酉**	**戌**	**申**	
상관	편인	정관	인수	

甲	癸	壬	辛	庚	己	戊	丁	
午	巳	辰	卯	寅	丑	子	亥	대운
74	64	54	44	34	24	14	4	

이 사람은 직장을 1년이상 다니면 항상 몸이 아파 관둔다고 합니다. 그나마 오래한 일은 강사였는데 강의 시간이 하루 5시간 정도이나 3년 일하다 결국 또 몸이 아파 관두게 됐다고 말을 합니다.

이 명조는 신유술(申酉戌)방국이 결성이 된 사주입니다. 경금(庚金)이 투간한 즉 지전삼물(地全三物)을 이루므로 금(金)의 순리를 따라 가야 합니다. 이것은 방국(方局) 결성이라 병술(丙戌)동주고(同柱庫)가 작동되지 않습니다. 따라서 이 명조는 금목상쟁(金木相爭)하는 구조이므로 갑인목(甲寅木)을 금(金)방국이 치는 것이라서 병약(病弱)한 겁니다.

대운도 동방목으로 흘러 대운도 따라 주지 않습니다. 이런 경우는 통관(通官)으로 나가야 합니다. 곧 물을 찾아야 합니다. 바닷가, 호수근처에 거주하세요. 좀 나을 겁니다.
물장사, 주류장사 카페장사 목욕탕 사업 모두 길합니다.

2. 43세 발복(發福)하지 않고, 왜 48세 발복(發福)하는가?

時	日	月	年	歲運48	大運43	女命
겁재		정재	정인	편관	비견	
己	戊	癸	丁	甲	戊	
未	戌	卯	酉	申	申	
겁재	비견	정관	상관	식신	식신	

다토(多土) 비겁(比劫)이 중(重)한 사주는 정체(停滯)됨을 가장 꺼리는 것인데 반드시 식상(食傷)이 있어야 길하게 됩니다. 왜냐하면 막힌 사주는 식상(食傷)으로 유통이 되어야 길하게 되는 것입니다. 그런데 이 사주의 문제는 월지가 묘목(卯木) 정관(正官)이므로 유금(酉金)상관(傷官)은 묘유충(卯酉沖)이라 사용할 수 없고 신금(申金)의 식신(食神)을 사용해야 합니다. 묘신(卯申)이 암합(暗合)이 되어 묘유충(卯酉沖)을 해소하는 길이 유리하게 작용하는 것입니다. 그러므로 신금(申金) 대운 기간에 계수(癸水) 정재(正財)를 생조할 수가 있습니다.

그런데 무토(戊土)대운 5년에는 무계합반(戊癸合絆)이므로 재성의 손재수가 보이게 됩니다. 이 경우에는 투자수가 아니므로 돈이 벌리지 않고 손재수가 계속 발생하게 될 것입니다. 그러므로 이 시기 5년간에는 발복할 수가 없다가 무계합거(戊癸合去)가 지난 신금(申金)대운부터 발복이 시작이 되는 것입니다. 그 시점이 갑신년(甲申年) 48세가 됩니다.

이 사장님은 무신(戊申)대운 48세 갑신(甲申)년부터 오리집 훈제 로스구이 집으로 직원 5명 거느리고 대박을 냈습니다. 기유(己酉)대운에는 돈이 나가는 일이 많았습니다.

14 인수입고에는 모친변고 혹은 문서사건 또는 본인질환이다.

時	日	月	年	歲運55	大運	女命
정관		정인	정재	정인	정재	
癸	丙	乙	辛	乙	辛	
巳	寅	未	卯	酉	丑	
비견	편인	상관	정인	정재	상관	

이 명조는 을신충(乙辛沖)이고 을미(乙未)가 좌자(座自) 입고(入庫)지입니다. 이른바 인수동주고(同柱庫)입니다. 그러면 을신충의 물상이 되는 이전최화(利剪催花)의 상(像)이 강렬해집니다. 곧 을목(乙木)의 손상이 오면 인수문서에 장애가 생기거나 아니라면 인체의 질환이 올 수가 있습니다.

신축(辛丑)대운에 을신충(乙辛沖)과 축미(丑未)충으로 천충지충(天沖地沖)이 되고 을유년(乙酉年)에는 다시 을신충(乙辛沖)을 만났습니다. 지지에는 묘유충(卯酉沖)이 되므로 이 해에도 역시 천충지충(天沖地沖)이 발생하였습니다. 그러므로 이전최화(利剪催花)의 상(像)이 발동하였는데 미토(未土)에 을목(乙木)이 입고(入庫)가 되었습니다.

그러므로 이 사람은 을목(乙木)의 장애(障礙)가 찾아왔는데 인수의 문서로 찾아오거나 혹은 건강으로 오거나 혹은 모친문제로 발생하게 됩니다.

그런데 이 분은 을유년(乙酉年)에 위암, 갑상선암, 유방암이 전이(轉移)되어 수술을 하였습니다. 왜냐하면 을목(乙木)은 주요 부위가 간, 담, 갑상선에 해당하는데 그와 관련된 부위에서 질병이 발생한다.

15 재고(財庫)는 충해야 얻는다.

1. 신미(辛未)대운에 부동산 발재(發財)가 일어났습니다.

時	日	月	年	男命
인수		편관	겁재	
丙	**己**	**乙**	**戊**	
寅	**卯**	**丑**	**辰**	
정관	편관	비견	겁재	
戊丙甲	**甲乙**	**癸辛己**	**乙癸戊**	**지장간**

癸	壬	辛	庚	己	戊	丁	丙	
酉	申	未	午	巳	辰	卯	寅	**대운수**
71	61	51	41	31	21	11	1	

이 명조에서는 드러난 재성이 없습니다. 무재성(無財星)이라는 뜻입니다. 그러나 이 사람의 재물은 진중(辰中) 계수(癸水)이고 축(丑)중 계수(癸水)로 숨어 있습니다. 지장간이라도 년지(年支)와 월지(月支)의 계수(癸水) 지장간이 모이면 계수(癸水)의 글자 성분은 동(動)하게 됩니다. 이것을 암중 발현(發顯)이라고 말을 합니다. 고로 이 사람은 재성이 암(暗)중 발현(發顯)을 하는 사람이니 현금이 없다고 말하면 안 됩니다. 마치, 집마당 속에 큰 수맥이 통과하는 것과 같은 구조입니다. 곧 수맥이라 땅속의 물줄기는 보이지는 않지만 물은 흘러가면서 파장을 일으키는 작용을 합니다. 이러한 수맥파(水脈波)의 영향으로 인해 벽(壁)에 금이 가고 갈라지는 현상이 발생할 수 있는 것입니다.

마찬가지로 암(暗)중의 계수(癸水)는 그 글자가 모여 동(動)하게 되면 지상에 영향을 끼치게 됩니다.

그런데 진중(辰中)의 계수(癸水)는 재고(財庫)에 해당이 됩니다. 곧 재고(財庫) 가 터지는 시기가 찾아오면 재물이 터져 나오게 됩니다. 그 시점이 언제일까요? 축미충(丑未沖)이 되는 미토(未土)대운(運)에 재고의 발현이 일어나게 됩니다. 그러므로 이 사람은 신미(辛未)대운에 부친으로부터 물려받은 부동산 급등으로 문서 발재(發財)를 하였습니다. 아버님이 물려주신 유산이 토지인데 부동산 폭등으로 일확천금 부자가 되었다.

2. 무재(無財)팔자가 은행지점장 후보가 된 경우입니다.

時	日	月	年	男命
겁재	일간	비견	식신	
己	戊	戊	庚	
未	辰	寅	戌	
겁재	비견	편관	비견	
丁	乙	戊	辛	
乙	癸	丙	丁	지장간
己	戊	甲	戊	

이 사람의 팔자에서는 드러난 재성이 없습니다. 보통 무재(無財) 사주라고 말하면 재성(財星)이 없는 것을 말을 합니다. 그래서 재성(財星)이 없는 팔자이므로 재물 관련 운이 무척 약할 것이라 볼 수가 있습니다. 그런데 이 사람은 은행원 출신인데 1월에 은행지점장 승진을 바라보고 있습니다. 왜 그럴까요? 이 사람은 지장간에 숨은 재성을 가지고 있기 때문입니다. 특별히 진술축미(辰戌丑未) 4고(庫)에 간직한 물건 중에서 중기의 재성에 해당하는 십신(十神)이면 재고(財庫)라고 말을 합니다. 이것을 재물창고라는 말을 합니다. 곧 무진일주에서는 진(辰)중의 계수(癸水)가 재고(財庫)에 해당 합니다.

그런데 무진(戊辰)일주가 되다 보니까 진(辰)중의 계수(癸水)와 무계(戊癸)명암합을 하는 구조입니다. 곧 자화간합(自化干合)이라 하여 일간이 재물창고와 합하여 있다고 하여 특별히 귀(貴)하게 보는 것입니다. 즉 이 사람은 재물창고와 몰래 명암합(明暗合)하여 금고에 있는 현금을 꺼내 쓰고 있는 사람인데 진술충(辰戌沖)이라는 열쇠를 가지고 있는 사람인 것입니다. 그러므로 필요할 적에 개고(開庫)하여 사용하는 사람이 됩니다. 그러니 직업이 금융업 혹은 은행원인 것이 맞습니다. 진술축미(辰戌丑未)는 충(沖)해 줘야 좋다는 말이 바로 이런 사람을 가리키는 말이 됩니다. 그러므로 진술충(辰戌沖)이라고 해서 다 나쁘다는 선입견을 가지면 잘못 된 것입니다.

16 재성입고(財星入庫) 운에는 건강운과 수명을 따져봐야 한다.

時	日	月	年	歲運51	大運42	女命
편인		편재	비견	비견	인수	
丙	戊	壬	戊	戊	丁	
辰	午	戌	申	戌	巳	
비견	정인	비견	식신	비견	편인	

이 명조는 임수(壬水)가 편재(偏財)인데 비견(比肩)에 둘러싸여 있습니다. 이런 구조는 재성(財星)이 천간에 노출이 된 상태에서 쌍방으로 극을 받는 상태이므로 재성 길신태로(吉神太路)가 될 수 있습니다. 재성이 방치가 되어 남의 돈이 되는 경향이 많다는 뜻입니다. 좋게 말하면 공공의 재산이고 흉하게 되면 강탈 겁탈로 인한 손재수인 것입니다. 정사(丁巳)대운에는 그런 임수(壬水)가 확실히 사라지게 됩니다. 정임합반이죠. 오래 동안 재성이 내 곁에서 사라지는 것입니다. 이 시기는 금전적으로 어려울 수가 있습니다. 그런 고통을 경험하다가 사화대운에는 사신형(巳申刑)과 사술(巳戌)원진(元嗔)에 진입하게 되는데 막다른 길이 봉착하게 되는 것이죠 그 끝은 진토(辰土)인데 진사(辰巳)라 망(羅網)이라는 그물에 빠지게 될 것입니다. 어떻게 그물에 빠지는가하면 원국에 이미 진술충이 되어 있는데 다시 무술년(戊戌年)에 진술충(辰戌沖)이 되면 진토(辰土)가 개고(開庫)가 되어 임수(壬水)가 확실히 입고(入庫)가 되는 것입니다.

이 사람의 편재는 10년간 갇혀 있게 되니 재물 유입이 없으므로 물질적인 고통으로 아픔을 겪는 사람입니다. 보통 재성입고에는 손재수가 일반적이지만 육친적으로는 수명(壽命)이 고갈(枯渴)되거나 건강상의 적신호가 나타날 수 있습니다. 그러므로 이 사람은 무술년(戊戌年)에 자살을 하였습니다.

17 강휘상영(江暉相暎)과 흑운차일(黑雲遮日)을 보는 법

時	日	月	年	歲運	大運	건명
정관		정관	겁재	편관	비견	
癸	丙	癸	丁	壬	丙	
巳	子	卯	丑	寅	午	
비견	정관	인수	상관	편인	겁재	

원래 병화(丙火)에게 임수(壬水)는 상대하기 좋은 십간(十干)입니다. 호수와 태양의 풍경이 되므로 파도가 요동치면 태양은 더 맑고 황홀해지죠. 이러한 취상(取像)을 강휘상영(江暉相暎)이라 합니다. 반면에 태양을 가장 힘들게 하는 것은 계수(癸水)입니다. 태양과 먹구름의 풍경이 되는 것인데 아무리 태양이라 하더라도 먹구름에 가려지면 그 빛을 잃게 됩니다. 이러한 취상을 흑운차일(黑雲遮日)이라 말합니다. 그래서 이러한 풍경의 취상을 가지고 팔자의 상의(象意)를 풀어 보는 방법이 있습니다.

이 명조에서는 병화(丙火)가 계수(癸水)를 양쪽 옆으로 보았는데 태양 주변으로 먹구름이 짙게 깔린 모습입니다. 이러한 풍물을 흑운차일(黑雲遮日)이라고 합니다. 그런데 정계충(丁癸沖)이므로 별빛이 한쪽 시야를 뚫고 나타나는 겁니다. 그러나 별빛이 좀 약하죠. 그리고 시주(時柱)의 계사(癸巳)는 천간의 계수(癸水)와 사(巳)중의 무토(戊土)와 무계(戊癸)명암합(明暗合)이니 이것도 계수(癸水)가 역량이 떨어짐을 암시하죠.

제 4장 명리에서 가르쳐 주지 않는 진실 / 579

또 자수(子水)는 월지의 묘목과 자묘형(子卯刑)이고 자사(子巳)암합(暗合)이면서 년지(年支)와는 자축합(子丑合)도 됩니다. 이런 것은 서로 연결이 되면서 자수(子水)에게 혼란를 주는 것입니다. 고로 정관 자수(子水)가 탁(濁)합니다. 이러한 현상을 중관(重官)이라 표현을 합니다.

십간(十干)의 특징을 살펴보면 병화(丙火)는 하늘의 군주(君主)로 세상에 군주는 2명이 되면 안되는 것이 이치(理致)입니다. 그래서 흑운차일(黑雲遮日)은 병화(丙火)가 두 개 존재할 때에는 오히려 길하게 작용합니다. 따라서 병오(丙午)대운에는 병화(丙火) 2개와 계수(癸水) 두개가 적절한 구조를 보이고 있습니다. 고로 원국에서는 병화(丙火) 1개로 위태로웠으나 병오(丙午)대운에 효과적인 중화(中和)가 이루어지는 것입니다.

그리고 중요한 점은 오화(午火)대운에 진입해서부터 주인공이 발복(發福)한다는 점입니다. 이게 무엇을 뜻하나요? 자오충(子午沖)으로 자묘형(子卯刑)을 해소하므로 자수(子水)정관(正官)이 맑아졌다고 관찰하는 것입니다. 자수(子水)정관(正官)이 탁(濁)했는데 맑아지니 대발(大發)하지 않겠습니까?

또한 묘월(卯月)의 병화(丙火)는 초근(草根)이 메마르게 되어 있습니다. 따라서 난강망에서는 임수(壬水)를 선용(先用)한다고 했는데 마침 임인년(壬寅年)에 임수(壬水)가 등장하는 것입니다. 그런데 정임합(丁壬合)이죠. 이것은 합거(合去)입니까 아니면 합동(合動)입니까? 다량의 계수에서 만나는 임수(壬水)이므로 합동(合動)이 되는 것이죠. 고로 편관인 임수(壬水)가 동(動)하는 겁니다. 곧 묘월(卯月) 병화(丙火)에 임수(壬水)를 선용(先用)한다는 고전에서 논리대로 임수의 관록(官祿)이 일어나게 되는 것입니다. 이 사주의 주인공은 26세 임인(壬寅)년에 6급 이상 특수 공무원 시험을 보고 최종 합격 발표가 났다고 합니다.

18 고(庫)를 충(沖)하여 얻은 띠로 남편성을 취한다.

時	日	月	年	女命	궁합	남편
편재		식신	편재			
戊	甲	丙	戊		⇐	壬
辰	寅	辰	辰		⇐	戌
편재	비견	편재	편재			개띠생
乙癸戊	戊丙甲	乙癸戊	乙癸戊			지장간

이 여자분은 지장간에도 관성(官星)이 없는 무관(無官)사주인데도 불구하고 명문가 집안으로 시집을 간 이유는 무엇이고 하필이면 임술생(壬戌生)남편을 만나 결혼한 것일까요? 일단 무관(無官)팔자이므로 반드시 궁합(宮合)을 잘 봐야 하는데 갑목(甲木)일간에게는 신금(辛金) 정관이 남편성이 됩니다. 그러므로 사주에서는 일체 금오행이 전혀 없는 무관(無官) 팔자이므로 상대방의 글자에서 정관(正官)의 글자를 취하는 궁합 띠를 배정(配定)합니다. 즉 진술충(辰戌沖)이 되면 술(戌)중의 신금(辛金)을 취하여 나의 정관(正官)으로 삼습니다. 또한 천간의 병임충(丙壬沖)으로 충출한 신금(辛金)이 병신합거되는 상황을 막아주게 됩니다. 그러므로 개띠생 또는 개띠일주가 궁합으로 좋습니다.

【근황】

어려서부터 외국통이라 중국,일본, 미국등 유학으로 대학까지 전 코스를 국외에서만 공부했다. 전공은 발레를 했다. 26세 계사(癸巳)년에 유학생활중 임술(壬戌)생 남자를 만났다. 시어머니 될 분이 가문이 약하느니 아들과 띠가 충(沖)되서 못산다는 등의 심한 반대가 있었는데 결국 정유(丁酉)년 계축(癸丑)월에 결혼하였다. 친정아버지는 은행장이셨고 시아버지는 부총리, 국회의원 역임에 시할아버지는 과거 야당총재까지 지냈던 명문가다.

19 남자를 만나지 못하는 이유가 뭘까?

時	日	月	年	女命
상관		상관	정재	
癸	庚	癸	乙	
未	戌	未	亥	
정인	편인	정인	식신	
丁乙己	辛丁戊	丁乙己	戊甲壬	지장간

팔자에 남자가 없고, 지장간에 모두 숨어 있습니다. 미(未)중 정화(丁火) 정관이고 술(戌)중 정화(丁火) 정관입니다. 진술축미(辰戌丑未)는 형충(刑沖)해 줘야합니다. 형충(刑沖)하면 지장간에 있는 기물(器物)들이 위로 올라와 내가 취(取)할 수가 있기 때문입니다.

이와 같은 현상을 충기(衝起) 혹은 형기(刑起)라 합니다. 술미형(戌未刑)이 되어 있어 가능성이 있습니다. 그런데 문제가 있습니다. 천간에 계수(癸水)가 2개가 있다는 점입니다. 이 계수(癸水)는 뭐하는 자인가요? 바로 정계충(丁癸沖)을 준비 중인 저승사자인 것입니다. 내 남자인 정화(丁火)가 충기(衝起)하여 오기만을 기다렸다가 정화(丁火)가 찾아오면 바로 정계충(丁癸沖)으로 정관(正官) 쫓아 내는 일을 수행하는 것입니다. 그것도 2명이나 됩니다. 내 남자를 잡는 몽둥이가 2개를 가진 팔자인 것입니다. 그래서 "잠재가 된 상관견관(傷官見官)"이라 말할 수 있습니다.

남자가 들어오는 해에 상관견관(傷官見官)의 수모를 당해 남자가 도망가는 구조를 말했던 것입니다. 그러면 편관 병화(丙火)는 어떠한가? 병화(丙火)는 지장간에 없으니 대운이나 세운에서 들어 올 때 까지 기다려야 합니다.

그러나 병화도 문제는 있습니다. 왜냐하면 경(庚)일간 주변에 계수(癸水) 비가 주룩주룩 내리고 시야(視野)를 가리고 있기 때문입니다. 그러므로 병화(丙火)의 빛이 도대체 경금(庚金)에게 도달할 수가 없는 것입니다. 그래서 경금(庚金)은 계수(癸水)를 오랫동안 보게 되면 "보도이로(寶刀已老)"가 되어 녹이 쓴다고 하였는데 빛을 보지 않는 쇠는 습기로 인해 붉게 녹이 쓸어버린 고철이 된다고 한 것입니다.

20 모친(母親) 매금(埋金)의 상(像)은 부모의 이별 수

時	日	月	年	男命
편재		정관	편인	
丁	癸	戊	辛	
巳	丑	戌	未	
정재	편관	정관	편관	

부모가 이혼한 후에 모친(母親)하고 같이 살지 않고 부친(父親)하고 사는 이유를 알 수 있을까요. 그 이유로는 이 명조가 축술미(丑戌未) 삼형(三刑)으로 관형(官刑) 걸린 구조이고 신금(辛金)은 모친인데 매금(埋金)의 상(像)이라고 보는 것입니다. 신금(辛金)이 매금(埋金)에 걸려 있다는 것이므로 편인이 땅 속에 묻히는 것입니다.

그래서 태어나면서부터 모친과는 인연이 없는 사람이죠. 이런 명조가 만약 모친과 함께 살게 되면 모친이 질환으로 평생 고생할 수 있습니다. 그러므로 부모가 이혼한 이유도 신금(辛金) 모친의 매금(埋金)의 상(像)에 기인(起因)한 것입니다. 이런 구조는 자식이 모친을 극하는 팔자가 그대로 보이는 것입니다.

이런 사람은 신금(辛金)이 매금(埋金) 구조라 곧 인수 문서 가지고 사업하면 큰일 납니다. 문서문제가 끊임없이 발생하게 됩니다 이것이 매금(埋金)의 상(像)이라서 그런 것입니다. 직업이 불안전한데 최근에 자동차 딜러를 하겠다고 하여 모친에게서 2천만 원을 가지고 갔다고 합니다.

21 일장당관(一將當關)하니 군사자복(群邪自伏)이라.

時	日	月	年	歲運63	女命
편재		편인	겁재	편재	
壬	戊	丙	己	壬	
子	子	子	亥	寅	
정재	장재	정재	편재	편관	

이 여자분은 임인년(壬寅年)에 유방암에 걸린 이유가 뭘까요?

이 명조의 특징을 살펴보자면 전국이 수(水)로 떼를 지어 나를 해(害)하나 병화(丙火)가 일장당관(一將當關)하니, 나에게는 은성(恩星)이 되는 물건인데 임인년(壬寅年)에는 병임충거(丙壬沖去)라 내 은성(恩星)이 사라졌구나!

또한, 병화(丙火)는 수창현절(水猖顯節)이라 태과(太過)한 물이라 해도 여여(如如)함을 말하는 겁니다. 곧 아무리 물의 기세(氣勢)가 강하다고 하더라도 순양(純陽)의 위엄(威嚴)을 갖고 있는 병화(丙火)를 끌 수는 없다는 것입니다.

이것이 병화(丙火)와 정화(丁火)의 다른 점입니다. 따라서 만약 정화(丁火)였다면 많은 물속에서 반드시 귀물(鬼物)이 되었으나, 병화(丙火)는 스스로 존귀하니 절개(節槪)를 지켜 일장당관(一將當關)의 역할을 보여주었다는 점이죠. 고로 임(壬)대운에 식당업이 패망(敗亡)하여 임인년(壬寅年)에 유방암 수술을 하고, 개인회생 신청까지 했다고 합니다. 모두 일장당관(一將當關)이 제거되는 세운에는 흉운(凶運)이 되는 것입니다.

22 해수(亥水)와 자수(子水)의 물상에서 차이점

時	日	月	年	男命
상관		식신	상관	
辛	戊	庚	辛	
酉	子	子	卯	
상관	정재	정재	정관	

이 분의 업종이 주유소 셀프 세차장 운영하는 사람이라는 것을 어디에서 찾을 수가 있을까요? 사주학에서는 일단 용신(用神)을 보고 그 사람의 직업 환경을 분석하는 것입니다. 그런데 월령 자수(子水)가 용신(用神)에 해당이 됩니다. 그러면 일단 용신(用神)이 물이니까. "직업이 물 관련입니까?" 질문할 수 있어야 합니다. 천간(天干)에는 식상관(食傷官)이 투출하였으니까 재용상관(財用傷官)사주 입니다. 상관생재(傷官生財)의 흐름이니 사업가 혹은 장사하는 사람일 가능성이 매우 높은 것입니다. 물장사에는 주류판매, 목욕탕, 사우나, 양식장, 세척업, 강, 호수, 해양, 바다, 레저 등이 포함됩니다. 그런 다음에는 자수(子水)의 상의(象意)로 들어가 분석합니다.

25 사람이 부자임을 어떻게 알 수가 있습니까?

時	日	月	年	歲運 40	大運 36	男命
겁재		정재	상관	식신	겁재	
辛	庚	乙	癸	壬	辛	
巳	戌	卯	亥	寅	亥	
편관	편인	정재	식신	편재	식신	

사람이 부자임을 어떻게 알 수가 있습니까?

적천수에서 말하길 "재기통문(財氣通門)한 자를 찾으면 된다"고 말합니다. 재기통문(財氣通門)이란 재성의 기운이 월령의 문호(門戶)에 다다른 팔자를 말합니다. 그러므로 이 사람은 월령의 해묘(亥卯)가 합목(合木)하는데 천간에 을목(乙木) 재성이 투출하여 재성(財星)의 국(局)을 이루었습니다. 과히 재기통문(財氣通門)하는 구조라 볼 수 있겠죠. 특히 시지(時支)의 사화(巳火) 관성(官星)이 위재(衛財)함은 대단히 귀하다 생각합니다. 곧 위재(衛財)라 함은 사화(巳火)가 관살로 재성(財星)을 호위하고 있는 겁니다. 관살(官殺)은 겁재(劫財)에게서 재성(財星)을 보호하는 역할을 수행합니다. 고로 이 사람은 서방금(西方金)운에 이르면 겁재(劫財)가 신왕(身旺)해지는데 사화(巳火)의 재성 보호로 이어져 부자가 될 사주입니다.

또한, 적천수에서 말하길 부자가 되는 사람은 재왕신강(財旺身强)한 팔자가 관성위재(官星衛財)가 되면 부자가 될 수 있다고 밝히고 있습니다. 곧 관성이 있어 겁재를 눌러주어 재성을 보호해주면 대길하다고 밝히고 있습니다. 이 사람은 현재 울산 현대 자동차 기술직원입니다.

【예시】 故정주영(鄭周永) 회장님 명조입니다

時	日	月	年	男命
정관		정관	정재	
丁	庚	丁	乙	
丑	申	亥	卯	
인수	비견	식신	정재	

이 명조는 현대그룹 창업주 故 정주영(鄭周永) 회장님 명조입니다.
경신(庚申)일주가 월령에서 해묘(亥卯)가 반합하고 을목(乙木)이 투간하였습니다. 재성(財星)이 목국(木局)을 지으니 재기통문(財氣通門)하여 왕(旺)하다고 보는 것입니다. 이것은 을목(乙木) 재성의 기운이 취합(聚合)하여 풍요하게 되므로 자연 재성(財星)왕기(旺氣)를 띄는 것입니다.
그런데 재성이 을경(乙庚)이 합생(合生)하고 경신(庚申)일주가 정화(丁火)를 만나 화련진금(火鍊眞金)이 된 사주입니다. 그러므로 대부귀(大富貴)하였습니다.

26 재관(財官)이 없음에도 불구하고,
홀연히 발복(發福)하여 부귀를 이루었습니다.

時	日	月	年	歲運 52	大運 49	男命
겁재		겁재	식신	정관	편재	
庚	辛	庚	癸	丙	乙	
寅	亥	申	卯	申	卯	
정재	상관	겁재	편재	겁재	편재	

팔자(八字) 중에 재관(財官)이 없음에도 불구하고 홀연히 발복(發福)하여 부귀를 이루는 경우가 있습니다. 이는 대개 사주의 형태에서 상생(相生)하는 기운이 스스로 모양을 이루는 경우를 말합니다.

【적천수】에서 말하길 생(生)하는 뜻이 도도하여 그 정(情)이 끝이 없어 원대하고 견실(堅實)할 때를 말한다. 그러므로 이러한 모양은 원래 짝을 이루는 것으로 일반적으로 독상(獨像), 화상(化像), 양기성상(兩氣成像), 삼기성상(三氣成像), 전상(全象)등을 말한다고 이야기 하였습니다.

따라서 이러한 격들은 일가(一家)를 이루게 되면 재관(財官)등의 귀기(貴氣)에 집착하지 않는다고 합니다. 곧 재관(財官)이 없지만, 단독(單獨)으로도 부귀를 이룰 수가 있다는 말이 됩니다.

【옥정오결】에서 말하길 "상성일가부집귀기(象成一家不執貴氣)"이라 말하였습니다. 이는 "상(像)을 이루어 일가(一家)가 되면 귀기(貴氣)에 집착하지 않는다"라는 의미입니다.

이 사주가 바로 삼기성상격(三氣成像格)에 해당합니다. 삼기성상(三氣成像)이란 무엇인가하면 사주에 삼자(三者)로써 구성되어 하나의 상(象)을 이루어 놓은 것을 말합니다. 곧 삼기(三氣)가 모여서 하나의 격(格)이 형상을 이루었다는 뜻입니다. 2기(二氣)만 있으면 그것은 양기성상격(兩氣成象格)이라 말하고 3기(三氣)이면 삼기성상격(三氣成像格)이라 말을 합니다. 그러므로 이 사주는 삼기(三氣)의 형상을 파(破)하는 상(像)이 되거나 또는 통관(通官)하는 중간 글자가 파괴되면 흉(凶)하게 됩니다.

을묘(乙卯)대운에서 을목(乙木) 기간 5년간은 을경합금(乙庚合金)하는 시기라 문제가 없고 묘(卯)대운에 해묘합(亥卯合)이 되면 목국(木局)을 이루어 금목상쟁(金木相爭)하는 구조가 될 수 있습니다. 그러므로 묘(卯)대운이 시작이 되는 병진년(丙辰年)부터는 해수(亥水)가 잡히는 형상이 됩니다. 곧 삼성격(三成格)이 패격(敗格)이 될 수 있습니다. 그러나 년간 계수(癸水)의 선방(善防)이 있으므로 버틸 수는 있는 것입니다.

【근황】

중소기업 대표입니다. 제조업체를 운영하며 수출도 합니다. 년 매출이 천억이 넘는다고 합니다. 직장인으로 일하다가 병진(丙辰)대운 자기사업을 하며 이때 부를 쌓았습니다. 수출 및 대기업과의 계약 등으로 대성했고 중견기업이 되었는데 을묘(乙卯)대운 병신년(丙申年) 54세부터 무술년(戊戌年) 56세인 지금 너무 힘들다고 합니다.

時	日	月	年	大運26	男命
상관		상관	정재	편재	
戊	丁	戊	庚	辛	
申	亥	寅	辰	巳	
정재	정관	인수	상관	겁재	

재성노출(財星路出)이 된 사람은 길신태로(吉神太路)라고 부르는데, 자신의 재물이 흩어지게 된 것을 말하므로 물려받은 재산을 잘 지켜는 법을 배워야 합니다.

이 남자분은 사오(巳午) 대운에 사업에 실패하여, 전 재산을 날리게 됐다고 합니다. 이런 경우가 길신태로(吉神太路)의 사례가 됩니다. 길신인 재성노출 (財星路出)이 되면 안 좋다는 겁니다. 특히 시상(時上)의 정재(正財)는 가능하나 년간(年干) 재성(財星)은 노출(露出)이라 말을 합니다. 이런 구조는 대,세운에서 비견겁재가 등장하면 직격탄을 맞게 됩니다. 곧 천간의 병정화(丙丁火)운에 화극금(火克金)으로 경금(庚金) 재성(財星)이 겁재에게 겁탈(劫奪)을 당하거나, 지지 사오운(巳午運)에 재성(財星)의 절각운(截脚運)이라 파재(破財)가 일어납니다.

재성노출(財星路出)이란 내 재산이 창고에 있지 않고, 노상(路上)에 내 동냥이 친 것이라 지키는 관군(官星)이 없으면 지나가는 사람들이 하나둘씩 훔쳐 간다는 말입니다.

그러하니 재성노출(財星路出)된 사주는 관성(官星)이 특히 중요합니다. 따라서 정관 해수(亥水)가 사해충거(巳亥沖去)를 당하는 시절에 파재(破財)로 망가지게 됩니다. 따라서 이 사람은 사오운(巳午運)에 파재(破財)로 집안의 재산을 날리게 되었다고 합니다. 그러므로 이런 사주처럼 년간(年干)에 재성(財星)이 노출이 된 사람이라면 비견이나 겁재가 출현한 세운이나 대운은 파재운(破財運)이 분명하므로, 이 해에는 사업적으로 움직이면 안 됩니다.

28 화다토초(火多土焦)의 흉조는
군뢰신생(君賴臣生)으로 구제받는다.

時	日	月	年	歲運 32	大運 26	女命
편인		편인	정인	비견	겁재	
丙	戊	丙	丁	戊	己	
辰	申	午	巳	子	酉	
비견	식신	정인	편인	정재	상관	
乙癸戊	戊壬庚	丙己丁	戊庚丙			지장간

무토(戊土)일간이 뜨거운 병오(丙午)월의 정사(丁巳)년주이므로 화다토초(火多
土焦)가 염려되는 상(像)으로 임계수(壬癸水)가 조후 약신(藥神)이 됩니다.
그런데 이 명조에서 특이한 점은 일지(日支)와 시지(時支)의 진신(辰申)이 모여
수기(水氣)가 암신(暗神)으로 강하다는 점입니다. 곧 진중(辰中)의 계수(癸水)와
신중(申中)의 임수(壬水)가 모여 수기(水氣)가 충족이 되고 있다는 사실입니다.
이런 경우에는 대세운의 임계수(壬癸水) 혹은 지지의 해자수(亥子水)운이 찾아
오면 그대로 조후가 충족이 됩니다.
만약, 사주에 일체 수기(水氣)가 없는 화국이라면 일점 수(水)가 들어오는 경
우가 위태로운 것이지만 이처럼 지장간의 수기(水氣)가 일어나는 팔자에서
는 조후가 암신(暗神)으로 작용한다는 사실입니다. 곧 정(靜)이 아니라 동(動)
의 움직임을 보여 주고 있는 것입니다.

그래서 적천수에서는 군뢰신생(君賴臣生)의 사주라고 말하는데 군주가 신하에 의지하여 살아나는 이치로 설명하고 있습니다.

즉 인수(印綬)태과(太過)하여 불길한데 일간이 재성(財星)에 의지하여 구제받는 것을 말하는 것입니다. 따라서 군뢰신생(君賴臣生)의 사주가 되면 이것은 재성에 의해 살아나는 이치이므로 재성에 기연(奇緣)이 있게 됩니다. 곧 재성에 의지해야 하므로 부친(父親)에 공덕이 크고 재산가의 도움을 받게 됩니다. 그러므로 결혼 년도가 무자년(戊子年)이니 신자진(申子辰) 수국(水局)이 이루어지는 시기입니다.

【근황】
아버지는 충청도 지역구 국회의원을 두 번 역임하였고 어머니는 딸에게 지극정성을 다하고 훌륭이 키웠다. 남편은 중견 재벌의 부회장이었는데 자녀가 둘이 있었다.

명주(命主)소생으로는 1女 1子가 있다. 경술(庚戌)대운 정유(丁酉)년 41세 무신(戊申)월에 시아버지가 갑자기 쓰러지셨고 이후 남편이 기업을 승계하여 지금에 이르고 있다.

29 중관중인(重官重印)은 녹빈고면(綠鬢孤眠)하고
전원광치(田園廣置)하다.

녹빈고면(綠鬢孤眠)이라는 말은 들판의 외로운 꽃이라는 뜻이고 전원광치(田園廣置)라 함은 대궐 같은 정원을 거닐며 유유자적(悠悠自適)한다는 뜻이 있습니다. 그러므로 여자가 중관(重官)의 삶을 살아간다는 것은 다부지상(多夫之像)이라 영화롭고 귀(貴)하더라도 일찍이 남편을 극하여 홀로 보내는 세월이 많다는 것을 말해주는 구결입니다.

여자에게 중관(重官)이라 함은 정관(正官) 2개 이상을 보는 것을 말합니다. 여자에게는 정관이 직업 혹은 남자에 해당하는데 2명의 남자를 가진 경우이므로 다부지상(多夫之像)이라 말을 합니다.

과거에는 여자가 홀로 직업을 가지기가 힘들었던 시대이므로 거의 다부지상(多夫之像)의 전유물로 파악했습니다. 또한, 남자에게는 정관이 직업 혹은 자녀에 해당하는데 2개의 직업을 가진 경우이므로 직업 변동이 있고, 일이 고되며, 혹 성장한 자식에게 변고(變故)가 발생할 수도 있다고 합니다. 예를 들어 중관(重官)이라 함은 갑(甲)일간이 신금(辛金)정관을 2개를 보는 것을 말합니다.

【예시1】 여자의 중관 사례

時	日	月	年	女命
정관		정관	정관	
辛	**甲**	**辛**	**辛**	
未	**寅**	**丑**	**酉**	
정재	비견	정재	정관	

신금이 정관이 되는데 무려 정관이 3개가 놓여 있습니다. 그런데 유축합금
하니 금오행의 기세가 상당하다고 볼 수 있습니다. 이 분은 한 번 이혼 후
재혼 했는데 또 다시 이혼이야기가 나오고 있습니다. 유축합금(酉丑合金)으
로 관살(官殺)이 왕(旺)해서 중관(重官) 중살(重殺)이 된 경우이므로, 겁재(劫財)
인목(寅木)이 희신이 되었습니다. 겁재의 특징은 나의 재물을 겁탈 당하는
성질이 있지만, 여기서는 겁재가 희신이라 오히려 남의 돈을 강탈 해 온 것
입니다. 비견겁재가 기신(忌神)이면 손재수로 보고, 희신(喜神) 비견(比肩) 겁
재이면 그 반대입니다. 그래서 이분은 횡재수가 많았지만, 그 돈과 관련하
여 남자로부터 상처를 많이 받았다고 합니다.

【예시2】 여자의 중관 사례

時	日	月	年	女命
겁재		정관	정관	
乙	甲	辛	辛	
亥	寅	卯	丑	
편인	비견	겁재	정재	

이 여자분은 20대 초반에 유부남을 만나 임신(妊娠)하고 출산(出産)하여 첩실(妾室)로 자식과 함께 십수년을 살다 병신(丙辛) 대운 경인(庚寅)년에 새로운 유부남인 남자를 만나 가출(家出)하여 경제적 지원을 받고 살았습니다.

그러나 신묘(辛卯)년에 친언니의 소개로 만난 유부남에게 마음이 빼앗겨 또다시 그 남자를 버리고 새로운 남자와 인연이 되어, 이 남자가 본처와 이혼하고 자신을 정처로 삼겠다고 하는 말만 믿고 동거(同居)하였으나, 본처가 계사(癸巳)년에는 상간여로 민사소송을 하여 마음 놓고 이 남자와 만나지도 못하고 있다 합니다. 갑오(甲午)년에는 유부남이 아닌 남자와 만나 남들처럼 여행도하고 즐기면서 인생을 보내고 싶다고 호소합니다.

이 사주에서는 신금(辛金)이 정관(正官)이므로 두 남자가 있다는 것입니다. 그런데 특이한 것은 목견금결(木堅金缺)로 손상된 신금(辛金)이 중관(重官)이니 남자문제가 크게 심하다는 사실을 알 수 있습니다.

【예시3】 남자의 중관 사례

時	日	月	年	男命
겁재		정관	정관	
丙	丁	壬	壬	
午	酉	寅	辰	
비견	편재	인수	상관	

庚	己	戊	丁	丙	乙	甲	癸	
戌	酉	申	未	午	巳	辰	卯	**大運**
74	64	54	44	34	24	14	4	

이 분은 공무원으로 정년퇴직을 하고, 말년에 장남이 방송국 광고관리 분야에 근무하다가 사고로 사망하였습니다. 이 분은 임수(壬水)가 정관(正官)인데 년간과 월간에 두 개의 정관이 놓여 있는 구조입니다. 그런데 남자에게는 임수(壬水)가 자식에 해당하죠. 임진(壬辰) 동주고(同柱庫)이면서 임수(壬水)는 중관(重官)이 됩니다.

그러면 남자의 중관은 자식문제가 일어나거나 이직(移職)문제가 발생하게 됩니다. 명서(命書)에 말씀대로 중관(重官)은 제복(制伏)하는 운이 와야 발전을 합니다. 여기서 임수(壬水)를 제복하는 운이란 무슨 글자를 말하나요? 천간의 병정화(丙丁火), 지지 사오미(巳午未)는 남방운을 말하는 것입니다. 그런데 이분의 대운 중 30년간 남방화(南方火)로 전개가 됩니다. 곧 병정화(丙丁火)운과 사오미(巳午未) 대운에 발전을 한 겁니다. 그래서 이 사주는 임수(壬水)가 중관(重官)이므로 수운(水運)이 커지면 위태롭겠죠.

만약, 북방수(北方水)운으로 대운이 흘러갔다면 제복(制伏)되어야 할 임수(壬水)가 범람하므로 이직(移職), 전직(前職)이 많았을 것입니다. 그게 사실인가 확인해보려면, 은퇴시기가 무신(戊申)대운에 해당이 될 것입니다. 왜냐하면 신(申)대운(59세쯤)이면 59세가 되는 것이니 공무원 은퇴시기이죠. 그래서 신(申)대운에 천간의 임임수(壬壬水)가 신진(申辰)을 만나면 수국(水局)을 이루는 시기에 퇴직하게 되는 것입니다.

이런 경우는 정년퇴직이지만 만약 젊어서 수국(水局)을 만났다면 조기 명퇴했을 겁니다. 곧 임수(壬水)중관(重官)은 수운(水運), 수국(水局)에 중살(重殺)이 되므로 록(祿)을 잃는다고 보면 됩니다.

【예시4】 여자의 중관 사례

時	日	月	年	女命
정재		정관	정관	
甲	**辛**	**丙**	**丙**	
午	**丑**	**申**	**辰**	
편관	편인	겁재	인수	

병화(丙火)가 정관(正官)인데 년간(年干)과 월간(月干)에 2개의 정관이 놓여 있
습니다. 정관(正官)은 남자라고 보면, 2번의 동거 경험이 있고 남자 덕이 없
어서인지 남자들로 인해 재물 손상이 심합니다. 무인년(戊寅年)과 신사년(辛
巳年)에 동거를 했으며 지금도 당시의 남자들로 인한 카드빚에 시달리고 있
습니다.

30 두 번 이혼 후에 남편으로부터 거액의 위자료를 받다.

時	日	月	年	女命
편관		정재	정인	
甲	**戊**	**癸**	**丁**	
子	**辰**	**丑**	**卯**	
정재	비견	겁재	정관	

● **이 여자분의 재산은 어디에서 나타난 걸까요?**

계수(癸水) 정재(正財)가 일간과 합하죠. 자수(子水) 정재(正財)는 일지 비견과 합하죠. 팔자의 재성이 모두 나의 일간과 일지로 모여들고 있는 구조이면 나의 재성이라고 판단하여 유정(有情)하다고 보는 겁니다. 이러한 사람은 재물이 끊어지질 않습니다.

● **이 재물의 정체는 무엇인가요?**

이 사람의 팔자는 모두 무식상(無食傷)입니다.

곧 식신생재(食神生財)가 없는 구조에서 등장하는 정재(正財)입니다. 이것은 노력 없는 공돈이라고 보면 됩니다. 곧 식신상관의 노력 없이 모두 일주의 합으로만 당겨오는 겁니다. 이러한 재물은 유산, 상속, 증여 등에 많이 등장합니다.

첫 번째 일본인 남편은 묘목(卯木) 정관(正官)이고, 두 번째 남편이 갑목(甲木) 중국인 남편입니다. 이렇게 정관편(正編官)이 이위(二位)로 뚜렷한 팔자는 이혼 후 재가(再嫁)한다고 보시면 됩니다. 그러므로 이 사람의 재물은 묘목(卯木)에서 나오고 갑목(甲木)에서 나오는 것입니다. 계수(癸水) 정재(正財)는 분명히 축토(丑土) 겁재(劫財)에 앉아 있는 모습을 하고 있습니다. 그 겁재(劫財)가 묘축(卯丑) 암합(暗合)하는 것입니다. 축(丑)중의 기토(己土)와 묘중(卯中)의 갑목(甲木)이 암합(暗合)하고 축(丑)중의 신금(辛金)이 묘중(卯中)의 을목(乙木)과 을신(乙辛)암충(暗沖)을 하고 있습니다.

이것은 일본인 남편인 갑목이 나의 일간의 월령의 뿌리가 되어 주는 것이고 축(丑)중의 신금(辛金) 자식을 충으로 밀어내므로 헤어진다고 보는 것입니다. 그 축토(丑土)에서 투출한 계수(癸水)가 내 재산이므로 곧 일본인 남편으로부터 들어온 재물입니다.

또한, 시간에 놓여 있는 갑목(甲木) 편관(編官)이 두 번째 남편이 됩니다. 그런데 자수(子水) 재물에 걸터 앉아 있는 사람입니다. 그러한 자수(子水)를 일지가 진자합(辰子合)하여 당기는 겁니다. 진자합수(辰子合水)하면 그 재물이 국(局)을 이룬 것이니까 갑목 남편은 큰 재산가라고 보시면 되겠습니다.

• 왜 자녀를 갖지 못하는 걸까요?

이 여자분의 자식은 식상이므로 금오행이 되는 것입니다. 그런데 금오행의 묘고지는 축토가 됩니다. 그러므로 계축(癸丑)월주이니 팔자에 식상(食傷)의 고(庫)를 가진 겁니다. 곧 이 사람의 자녀는 축(丑)중의 신금(辛金)인데 자식이 묘고(墓庫)에 묻혀 나오질 못하는 겁니다. 묘축(卯丑)은 그 지장간 속에 갑기(甲己)암합(暗合)을 하고 또 을신(乙辛)암충(暗沖)을 합니다. 정관 남편이 암충(暗沖),암합(暗合)으로 노력을 해보지만, 이미 암합이 깊은 상태라 자녀가 충출(沖出)되기가 쉽지 않은 구조입니다.

이 분은 을묘(乙卯)대운에 일찍이 고교 졸업장도 못 받고 일본으로 건너가게 됩니다. 거기서 만난 일본인과 결혼하여 호적을 올리고 10여 년 가깝게 살았다고 합니다. 그런데 아이를 갖지 못해 이혼하게 됩니다. 병진(丙辰)대운 초에 중국으로 건너갑니다. 그곳에서 백만장자를 만났다고 합니다. 그러나 중국인 남편은 나이가 많았고 자식을 원했는데 임신(妊娠)이 안 되니 위자료로 거금을 받고 이혼했다고 합니다. 현재는 인터넷 쇼핑몰을 친한 언니와 같이 하고 있습니다.

【참고문헌 및 도움주신 분】

滴天髓 적천수 중화민국 무릉출판사유한공사
滴天髓闡微 적천수천미 중화민국 무릉출판사유한공사
滴天髓徵義 적천수징의 중화민국 무릉출판사유한공사
滴天髓補註 적천수보주 중화민국 무릉출판사유한공사
淵海子平 연해자평 중화민국 무릉출판사유한공사
窮通寶鑑 궁통보감 중화민국 무릉출판사유한공사
命理正宗 명리정종 중화민국 무릉출판사유한공사
命理約言 명리약언 중화민국 무릉출판사유한공사
神峰通考 신봉통고 중화민국 무릉출판사유한공사

자명님   하륜지산님
상생문화센타   서상원님
김만태님   신승화님
정단님   빅셀의 명
우당님   큰 돌 선생님
무학님   태양님
유도상님   대원명리학님
김영주님

도움을 주신 분께 감사드립니다.

운명의 길라잡이 사주팔자학